国家哲学社会科学基金重大项目"促进中国慈善事业发展的法律制度创新研究"（17ZDA133）成果

上海交通大学2020年度"人文社会科学成果文库资助计划"项目

RESEARCH ON THE INSTITUTIONAL SYSTEM OF
PHILANTHROPY UNDER CHINESE MODERNIZATION

中国式现代化
慈善事业的制度体系研究

徐家良 等 ◎ 著

北京大学出版社
PEKING UNIVERSITY PRESS

图书在版编目（CIP）数据

中国式现代化慈善事业的制度体系研究 / 徐家良等
著. -- 北京：北京大学出版社，2025.7. --（未名社科论丛）.
-- ISBN 978-7-301-36447-5

Ⅰ. D632.1

中国国家版本馆 CIP 数据核字第 20255QJ502 号

书　　　名　中国式现代化慈善事业的制度体系研究
　　　　　　　ZHONGGUOSHI XIANDAIHUA CISHAN SHIYE DE ZHIDU
　　　　　　　TIXI YANJIU
著作责任者　徐家良　等著
责 任 编 辑　梁　路
标 准 书 号　ISBN 978-7-301-36447-5
出 版 发 行　北京大学出版社
地　　　址　北京市海淀区成府路 205 号　　100871
网　　　址　http://www.pup.cn
新 浪 微 博　@北京大学出版社　　　@未名社科–北大图书
微信公众号　北京大学出版社　　北大出版社社科图书
电 子 邮 箱　编辑部 ss@ pup.cn　　　总编室 zpup@ pup.cn
电　　　话　邮购部 010-62752015　　发行部 010-62750672
　　　　　　　编辑部 010-62765016
印　刷　者　河北博文科技印务有限公司
经　销　者　新华书店
　　　　　　　650 毫米×980 毫米　　16 开本　　23.5 印张　　350 千字
　　　　　　　2025 年 7 月第 1 版　　2025 年 7 月第 1 次印刷
定　　　价　98.00 元

目　录

中国式现代化慈善事业的制度体系研究

第一章 导 论

　　建立一套完善且先进的制度体系,是保障慈善事业现代化发展的基础条件。开展制度体系的基础性研究则是厘清我国慈善事业发育程度、优化目标和现存挑战,从而推进我国慈善事业现代化转型的关键步骤,对于我国整体的社会建设和社会发展具有深远意义。本章作为全书的开篇,包含研究缘起、文献述评、理论框架和研究设计四方面内容。研究缘起主要介绍我国慈善事业制度体系的研究背景,提出要解决的核心研究问题,阐释本书的理论价值与现实意义。文献述评回顾了国内外慈善事业制度相关研究的主要成果,总结本书对现有成果的拓展空间。理论框架介绍本书所依托的理论基础,在汲取多重理论灵感的基础上构架起全书的分析框架,明确定义本书所涉及的核心概念。研究设计部分呈现本书所采取的主要研究方法,回溯收集资料和分析资料的主要方式,介绍全书的篇章结构安排。

第一节　研究缘起

　　历经改革开放后四十余年的发展,我国慈善事业已成为改善民生和社会治理的重要工具,在国家治理体系和治理能力现代化建设中的作用日益突出。2019 年 10 月,《中共中央关于坚持和完善中国特色社会主义制度　推进国家治理体系和治理能力现代化若干重大问题的决定》提出"重视发挥第三次分配作用,发展慈善等社会公益事业",慈善在新时代有了新的历史使命——第三次分配的主要实现形式。2020 年 10 月,《中共中央关于制定国民经济和社会发展第十四个五年规划和二〇三五年远景目标的建议》再次提出,"发挥第三次分配作用,发展慈善事业,改善收入和财富分配格局",进一步明确慈善事业在实现共同富裕目标的征程中将承担调节收入分配、促进社会公平的重要角色。2024 年 7 月,党的二十届三中全会作出《中共中央关于进一步全面深化改革　推进中国式现代化的决定》,强调完善收入分配制度的重要性,构建初次分配、再分配、第三次分配协调配套的制度体系,完善税收、社会保障、转移支付等再分配调节机制,支持发展公益慈善事业。在这样的时代背景下,重构慈善事业制度体系恰逢其时。这不仅契合了建设社会主义现代化强国、实现第二个百年奋斗目标的历史使命,还是国家治理体系和治理能力现代化的题中应有之义。本书基于这一时代背景启动,由此形成研究问题,有较高的理论价值与较强的现实意义。

一、研究背景

2017—2020 年是中国进一步深化改革、全面建成小康社会决胜期,2024 年则是中国进一步全面深化改革,推进中国式现代化的重要时刻。1978 年 12 月我国实施改革开放政策以来,中国经济实现飞速发展,社会结构不断变化,在社会发展的过程中也积累了一系列矛盾,贫富两极分化问题对国家治理体系和治理能力提出了新的挑战,社会各界亟须探讨和回答如何驱动先富带动后富、实现共同富裕的问题。自然灾害频发、就业压力增大、困难群体的需求和权利难以保障等问题构成社会矛盾的潜在导火索,威胁着社会的和谐稳定与可持续发展。

如何缓解上述问题,扎实推进共同富裕目标的实现? 在党和政府的制度设计中,慈善事业扮演着重要角色。2007 年 10 月,党的十七大报告在谈到城乡居民社会保障体系时提到慈善事业,并将慈善事业作为社会保障体系中具有补充作用的一部分。报告指出,"社会保障是社会安定的重要保证。要以社会保险、社会救助、社会福利为基础,以基本养老、基本医疗、最低生活保障制度为重点,以慈善事业、商业保险为补充,加快完善社会保障体系"。2012 年 11 月,党的十八大报告在论述改善民生和创新管理中加强社会建设时强调要完善社会救助体系,健全社会福利制度,支持发展慈善事业,做好优抚安置工作,将慈善作为社会建设的重要元素。2016 年 3 月 16 日,十二届全国人大四次会议高票通过《中华人民共和国慈善法》(以下简称《慈善法》),这是一部促进慈善事业健康发展的基础性、综合性法律。2017 年 10 月,党的十九大报告提出"统筹城乡社会救助体系,完善最低生活保障制度。坚持男女平等基本国策,保障妇女儿童合法权益。完善社会救助、社会福利、慈善事业、优抚安置等制度",将慈善作为多层次社会保障体系的重要环节。2019 年 10 月,党的十九届四中全会通过《中共中央关于坚持和完善中国特色社会主义制度 推进国家治理体系和治理能力现代化若干重大问题的决定》,提出"重视发挥第三次分配作用,发展慈善等社会公益事业",进一步明确包括社会组织①在内的慈善力量在推进国家治理现代化建设进程中的作用。2022 年 10 月,党的二十大报告再次提出"中国式现代化是全体人民共同富裕的现代化","共同富裕是中国特色社会主义的本质要求","引导、支持有意愿有能力的企业、社会组织和个人积极参与公益慈善事业"等。根据2023 年 12 月 29 日十四届全国人大常委会第七次会议《关于修改〈中华人民共和国慈善法〉的决定》,《慈善法》增加了坚持党的领导原则,对应急慈善单独设章,并对慈善募捐、慈善捐赠、慈善信托、信息公开、法律责任和个人求助等方面作了进一步的明确和补充。上述法律法规和政策文件都明确了慈善在社会建设、社会保障和国家治理现代化中的地位和作用,为慈善事业的高质量发展提供基本指引。

然而,任何一项事业的充分发展都离不开良好制度的支撑。所谓良好制度,指的是"在公认的基本价值取向之下,对……各种团体和个人、组织和机构的权力与权利关系做出明确规定,对不同主体的行为给予合理限制,对国家不同体系的功能和职责进行明确划分并在保证

---

① 社会组织是一个含义较为宽泛的概念。它是对传统的非政府组织、非营利组织、第三部门或民间组织等称谓的统称,可指代所有由多个个人或组织共同成立,具有非营利性、非政府性特征的组织形式。狭义上的社会组织则是对县级以上民政部门登记的社会团体、社会服务机构(民办非企业单位)和基金会的统称。社会组织是慈善事业的重要运行主体,本书大多数情况下使用的社会组织概念取其狭义。

其各司其职的同时能够支持协同治理"①。慈善事业作为一种建立在国家让渡权力和社会实践权利基础之上的事业,需要国家和社会的共同参与,由于其运行涉及较为广泛的主体和权责关系,因此有必要对其制度进行体系化改革。但现实场景下,无论是正式的法律政策,还是非正式的行为规范,我国慈善领域现有的制度体系都难以称得上"良好",这在2020年的全国人大常委会执法检查组《关于检查〈中华人民共和国慈善法〉实施情况的报告》中有较为直观的反映。根据该报告,慈善信息统计和发布制度不健全、志愿服务制度性激励不足、表彰制度尚未完全落实等都已成为慈善领域面临的主要挑战,而其中较为关键的一点是法律制度细化为具体政策、转化为慈善促进措施的过程有待改善。这为本书提供了主要关注视野之一:在慈善领域,究竟哪些制度的建立与转化存在问题?构建新的制度体系的前提条件之一,是对过往制度的继承与优化,因而需要形成对现有慈善事业制度体系中不同环节和要素的通盘认知。

更进一步说,第三次分配和共同富裕的要求为慈善事业制度建设指明了行动方向,即必须以构建组织化、多元化、专业化、规范化、智慧化的新时代慈善事业发展新格局为整体目标,深化改革创新,推进慈善事业高质量发展,发挥其第三次分配作用,着力打造全社会崇善行善、网络慈善便捷透明、慈善组织专业高效、慈善行业自律规范、慈善事业蓬勃发展的整体性制度框架。然而,基础性的目标固然清晰,但识别出目标实现过程中具体的制度安排需求才是研究者应该深入思考的问题。已有学者在系统总结回顾我国慈善事业发展的成效与不足时指出,"相关制度跟不上慈善事业发展实践的需要",如以网络慈善、社区慈善为代表的新兴慈善形态尚缺乏法律规制和政策支持。②这启发了本书拓展出关注视野之二:在慈善领域,还有哪些制度安排

---

① 燕继荣:《制度、政策与效能:国家治理探源——兼论中国制度优势及效能转化》,《政治学研究》2020年第2期,第2—13、124页。

② 郑功成:《中国慈善事业发展:成效、问题与制度完善》,《中共中央党校(国家行政学院)学报》2020年第6期,第52—61页。

需要调整以紧跟实践需求的步伐？制度体系的重构设计需要基于现实需求，提供出具备可行性的解决方案。

二、研究问题

我国慈善事业制度体系的现存问题，大致可以归为两个范畴：一是我国慈善事业制度体系中国家权力和社会权利的边界问题。这个问题探讨的是我国慈善事业中的主体权责应如何划分，哪些部分该由行政权力进行管理，哪些部分应通过社会自治解决，即"管多少"的问题。二是慈善事业制度重构的价值与秩序取向问题。这个问题探讨的则是我国新慈善事业制度体系应如何设计，才能既确保各参与主体的权益最大化，又保障慈善事业在法治轨道上规范运行，即"如何管"的问题。通过对这两方面相关研究的分析，笔者提出本书的核心问题。

"管多少"这一问题的核心诉求是通过慈善事业制度体系建构，实现慈善领域的国家权力约束和社会权利保障，从而实现权力与权利的平衡。要解决这一诉求，需要从制度上厘清国家权力和社会权利在慈善事业中的边界。在美国、英国、德国、加拿大等国家的法律体系中，慈善被视为民间性活动，归属私法调节的范围，开展慈善活动需要符合民间性、独立性、非政府性、非营利性等多重原则。随着慈善法制中制衡机制的不断发展，对于慈善事业，不再是由国家居高临下地实施"形塑"意义上的管控，而是国家与社会通过法治进行有序互动来实现善治。[①]

从我国的实际发展情况来看，党政部门所代表的公权力在各项社会事务中居于主导地位，早期的慈善事业几乎由政府一手包办、全权负责。随着社会力量和自治等社会治理理念的提出和传播，慈善领域开始出现公权力淡化的迹象，但当前制度体系中仍存在权力介入过深的问题。以《慈善法》为例，该法对慈善募捐、管理费用、慈善活动、税

---

① 徐家良、季曦：《社会组织自主性与政府形塑——基于行业协会商会改革的政社关系阐释》，《学习与实践》2022年第4期，第84—92页。

收优惠的相关规定仍然呈现出"权力"导向的话语体系特点。相反，对于捐赠人、受益人甚至是慈善组织这些慈善活动的社会参与主体，《慈善法》中的权利设置则过于简略。作为《慈善法》的配套政策，《慈善组织认定办法》和《慈善组织开展慈善活动年度支出和管理费用》等也存在权力介入大于权利赋予的情况。

综上可形成本研究的第一个核心问题：如何通过制度体系建构实现慈善事业发展进程中的国家权力约束和社会权利保障，打造权力与权利的平衡关系？由此可延伸出五个方面的具体问题：第一，我国慈善法律和政策的历史发展脉络中有哪些形式的国家权力介入？第二，慈善领域的国家权力边界如何确立，社会可在哪些慈善相关领域承接政府职能，又可在哪些领域作为协同助手？第三，国家如何改变管控为主的慈善监督机制，从而实现监督层面的权力制衡？第四，国家可以通过哪些方式充分动员社会参与慈善，并在该过程中完成权力的转移下放？第五，应建立一套怎样的慈善法律体系，既保留国家权力影响，又充分实现社会自治？

"如何管"这一问题的核心诉求则是通过慈善事业制度体系的建构，保障慈善领域的社会目标实现与集体规则建构，从而实现自由与秩序的平衡。要实现这一诉求，需要在制度建设过程中保护个体合法合理的行动，同时靠规则来解决和制衡上述活动及多元主体之间的利益冲突。自由与秩序是政治学领域长期聚焦的议题。理想状态下，对自由与秩序的保障不是通过行政手段来实现，而是由法律进行调整，不管是政府还是社会的活动都是法治的范围，国家立法要保护合理的自发性和自组织活动，同时减少行政权力的高压强制，通过国家、市场和公民在法治范围内的有序互动、协调与合作来实现秩序的构建。

在我国，慈善领域的参与主体不仅包括社会力量，也包括国家机关，不同的参与主体有不同的利益考量。社会领域的个体自由正逐渐为国家所重视，这体现为党和政府在多个文件中强调要形成"依法自治的现代社会组织体制"。2016年中共中央办公厅、国务院办公厅公布的《关于改革社会组织管理制度促进社会组织健康有序发展的意见》提到，"政社分开、权责明确、依法自治的社会组织制度基本建立，结构合理、功能完善、竞争有序、诚信自律、充满活力的社会组织发展格局基本形成"。调整慈善事业发展中的政府角色,使其从主导慈善事业发展的领导者、组织者和管理者转变为引导和规范慈善事业发展的导航者、调控者和监督者,是学界的共识。[①] 法治秩序的构建也随着《慈善法》的出台而逐步推进。然而,要实现对慈善领域自由和秩序的双重保障,既需要改进利益表达机制、慈善目的认定机制和慈善活动参与机制,也需要完善慈善组织的内部治理问责机制和外部监督评估机制。

如何确保慈善领域个体利益实现和整体秩序维护之间的协调,在慈善领域形成自由与秩序的平衡,这是本研究要解决的第二个核心问题。具体有五个方面的问题可以讨论:第一,其他国家或地区有哪些慈善领域的自主性保障措施和规范化政策可供借鉴?第二,如何建立慈善参与主体间的协同机制,确保各方合作推动慈善事业发展?第三,如何充分发挥社会主体在慈善监督评估工作中的作用,确保慈善活动符合公共利益?第四,可以开拓哪些慈善公共参与方式,以充分保证社会利益的表达和实现?第五,应构建怎样的慈善配套制度,保障慈善事业的顺利运行,并与相关领域有机衔接?

三、研究意义

(一)理论意义

第一,推动政治学制度研究的慈善视角创新。自20世纪90年代起,新制度主义政治学逐渐占据西方政治科学的核心位置,我国政治学界对此也多有关注,但在纷繁复杂的分支研究领域中,慈善事业制度并没有引起足够的重视。如诺思所言,制度是"一个社会的博弈规则",是"形塑人们互动关系的约束"。[②] 对我国慈善事业的相关制度

---

① 孙萍、吕志娟:《慈善事业发展中的政府角色定位》,《中州学刊》2006年第2期,第115—117页。

② 〔美〕道格拉斯·C.诺思:《制度、制度变迁与经济绩效》,杭行译,格致出版社2008年版,第149页。

体系开展系统研究,是为了对慈善领域互动规则和秩序逻辑的梳理。慈善事业是我国政社互动最为密切的领域之一,慈善事业的制度体系具备强烈的"官民二重性"特征,国家的法律、政策和社会组织的规章制度同时在其中发挥作用。当前,由于法律体系不完善以及政策话语与观念认知之间存在差异,慈善事业制度当中的矛盾较为普遍。对此种具有高度复合性和较强张力的慈善事业制度体系进行深入研究,有助于更加全面地理解"制度"这一概念在中国情景下的意涵,同时也有助于对中国式现代化国家治理体系的建设维度有一个全新的认知。

第二,丰富中国情境下促进慈善事业发展的国家与社会关系理论。慈善事业实现"善治"是党政部门等国家权力主体和社会组织、企业、公众等社会主体合理分工、协作互动和有效监督的结果。慈善事业的健康、协调和可持续发展需要政府组织、企业组织、社会组织和社会公众等多个主体之间的互动、互信与互助。政府与慈善组织作为两种不同类型的组织,互相掌握和提供对方生存与发展所需的特定资源,二者是一种共生关系。[1] 在推进慈善事业发展的过程中,多元主体应建立起以协同为核心的关系模式,合力促成各类制度有序构建。进一步挖掘我国慈善事业治理主体之间的协同关系,从党政协同、部门协同、央地协同、政社协同四个层面缕析各主体在推进慈善事业制度体系发展过程中的历史演进、角色定位、基本类型、主要特征、行为模式和重点领域等,尝试从主体协同关系的形成与发展这一视角研究我国当前的政社互动模式,这可作为丰富国家与社会关系理论的重要突破点。

第三,形成具有中国特色的政府体制改革理论。我国慈善事业制度创新是一项影响国家治理体系和治理能力现代化的重要改革尝试,在慈善事业发展的过程中必然对既有的政府体制架构和行政管理制度造成一定的冲击,所以需要促进各级政府部门通过对自身职能的调

---

[1] 徐顽强:《资源依赖视域下政府与慈善组织关系研究》,《华中师范大学学报(人文社会科学版)》2012 年第 3 期,第 14—19 页。

整适应慈善制度建设的要求,在增量改革的基础上对旧有体制进行实质性的变革,进行存量调整。本书将在对既有政府改革理论研究的基础上,总结我国慈善事业发展引致的政府制度变迁,拓展政府体制改革的理论范畴,进一步完善政府治理模式和行政体制改革的基础理论。当前要发展慈善事业,需要理顺政府与慈善机构的关系,加强制度法规建设,从政策层面推动慈善事业有序地发展。[①] 研究中国政府管理体制在慈善事业变革过程中的变化与发展,是拓宽政府改革理论研究、形成具有中国特色政府体制改革理论的关键契机。

第四,有助于基于慈善事业治理场域拓展法治理论研究。《中共中央关于全面深化改革若干重大问题的决定》和《中共中央关于全面推进依法治国若干重大问题的决定》在对党的十一届三中全会以来探索社会主义法治道路的理论成果和法治实践经验进行概括、提炼和总结的基础上,对法治在治国理政中的功能有进一步的认识。发展符合中国实际、具有中国特色、体现社会发展规律的社会主义法治理论有以下五个方面的内容:坚持党的领导、坚持人民主体地位、坚持法律面前人人平等、坚持依法治国和以德治国相结合和坚持从中国实际出发。我国慈善事业制度建构需要在法治的框架下不断推进,在法治理论的指导下,对现有慈善事业制度进行修正与重构。中国特色慈善事业法治理论关注制度的执行与监督等重大问题,推动完善慈善领域的国家机关监督、社会监督与公众监督,引起政府部门、企业组织、社会组织、社会公众对于慈善法制建设和慈善事业发展的高度关注,推动我国慈善法制的日趋完善。准确理解、完整把握相关法治理论在慈善领域的内涵与外延,有助于在进一步指导推动我国慈善事业发展的同时,丰富和完善中国特色法治理论的内容、体系和层次。

第五,促进有中国特色的慈善理论研究。在西方,慈善与宗教文化、人道主义、志愿精神、现代财富观、企业社会责任有密切的关系,而

---

① 何兰萍、陈通:《关于当前发展慈善事业的几点思考》,《社会科学》2005 年第 8 期,第 73—78 页。

中华民族传统慈善思想主要存在于儒家文化、墨家文化、道教文化和佛教文化中。改革开放以来,特别是新时代中国特色的慈善与三次分配理论、以人为本理念、和谐社会理念有直接的关联。本研究重点关注对本土语境下中国特色慈善理论的挖掘。当前,我国慈善理论研究与慈善法制建设、慈善事业发展等具体实践之间存在一定的脱节,慈善理念、慈善文化、慈善捐赠的发展滞后于西方发达国家,这对我国慈善事业的进一步发展形成了一定的阻碍。慈善事业制度体系建设不仅需要完善的制度环境作为基础,也需要提升群众的慈善意识,形成全社会认同的慈善文化氛围,树立健康的慈善观念,弘扬积极的慈善精神。本书旨在通过对慈善概念、慈善主体关系和慈善事业发展机制的全面探讨,构建中国特色社会主义慈善理论体系,促进慈善理论与业务实践的良性互补与有效互动,提升中国特色慈善理论的影响力。

(二)实践意义

第一,构建符合中国国情的慈善事业制度体系。本研究的重点在于以现有慈善法律政策为基础,尝试构建起更为完善的慈善事业制度体系。随着《慈善法》的公布、施行和修正,慈善事业的发展日益受到重视,建设慈善事业制度的重点将集中在对慈善法律法规的适用与解释,慈善法制配套的实施条例、慈善事业运行的具体规则构建等多个重要领域。本书通过对我国慈善事业法律史的回溯,探索我国慈善事业在社会变迁过程中的基本要素和伦理精神,以总结概括出推进中国式现代化慈善事业制度体系建设的重要原则。全书立足中国国情,锚定我国慈善事业制度短板,进一步明确慈善法律的适用范围和具体解释,就制定并出台支持慈善事业发展的细则和构建慈善事业配套制度体系提出建议,以弥补现有慈善事业相关规则的不足,形成具有中国特色的慈善事业制度体系,进一步提升我国慈善领域的法治建设水平。

第二,探究建构多元治理主体之间的协同和参与机制。慈善事业的发展既需要政府的鼓励和推进，也需要全社会群众的积极参与。①
在我国慈善事业制度体系得到初步创新发展的同时，其运行效果有赖
于以党政部门为代表的国家权力主体和以社会组织为代表的社会参
与主体之间的协同保障。党政部门作为国家治理的主体部门，对慈善
事业制度建设发挥方向引领和业务指导的作用，在把握慈善事业发展
方向、优化慈善组织结构、提升慈善组织能力等方面发挥重要的引领
作用。企业在生产产品的同时，履行企业社会责任，在推进慈善事业
发展的过程中提供资金、人力、场所等方面的支持。社会组织是推进
慈善事业发展的重要力量，通过项目化运作的方式开展慈善活动，提
供多种类型的慈善服务。多元主体在慈善事业制度创新过程中的角
色、功能、作用等不同，要通过有效的协同机制使各主体坚守发展慈善
事业这一目标，获取有效的参与路径。本书旨在厘清党政协同、央地
协同、政社协同一体的协同和参与机制，并初步设计促成慈善事业顺
畅运行的协同路径。

第三，实现慈善事业综合性监管体系的范围拓展与制度安排创
新。《慈善法》对慈善活动的领域做出了界定，将慈善组织、非慈善组
织、民间组织开展的慈善性质的活动都纳入了监管范围，这对我国慈
善事业监管体系和监管能力提出了非常高的要求和严峻的挑战。本
书在国家与社会关系理论的指导下探索在国家与社会层面实现慈善
法制监督的全面参与，以对慈善活动实施有效监督，构建综合性的慈
善法制监管体系；基于我国慈善事业的整体性发展情况，探讨国家权
力机关监督、社会监督、公众监督等内外部机制的作用和有效协同，在
保持国家权力主导的监督体制内，实现对社会力量的充分赋权，发挥
企业、社会组织、社会群众的主体性作用，明确各监督主体的权利与义
务，厘清慈善监管的边界，有效助力综合性慈善监管体系建设。

第四，提出促进公众参与慈善事业的方案设想。慈善事业的发展

---

① 林卡、吴昊：《官办慈善与民间慈善：中国慈善事业发展的关键问题》，《浙江大学学
报（人文社会科学版）》2012 年第 4 期，第 132—142 页。

不仅需要国家权力的全面把控,也需要有效的公众参与。公众参与一方面能优化社会对特定领域公共服务的需求表达机制,另一方面能促进慈善募捐、慈善捐赠、志愿服务和慈善信托等具体机制的改善。本书将系统总结党政部门和社会组织在动员公众参与方面的主要策略,推动多元力量的培育,并引导其走向规范化,最终形成以基层党组织和政府为核心,通过组织化平台及活动,社区居民、社会组织、企事业单位多主体有机联动的富有活力的公共慈善参与模式。

第二节　文献述评

国内外慈善事业制度相关研究历经多年发展,形成了丰富的研究成果。本节分别对国外和国内相关研究进行述评,对国外研究的述评侧重于慈善事业法律、慈善事业治理和慈善组织发展等多个方面的研究成果,国内研究述评则重点回顾宏观层面和中观层面的慈善事业法律、慈善事业协同、慈善事业监督和慈善事业动员等制度元素方面的相关研究。了解全球范围内有关慈善事业的理论变迁和对慈善事业发展现状进行总结与反思,是推进我国慈善事业制度体系构建的重要依据和基础。

一、国外相关研究综述

国外关于慈善事业制度体系的研究集中于政府与慈善事业关系、慈善事业法律、慈善事业治理和慈善组织发展四个层面的内容,涉及信托、产权和捐赠多个领域的具体议题。回顾和梳理国外慈善事业制度的相关研究成果,剖析其文献研究的主要贡献及可能存在的不足,可以为开展中国慈善事业制度创新研究提供借鉴。

(一)政府与慈善事业关系研究

政府是慈善事业最重要的资源,可从公平性、多样性和需求优先性等层面优化非营利组织的服务。布赖森等认为新公共服务运动正在超越传统的公共行政和新公共管理,是对部门协同、政府责任缺失以及公共管理方法缺点的回应。作为公共价值观的保证者，政府可以发挥特殊的作用，同时政府对公民、企业和非营利组织的领导也会促成各种社会力量成为积极的公共问题解决者。① 政府对慈善事业的促进作用主要表现为政府与其他主体在慈善治理中形成的合作关系。

邓恩针对慈善监管制度的相关问题进行了细致的探讨，认为政府监管模式并不意味着将行业自律绝对地排斥在外，而行业自律模式也不意味着政府对慈善事业完全不介入、不监督，政府对慈善事业的监管与行业自律应互相适应，优势互补。② 制度主义学者在检视政府对慈善事业的监管效果时指出，基于制度同构逻辑，慈善组织会倾向于模仿在制度中广受认可的组织模式，从而获得政府认可。③ 政府对慈善事业的监管和规范为慈善事业的发展提供了不竭动力，也影响着慈善组织的架构设置。

（二）慈善事业法律研究

国外学者对于慈善和慈善事业、慈善组织的研究较为深入、完善和系统。在慈善事业的历史研究方面，《英国慈善、自利和福利》一书追溯了在英语中慈善、自利和福利等词的起源和内涵变化。④ 法律法规对慈善组织的限定与规范方面的研究聚焦于慈善法、税法。从国家管理体制的角度来看，综合性的慈善法是国家治理慈善组织体制机制的重要体现。部分研究将信托法、税法和行政法关于慈善事业的条款

① John M. Bryson, Barbara C. Crosby, and Laura Bloomberg, "Public Value Governance: Moving beyond Traditional Public Administration and the New Public Management," *Public Administration Review*, Vol. 74, No. 4, 2014, pp. 445-456.

② Alison Dunn, "Regulatory Shifts: Developing Sector Participation in Regulation for Charities in England and Wales," *Legal Studies*, Vol. 34, No. 4, 2014, pp. 660-681.

③ Reza Hasmath and Jennifer Y. J. Hsu, "Isomorphic Pressures, Epistemic Communities and State-NGO Collaboration in China," *The China Quarterly*, Vol. 220, 2014, pp. 936-954.

④ Martin Daunton, *Charity, Self-interest and Welfare in Britain: 1500 to the Present*, Routledge & CRC Press, 2005, p. 98.

融合称为"慈善法",慈善法为慈善机构提供了一种不同于传统的运作环境。① 博格特从慈善信托的角度出发将慈善信托定义为一种依据衡平法认定的、为了社会公众全体或某一部分、具有实质社会利益的一种信托。现有研究总结出六类因具有私益性目的而不符合慈善信托的情况：捐赠人在表述慈善目的时暗示了私益目的；表述的慈善目的中包含着其他私益目的；慈善目的和私益目的被相互交替表述；财产被适用于慈善目的或者私益目的，这两种目的被分别表述；受托人被要求使用财产总体为了一个慈善目的，剩余财产用于一个私益目的；设立信托是为了一个私益目的，而剩余财产用于一个慈善目的。②

（三）慈善事业治理研究

艾哈迈德等认为，2008 年的国际金融危机严重影响了各级政府的职能和运作，减少工资和福利的典型做法将可能导致反政府行为，重叠的责任和信息的缺失阻碍了有效的治理和良性竞争，在这种背景下，有意义的改革必须处理好收入、分配以及责任转移间的协同性问题。③ 慈善事业的协同治理要求政府处理好与企业、慈善组织等主体的分工关系，同时通过政策确立慈善事业发展的标准和责任。

慈善协同治理的研究往往关注政府与慈善组织间关系这一主题，并将这一主题置于第三部门或非营利组织与政府关系的视角下，聚焦于政府与慈善组织关系的模式研究。总体来看，关于政府与慈善组织

---

① Michael Chesterman, "Foundations of Charity Law in the New Welfare State," *The Modern Law Review*, Vol. 62, No. 3, 1999, pp. 333 – 349；Kerry O'Halloran, Myles McGregor-Lowndes, and Karla W. Simon, *Charity Law Social Policy：National and International Perspectives on the Functions of the Law Relating to Charities*, Springer, 2008, p. 12；Belinda Pratten, "Charity Law Reform：Implementing the Strategy Unit Proposals," *Journal of Philanthropy and Marketing*, Vol. 9, No. 3, 2004, pp. 191 – 201.

② Rory Ridley-Duff and Mike Bull, *Understanding Social Enterprise：Theory and Practice*, Sage, 2011, p. 13.

③ Nyarwi Ahmad, "Political Marketing Management of Parliament Under the Presidential Government System：A Lesson Learned from the Indonesia House of Representative Post-New Order Soeharto," *Journal of Political Marketing*, Vol. 16, No. 2, 2017, pp. 71 – 94.

之间的关系研究认为,国家和慈善组织具有非对称性的组织权能,保持着支配与协作的基本模式,政府和慈善组织之间长期为一种以依附为基础的合作关系。美国的慈善法在早期受到英国传统普通法的定义影响,关注反贫困、教育提升、宗教信仰三个方面的主题。进入现代后,美国研究者从慈善事业的经济利益出发考察政府与慈善组织之间的关系,重点关注慈善机构及其捐赠者的税收利益、公益慈善的类别、私人基金会的制度演进、基金会的宣传和游说限制、慈善机构允许的商业活动、董事的选举和职责等内容。国外政府与慈善组织的关系始终为合作基础上的管控关系,政府通过各项制度和政策严格规范慈善组织的行动。

某组织一旦获得慈善资格,成为慈善组织,则自动获得财政税收上相应的优惠待遇;慈善组织在政府及其他机构的拨款中享有优先机会;通过成为慈善组织可以获得广泛的社会声誉。因此,任何滥用慈善资格,或者将慈善组织用于谋取私利或危害国家、社会的行为,都是不能接受的。[1] 奥哈洛兰等认为应确保慈善组织在透明、问责和相应的治理标准下从事活动。就监管原则而言,慈善监管或者说对慈善组织及其相关活动的监管也是为了更好地保障结社自由,而绝非为了限制而限制。[2] 莫里斯就认为慈善组织的结社自由本身就是基本人权,同时现代意义上的慈善监管更要强化对人权的保护。这就要求现代慈善监管坚持独立、合规、问责、透明等基本原则。[3] 在慈善组织治理中,报告、账目、审计与公开制度发挥着非常重要的作用,道斯认为对慈善部门成功监管的关键取决于慈善审计员而非监管者。英国在慈善组织报告、账目、审计与公开制度方面所进行的改革力度很大,基本

① Richard Fries,"Charity Commission for England and Wales," *The International Journal of Not-for-Profit Law*, Vol. 8, No. 2, 2006, pp. 7–16.

② Kerry O'Halloran, Myles McGregor-Lowndes, and Karla W. Simon, *Charity Law Social Policy: National and International Perspectives on the Functions of the Law Relating to Charities*, Springer, 2008, p. 12.

③ Debra Morris, "Charities and the Big Society: A Doomed Coalition?" *Legal Studies*, Vol. 32, No. 1, 2012, pp. 132–153.

上建立起了系统完备的慈善组织报告、账目、审计与公开制度,为其他国家在这方面的改革提供了重要的立法参考。[1] 慈善组织监督制度的规范性和完整性较强,通过监督管理有效保障了慈善组织的规范化运作。

慈善组织托管人在以英国为代表的英美法系国家有着重要意义。英国慈善法规定慈善组织托管人是指对慈善组织的运行进行全面控制与管理之人,围绕托管人的资格、选任、权利义务、执行等基本问题有着详细的论述。拉克斯顿认为应当根据相应的地位(是否为慈善组织)或者其法律结构形式(信托、公司或非法人社团等)来判断托管人相应的权利和义务关系。不同类型的慈善组织,除非慈善法另有规定,在信义义务及其他法定义务履行的范围、程度、判断标准等方面可能会有所不同。忠实义务原则强调慈善托管人应当忠于目标,并通过恰当的管理避免或解决利益冲突问题。[2] 对慈善组织的产权规定明确了各类主体的权责关系,推动了慈善组织的规范化发展。

(四)慈善组织发展研究

英国的慈善组织可分为两大类,一类是具有独立法人资格的慈善组织,另一类是不具有独立法人资格的慈善组织。前者包括慈善公司、法人型慈善组织等,后者包括慈善信托与非法人社团这两种组织形式。慈善公司一般采用的是担保有限公司的形式,库里蒂对其进行了系统的研究。[3] 法人型慈善组织是英国在慈善组织法律结构形式方面的一种创新的组织形式,摩根和弗莱彻认为相较于慈善公司,其只需根据《慈善法》进行规制,避免慈善公司受到慈善法与公司法的双重

---

[1] Greyham Dawes, "Charity Commission Regulation of the Charity Sector in England and Wales: The Key Role of Charity Audit Regulation," in Klaus J. Hopt and Thomas Von Hippel, eds., *Comparative Corporate Governance of Non-Profit Organizations*, Cambridge University Press, 2010, pp. 849-895.

[2] Peter Luxton and Judith Hill, *The Law of Charities*, Oxford University Press, 2001, p. 203.

[3] Maurice C. Cullity, "The Charitable Corporation: A 'Bastard' Legal Form Revisited," *The Philanthropist*, Vol. 17, No. 1, 2002, pp. 17-40.

规制,同时也相应地减少监管负担及两种不同法律之间可能存在的适用冲突。① 关于非法人社团的研究,欧文等认为,随着志愿协会的兴起以及慈善事业由个人慈善向组织慈善的转变,非法人社团作为一种法律结构形式可能会应用到很多慈善组织当中。② 慈善性的非法人社团解散时,需要将剩余财产用于其他慈善目的而不能在成员间进行分配。③ 随着慈善事业的发展,政府、企业、非营利组织相互渗透、协同发展已经成为现代社会的发展趋势,在这种背景下,被不少学者称为"第四部门"的社会企业在英国、美国、加拿大、澳大利亚等西方国家应运而生。关于社会企业的具体含义在学界与实务界历来存在很大争议,斯比尔等认为可以通过不同的法律结构形式成立社会企业,其中包括股份有限公司、担保有限公司、合作社、社区利益协会、非法人社团等。④ 具有法人资格的慈善组织和非法人的慈善组织都是慈善事业发展的重要主体,在慈善事业中发挥着重要作用。

慈善资金是发展慈善事业的物质保障。在当代社会,慈善资金的筹集从主体、形式到监管等方面都发生了巨大的变化。与职业筹款人和商业参与人相关的法律规制最早见于英国《慈善法》的第二部分。加斯金认为,早期慈善募捐存在诸多问题,如令人讨厌且受人操纵的募捐方法、过多的募捐请求、过高的募捐成本以及虚假募捐。⑤

---

① Gareth G. Morgan and Neil J. Fletcher, "Mandatory Public Benefit Reporting as a Basis for Charity Accountability: Findings from England and Wales," *Voluntas*, Vol. 24, No. 3, 2014, pp. 805-830.

② David Owen, *English Philanthropy, 1660 - 1960*, Harvard University Press, 2014, p. 125.

③ Harold A. J. Ford, "Dispositions of Property to Unincorporated Non-Profit Associations," *Michigan Law Review*, Vol. 55, No. 2, 1956, pp. 235-260.

④ Roger Spear, Chris Cornforth, and Mike Aiken, "The Governance Challenges of Social Enterprises: Evidence from a UK Empirical Study," *Annals of Public and Cooperative Economics*, Vol. 80, No. 2, 2009, pp. 247-273.

⑤ Katharine Gaskin, "Blurred Vision: Public Trust in Charities," *International Journal of Nonprofit and Voluntary Sector Marketing*, Vol. 4, No. 2, 1999, pp. 163-178.

二、国内相关研究综述

慈善事业是中国共产党为民宗旨的重要实践,在消除贫困、维护社会和谐稳定等方面具有重要作用。社会保障制度包括社会福利、社会保险、社会救助、社会优抚和社会安置等,慈善事业是我国社会保障制度的重要补充,确保社会保障制度的完整性。社会治理是指政府、社会组织、企事业单位、社区以及个人等主体依法对私人事务、社会事务、公共事务进行引导和规范,最终实现公共利益最大化的过程。慈善事业是我国社会治理体系的重要内容,是社会治理不可或缺的有机组成部分。社会主义核心价值体系包括马克思主义指导思想、中国特色社会主义共同理想、以爱国主义为核心的民族精神和以改革创新为核心的时代精神、社会主义荣辱观四个方面的内容。慈善事业使人与人之间更加和谐友爱,它是我国社会主义核心价值观的重要载体。中国慈善事业制度的相关研究聚焦慈善事业、慈善协同发展、慈善监督、慈善参与四大核心主题,对慈善发展史、慈善伦理、协同基础理论、慈善领域的协同实践等内容进行总结和梳理。深化中国慈善事业制度研究,是推进中国慈善事业法律制度创新的动力源泉。

为从整体上把握慈善事业的研究脉络,本书首先运用 CiteSpace 软件对国内关于慈善事业的研究文献进行计量分析,系统梳理慈善事业的研究图谱与重点议题。为保证文献样本覆盖慈善事业领域的代表性研究成果,本书以中国知网(CNKI)数据库为检索平台,选择高级检索方式,检索条件设置为主题 = "慈善事业"或"公益慈善"或"公益事业",检索条件 = "精确",期刊来源类别 = "CSSCI",进行同义词扩展后进行检索,共获得 2891 篇文献,检索时间为 2024 年 8 月 16 日。在数据清洗过程中剔除了新闻报道、会议综述、述评、栏目主持人导语、无作者的文章以及重复刊发的文章等,最终获得有效文献 2446 篇作为文献计量统计和可视化分析的数据源。

通过对慈善事业研究的文献进行关键词共现分析,绘制出关键词共现知识图谱(图 1-1)。图谱中共有 693 个节点,912 条连线。节点的形状越大,表示该节点所代表的关键词出现的频次越高。网络密度为0.0038,说明慈善事业研究领域关键词的联系程度较低,这可能是因为慈善事业研究涉及多样化的研究领域。为了更准确地呈现关键词的地位和关系,笔者进一步对慈善事业研究领域的关键词频次及其中心性进行统计(见表1-1)。其中,关键词中心性测度了该关键词在整个共现网络关系中的重要性,中心性大于0.1的节点可以被视为网络结构中的关键节点,通常是连接两个不同领域的关键媒介。[①]由表1-1可知,慈善事业、慈善、慈善组织、共同富裕、慈善捐赠和公益事业是该领域的关键节点。综合慈善事业研究关键词共现知识图谱和高频关键词统计表可知,我国慈善事业领域的关键词反映了慈善事业的不同研究面向,即围绕慈善事业、慈善组织、慈善法、共同富裕等关键词展开,重点探讨慈善事业的公信力、法律框架、捐赠行为、信托模式以及慈善文化的构建与影响。

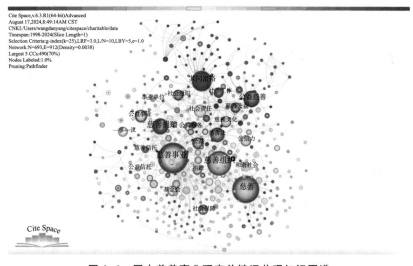

图1-1 国内慈善事业研究关键词共现知识图谱

---

① 李杰、陈超美:《CiteSpace:科技文本挖掘及可视化》,首都经济贸易大学出版社2016年版,第89页。

表 1-1　国内慈善事业研究前 10 位高频关键词统计表

关键词	频次	首现年份	中心性
慈善事业	204	1999	0.32
慈善	159	1999	0.26
慈善组织	123	2003	0.10
共同富裕	68	2021	0.14
慈善捐赠	60	2008	0.11
公益慈善	59	2012	0.09
公益事业	39	1998	0.12
慈善法	36	2014	0.09
社会责任	35	2007	0.02
公益	32	2009	0.07

（一）慈善事业相关研究

1978 年实行改革开放政策后，我国学术界开始对慈善及慈善事业进行广泛研究，研究内容主要集中在慈善历史、慈善伦理及慈善事业整体发展方面。近年来随着党和国家对慈善发展关注度的不断提升，伴着社会转型时期公众对于发展慈善事业的迫切需要，学术界对我国慈善思想及慈善事业的研究也在深化，研究视角得以拓宽，新的学术成果不断涌现。

1. 关于慈善历史方面的研究

周秋光、曾桂林对我国的慈善发展历史进行了全面系统的阐述，既从理论上进行了探讨，又有思想上的分析，还有史实上的概括。他们认为儒、道、佛是中国古代社会慈善事业酝酿产生和发展的三大思想源头，提出近代慈善事业有五大特征，慈善事业是调节社会关系、构建和谐社会的动力与重要力量等观点。[1] 王俊秋则以中国传统文化中的慈善思想作为切入点，介绍我国慈善发展的历史进程及慈善的定义

---

[1]　周秋光、曾桂林：《中国慈善简史》，人民出版社 2006 年版，第 133 页。

和作用,并归纳出古代、近代和现代三个历史阶段中慈善救济的不同特点。① 慈善史的研究为明确中国慈善事业的思想源头提供了翔实资料,从历史变迁中汲取慈善思想的养分,为慈善事业的持续发展提供借鉴和参考。

2. 关于慈善伦理方面的研究

周中之分析了慈善伦理在当代中国社会发展中的现实价值:一是实现道德分配,促进社会和谐;二是弘扬人文精神,拒绝道德冷漠;三是增强社会责任感,培育现代公民意识。他认为必须对慈善伦理的研究内容进行梳理概括,并进行顶层设计。慈善伦理的理论建构可以分为慈善伦理基本问题研究、慈善伦理与文化传统研究、慈善伦理与现代公民教育研究三大板块。② 刘美玲认为,当代我国慈善事业的基本伦理原则涉及三个方面的内容:慈善事业的一般伦理原则、慈善事业参与者各自应该遵守的特殊伦理原则、政府等慈善公益组织的管理部门应遵循的主要伦理原则。③ 王银春在其所著《慈善伦理引论》一书中,追根溯源,比照互鉴,梳理了中西方慈善伦理思想,提出扬弃中西方慈善伦理思想,实现中国传统慈善伦理现代转型,认为中国化马克思主义慈善伦理是构建中国特色社会主义慈善伦理的创新路径。④ 彭柏林和陈东利认为,经过改革开放四十多年的探索与实践,党和政府在中国特色社会主义慈善治理方面积累了甚为丰富的经验,其中比较突出的经验有五个方面:以人民为中心的价值立场、党建引领的治理路径、培育和践行社会主义核心价值观的价值观引导方式、全方位多维度外部监管机制和"三位一体"内部治理模式。⑤ 慈善伦理的相关

---

① 王俊秋:《中国慈善与救济》,中国社会科学出版社 2008 年版,第 54—55 页。

② 周中之:《当代中国慈善伦理的价值及其理论建构》,《齐鲁学刊》2013 年第 1 期,第 64—68 页。

③ 刘美玲:《当代中国慈善事业伦理原则探究》,《郑州大学学报(哲学社会科学版)》2010 年第 3 期,第 29—32 页。

④ 王银春:《慈善伦理引论》,上海交通大学出版社 2015 年版,第 176—177 页。

⑤ 彭柏林、陈东利:《中国特色社会主义慈善治理的经验与展望》,《伦理学研究》2021 年第 2 期,第 30—37 页。

研究明确了慈善事业发展的基本价值和道德伦理,为培育公众的慈善意识、促进慈善文化建设提供了相关依据。

3. 关于慈善事业整体发展方面的研究

郑功成在《当代中国慈善事业》一书中,从政府在慈善事业发展中的角色定位和我国慈善事业的演变、慈善组织发展、志愿者事业的发展等角度,全面而系统地探讨了当代我国慈善事业的发展现状。特别是,此书为政府制定促进慈善事业发展方面的政策法规提供了合理的参考依据。① 政社关系逐渐成为慈善事业研究的重要组成部分,张圣、徐家良用渐进式赋权概括政社互动规律,认为"渐进式赋权"经历"政府全能—社会组织依附式参与""政府主导—社会组织半依附式参与"和"政府监督—社会组织自主运作"三个阶段的演变。② 宁玉梅、林卡通过词频分析和聚类分析发现,慈善研究的发展大致经历了三个阶段:第一阶段(1993—2007),研究重点在于慈善事业的恢复和发展问题;第二阶段(2008—2015),研究议题扩展到组织公信力与制度建设等焦点问题;现阶段(2016 年至今),研究侧重于慈善法、互联网公益和社会治理等新的议题。③ 慈善事业的发展从国家主导逐渐向多元主体互动、网络化参与方向转型。

(二)慈善事业法律制度研究

慈善事业法律制度是规制慈善行为的根本标准,是实现慈善活动、慈善项目合法开展、合法运作的重要前提,慈善事业法律制度的研究是慈善事业法律制度创新的基石。国内慈善事业法律制度研究主要集中在慈善事业法律制度的原则与理念、内容与创新、问题与优化路径三个方面。

---

① 郑功成:《当代中国慈善事业》,人民出版社 2010 年版,第 202 页。

② 张圣、徐家良:《政府慈善赋权何以走向有序? ——探寻渐进之道》,《学习与实践》2021 年第 3 期,第 77—88 页。

③ 宁玉梅、林卡:《中国慈善研究发展的阶段性及其解释——基于文献的关键词分析》,《浙江大学学报(人文社会科学版)》2021 年第 3 期,第 196—207 页。

1. 慈善事业法律制度的原则与理念

慈善事业法律制度的原则与理念是指引慈善事业法律制度发展方向、体现慈善立法精神的重要内容。慈善事业法律制度的原则与理念主要包括公益原则、正义原则、服务社会原则、可持续原则等方面的内容。公益原则是慈善事业法律制度的表述基石，是慈善认定、政府监管与财税优惠的逻辑起点。公益原则具体是指慈善目的在质量方面具备有益性，在数量方面满足公共性。① 分配正义是慈善事业法律制度的又一重要价值体现。分配正义不仅体现在慈善法的生成过程中，同时也反映为法制演进过程中的慈善财产再分配。② 随着社会主义市场转型的加快，我国慈善理念逐步从行善积德向社会变革转变，在新时代国家发展战略下，慈善事业既是社会保障制度的组成部分，又是推动社会创新和社会进步的重要力量。③ 慈善事业的发展与市场经济的结合使得慈善法治更加重视善文化中的经济要素，通过改善慈善生态路径、创新慈善治理机制等方式实现善经济的总体发展目标，达成社会持续发展和进步的宏观愿景。④ 慈善事业法律制度坚持公共性、正义理念、持续性等基本原则，与政府改革、市场发展、社会发育的趋势相一致。

2. 慈善事业法律制度的内容与创新

慈善事业法律制度的内容主要包含慈善事业法律制度的调节对象、调节领域和立法规制等。慈善事业法律制度是社会法的重要范畴，慈善法律主要调整相对优势地位者与劣势地位者之间的不平衡，

---

① 李德健：《〈慈善法〉中的公益原则及其解释进路》，《北方法学》2021 年第 3 期，第 130—138 页。

② 吕鑫：《分配正义：慈善法的基本价值》，《浙江社会科学》2018 年第 5 期，第 41—49、157 页。

③ 徐道稳：《改革开放以来中国慈善事业的转型发展——以国家发展战略为分析视角》，《社会科学》2021 年第 1 期，第 66—76 页。

④ 王肃羽、刘振杰：《善经济时代的慈善发展与社会治理机制探析》，《河南社会科学》2017 年第 11 期，第 63—68 页。

是对社会权利的矫正与实现。① 慈善事业法律制度调整慈善网络募捐关系,具体包括两个方面的内容:一是慈善组织与捐赠人、受益人之间的社会关系;二是互联网募捐服务平台与慈善组织、捐赠者之间的社会关系。② 慈善事业法律制度对社会组织募捐行为进行事中事后规范管理,持续督导社会组织依照法律法规开展募捐活动。③ 2016 年公布的《慈善法》为公共价值的实现提供了更为多样化的组织载体选择,并以行为判断而非动机判断作为促进慈善活动常态化的制度安排逻辑,从长远看有利于铺设慈善的社会化路径。④ 慈善事业法律制度为慈善组织、慈善活动等提供了较为明确的权责义务关系,通过主体的规范参与推动法制创新,与时俱进。

3. 慈善事业法律制度的问题与优化路径

慈善事业法律制度设立了慈善公募资格许可,存在以政府选择替代市场选择的问题,应当实现从慈善公募资格许可制度转向对公募行为的规制。⑤《慈善法》颁布后,募捐主体、募捐地域限制和网络募捐平台的法律地位成为网络募捐研究的三个重要问题。⑥ 慈善事业法律制度包含对慈善信息公开的相应条款和规则,但是仍然存在立法真空、规制抽象模糊、条款缺乏一致性等问题。⑦ 建设慈善事业法律制度

---

① 吕鑫:《从社会组织到慈善组织:制度衔接及其立法完善》,《苏州大学学报(哲学社会科学版)》2022 年第 5 期,第 98—110 页。

② 沈国琴:《基于慈善法社会法属性的慈善网络募捐关系的应然走向分析》,《学术交流》2019 年第 3 期,第 75—82 页。

③ 蔡科云:《社会组织募捐行为的慈善法塑造——以过程控制为视角》,《学习与实践》2019 年第 10 期,第 73—82 页。

④ 褚松燕:《慈善法的公共价值倡导及其实现路径》,《复旦学报(社会科学版)》2017 年第 2 期,第 173—179 页。

⑤ 贾西津:《资格还是行为:慈善法的公募规制探讨》,《江淮论坛》2017 年第 6 期,第 95—102 页。

⑥ 金锦萍:《〈慈善法〉实施后网络募捐的法律规制》,《复旦学报(社会科学版)》2017 年第 4 期,第 162—172 页。

⑦ 何华兵:《〈慈善法〉背景下慈善组织信息公开的立法现状及其问题研究》,《中国行政管理》2017 年第 1 期,第 39—43 页。

的本意是鼓励慈善事业发展,保障慈善参与者的权利,但由于受到我国历史与现实的约束,《慈善法》的一些重要制度在现实中很可能会受到公权力的影响,因此亟须推动慈善领域的去权力化进程,实现公权力对慈善活动由全面管控转变为事后监管,放松其他不必要的限制。① 慈善事业的现存问题凸显出我国的制度体系建设还存在亟须完善的地方。

(三)慈善事业协同制度研究

随着改革开放的持续推进,社会治理领域由政府力量单一主导的模式开始转型,伴随着社会力量迅速发展壮大,多元行为主体越来越多地参与社会治理。同时,由于公共管理复杂性的增强以及公共危机事件的频发,无论是国家、市场还是被许多人寄予厚望的社会都无法单独承担应对风险的重任。2004 年党的十六届四中全会提出"建立健全党委领导、政府负责、社会协同、公众参与的社会管理格局"。在这种背景下,协同治理成为最热门的研究焦点之一,而慈善领域中的协同治理问题也受到了越来越多的关注。

1. 协同制度的基础理论研究

这方面研究主要包含协同治理的定义阐述、特征分析、现实意义等内容。郑巧、肖文涛从服务型政府构建的角度出发,认为其价值理念以一种内化的方式渗透到政府治理模式的选择中,引领着政府治理模式的变革和创新,因此,以寻求公共利益与共同体普遍共识为目标的协同治理便具备了强大生产力和驱动力。② 在定义阐述上,俞可平认为国家与社会协同治理的实质,就是政府与公民对社会政治事务进行合作管理,简单地说,就是官民共治。③ 李辉认为协同治理是指处于

---

① 高西庆、杨海璇:《权利导向立法中的权力导向风险——〈慈善法〉的新视角》,《清华法学》2016 年第 6 期,第 190—205 页。

② 郑巧、肖文涛:《协同治理:服务型政府的治道逻辑》,《中国行政管理》2008 年第 7 期,第 48—53 页。

③ 俞可平:《重构社会秩序走向官民共治》,《国家行政学院学报》2012 年第 4 期,第 4—5 页。

治理网络中的多元主体通过协调合作,产生有序的治理结构,以促进公共利益的实现。① 有关协同治理特征,杨华锋指出其体现在行动者系统的开放性、行动策略组合的多样性、文化制度结构的适应性、网络化组织的创新性以及社会协同机制的有效性等五个方面。② 陈明明指出国家治理的优劣不仅要看民主状况,还要看国家是否能推动经济的发展、实现社会的稳定、促进人民团结和社会发展。③ 因此,国家所处的治理环境实际上是由国家所处的内外环境和压力决定的。改革开放以来中国国家治理的基本进程主要是围绕以下三个结构性主题展开的:一是政府与公民的关系,二是中央与地方的关系,三是政党与国家的关系。这三组关系在全局上具有决定性意义。

2. 政府转型和职能转移进程中的协同研究

协同治理是新时代我国公共管理范式创新的方向,通过进一步强化政府与私人部门、第三部门的合作,培育多元管理主体,转变政府职能,完善协同参与机制,实现政府向协同治理模式转变,从而建立政府、市场、第三部门三维框架下的多中心协同治理体制。姬兆亮等立足于我国权力结构的传统现实,认为政府应明确自己协同治理型政府的角色定位,从而确保政府在公共事务管理中与其他治理主体共同承担责任、明确合作提供公共服务时的职责所在。④ 郁建兴认为国家在走向社会治理进程中的根本保障在于制度化与法治建设,影响社会治理发展轨迹与进程的力量主要来自国家与社会的良性互动,而良好的社会基础则构了社会治理的动力机制与内生逻辑。⑤ 政府职能转移

---

① 李辉、任晓春:《善治视野下的协同治理研究》,《科学与管理》2010 年第 6 期,第 55—58 页。

② 杨华锋:《协同治理:作为社会管理创新策略的比较优势》,《领导科学》2012 年第 16 期,第 54—55 页。

③ 陈明明:《政府与公民、中央与地方、政党与国家:国家治理的三个结构性主题》,《国家治理》2014 年第 6 期,第 20—24 页。

④ 姬兆亮、戴永翔、胡伟:《政府协同治理:中国区域协调发展协同治理的实现路径》,《西北大学学报(哲学社会科学版)》2013 年第 2 期,第 122—126 页。

⑤ 郁建兴:《走向社会治理的新常态》,《探索与争鸣》2015 年第 12 期,第 4—8 页。

是调整政府与社会力量关系的前提,推动了政府与社会力量在慈善领域的协同发展。

3. 公共服务供给中的协同研究

在政府职能转移的过程中,社会力量逐渐开始承担公共服务职能,因此学界也将公共服务供给层面的协同治理作为研究对象。郑恒峰从机制创新入手,在分析我国公共服务供给中政府"全能"和"无限责任"的弊端的基础上,提出优化服务供给可以通过强化公众服务需求导向,引入市场竞争机制,培育社会自治力量,确立政府与社会的良性互动体系等方式来实现。[①] 公共服务的供给为社会力量参与治理提供了良好的契机,因而社会力量被纳入公共服务的协同治理体系,政府与社会力量的协同提高了公共服务的供给效率。

4. 慈善领域的协同研究

随着社会经济发展和思想观念的转变,慈善等涉及政社协同的领域成为协同治理研究的焦点和亮点。郁建兴基于政府治理水平和社会发育程度的考虑,认为社会协同是处理当前中国社会建设中政府与社会间关系的现实选择。社会协同关键在于机制和制度建设,以发挥社会在协同治理中的主体性作用,最终形成政府与社会间协同关系的良性循环。[②] 张丙宣侧重于政府创办的支持型社会组织在协同治理中扮演的角色,认为支持型社会组织发挥着再造理念、建立支持网络、动员整合资源、提高多组织协同解决复杂问题的能力等作用。[③] 这些研究明确了社会组织在协同治理中的重要地位和关键角色,也分析了社会协同在实际运作中出现的诸多困境,并提出了相应的可操作性对策,为社会管理格局的创新提供了理论支撑。

---

① 郑恒峰:《新型城镇化进程中地方政府公共服务能力建设研究——基于公共供求关系视角的分析》,《中共福建省委党校学报》2013 年第 10 期,第 21—26 页。

② 郁建兴:《社会建设的新概念和新体系》,《中共浙江省委党校学报》2012 年第 6 期,第 14—15 页。

③ 张丙宣:《支持型社会组织:社会协同与地方治理》,《浙江社会科学》2012 年第 10 期,第 45—50、72、156—157 页。

（四）慈善事业监督制度研究

国内学者对慈善事业的监督研究集中在公信力层面，大致可以概括为三个方面的主题。

一是对慈善公信力内涵的界定和构成要件的分析。公信力是慈善组织存在的合法性基础，是慈善事业发展的前提条件，也是影响慈善捐赠和慈善形象的重要因素，关系着慈善事业的可持续发展、慈善文化的弘扬和社会建设的有序推进。

二是对我国慈善组织公信力缺失的原因探讨。田凯的"组织外形化"理论指出，非协调约束下的组织运作理论框架内蕴的强制性命题、合法性命题、专用性命题、冲突命题、控制命题、协同命题、辩证命题解释了组织制度外形和实际运作的不一致现象，对中国慈善组织的生成机制和运作逻辑进行了理论说明。[①] 公信力是慈善组织生存的基石，中国慈善组织主要存在合法性危机、缺乏有效的外部监督、组织内部机制不健全等方面的公信力危机，亟须通过改革慈善组织准入体制、转变政府和慈善组织关系等方式解决中国慈善组织的公信力危机。[②] 公信力是慈善事业的立身之本，通过对慈善事业的组织结构、合作关系等方面的研究深刻剖析慈善事业公信力缺失的原因，为提升慈善事业公信力建设夯实研究基础。

三是提升慈善公信力的对策分析。慈善组织的公信力困境成为当前慈善事业发展的最大阻碍，重塑慈善公信力的关键在于从源头实现慈善事业运作透明化。将可追溯原理引入慈善事业运作链条，实现可追溯系统与慈善物资管理的对接，可以从技术和制度两方面实现慈善事业透明化，提升慈善事业的公信力。进一步完善慈善组织治理制度，制定慈善捐赠税收优惠政策，营造慈善捐赠氛围。[③] 慈善组织声誉

---

① 田凯：《组织外形化：非协调约束下的组织运作——一个研究中国慈善组织与政府关系的理论框架》，《社会学研究》2004 年第 4 期，第 64—75 页。

② 何芸：《重塑我国慈善组织的公信力》，《学习月刊》2011 年第 11 期，第 29—30 页。

③ 张鹏、李萍、赵文博：《破解慈善公信力困境：可追溯系统原理运用的理论与实证》，《社会科学研究》2016 年第 3 期，第 40—46 页。

机制具有领导人的"头羊效应"、规模效应的两面性及行业溢出效应，政府、媒介及第三方组织与慈善组织之间声誉成本共担，党生翠在此基础上探讨了我国慈善组织声誉管理的改善途径，提出了建立慈善风险导引制度及慈善审计制度等建议。[①] 公信力是社会组织治理主体的合法性保障。借助 2015 年世界价值观调查（WVS）的中国数据研究发现，政府通过购买公共服务构建合作型政社关系，公共服务需求的回应性影响公众对社会组织的认知。公共服务需求回应性越强，社会组织公信力越高。权威层级取向的文化认知不具有调节作用，集体利益取向的文化认知起负向调节作用。[②] 数据画像是根据相关数据信息抽象出主体、行业、产品等全貌特征的一种技术，可以实现对主体的价值、偏好及潜在行为特征的精准研判。运用数据画像技术可以通过纽带链接、经验沉淀、具象呈现、认同促进、文化营造等方式，增强社会各界对社会公益的认同，提升社会公益的公信力。数据画像为破解社会公益公信力难题提供了有力工具，为新技术条件下社会公益健康发展提供了新路径。[③] 公信力建设需要政府、企业和社会组织的共同努力，通过优化慈善事业的制度设计、运作机制等方式实现强化。

（五）慈善事业动员制度研究

在现实的慈善体系运行过程中，公众参与既是一个重点，也是一个难点。公众参与的方式、群众精神的体现、公众参与的合法性和权威性来源，都是在实际运作过程中碰到的难题。公众对慈善事业的参与，是将治理理论运用于实际社会管理的典型示范，其与一般的公众参与既存在共性之处，也具备个性之处。它既是一种群众精神的实践，也是对群众责任意识的启发，还涉及一种社会治理模式的建立。

---

① 党生翠：《慈善组织的声誉受损与重建研究》，《中国行政管理》2019 年第 11 期，第 111—117 页。

② 任彬彬：《合作型政社关系与社会组织公信力：基于文化认知的调节效应》，《上海对外经贸大学学报》2021 年第 1 期，第 112—124 页。

③ 赵文聘：《数据画像：提升社会公益公信力的一个有益工具》，《中国行政管理》2020 年第 10 期，第 67—72 页。

1. 慈善事业动员的理论基础研究

俞可平提出了善治的六个基本要素：合法性、透明性、责任性、法治、回应、有效。"善治是政府与公民之间的积极而有成效的合作，这种合作成功与否的关键是参与政府管理的权力。"①公民参与就显得非常重要。汪锦军认为，由于政府面临的公共服务问题变得越来越复杂，因此公民参与在很多公共服务领域的重要性不断加强。在公共服务供给中，有效吸纳公民参与的力量，对改善公共服务具有重要意义。② 公民参与和服务型政府建设是治理的重要命题，认清公民在服务型政府构建中的角色、塑造积极的公民精神、提升参与能力、明确政府在推进公民参与中的责任、构建公民参与的制度保障体系是推进公众参与的基本前提，完善服务型政府建设中的公民参与机制、提高公民参与的有效性是刻不容缓的关键任务。③ 慈善事业的发展要求实现社会的广泛动员，通过将社会组织、社会公众等多元社会力量纳入慈善事业发展体系的方式进一步加强动员，促进慈善事业的发展。

2. 慈善参与的动机和影响因素研究

个人慈善行为从本质上讲是高尚的道德行为，武晓峰从伦理角度分析得出慈善行为的动因包括道德中的情感、理性和责任，情感是慈善行为的原动力，理性是慈善行为的助动力，责任是慈善行为的核心动力。④ 通过对我国公民参与公益慈善的现状分析，张进美和刘武指出，在影响居民慈善行为的三大类因素中，慈善认知对城市居民去做慈善行为的影响最大，主观倾向次之，而性别、年龄等人口统计学因素

① 俞可平：《治理和善治：一种新的政治分析框架》，《南京社会科学》2001 年第 9 期，第 40—44 页。

② 汪锦军：《公共服务中的公民参与模式分析》，《政治学研究》2011 年第 4 期，第 51—58 页。

③ 姜晓萍：《服务型政府建设研究——构建服务型政府进程中的公民参与》，《社会科学研究》2007 年第 4 期，第 1—7 页。

④ 武晓峰：《情感、理性、责任：个人慈善行为的伦理动因》，《道德与文明》2011 年第 2 期，第 106—111 页。

的影响最小。[①] 刘武等采用频数和结构方程模型等分析方法，通过分析辽宁省城市居民慈善行为差异，得出文化程度及政治面貌对慈善行为的影响较为显著，收入水平次之，而性别、年龄、职业、婚姻状况几乎未产生影响。[②] 基于利他主义理论和社会交换理论，高静华探究了中国情境下富人、名人、普通公众三类慈善主体的慈善动机的类型和内容发现：富人具有更强烈的家国情怀、表达感恩、家族传承动机；名人有更强烈的获取社会声望、公众人物的责任与担当动机；普通公众更可能因为熟人关系和追随效应行善。[③] 慈善事业的参与动机呈现多元化的特征，需要在具体的实践情景中具体分析，通过供给与动机匹配的方式加强动员，鼓励社会的广泛参与。

三、现有研究述评

通过对相关文献的梳理分析，我们可以发现西方慈善事业的发展和其文化背景与历史根基、运作模式与机制、政府与组织之间的地位关系等有关。其对我国慈善事业研究的启示意义在于明确了我国慈善事业制度建设中需要优先解决的问题：填补慈善组织核心价值观缺失的部分，克服缺乏制度支持导致的运作随意性、消极性的缺陷，以及调整政府与慈善组织之间的不协调关系。

慈善事业在中国转型期的社会管理实践中无疑将承担越来越重要的角色，但通过对国内既有文献的回顾，围绕慈善事业发展的相关本土化制度研究还不够系统，研究领域和内容较为分散，有待进行整合与拓宽。国内对慈善事业相关制度的研究还处于起步期，与国外同行相比还有相当大的差距，尤其缺乏创新理念的提炼总结。相关研究

---

① 张进美、刘武：《城市居民慈善行为微观影响因素实证研究》，《社会保障研究》2014年第6期，第55—61页。

② 刘武、杨晓飞、张进美：《城市居民慈善行为的群体差异——以辽宁省为例》，《东北大学学报（社会科学版）》2010年第5期，第426—432页。

③ 高静华：《利他还是交换：群体视角下慈善动机的影响因素研究》，《社会保障评论》2021年第1期，第146—159页。

不足和有待改进之处主要有以下方面。

首先,对国内既有经验梳理不够深入。改革开放以来我国慈善事业不断发展,各地区慈善事业也形成了有自身特色的经验模式,但学界对已有实践和制度创新的历史背景、发展脉络、运作模式等的研究都远远不够,对于地方创新经验缺乏系统梳理和学理层面的归纳,未能形成贴合中国实际的理论诠释。

其次,对国外经验的借鉴不足。国外的慈善事业起步更早也更为发达,尤其是英国、美国等国家,已经形成了较为系统的制度安排。目前国内学者对国外的研究局限于翻译介绍国外法律制度和著作层面,对其运作特征、制度环境、发展逻辑以及相互之间的内在关系研究较少。

再次,对慈善事业发展与体制改革的互动机制研究缺失。慈善事业的发展也是增量带动存量的改革过程。慈善事业的规范化、法治化、社会化运作需要政府相应的改革来保障。这意味着慈善事业发展与体制改革之间存在着某种互动关系。这项研究在我国目前还刚刚开始,亟须进一步拓展和深入。

最后,对相关配套制度创新的系统化研究不充分。促进慈善事业发展的制度体系是一种具备内在逻辑联系的制度体系。当前对这个制度体系的运作研究还处于初级阶段,只回答了制度的基本构成,对于其在不同领域的差异、内在衔接等还没有深入研究。

第三节　理论框架

我国慈善事业制度体系的构建在理论的指引下进行,学术研究的诸多理论为慈善事业制度分析提供了考察和审视的多元视角,本书选取国家与社会关系理论、渐进决策理论、合法性理论和新制度主义理论作为理论资源。在回溯经典理论的基础上,本书建构起结构—功能视角下的二元分析框架,并定义研究中使用的核心概念。

一、理论基础

（一）国家与社会关系理论

国家与社会的二元关系是慈善研究的重要背景，是在市民社会和法团主义两大理论源流下理解我国慈善事业和社会组织的重要理论工具。关于市民社会的理论研究随西方学者将研究重心由"向上看"到"向下看"的转变而不断深入，研究者关注国家以外的社会场域的变化与发展。20世纪90年代，戈登·怀特基于对浙江萧山社团的研究，指出中国出现了市民社会的萌芽并获得了初步发展。① 市民社会理论强调独立于国家、市场、家庭以外的社会空间，通过多元行动者的网络构建加强行动者的政治参与能力。市民社会理论通过阐释领域的分化过程将第三部门引入国家与市场、国家与社会等范畴的讨论。

市民社会以与国家完全分离的社会空间为理论前提。这一假设与中国社会的现实情况并不吻合，中国不存在完全独立于国家的社会空间和社会组织，因此市民社会理论传入中国后经历了调整与改良，"准市民社会""国家控制下的市民社会"等概念被用于分析改革开放后的中国社会。在将市民社会理论用于中国社会现实分析后，研究者发现了理论与现实难以匹配，因此大部分研究者放弃了市民社会研究，转向借用法团主义概念和框架分析中国的社会现实。② 改革开放后的中国出现了大量的社会团体，工会、妇联等群团组织在国家的支持下非常活跃，成为中国基层动员和利益表达的新载体。对法团主义的理解要植根于其产生的历史背景与观念基础。在法团主义的框架下，社会团体（无论是否由国家力量组建）都会受到国家的制约与影响，社会团体的权利、地位和影响力是国家授权的结果，社会团体对社

---

① Gordon White, "Prospects for Civil Society in China: A Case Study of Xiaoshan City," *The Australian Journal of Chinese Affairs*, Vol. 29, 1993, pp. 63—87.

② 汪锦军：《多元化法团主义：中国"政府—社会组织"关系的新发展》，《探索与争鸣》2022年第9期，第111—121、179页。

会利益具有一定的代表性,同时也受到国家的控制。① 简而言之,法团主义彰显了国家在政治生活中的强势地位,国家将社会团体整合为政治决策的参与主体,社会团体在民主政治中发挥代表和参与作用,从而实现国家与社会关系的有效调节。虽然法团主义被认为是一种较好的利益调节模式,但其理论假设、运行逻辑等多个方面的内容与中国实际情况存在较大的差异。中国和西方在制度方面存在一定相似性,但其核心思想是完全不同的,法团主义理论很难用于指导中国的具体实践。②

无论是市民社会还是法团主义,其理论剖析基本沿袭"二分法"的思路,是一种国家控制或社会主导"非此即彼"的线性思维模式。为了实现对国家与社会的概念统合,"社会中的国家"成为国家与社会关系研究的新领域。"社会中的国家"这一理论最早由米格代尔提出,其认为"社会中的国家"一方面避免了将国家孤立为唯一的主体,另一方面强调了国家与社会交织、相互影响的机制。"社会中的国家"理论突破了国家与社会关系的"二分"思维,从三个方面进一步拓展了国家与社会关系理论的内涵:第一,"社会中的国家"强调国家与社会处于动态的、互相建构的过程之中,不存在静止的国家或社会,国家与社会在互构的过程中不断转化;第二,"社会中的国家"强调国家是"嵌入"社会的,国家与社会对社会结构中的资源展开竞争;第三,"社会中的国家"强调国家与社会在微观场域中的互动机制,国家代言人与社会成员在具体的社会情境中实现交互,交互过程受到制度、文化、动机等多元要素的影响。③ 从中国的具体实践来看,社会组织逐渐从"政府助手"向"政府合作者"转型,逐渐脱离国家的全面控制,并且尝试与政府建立新的关系。对政府而言,则是通过转移相关职能和购买服务等方式加

---

① Philippe C. Schmitter, "Still the Century of Corporatism?" *The Review of Politics*, Vol. 36, No. 1, 1974, pp. 85—131.

② 吴建平:《理解法团主义——兼论其在中国国家与社会关系研究中的适用性》,《社会学研究》2012 年第 1 期,第 174—198 页。

③ 〔美〕乔尔·S. 米格代尔:《社会中的国家:国家与社会如何相互改变与相互构成》,李杨、郭一聪译,江苏人民出版社 2013 年版,第 24—25、52—53、69—70 页。

强对社会组织的管控。"社会中的国家"理论为剖析国家与社会关系提供崭新的动态视角,推动国家与社会关系理论的深化。

（二）渐进决策理论

公共政策研究按照研究取向或研究旨趣的差异可以分为"政策过程的研究"和"政策内容的研究"两大类型。[1] 政策过程的研究最早由拉斯韦尔提出,他推动了现代政治学关于公共政策的研究,并做了大量的"概念化"努力,使学界出现了数十种模型并存的局面,关于模型应用、模型修正、替代模型等多个层面的争议持续不断。[2] 过去半个多世纪以来,政策学者一直致力于发展各种分析性的方法、工具、框架、模型,希望一方面可以正确地描述和解释政策实际上是怎样被制定出来的,另一方面也为实际工作者提供一套原则上"应当"的指南,甚至是方法上的职业训练。[3] 这一努力最终成就了政策研究的"理性主义"范式。理性主义的公共政策研究强调"科学性",寻找公共政策的最优解。但是随着研究的深入,理性主义范式受到了质疑,反理性主义的决策模型开始兴起,渐进决策理论就是在"理性主义"向"反理性主义"演变过程中出现的。

渐进决策理论以西蒙提出的"有限理性"概念作为基础。与理性主义决策模型相比,渐进决策理论认为,政策的制定是在过去经验的基础上,经过逐渐修补的渐进过程来实现的。渐进决策理论将政策过程描述为一个不断学习、不断改善的演变过程,通过持续改进提高公共政策的准确性和有效性。渐进决策理论主要包含以下三个方面的内容:第一,渐进决策的根源在于有限信息和有限分析。对决策者而言,筛选相关信息是一个受主观偏好影响的过程,他们无法穷尽所有

---

① 〔澳〕欧文·E. 休斯:《公共管理导论（第四版）》,张成福、马子博等译,中国人民大学出版社 2015 年版,第 152 页。

② 〔美〕保罗·A. 萨巴蒂尔编:《政策过程理论》,彭宗超、钟开斌等译,生活·读书·新知三联书店 2004 年版,第 359—372 页。

③ 郭巍青:《政策制定的方法论:理性主义与反理性主义》,《中山大学学报（社会科学版)》2003 年第 2 期,第 39—46、123 页。

与决策相关的信息。此外,人们对信息的分析也具有一定的局限性:受到时间成本、决策压力等要素的影响,在信息分析的过程中往往只能选择最重要、最相关的信息,必然忽略部分信息以免影响决策效率。① 第二,渐进决策对"二分原则"具有调试作用:目标与手段、价值与事实等在公共决策中处于"两难"境地的要素得以综合考虑。渐进决策将目标与手段、价值与事实放到同一个决策整体中加以考量,各要素在决策过程中没有地位高低之分,也不存在先后顺序。第三,渐进决策是一种具有试错性质的决策模型。在决策的过程中发现失误可以进行调整;渐进决策是基于现状的,是步步为营的,渐进决策往往只会带来很小的局部创新和政策变革,不会出现政策"翻天覆地"的变化。②

我国慈善事业制度体系的研究目前着眼于慈善法律、慈善组织、慈善活动等方面,关于慈善政策过程等方面的研究数量较少。就慈善事业制度体系的发展现状来看,慈善事业的社会条件和制度环境较为稳定,基础性的慈善政策框架已经确立,对慈善组织开展直接登记、社会组织评估等方面的规范尝试可看作慈善领域的政策渐进调试。传统的"中央—地方"单一政府主体政策执行框架逐渐发展为"中央—社会组织—地方"政府与社会组织双主体的政策执行框架,呈现出渐进性和动态性,因此,法律体系内的各项法律法规需要解决好衔接和配合的问题。

随着《慈善法》的出台,新的慈善法律政策体系也将经历从剧变到稳定的过程。对过往的慈善政策渐进决策模式进行总结,分析慈善治理中政府和社会组织双主体的互动模式,可以为公共政策中的渐进决策模式提供实证依据,同时为慈善立法之后相关配套政策的制定提供指导。

---

① Michael Howlett, Michael Ramesh, and Anthony Perl, *Studying Public Policy: Policy Cycles and Policy Subsystems*, Oxford University Press, 2009, p. 147.

② Charles Lindblom, "The Science of 'Muddling Through'," *Public Administration Review*, Vol. 19, No. 2, 1959, pp. 79-88.

（三）合法性理论

合法性是政治学研究中的主要概念和理论，是中国社会科学研究的重要范畴。合法性的概念和理论虽然起源于西方，但其深厚的理论意蕴对于中国的政治学研究具有较强的借鉴意义。对合法性理论的探讨最早源自古希腊的城邦政治，但系统性讨论"合法性"的研究者是马克斯·韦伯。在韦伯那里，合法性就是使某一群体服从于另一群体的动机，即权威实现的过程。[1] 韦伯对于合法性的研究对后世研究者产生了深远的影响，社会学家帕森斯、政治学家李普塞特对合法性的研究基本沿袭了韦伯的研究思路，例如李普塞特将"群众相信当前政治制度的合理性"称为"政治合法性"。[2] 政治学家阿尔蒙德等则认为，如果某一社会中的公民都愿意遵守当权者制定和实施的法规，还不仅仅是因为若不遵守就会受到惩处，而是因为他们确信遵守是应该的，那么，政治权威是合法的。[3]

合法性理论是一个包含合法律性、有效性、人民性和正义性的概念体系，其中有效性是合法性理论的核心。[4] 关于合法性的基础问题，马克斯·韦伯总结了传统权威、克里斯玛权威和法理权威三种合法性权威的类型[5]，戴维·伊斯顿则总结出意识形态、制度结构和个人品质三大要素[6]。韦伯开创的合法性研究突出群众对权威的认可和拥护，对现代政治的发展产生了重要而深远的影响，但他并未说明合法性判定的标准和依据。从政治发展的角度看，合法性的主要价值是保持一

---

[1]　Max Weber, *Economy and Society*, Bedminster Press, 1968, pp. 210-214.

[2]　Seymour Martin Lipset, "Some Social Requisites of Democracy: Ecomonic Development and Political Legitimacy," *The American Political Science Review*, Vol. 53, No. 3, 1959, pp. 69-105.

[3]　〔美〕加布里埃尔·A. 阿尔蒙德、小 G. 宾厄姆·鲍威尔：《比较政治学：体系、过程和政策》，曹沛霖等译，上海译文出版社1987年版，第35页。

[4]　杨光斌：《合法性概念的滥用与重述》，《政治学研究》2016年第2期，第2—19页。

[5]　Max Weber, et al., *From Max Weber: Essays in Sociology*, Oxford University Press, 1946, pp. 78-79.

[6]　〔美〕戴维·伊斯顿：《政治生活的系统分析》，王浦劬等译，华夏出版社1989年版，第317—318页。

定的政治秩序以适应现代化的需求,克服合法性危机所带来的负面效应。① 作为组织制度理论研究的重要概念,合法性往往被分为内部合法性和外部合法性,内部合法性强调组织成员行为对组织目标的认可和促进,外部合法性则突出了组织外成员对于组织的支持。② 中国学者对合法性理论做出了一定的探索,产出了诸多的研究成果。政治合法性的研究最终落到政策的合法性研究这一层面,陈振明提出"政策合法性"用以说明一项公共政策是否符合国家法律法规、宪法原则和公平正义的要求③,杨丽丽将"公共政策合法性"作为政策受众对政策认可和支持程度的衡量标准④。徐家良和武静则认为,从实质到形式,公共政策的合法性包括价值合法性、程序合法性和主体合法性三个维度,其中价值合法性是指组织实现共同的善、效率和正义三个价值目标,程序合法性包含程序合规性、程序民主性和程序科学性三大原则,主体合法性则强调行为主体在符合法律规定的前提下表达和反映主体的诉求和利益。⑤

我国慈善领域的合法性研究主要从社会组织的政治合法性、法律合法性、行政合法性、社会合法性、内部合法性等角度展开,对于相关外部支持体系的合法性研究则相对滞后。慈善事业制度体系在遵循传统合法性研究的基础上,应当对慈善领域的重要监督机制——第三方评估体系开展政策合法性研究,同时对第三方评估机构开展社会合法性研究,以在强化机制和组织正当性研究的同时,丰富合法性理论的内涵。作为政治体系的产出与对社会价值的权威性分配的公共政

---

① 胡伟:《在经验与规范之间:合法性理论的二元取向及意义》,《学术月刊》1999年第12期,第77—88页。

② 徐家良、孙钰林:《论社会团体的内部合法性》,《甘肃行政学院学报》2006年第4期,第77—79页。

③ 陈振明:《政策科学:公共政策分析导论》,中国人民大学出版社2003年版,第225页。

④ 杨丽丽:《公共政策合法性危机的产生及其消解——基于协商民主的视角》,《行政论坛》2015年第1期,第68—72页。

⑤ 徐家良、武静:《政府购买社会组织服务的合法性探析——基于政策合法性视角》,《华南师范大学学报(社会科学版)》2017年第1期,第113—118页。

策的合法性与政治合法性既有联系又有区别:公共政策合法性内含于政治合法性之中,同时又是政治合法性的动态表现形式。只有获得较高的合法性,政策才能得到有效的执行,实现各项政策目标,而合法性不足将造成政策执行的困难以及对群众正当权益的损害。从政策合法性角度分析第三方评估机制,既是在慈善事业监督制度层面明确公权力的边界,为社会力量赋权提供理论依据,也是确保相应的监督评估制度能够得到有效贯彻执行的路径。合法性理论为慈善法律、慈善组织、慈善活动等内容的有效性和正当性研究提供了理论依据,是进一步拓展我国慈善事业制度体系建设的重要研究工具。

(四) 新制度主义理论

制度主义理论是围绕制度开展的社会科学研究,这一研究传统自柏拉图、亚里士多德开创制度研究偏好后被沿袭至今。范伯伦认为,无论是制度变迁还是制度功能,制度结构仍然是制度研究的核心。[1]20 世纪 50 年代,随着西方国家搭建起较为完善的政治制度架构,政治学界关注的重心转移到公共政策上。[2] 直到 20 世纪 80 年代,受到经济学和社会学领域火热的制度研究的影响,政治学者才重新将关注目光投向制度层面。在后来的发展中,新制度主义政治学被划分为历史制度主义、社会学制度主义、理性选择制度主义三大理论流派,它们从不同角度阐释了新制度主义的理论内涵。

理性选择制度主义认为制度以工具理性作为指导而成为规则与动机的集合,制度空间明确个体与组织之间的关系,推动效用最大化的实现。[3] 理性选择制度主义强调个体行动者的视角,行动者的行为和思想较少受到主观的影响;通过"成本—收益"分析可以计算出行动

---

① 张林:《新制度主义》,经济日报出版社 2006 年版,第 11—14 页。

② 朱德米:《新制度主义政治学的兴起》,《复旦学报(社会科学版)》2001 年第 3 期,第107—113 页。

③ 〔美〕B. 盖伊·彼得斯:《政治科学中的制度理论:"新制度主义"(第二版)》,王向民、段红伟译,上海人民出版社 2011 年版,第 46 页。

者的收益,一旦收益大于成本,行动者倾向于改变制度。[①] 社会学制度主义更加突出外部环境对制度的影响,社会结构、社会观念、社会环境都会影响制度,制度的形成与发展对环境具有一定的依赖性。[②] 新的行为规范和组织形态一旦获得合法性,在人们视其为"理所当然"并接受的过程中自然会使原有的制度发生转型。[③] 社会学制度主义重视制度生成的过程研究,同时关注环境对组织结构稳定性的影响。历史制度主义则用"路径依赖"解释组织发展中的惯性问题,认为制度生成或者制度形成时的政策会持续地对现有制度的形态与发展路径产生影响,形成路径依赖,但是如果政策压力持续增大,破坏了政策的均衡状态,制度就会发生变迁。[④] 历史制度主义强调,制度背景塑造行动者的策略与目标,政治、经济与社会背景的变化,不同时期政治权力间的平衡状况变化、外在的变迁,以及政治行动者所做的策略调整等都将影响到制度的初始形态。[⑤] 历史制度主义作为政治学研究的重要理论视角,关注制度研究的时序性变化,为制度研究提供新的视角。

制度主义理论是研究我国慈善事业制度体系的有效理论工具之一,尤其是发端于政治学的历史制度主义作为新制度主义的重要流派之一,是公共政策研究的重要制度分析框架。[⑥] 通过制度研究,可以描绘我国慈善事业制度体系的发展过程,进一步提升我国慈善事业法律

---

① 肖晞:《政治学中新制度主义的新流派:话语性制度主义》,《华中师范大学学报(人文社会科学版)》2010 年第 2 期,第 23—28 页。

② 〔美〕道格拉斯·C.诺思:《制度、制度变迁与经济绩效》,杭行译,格致出版社 2008 年版,第 5—19 页。

③ 李秀峰:《制度变迁动因的研究框架——探索一种基于新制度主义理论的整合模型》,《北京行政学院学报》2014 年第 4 期,第 8—14 页。

④ 魏姝:《政治学中的新制度主义》,《南京大学学报(哲学·人文科学·社会科学版)》2002 年第 1 期,第 63—71 页。

⑤ 何俊志、任军锋、朱德米编译:《新制度主义政治学译文精选》,天津人民出版社 2007 年版,第 161—162 页。

⑥ 姜晓萍、康传彬:《动因与逻辑:我国农民工欠薪治理政策演进的二维分析》,《社会科学研究》2024 年第 4 期,第 1—12 页。

体系研究的适用性。该理论非常强调政治制度对公共政策和政治行为的塑造作用,从制度本身出发探讨制度的生成和变迁过程。国内政治学领域的过往研究较为关注特定时期慈善管理体制状况,或是社会组织的政策影响等内容,对国家视角下的慈善事业制度受宏观政治制度的影响而呈现出的发展脉络缺乏梳理。作为社会环境变迁和慈善制度变革的产物,我国慈善事业制度体系受到既有制度的约束与规范,同时,原有制度也形塑了新的制度意蕴,丰富了慈善事业制度体系的内涵。作为一个综合性的法理场域,我国慈善事业运行过程中存在行政机制、市场机制、社会机制和民主机制等机制元素,通过对慈善法律、慈善组织、慈善项目、慈善活动等多方面内容的规范,最终形成慈善事业的基本制度体系。我国慈善事业制度体系的研究应当从历史制度主义视角关注不同时期慈善事业制度体系的生成和变迁脉络,总结中国政治体制变迁与慈善事业制度变迁的相关关系,以说明政治和行政对慈善事业制度的深刻影响,厘定慈善事业制度的内容与走向。

二、分析框架

(一)既有理论对本书的影响

本书不局限于某一种理论范式,而是从多重理论视角来考察慈善事业和相关制度建设过程中的国家权力和社会权利,从而挖掘慈善事业发展的一般性规律。在经典理论中,国家与社会关系为本研究提供了基础性视角。解读中国慈善事业发展,不能脱离国家与社会关系的整体进程脉络,尤其需要把握从"行政型国家主导一切"的发展起点向"共建共治共享社会格局"迈进的具体理路。党的十八大以来,慈善领域逐渐形成了党委领导下的新型政社协同合作关系,这种国家与社会关系的新形态为本书分析框架中的内部核心制度识别提供参考。

合法性理论为慈善领域国家权力和社会权利的互动和平衡提供观察视角,为考察我国慈善事业制度建设过程提供了理论工具。慈善事业制度向纵深发展的过程本身是国家权力向社会权利让渡空间、激发活力的过程。我国慈善事业的初始推动力往往是掌握国家权力的政府部门,"官办慈善"成为我国慈善事业和慈善法治建设在一定时期内的重要表现,正是因为体制内力量往往具有更强的合法性基础。合法性是慈善事业参与主体获得认可和支持的根本来源,获得社会的认可是大部分慈善组织的重要目标。社会认同是我国慈善事业实现国家权力和社会权利均衡发展的重要基础,是实现慈善事业多元参与、平衡国家强制力和社会活力的关键机制。在进行制度研究时,需要重视合法性这一变量对决策和参与主体行动的影响。

渐进决策理论以"有限理性"为基础,强调公共政策的制定是一个政治过程,是一门"见机行事"的科学。渐进决策理论认为,决策者的决策受到任务数量、时间压力、认知局限等因素的影响,最终只能选取简化的、集中性的、连续性的一系列决策方案。渐进决策理论对慈善事业制度体系研究的意义不仅在于决策过程,它还进一步启发了学者看待国家权力和社会权利角力关系的视角——国家权力的"未完全退场"与社会权利的"未完全进场"并存的状态仍然是慈善事业制度建设的长期现实,发展慈善事业需要政策制定者和政策执行者更多的耐心和信心。因此,制度体系建构的渐进性是立法与执法的根本性特征,渐进决策理论也是理解我国慈善事业制度建设逻辑的重要理论工具。

对本书影响最大的则是新制度主义理论。尽管不同流派的政治学新制度主义者对于制度的定义存在较大分歧,但他们都同意制度对于特定场域内主体的形塑作用。制度广泛存在于社会生活的不同层面,是场域内的参与者的游戏规则和奖惩依据。无论是理性选择制度主义者强调的参与主体利益逻辑以及由此产生的制度连续性,还是历史制度主义者所强调的旧有制度产生的路径依赖和制度变迁的关键节点,其本质都是关注制度所生成的权力配置和运行方式,以及由此对议程设定和决策产生的影响。这启发本书将制度作为重点,探究其在慈善事业发展中的核心作用。

(二)本书的分析框架

本书所设计的分析框架,实际上是中国式现代化慈善事业的制度体系框架。本书探究从哪些制度建设入手,可以实现慈善领域中权力关系与自由秩序的平衡:以"中国式现代化"为应然目标,以"慈善事业"为研究主题,以"制度体系"为分析对象。因此,具体将哪些制度元素作为分析单位,各个单位之间又能建立怎样的有机联系,成为建构分析框架过程中需要重点考虑的问题。

英文"institution"原本就有在多种元素参与下进行建制活动的含义,故制度本身即包含较强的体系性色彩。制度由不同制度元素构成,但在系统论思维下,制度只是一个相对概念,它既可以是独立的微观制度,也可以是宏观系统中的一项元素。① 因此,下面所论述的制度一词具有多重意涵,既指代整体性的慈善事业制度体系,也可定位于不同的制度元素分支。

对于制度体系的构成形态存在不同分析视角。通常意义上来讲,宏观制度按照领域划分包括政治制度、经济制度、社会制度、军事制度等,每一大类别中又包含中观和微观制度元素;按照主体划分则有政党、政府、企业、社会组织和公民个体的制度。然而,一般的划分模式无助于对慈善制度体系进行有效分析,因为慈善事业既与政治、经济、社会等多重领域相交,其涉及主体也具有较为显著的多元性,这就要求建立具有层次性的分析框架。

燕继荣依据制度在国家治理中的普遍适用性、对国家生活规范的重要性以及规则适用的时效性,划分出基础性制度、根本性制度和具体性制度三个层次。其中,基础性制度明确国家的性质和权力结构,根本性制度规定社会生活基本方式和行为主体权力职责,具体性制度则对制度的实施程序、条件等问题做出规定。② 唐皇凤和梁新芳将制度体系的结构划分为制度内核、中间地带和外围制度。其中,制度内核是核心的结构性因素,反映制度的价值理念;中间地带是指围绕在

---

① 王长江:《制度体系视野下的民主政治》,《理论与改革》2020年第2期,第131—140页。

② 燕继荣:《现代国家治理与制度建设》,《中国行政管理》2014年第5期,第58—63页。

特定制度周边的相关政策措施;外围制度则为制度内核和中间地带提供保障。① 本书依循上述学者的思路,从结构层次视角构建第一重分析维度,将不同的慈善事业制度按结构层次划分为内部核心制度、中间支撑制度和外部保障制度。

除对于制度体系进行分层,赋予不同层次制度以功能意义也是本书的主要任务之一。根据阿尔蒙德和鲍威尔的观点,对于任何政治系统,都可以探讨其结构与功能。与相对稳定的、以组织安排为特征的结构相比,功能是指与行为主体目的和行为过程相关联的影响和结果。阿尔蒙德划分了体系的三个层次的功能,分别是能力、转变和维持:能力功能主要考察政府的管制、提取、分配和反应能力;转变功能主要涉及体系内的利益表达、政治沟通以及法规的制定和执行;维持功能则是指政治社会化和纳用等深层功能。② 马雪松从国家治理现代化目标出发,强调治理体系建设中的社会动员与政治整合、资源汲取与利益分配、关系协调与国家稳定三个方面的功能建构。③ 谢岳通过对政治过程中的文件制度进行分析,概括出统治、指令、执行、传递、转换等功能。④ 袁廷华则通过对中国政党制度的探析,总结出其在巩固国体、打造基础方面的根本功能和整合资源、确保稳定方面的基本功能。⑤ 可见,制度虽然千差万别,但其功能界分无外乎维系性和发展性功能两种,前者从统治、管理、吸纳等角度确保相关事业的稳定运转,后者则通过整合、协调、动员等方式推动事业向高水平发展。由此,本书有了第二重分析维度,即将不同慈善事业制度按功能划分为维系性

① 唐皇凤、梁新芳:《党的领导制度体系:构成要素、逻辑结构和优化路径》,《新疆师范大学学报(哲学社会科学版)》2020 年第 4 期,第 2、7—22 页。
② 〔美〕加布里埃尔·A. 阿尔蒙德、小 G. 宾厄姆·鲍威尔:《比较政治学:体系、过程和政策》,曹沛霖等译,上海译文出版社 1987 年版,第 14—19 页。
③ 马雪松:《论国家治理体系与治理能力现代化制度体系的功能建构》,《南京师大学报(社会科学版)》2014 年第 4 期,第 35—41 页。
④ 谢岳:《文件制度:政治沟通的过程与功能》,《上海交通大学学报(哲学社会科学版)》2007 年第 6 期,第 15—23 页。
⑤ 袁廷华:《中国政党制度功能探析》,《政治学研究》2012 年第 1 期,第 43—49 页。

制度和发展性制度。

根据结构与功能的二分维度,本书对制度体系进行初步划分(见图 1-2),这也构成了本书的基础性分析框架。

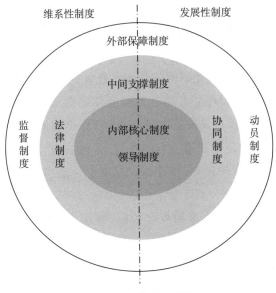

图 1-2　制度体系分析框架

在具体的制度选择上,参考过往的慈善事业研究与政治学领域的制度体系研究,本书最终选取领导制度、法律制度、动员制度、协同制度和监督制度作为分析对象,从多重维度和视角阐释慈善事业制度体系的价值、内涵、方式、特征、问题等多个层面的内容,呈现我国慈善事业制度建设的整体面貌,并为最终提出构建中国式现代化慈善事业制度体系的方略提供前期基础和重要参考。

领导制度探讨的是党组织在慈善事业中的基础性定位,构成慈善事业领域的唯一内部核心制度。党的领导在慈善事业制度体系中居于统领地位,这是由我国国家性质和国体政体决定,并经过中国革命、建设和改革实践的检验。[1] 本书所指的领导制度,实际上是"党的领

①　中共中央党校(国家行政学院):《习近平新时代中国特色社会主义思想基本问题》,中共中央党校出版社、人民出版社 2020 年版,第 87 页。

导制度"之简称,其内涵是党在国家治理中的权力配置和"权威—服从"关系。① 现实中,慈善事业的参与主体坚持党的领导,也有实证研究表明党组织建设能够改善慈善组织的运作质量,直观体现在提升善款捐赠额度。② 各级党委如何在慈善领域开展政治引领、思想引导和组织建设,对于慈善事业产生了怎样的激活与规范作用,构成这部分制度分析的主要内容。

法律制度是慈善事业制度体系的规范表达和基础文本形式,构成维系性的中间支撑制度。我国各项制度构建都需要明确的法律表达和规定,为制度建设提供法理支持。③ 第三章聚焦国内慈善法律政策体系,通过对中国慈善领域现有的法律、行政法规、地方性法规、纲领性文件和部门规章的梳理,反映国内慈善事业法律制度建设的现状,以了解不同位阶的法律对于慈善事业的具体规范及其规制逻辑,分析慈善法律创新的潜在需求和可行目标,寻找不同法律的衔接和协调之处。

协同制度关注的是我国慈善事业中的主体间协同关系,其本质是对相关主体的有机整合,构成发展性的中间支撑制度。这里的"协同"是一种自主或半自主行动者通过正式或非正式协调所进行的互动过程。④ 协同制度的分析视角包括体制内的横向党政协同与纵向条块协同,以及跨越体制的政社协同。党政机关是慈善事业发展的重要变量,中国共产党相关机构、社会组织的登记主管机关、慈善活动的监管和支持部门、慈善相关领域的业务主管部门以及地方政府等都是推动慈善事业制度建设、强化慈善事业功能的主要行动者。

---

① 周建伟:《党的领导制度体系:内涵、定位、意义与内在逻辑》,《华南师范大学学报（社会科学版）》2020 年第 2 期,第 28—37、189 页。

② 周婷婷、常馨丹:《社会组织党建是否推动了慈善事业的发展?——基于上市公司公益基金会的实证研究》,《外国经济与管理》2021 年第 12 期,第 35—50 页。

③ 肖贵清、刘玉芝:《中国特色社会主义制度体系的逻辑分析》,《马克思主义研究》2012 年第 8 期,第 28—37、159 页。

④ Ann Marie Thomson and James L. Perry, "Collaboration Processes: Inside the Black Box," *Public Administration Review*, Vol. 66, No. S1, 2006, pp. 20-32.

动员制度是在协同基础上,有效发动和吸纳多元力量投入慈善事业现代化建设进程的制度,构成发展性的外部保障制度。"动员"在政治概念中通常指发动、控制、支配和运用人力、物力以及其他一切能量代表之活动总和。① 慈善事业需要全社会多种类型主体的共同协力参与,在慈善事业发展过程中,政府出于对转变职能、提高效率和满足社会需求等多重目标的考量,以赋权形式将社会组织作为动员主体。② 这部分的主要任务是阐释国家和社会如何发动这些主体投入慈善事业,审视动员制度对现有慈善事业活力与秩序的影响。这部分除了对国家的动员过程予以透视外,也分析了社会组织吸纳其他力量到慈善事业建设进程中的具体机制和公众个体的自我动员。

监督制度是法律实施过程中保证慈善事业规范性的重要手段,是慈善事业迈向中国式现代化进程中保持正确方向的船锚,构成维系性的外部保障制度。监督是权力主体之间一种较为常见的控制关系,监督者可以对被监督者的行为进行单向的监察和督促,但前者自身并不一定直接参与权力行使过程。③ 在慈善事业的运行过程中,监督制度的重要意义在于实现对权力主体行为的外部监控,从而制止其滥用职权的行为,确保慈善事业整体制度的公益性。这部分关注慈善领域的各种监督主体和监督形式,并分析优化制度安排的具体路径。

需要强调的是,本书并不以穷尽慈善事业相关的所有制度为目标。比如对于过往慈善研究中重点关注的资源汇集制度,本书就并未单独设章。这并非表明资源汇集无足轻重,而是无论在协同、动员,还是监督等方面,资源都是基础性的条件,被内化于各部分的分析内容当中。本书所选取的制度元素是依据前面所述二重视野而厘定,对于

---

① 邹奕、杜洋:《"社会动员"概念的规范分析》,《天津行政学院学报》2013 年第 5 期,第 48—54 页。

② 张圣、徐家良:《政府慈善赋权何以走向有序?——探寻渐进之道》,《学习与实践》2021 年第 3 期,第 77—88 页。

③ 陈国权、周鲁耀:《制约与监督:两种不同的权力逻辑》,《浙江大学学报(人文社会科学版)》2013 年第 6 期,第 43—51 页。

慈善领域的权力与权利关系以及自由与秩序选择问题具有明确的回应性。

三、核心概念

（一）中国式现代化

现代化理论诞生于冷战时期，曾长期是西方主流社会科学的派生物，但其研究对象却长期聚焦于发展中国家。[①] 广义上来看，现代化指的是人类社会的一场急剧变革，以工业化为推动力，实现全球性的现代工业社会转型；而在狭义上，现代化是指落后国家赶超先进国家并适应现代世界环境的发展过程。[②] 政治学视野下的现代化则主要体现在国家建构的维度，强调政府在公共事务治理过程中的民主化、法治化和科学化程度，尤其体现在实施政策和执法的能力方面。[③] 在中国语境下，现代化早期与经济建设和国家发展相联系，如经典的"四个现代化"论述；而当前，现代化是与国家治理紧密相连的概念，其目标是实现公共利益的最大化与治理效能的最优化。

在慈善领域讨论现代化，不能跳脱出慈善与国家治理的整体关系。正是随着改革开放和现代化建设的启动，慈善事业才有了较为理想的发展空间。但现有研究主要关注慈善事业对于整体现代化建设的贡献与作用，对于何为现代化慈善，学界则一直缺乏共识。宫蒲光认为慈善事业肩负着光荣而神圣的使命，需要在新时代实现新的高质量发展，包括法治思维、问题导向和完善的行业管理。[④] 周秋光和彭顺

---

① 〔美〕塞缪尔·亨廷顿等：《现代化：理论与历史经验的再探讨》，张景明译，上海译文出版社 1993 年版，第 1 页。

② 罗荣渠：《现代化新论：世界与中国的现代化进程》，北京大学出版社 1993 年版，第 8—17 页。

③ 〔美〕弗朗西斯·福山：《国家构建：21 世纪的国家治理与世界秩序》，黄胜强、许铭原译，中国社会科学出版社 2007 年版，第 7 页。

④ 宫蒲光：《社会治理现代化大格局下推进慈善事业高质量发展》，《中国行政管理》2021 年第 2 期，第 6—13 页。

勇认为公信力建设是慈善组织治理现代化的基石。[1] 陈东利则将慈善事业的现代化发展路径概括为明确政府与慈善机构关系定位,提升慈善组织治理能力,构建现代慈善共同体等。[2] 综合以上观点,结合本研究的目的,本书将现代化定义为慈善事业的长期发展目标,是一种以高质量、法治化、专业化、数字化为主要指标,融入共建共治共享格局并能够助力实现共同富裕的发展状态。

中国社会经历了从传统到近代再到现代化的转型,这使中国式现代化具有明确的历史逻辑和现实路径。中国式现代化是一个全面而深刻的概念,具有以下显著特征:其一,它是人口规模巨大的现代化。14亿多人口整体迈入现代化在人类历史上是空前的。其二,它是全体人民共同富裕的现代化。中国式现代化要多措并举消解地区差距、城乡差距和收入差距问题。其三,它是物质文明和精神文明相协调的现代化。它坚持社会主义核心价值观,弘扬爱国主义精神和传承中华优秀传统文化。其四,它是人与自然和谐共生的现代化。中国式现代化注重同步推进经济建设和生态文明建设,走绿色低碳的新型发展道路。其五,它是走和平发展道路的现代化。中国式现代化坚持和平共处、互利共赢,推动构建人类命运共同体。中国式现代化体现了中国共产党为人民谋幸福、为民族谋复兴的初心使命。

中国式现代化是社会文明进步的重要标志,是一项具有广泛群众性的社会实践。随着社会的进步和经济的发展,中国式现代化更加强调慈善事业与国家治理的有机联系。慈善事业在中国式现代化中扮演着重要角色,其发展与国家现代化进程紧密相连。慈善不仅是一种社会行为,也是社会文明的重要标志。随着社会的进步和经济的发展,慈善事业在中国持续稳步发展,成为促进社会公平正义、实现共同富裕的重要力量。慈善事业是构建初次分配、再分配、第三次分配协

---

① 周秋光、彭顺勇:《慈善公益组织治理能力现代化的思考:公信力建设的视角》,《湖南大学学报(社会科学版)》2014年第6期,第54—59页。

② 陈东利:《新时代慈善治理现代化发展路径探析》,《西北民族大学学报(哲学社会科学版)》2020年第5期,第145—153页。

调配套的制度体系的重要部分。它有助于弥补初次分配、再分配的缺陷,促进社会公平正义,推动社会和谐。同时,慈善事业也是实现全体人民共同富裕、促进人与自然和谐共生、推动构建人类命运共同体的重要途径。

(二) 慈善事业

慈善事业是一个相对宏观的概念,要定义该词条,首先需要理解"慈善"。在英语世界中,慈善(charity)一词与善举、博爱以及亲善友好相联系,其含义较为宽泛,"从最广泛意义上的人与人之间全部的爱到仅仅限定为济贫之间变换"[①]。而在中文语境下,慈善主要包含仁慈、善良、富有同情心的意思。[②] 王名将慈善定义为"一种社会行为,泛指富人基于仁德、怜悯、博爱之心,对穷人施予关怀、施舍、救助的行为"[③]。可见,无论由何种主体实施,慈善的基本元素都包括利他、援助、博爱,以及对于人的处境的改善。

而"慈善"与"事业"相结合,则使慈善活动具备规模化和系统性的色彩。《伦理学大辞典》将"慈善事业"定义为"通过非官方组织以非营利性方式扶助社会弱势群体的公益事业,但在欧美有些国家也包括对学术研究、教育、宗教等社会公益事业的资助"[④]。可见,慈善事业一方面关注的是人们的生存权,另一方面关注的是人们的发展权。部分学者将慈善事业视为社会保障体系的一种必要补充,强调其辅助性的功能[⑤],同时认同慈善事业也是一种社会再分配的实现形式。郑

---

① Hubert Picarda, *The Law and Practice Relating to Charities*, Bloomsbury Professional, 2010, pp. 3-4.

② 谢志平:《关系、限度、制度:转型中国的政府与慈善组织》,复旦大学博士学位论文,2007 年,第 57 页。

③ 王名:《浅谈慈善对科学的作用》,《科学对社会的影响》2009 年第 2 期,第 55—56 页。

④ 朱贻庭主编:《伦理学大辞典》,上海辞书出版社 2002 年版,第 131 页。

⑤ 周秋光:《现代中国社会保障制度与慈善事业 70 年发展进程及其思考》,《中南大学学报(社会科学版)》2020 年第 6 期,第 150—162 页。

功成认为,慈善事业是一种混合型社会分配方式。[1] 因为慈善事业的经费来源除自愿捐赠以外,还包括政府的财政拨款或计入企业生产经营成本的资金。李培林也指出,慈善事业应作为第三次分配的主要形式而进入生产、分配、交换、消费的物质文明生产的环节,成为维持和促进社会物质文明生产的必要手段,作为社会主义精神文明建设的重要内容。[2] 慈善事业作为一种自发性质的社会利益分配形式,有别于市场主导的契约性利益分配和政府主导的强制性利益分配,具有较为明显的志愿性。

近年来,随着党和国家对于慈善发展方面关注度不断提升,以及社会转型时期公众对于发展慈善事业的需要日益迫切,学术界对我国慈善思想及慈善事业的研究不断深化,慈善事业的内涵也逐步拓宽,尤其是对于其制度性的解读开始涌现。例如,张奇林认为慈善事业是"规范化、组织化和制度化的私人提供公共物品的活动"[3]。宫蒲光将慈善事业定义为"我国经济制度特别是收入分配制度不可或缺的一部分,是实现社会第三次分配的重要途径"[4]。可见,组织化、制度化是现代慈善事业的基本特征之一。

综合上述观点,本书将慈善事业定义为由社会力量直接发起或接受政府委托授权发起,不以营利为目的,为困难群体和其他有需求群体提供服务,在社会事务和公共事务领域开展活动,具有志愿性的制度化公益活动与利他行为的总和。

这一定义反映了以下三个方面的特点:一是主体。在西方先发展国家,慈善事业的主体是社会力量,与政府关联度不高。在中国,传统上,政府的管理与服务包括慈善的内容。随着 1978 年中国开始实行改革开放政策,原来大部分由政府举办的慈善活动逐渐由社会力量来

---

[1] 郑功成:《现代慈善事业及其在中国的发展》,《学海》2005 年第 2 期,第 36—43 页。

[2] 李培林:《慈善事业在我国社会发展中的地位和作用》,《新华文摘》2005 年第 10 期,第 18—20 页。

[3] 张奇林:《慈善事业可持续发展论纲》,《社会保障评论》2017 年第 1 期,第 105—113 页。

[4] 宫蒲光:《社会治理现代化大格局下推进慈善事业高质量发展》,《中国行政管理》2021 年第 2 期,第 6—13 页。

承担,社会力量成为主体,但政府仍扮演重要角色。二是性质。慈善事业通过政府拨款和购买服务、企业和社会捐赠、借助服务和产品商业运作模式等多种渠道获得收益,但不得分配利润,属于非营利。尽管获得政府直接或间接的支持,但慈善组织没有公共权力,属于非政府组织。三是社会事务和公共事务。尽管慈善的服务对象是个人与群体,但它不属于私人事务,属于社会事务,需要人们共同关注和重视,除职业人员有相应的劳动报酬外,志愿服务者没有劳动报酬。同时,它与政府的社会保障和社会救助事务有重合的部分,所以,一定意义上它是社会保障制度的补充,但有时,在社会保障和社会救助没有覆盖的领域,慈善组织已经在提供相应的帮助,在这种情况下,慈善不只是社会保障制度的补充,它是社会保障制度的有机组成部分。慈善在针对困难群体提供服务的同时,也向其他群体提供服务,这样它所涉及的范围与领域有可能与政府的公共事务相重合,在这种情况下,它是基层治理、社会治理与国家治理的有机组成部分,对乡村振兴、地方对口支援和共同富裕发挥着积极作用。

（三）制度体系

制度长期以来都是政治学研究的重要对象,从洛克到孟德斯鸠再到托克维尔,政治制度一直处于其研究的中心位置。在传统政治学中,制度一般被界定为宪法和法律制度,是国家政权的组织形式。[1] 新制度主义学者拓展了制度研究的维度。在标志性论文《制度的语法》中,克劳福德和奥斯特罗姆认为制度可从语法结构角度进行描述和比较,是一种由规则、规范和共享策略以及物理世界所构建的情境中持久的规律性行动。[2] 对制度更为全面的理解来自霍尔和泰勒,他们通过比较新制度主义政治学的三个学派,发现对制度不同的解读:历史制度主义将制度看作扎根于政体的组织结构,包含正式或非正式的程序、惯例、规范和风俗,尤其包含正式组织内部的规则和惯例;理性选

---

① 唐兴军、齐卫平:《政治学中的制度理论综述:范式与变迁》,《社会科学》2013年第6期,第25—31页。

② Sue E. S. Crawford and Elinor Ostrom, "A Grammar of Institutions," *The American Political Science Review*, Vol. 89, No. 3, 1995, pp. 582-600.

择制度主义所言说的制度是影响结果的规则总称;社会学制度主义的制度定义最为宽泛,除了正式规则、程序及规范外,还包括一系列指导人类行动的意义框架,如惯例、符号等。[1]

从上述观点可以总结出,政治学话语中所定义的制度具有正式和非正式二元的界分,正式制度主要是由政治权力机构自上而下设计出的各类规则、指令和程序,一般依托文本而存在,并由权力机构本身或其委托的主体予以实施;非正式制度则以文化、习惯、风俗及其引发的认知体系为代表,内化于集体或个体日常的行动中。而且,制度还有静态的文本的存在形式与动态的实践的存在形式之分,因此有学者称"制度是活的东西"[2]。本书所研究的制度更倾向于正式层面,既包含慈善事业相关的法律、行政法规、部门规章、地方性法规、规范性文件,也指中央和地方各级党政部门出台的纲领性文件、慈善参与主体所建构的内部规则以及上述政策文本的执行规范。

制度是指正式与非正式的规范,针对不同的内容与范围有不同的规定,制度体系是各种制度的总和,涉及某一个领域或某一个方面的所有部分,可以说,制度体系是上述正式制度及其执行规范的集合。

第四节　研究设计

本节是对研究设计思路和主要方法的系统呈现。总体思路部分归纳了本研究所遵循的基础性进路,并呈现了全书的篇章结构布局。本书以解决慈善事业制度中两大核心问题为目标,遵循"问题检视—党的领导机制—法律体系梳理—主体间协同关系—公共参与动员—监督机制建设—慈善事业制度体系设计"的逻辑展开。研究方法和资料来源这两部分介绍了本书收集和分析一手及二手资料的主要方式和过程,阐释了文本分析法、深度访谈法、参与式观察法、案例分析法

---

[1]　Peter A. Hall and Rosemary C. R. Taylor, "Political Science and the Three New Institutionalisms," *Political Studies*, Vol. 44, No. 5, pp. 936–957.

[2]　曹沛霖:《制度的逻辑》,上海人民出版社 2019 年版,第 5 页。

等研究方法在本研究中的具体应用,介绍了研究过程中开展的主要调研和访谈情况。

一、总体思路

立足于两大核心研究问题和四大研究对象,本书遵循"定位领导体制(确立制度核心)—梳理法律政策(呈现制度基础)—识别协同关系(明确权力边界)—总结动员模式(厘清权力形态)—归纳监督机制(形成制度秩序)—重构制度体系(绘制创新蓝图)"的思路,在论述不同制度元素当前状态的基础上,辨识制度建设存在的问题,从而有依据地实现对我国慈善事业制度体系的探索与重构。图 1-3 为本书总体思路图。

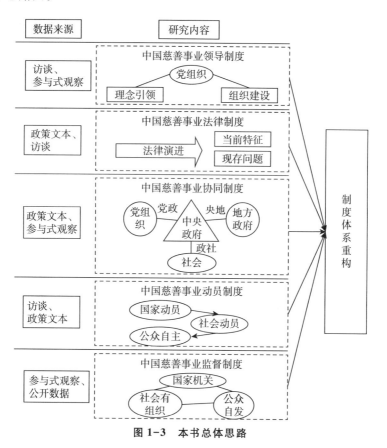

图 1-3 本书总体思路

中国式现代化慈善事业的制度体系研究

根据上述总体思路,本书共分为七章,各个章节的结构安排如下。

第一章导论介绍了整体的研究背景,引出了本书的研究问题,阐释研究的理论与实践意义;对国内外慈善事业制度研究相关文献进行了回顾和述评;在援引经典理论的基础上,架构本书的分析框架与核心概念;总结本书的总体思路和主要采用的研究方法。

第二章主要介绍我国慈善事业领导制度。该章对改革开放后各级党组织在慈善领域所发挥的作用进行了梳理,重点从理念引领和组织建设两个维度,通过具体案例分析,透视党的宣传、组织等部门以及基层党委在慈善事业中所发挥的具体功能,并分析党组织如何引领慈善事业治理。

第三章主要讨论我国慈善事业法律制度。该章旨在通过对改革开放后我国慈善事业法律制度发展过程的梳理,总结我国慈善事业法律制度的主要特征,发现我国慈善事业法律制度的现存问题,为制度重构提供现实依据。首先,对改革开放以来中国慈善事业和法律制度的发展情况进行简要总结,通过对慈善事业和慈善法律的演进史考察获得我国慈善制度体系建设的有益经验与教训。然后将国内慈善法律政策现状作为研究起点,通过梳理中国现有慈善相关法律政策,分析法律制度在整体慈善事业制度体系中的所处位置和基本特征。通过对我国慈善法律体系和制度中存在的主要问题进行总结,为后续研究提供现实案例支撑和创新依据。

第四章为我国慈善事业动员制度。建立整体性的慈善事业制度体系需要公众的参与,这要求实现对社会参与主体的充分赋权。该章通过对慈善事业中不同主体的动员模式剖析,从政府推进的公共参与、社会组织推进的公共参与以及公众自发的公共参与三个维度阐释慈善事业中的动员策略,探索中国社会慈善参与的支持机制建设路径,挖掘慈善领域的价值,打造慈善行动共同体,为促进我国慈善事业公众参与提供文化视角下的依据和对策建议。在这一过程中,政府、社会组织、公民等慈善治理主体在慈善事业中的角色将被厘清,为社会主体在慈善领域的有效参与提供依据。公共参与是民主的基本要求,而民主是实现善治的条件,要实现新形势下慈善事业的良序运行,则必须通过动员引入广泛的公众参与。

第五章主要探讨我国慈善事业协同制度。慈善事业制度是对以慈善组织为核心的慈善事业参与主体的规制,高质量的慈善法制建设必须厘清慈善事业参与主体间关系,以实现主体间的协同合作。党委、政府、企业、社会组织是我国慈善事业制度建设与创新的核心主体。该章通过对不同主体间关系的考察提取慈善事业制度建设的协同因素,以推进不同主体在慈善领域的有效协同,加快慈善事业的高质量发展。慈善事业制度创新需要所有的参与主体共同发挥作用,而协同治理思考的正是"我们能够一起做什么"的问题,探讨的是不同主体协调与整合的机制。该章旨在探讨三个层次的协同治理,即顶层设计中的党政协同、自上而下的央地协同以及多元治理主体间的政社协同。一项政策出台后的有效实施,既需要强大的国家能力作为基础保障,也有赖于所有相关主体之间的协同与合作。该章以慈善领域的不同治理主体作为主要研究对象,探究不同治理主体之间的关系构建如何影响慈善事业发展和制度建设。

第六章为我国慈善事业监督制度。慈善事业在受到制度保障的同时,也会出现"失灵"问题:政府干预会引发一系列非效率性资源分配,产生"政府失灵";慈善组织也会出现"志愿失灵";信息不对称的存在,又会使服务提供者出现"契约失灵"。为了避免"失灵"问题出现,实现慈善事业及其参与主体的良性发展,需要建立有效的监督与评估模式,实时对慈善事业的运行进行反馈。该章探究不同监督主体和方式之间的互相协调和关系构建如何影响慈善事业发展和制度创新,提出由国家机关、社会(组织)和公众(个体)三部分组成的整体性慈善监督评估体系。建立具备多重职能的监督机制,发挥不同主体在慈善事业治理中的作用,是保障慈善组织公信力、促进慈善事业长久发展、建立完善制度体系的重要前提。

第七章主要探讨重构中国现代化慈善事业制度体系的实现路径。该章立足于前文分析和我国现实,回应五项制度元素的建设需求,提出了具有中国特色的现代化慈善事业制度体系建设方案。在现代化目标的指引下,可通过一核多元领导制度建设、复合型慈善法律制度建设、以政带社协同制度建设、表彰性动员制度建设和数字化监督制度建设实现整个制度体系的整合与创新,为推动中国特色慈善事业制度的现代化与高质量发展提供不竭动力。

二、研究方法

(一)案例分析法

案例分析法是一种以具体案例为基础,通过对案例的深入分析来提炼和总结一般性规律的研究方法。本书使用案例研究方法,旨在通过对案例文本所反映的社会事实及实践过程予以分析,从而提炼出一般性的规律。本书案例选自全国多地的慈善组织和慈善事业发展实践,从而总结慈善组织在实践过程中的应对策略、受到的制度限制,并提出促进慈善组织发展和中国式慈善事业制度体系建设的相关建议。

(二)文本分析法

本书采用文本分析法对国内外不同层级法律、行政法规、部门规章、地方性法规、规范性文件等进行文本分析,明确我国慈善事业制度建设现状及其存在的问题,提出路径创新的思路与原则;对中国党政部门的报告、通知、意见等文件中的慈善相关表述进行文本分析,以了解我国慈善治理话语体系。

(三)访谈法

本书的访谈法主要是通过对涉及慈善法制立法、司法与执法的专家学者、工作人员、慈善组织成员、企业成员、捐赠者、志愿者、受益人等进行访谈,收集第一手数据和材料,为慈善制度的完善、相关政策的落实与创新,提供依据。

(四)参与观察法

本书选择国内典型地区的慈善主管部门、慈善组织、慈善行业组织,进行参与式观察,获取第一手研究资料,以总结、提炼慈善立法背景下组织行为的变化轨迹;与组织所处制度环境相结合,提出促进慈善发展的部门协同策略。

表 1-2 是本书的主要访谈情况。

表 1-2　慈善事业调研情况

时间	对象	主题	访谈类型
2021 年 3 月 24 日	S 市民政局代表、S 市人大代表、S 市司法局代表、基金会代表	研讨《S 市慈善条例（草案）》	集体访谈
2021 年 4 月 28 日	S 市民政局代表、高校专家代表、基金会秘书长代表	慈善法律制度修订	集体访谈
2021 年 8 月 26 日	S 市民政局代表、高校专家代表、基金会秘书长代表、律师代表	慈善法律制度新增内容	集体访谈
2022 年 8 月 18 日	S 市 X 街道民政科室代表、L 社区两委成员、社区居民	社区为老服务	集体访谈
2022 年 8 月 22 日	S 市 H 区民政局代表、B 街道代表、D 社区支部书记	基层民政和慈善事业	集体访谈
2023 年 2 月 27 日	S 市慈善基金会工作人员	慈善组织数字化建设	个体访谈
2023 年 6 月 26 日	S 市慈善基金会工作人员	慈善基金会募捐筹款专题	个体访谈
2023 年 10 月 26 日	S 市慈善基金会工作人员	慈善项目	个体访谈
2024 年 2 月 27 日	S 市慈善基金会副理事长	慈善基金会内部治理	个体访谈
2024 年 5 月 22 日	B 市 P 区民政局代表、C 区民政局代表、B 市社会组织促进会代表、SH 社会企业发展促进会代表、B 大学代表	社会企业立法研究	集体访谈
2024 年 7 月 19 日至 20 日	Y 省 Q 区民政局代表、社会组织代表	社区慈善	集体访谈
2024 年 7 月 22 日至 23 日	W 省 C 市民政局代表、社会组织代表	社区慈善与志愿服务	集体访谈
2024 年 8 月 3 日	S 市民政局代表、社区基金会代表	社区基金会与公益创设	集体访谈

中国式现代化慈善事业的制度体系研究

时间	对象	主题	访谈类型
2024 年 8 月 6 日至 7 日	SH 省 S 市 B 区民政局代表、街道代表、社会组织代表	慈善组织动员与资源集聚	集体访谈
2024 年 8 月 20 日至 21 日	S 省 D 市民政局代表、街道代表、社会组织代表	社区慈善工作经验与存在的问题	个体访谈
2024 年 9 月 10 日至 11 日	N 省 F 市民政局代表、街道代表、社会组织代表	志愿者和志愿组织功能与作用发挥	个体访谈

三、资料来源

除了经由调研获得第一手数据以外，笔者还通过文本收集和二手数据收集的方式丰富研究资料。

第一，本书通过文本资料收集的方式重点收集并整理相关慈善事业制度政策文件、法律法规制定相关会议记录和其他研究成果，包括有关我国慈善事业制度的法律法规和政策文件 100 余项；从曾开展地方慈善政策试点的部分地区民政部门获得政策制定相关会议纪要若干份。笔者在调研过程中获得全国 10 多个省级民政部门慈善捐赠资料和慈善信托数据，2018 年至 2022 年每年受地方民政局委托对慈善超市运营情况进行调研，在调研中获得了丰富的资料。同时，笔者梳理了与慈善事业制度相关的学术论文和专著共计 900 余篇（本），结合现有研究成果对我国慈善事业制度体系进行深入研究。

第二，笔者进行了大量的数据采集，既有通过实地调研获得的制度制定和执行过程中的第一手数据，也有官方网站如中国社会组织政务服务平台和全国慈善信息公开平台"慈善中国"等公布的最新数据。笔者在研究过程中实时关注法律法规数据库，了解慈善事业相关法律法规的最新规定和修改情况。通过检索"慈善中国"的最新数据，追踪慈善组织和社会组织在慈善募捐、慈善项目、慈善信托、慈善财产等方面的工作开展情况。借助年度工作报告与年检结论查询系统,及时了解社会组织和慈善组织在相应年度内的活动情况及检查结果。通过中国社会组织公共服务平台,查找中国社会组织年度检查和评估的最新数据和信息,了解慈善组织和社会组织接受资金支持情况、活动异常情况等具体内容。通过公安部境外非政府组织办事服务平台,了解境外非政府组织在华慈善活动开展情况和登记备案情况。通过腾讯公益、支付宝公益、字节跳动公益、小米公益、亲青公益、哔哩哔哩公益、平安公益、360公益和中国移动公益等大型互联网募捐信息平台,了解各家平台及主要慈善组织的具体慈善募捐活动开展情况和募捐信息公开情况。通过全国志愿服务信息系统"中国志愿服务网",关注志愿者、志愿团体、志愿项目、志愿服务工作管理部门的最新数据和动态信息,了解中国志愿服务发展的最新情况。

中国式现代化慈善事业的制度体系研究

第二章　我国慈善事业的领导制度

党的领导主要是政治、思想和组织的领导。[①] 从国家治理的角度来看,中国共产党对国家的领导主要是政治领导、思想领导和组织领导。政治领导是根本,思想领导是灵魂,组织领导是保证。慈善事业中党的领导体现为持续提升人民群众对慈善事业的深刻理解,利用社会组织对群众的影响力、号召力、凝聚力。[②] 党的二十大报告强调坚持和加强党中央集中统一领导,党的领导是全面的、系统的、整体的,必须全面、系统、整体加以落实。

党对慈善事业的领导制度主要包括政治领导制度、思想领导制度和组织领导制度。党对慈善事业的领导制度既涉及党的领导能力和领导方式的演变,也事关党对慈善事业和社会组织的角色认知。党对慈善事业的领导制度是推进慈善事业发展的重要基础,有利于保证慈善事业坚持正确的政治方向,有利于党的建设工作和慈善事业的有机融合。本章从价值意蕴、历史变迁、实现方式、核心特征和面临的挑战等方面对慈善事业中党的政治领导制度、思想领导制度和组织领导制度进行分析。

第一节　慈善事业中党的政治领导制度

从国家治理的角度来看,政治领导是指党对政治原则、政治方针

① 江泽民:《江泽民文选》第一卷,人民出版社 2006 年版,第 92 页。

② 万银锋、闫妍:《党领导社会组织:必然逻辑、现实困境与应对策略》,《中州学刊》2020 年第 4 期,第 32—38 页。

和政治路线的领导。党的十九届六中全会指出,总结党的百年奋斗重大成就和历史经验,是在建党百年历史条件下开启全面建设社会主义现代化国家新征程、在新时代坚持和发展中国特色社会主义的需要。领导制度是我国慈善事业制度体系的核心内容,要将党的政治建设和领导制度作为慈善事业和社会组织的根本性任务。[①] 党的政治领导制度是党在发展慈善事业过程中坚持贯彻政治原则、政治方针和政治路线,通过政治引领的方式提高慈善事业相关主体的政治站位,培育党员和其他慈善事业从业人员的政治素养的一系列制度的总和。在新的历史发展形势下,坚决维护党中央权威和集中统一领导是推进慈善事业有序持续发展的重要基础。从慈善事业这一领域的独特性来看,政治领导制度的核心内容就是在促进慈善事业发展的全过程中始终坚定不移地贯彻执行党的政治原则、政治方针和政治路线,为建设中国特色社会主义慈善事业而奋斗。

一、政治领导制度的价值意蕴

政治领导制度有以下三方面的重要价值。

第一,政治领导制度为慈善事业确定高质量发展的基本原则。慈善事业需要坚持党的领导,加强党的建设,建立党组织,以形成党对业务工作的有效领导。此外,要强化业务活动中的党建元素,强化党的领导,以党的领导引领业务活动的科学开展。[②] 政治领导制度通过党的政治引领为慈善事业提供底线和原则,明确慈善事业发展的政治边界,保障慈善事业与国家建设和社会发展的要求相一致。政治领导制度旨在形成促进慈善事业发展的双向结构,激活党务工作和业务工作之间的有机结合:通过抓好领导制度建设促进慈善事业的业务开展,借助业务工作推进政治领导制度的平台建设。

---

① 查少刚、魏巍:《习近平关于党的政治建设重要论述的逻辑理路》,《思想教育研究》2021 年第 5 期,第 7—11 页。

② 王清、严泽鹏:《反向嵌入与资源扩展:社会组织党建的机制分析》,《理论与改革》2024 年第 2 期,第 47—60、171 页。

第二,政治领导制度为慈善事业制度体系提供基础保障。政治领导制度是系统完备、科学规范、运行有效的慈善事业现代管理体制的基石,为慈善事业的科学化、现代化、高质量发展提供必要保障。政治领导制度通过提出党的政治建设在慈善事业中的重大任务和主要目标,筑牢党的领导这一慈善事业的政治基础。政治建设是慈善事业制度体系建设的重要组成部分,旗帜鲜明讲政治是慈善事业发展的根本要求,也是对参与慈善事业的各类组织主体提出的基本任务。要建立健全慈善事业的政治领导制度,需要持续提高党的政治建设的主体性和自觉性,确保慈善事业中各行动主体始终沿着党指引的政治方向前进,激励广大群众积极主动投身慈善事业,进一步扩大慈善事业的社会基础,将党的政治建设任务落到实处。

第三,政治领导制度是引导多元主体有序参与慈善事业的必然前提。[①] 政治领导制度通过政治原则、政治路线和方针政策明确对各参与主体的政治要求。党的原则、路线和方针政策为贯彻习近平新时代中国特色社会主义思想、推动慈善事业的领导制度建设提供基础性要素。[②] 作为慈善事业的重要践行者,慈善组织和慈善事业的其他参与者要学习贯彻党的各项思想要求和政策精神,这样既能增强党员同志的党性,又能进一步扩大党的建设在组织结构和业务工作中的覆盖面,加强党对慈善事业的政治引领,提升慈善事业参与主体的政治能力和思想觉悟,实现党的政治领导和业务工作的有机融合。

二、政治领导制度的历史变迁和实现方式

(一)政治领导制度的历史变迁

党是中国特色社会主义慈善事业的领导核心,是保证慈善事业始终朝正确方向发展的引路人。党对慈善事业的领导通过政治领导的

---

① 张紧跟:《激发活力:社会组织党建的新议程》,《山西大学学报(哲学社会科学版)》2023 年第 3 期,第 114—122 页。

② 刘晶、王建华:《新时代党建质量提升的行动逻辑》,《东南学术》2019 年第 4 期,第 21—27 页。

方式予以贯彻落实。要加强慈善事业参与主体的理论武装工作,将学习贯彻习近平新时代中国特色社会主义思想作为首要政治任务。党的政治领导制度始终是保证慈善事业朝正确发展方向的指引,是党在慈善事业领域发挥引领作用的基础。整体来看,政治领导制度经历了改革开放前、改革开放后至党的十八大和中国特色社会主义新时代三个阶段的变迁。

在第一阶段,党将慈善事业融于社会建设,实施整体性的政治领导。改革开放前,党对慈善事业的政治领导制度散见于现代化国家建设的制度设计之中。慈善事业的相关政策主要散见于国家的主要政策文件之中,是国家建设的补充性内容。这一时期我国在政治、经济、文化、教育、卫生等方面面临巨大发展压力,慈善事业的工作往往混在社会保障、社会救助等社会建设事务之中。由于物资的贫乏和社会生产力的落后,许多人因失业而陷入贫困,保障就业成为这一时期事关社会稳定的重要工作。党的七届三中全会提出要"认真地进行对于失业工人和失业知识分子的救济工作",政务院发布《关于救济失业工人的指示》,强调发挥党组织的带头作用,解决对失业者的救济问题。这一时期,政治领导制度呈现出经验性和一元化的特征[1],党在政治层面的领导实现了国家建设和社会稳定的双重目标,慈善事业初步发展。政治领导制度通过资源垄断的计划经济体制和行政一体化的单位制度,实现党对各级单位和人民的领导,通过政治路线、政治方针和政策建立的政治领导制度体系和结构实现了社会的长期稳定。

在第二阶段,慈善事业的独特价值被进一步发现,为释放慈善事业的活力,党加强了对慈善事业的政治引领。改革开放后,如何激发慈善事业发展活力成为党面临的新挑战。市场经济体制的确立和发展,使得党面临更为复杂的治理情境。政治领导制度从传统的"一元控制"逐渐走向开放,社会结构的开放性改变了传统的封闭式内循环

---

① 陈怡:《党在基层社会领导方式转变的创新实践与理性思考》,《求实》2011年第1期,47—50页。

领导方式。政治领导制度的组织基础出现新的变化,政经社一体的单位组织日益被功能专业化的组织所取代,组织的活力而不是控制力成为评价组织的政治领导效能的主要指标,党组织需要在新的社会背景下进行组织结构功能的调整和优化。改革开放政策使得慈善事业与党的建设同积极推动社会发展的重大战略相联系,慈善事业成为推动经济发展、社会发育的重要内容。[①] 党的十六届四中全会通过《中共中央关于加强党的执政能力建设的决定》中首次提到慈善,在"加强社会建设和管理,推进社会管理体制创新"部分提出"健全社会保险、社会救助、社会福利和慈善事业相衔接的社会保障体系"。从这一视角来看,慈善事业成为加强党的执政能力不可或缺的部分。党中央在会议决定中提到慈善这一重大改变为慈善事业的发展提供了政治层面的合法性,慈善成为顶层设计的有机组成部分,慈善事业的健康发展成为党的建设必须关注的领域。新的经济组织和社会组织的涌现使得党对组织的覆盖面和管理提出了新的要求,出现了加强政治教育和嵌入党组织等引领组织发展的方式等,在实践过程中还出现了党的组织从"嵌入"走向"嵌合"的积极转变。[②] 与此同时,社会新阶层的出现使得党员队伍更加多样化,党员来源的多元、党员身份的改变、党员收入的差异使得党员的思想状态、认知感受、价值认同变得更加复杂,政治整合的难度加大,这对政治领导制度提出更高的要求。

在第三阶段,慈善事业是中国特色社会主义事业的重要组成部分,需要大力发展慈善事业。党的二十大报告指出,党的政治领导力、思想引领力、群众组织力、社会号召力显著增强。党中央提出的道路自信、理论自信、制度自信和文化自信是对中国特色社会主义的创造性拓展和完善。党在慈善事业领域的政治领导制度具有鲜明的中国特色,引导慈善事业向更高水平发展,为慈善事业的持续进步提供制

---

① 褚松燕:《改革开放以来社会组织党建政策的演进及其逻辑》,《探索》2020年第4期,第99—110、2页。

② 肖金明、杨伟伟:《从"嵌入"走向"嵌合":社会组织党建模式创新探析》,《中州学刊》2021年第4期,第14—20页。

度动力。①《中共中央关于制定国民经济和社会发展第十四个五年规划和二〇三五年远景目标的建议》再次提出要"发挥第三次分配作用，发展慈善事业，改善收入和财富分配格局"，进一步明确慈善事业在实现共同富裕目标的征程中将承担调节收入分配、促进社会公平的重要角色。在加快慈善事业发展、促进第三次分配、实现共同富裕的道路上，党的领导尤其是政治领导制度将保证慈善事业参与主体始终坚持政治性、投身社会主义现代化建设、促进慈善事业繁荣发展。在推进慈善事业发展的具体任务面前，党的政治领导制度将通过完善科学化的领导组织架构、推动民主化的政治制度建设、创新社会化的教育资源整合等方式推动慈善事业的新发展。

（二）政治领导制度的实现方式

政治领导制度的实现方式是指党在领导慈善事业的过程中相对稳定的、以政治导向为核心的制度建设方式和方法。"通过党建促业绩，加强业绩强党建"是党领导慈善事业的主要方式，从而实现对党的政治路线、大政方针和政策的有效贯彻和执行。党的政治领导制度始终是保证慈善事业朝正确发展方向的指引，是党在慈善事业领域发挥引领作用的基础。从党领导慈善事业的具体实践来看，可以将政治领导方式划分为牢固树立政治权责意识、加强政治引领与业务工作有机融合两类。

牢固树立政治权责意识是加强党的政治领导制度的方式之一。在党员素养和政治要求方面，党的政治领导要求慈善事业的参与主体发挥政治功能、履行政治义务。政治要求是考察慈善事业各参与主体的重要标准，政治要求可以明确各参与主体在政治层面的权责关系。政治领导制度要求慈善事业的各参与主体强化政治纪律，恪守职业道德准则，坚守党和行业领域的基本要求。② 党的政治领导制度要求重

---

① 周秋光、曾桂林：《中国慈善立法：历史、现状及建议》，《南京社会科学》2014 年第 12 期，第 141—149 页。

② 黄亦君：《中国共产党成立 100 年来党的政治建设的运行逻辑、价值意蕴与实践进路》，《学习论坛》2021 年第 3 期，第 15—24 页。

视对慈善组织中党组织和党员的能力培养,建立健全慈善组织党员能力培养的需求调研、考核评价、质量评估、督导督查等制度,切实抓好慈善组织党员队伍的思想政治理论教育工作,完善党性教育、专业能力和管理能力培训。

加强政治引领与业务工作有机融合是加强党的政治领导制度的方式之二。在以党建促进业务工作层面,党的政治领导旨在提高党的执政能力和领导水平。慈善组织是慈善事业和社会治理的重要参与主体,在解决社会问题方面具有独特优势。[①] 从慈善事业的具体实践来看,党的政治领导为慈善组织等参与主体提供了正确的发展方向。从党的领导与慈善业务工作的关系来看,党始终遵循共产党执政规律、社会主义建设规律和人类社会发展规律,以促进慈善事业的繁荣与发展为前提,加强对慈善事业和慈善组织的领导,突出其在促进慈善事业发展过程中的统领性角色。党建工作的政治引领功能为慈善事业的深度发展和社会治理模式创新提供了可能。[②] 党的政治领导在慈善组织的激励制度、问责制度、纠错制度等方面发挥着重要作用。对慈善事业和慈善组织而言,基层的资源不足是限制慈善事业可持续发展的重要因素,而党的政治领导制度的建立健全则为解决这一问题提供了新的思路。在治理重心向基层下移、政策和治理资源向基层倾斜的政策背景下,通过党组织和党员吸纳更多的社会资源、推动慈善事业进步已成为一大趋势。

三、政治领导制度的核心特征和面临的挑战

(一) 政治领导制度的核心特征

了解政治领导制度的核心特征是正确认识政治领导制度的基本前提。总体来看,政治领导制度的核心特征包括以下三个方面的主要内容。

---

① 盛若蔚:《大力加强社会组织党建工作》,《人民日报》2015 年 9 月 29 日,第 11 版。

② 叶敏:《政党组织社会:中国式社会治理创新之道》,《探索》2018 年第 4 期,第 117—122 页。

第一，政治领导制度坚持以政治建设为慈善事业制度建设的根基和前提。党的政治建设统领着慈善事业领域的各项业务活动和多元参与主体。党的领导是党和慈善事业参与主体间关系的深刻反映，党的领导与慈善发展共荣共生。从党建在慈善领域的实践来看，政治领导制度是党的基层组织建设体系的重要组成部分。[①]

第二，政治领导制度突出党的建设在促进慈善事业过程中的政治功能。慈善事业并非某个或某些参与主体的私有事务，而是关乎社会发展的重要事务，因此在推进慈善事业建设的过程中也需要加强党的领导，坚定不移地深入贯彻党的政治领导，尤其是在慈善组织等参与主体的具体行动之中。政治领导制度要求各主体强化政治意识，履行政治责任，进而持续提升党对慈善事业的政治引领效能。政治领导制度以增强慈善参与主体的政治性为核心任务，有利于统一思想，确保慈善事业的良性发展。

第三，政治领导制度是强化政治认同、保证慈善事业朝正确方向发展的重要方式。政治领导制度引导参与慈善事业的慈善组织、新闻媒体、社会公众等强化政治认同，将党的政治领导融入慈善事业运作的全过程，以充分保障党在把方向、管大局、保落实等方面的领导地位，确保党的大政方针在慈善事业中的贯彻与执行。政治领导制度可以在捍卫党的领导核心地位的同时，赢得慈善事业相关参与主体的认可和支持，形成促进慈善事业发展的最广泛社会基础，有利于在全社会层面营造"全民参与慈善"的良好氛围。

（二）政治领导制度面临的挑战

党的政治领导始终是促进慈善事业的根本动力，保障着慈善事业朝正确发展方向，但由于历史发展阶段、社会认知差异、社会资源集聚程度等方面因素，党的政治领导制度还面临功能认知"虚化"、党建重视程度低和制度执行偏差的挑战。

第一，对于党的政治领导制度，现实中存在功能认知"虚化"的风

---

① 王名、董俊林：《关于新时代社会治理的系统观点及其理论思考》，《行政管理改革》2018年第3期，第24—27页。

险。党的政治领导制度要求慈善事业的各参与主体深入学习贯彻习近平新时代中国特色社会主义思想,以更好地发挥党在慈善事业中的统领功能。然而在党领导慈善事业的发展过程中,部分从业者对党建的功能认知"虚化",认为党的政治领导和党建工作比较虚,工作抓手不多,而且党建工作在短时间内很难成绩显著。这一对党的政治领导和党的建设工作的认知"虚化"问题导致部分党务工作者、党员以及慈善事业的其他相关主体对党建工作的参与意愿不强,降低了党的政治领导制度的效果,不利于发挥党对在慈善领域的统领功能。

第二,对于党的政治领导,部分组织对党建重视程度低。党的政治领导制度是坚持党的统一领导、促进慈善事业发展的重要制度基础。政治领导制度是对慈善事业参与主体党性的锻炼和考验,可以维护党在慈善领域的权威,维护人民群众的利益。[①] 然而在慈善领域的党建工作中,部分参与主体错误地将党的政治领导视为"软指标"而不愿投入资源和精力。部分组织机构和从业人员认为抓党的建设工作仅仅是政治需求,没有正确地认识党建工作与业务工作的相互促进关系,甚至在实践中党务给业务"让路"的现象。

第三,对于党的政治领导制度,执行中可能存在偏差。从慈善事业的发展现状来看,政治领导制度体系建设较为完善,但制度执行效果不尽如人意。党的政治领导制度的核心在于确保全党遵守党章,坚持党的原则和宗旨,贯彻落实党的基本理论、基本路线和基本方略,是坚持党的领导、加强党的建设的重要方式。然而在慈善领域的党建实践中,存在"说起来重要、做起来次要"的工作倾向,如将党的政治领导"挂在嘴上、没到手上、不放在心上"。在部分地区,党的制度和会议长期得不到落实和贯彻,党建工作存在"抓偏""抓轻""抓少"等问题,这些问题影响了领导制度的生产力、凝聚力和战斗力。从功能视角来看,党的政治领导不仅可以增强慈善组织和慈善事业的合法性,也能

---

① 刘红凛:《政治建设、组织力与党的建设质量——新时代党的建设三大新概念新要求》,《思想理论教育》2018 年第 7 期,第 74—79 页。

增强慈善组织和慈善事业的有效性,所以应寻找党的建设工作与慈善事业的业务工作协调配合的路径,以解决制度执行偏差的问题。

第二节　慈善事业中党的思想领导制度

从国家治理的角度来看,思想领导是指党通过对广大干部和人民群众进行思想政治教育从而引导人民走社会主义道路。思想领导是对理论观点、思想方法和精神状态的领导,是用马克思列宁主义、毛泽东思想、邓小平理论、"三个代表"重要思想、科学发展观、习近平新时代中国特色社会主义思想教育和武装广大党员和人民群众,引导他们用无产阶级的世界观认识世界和改造世界。在推进国家治理体系和治理能力现代化的时代背景下,思想领导致力于解决在政府机构改革、社会建设等多个领域的复杂问题,坚持贯彻"实事求是"的思想路线,向人民群众宣传党的路线、方针、政策,把党的主张变成人民群众的自觉行动。

慈善事业的思想领导制度主要是指通过党的思想领导,通过对慈善事业参与主体的思想政治教育等方式,引导其正确认识慈善事业与党的领导之间的深刻关系,保证慈善事业的正确发展方向,促进慈善事业的持续发展。同时,思想领导制度能引导慈善事业的参与主体充分认识慈善事业的独特价值,从而在党的领导下更加有效地开展慈善活动,提升慈善活动的专业化和科学化水平。

一、思想领导制度的价值意蕴

党的十九大以来,以习近平同志为核心的党中央高度重视党的建设工作,坚定不移推进全面从严治党。党的十九大报告提出,坚持党对一切工作的领导,全面加强党的建设工作,不断夯实党长期执政的组织基础。而实现这一目标的重要方式就是党的思想领导制度。慈善事业的思想领导制度贯彻党的理论、坚守党的使命、引领慈善理念发展,是统领中国慈善事业发展方向和态势、促进慈善事业繁荣发展的重要基石。

第一，思想领导制度贯彻党的理论。中国共产党以马克思主义科学理论为指导。"马克思的整个世界观不是教义，而是方法。它提供的不是现成的教条，而是进一步研究的出发点和供这种研究使用的方法。"[①]党的历史表明，理论兴则党兴，思想强则党强。党推进马克思主义中国化，始终重视和不断推进实践基础上的理论创新，并坚持用理论创新成果武装全党，这成为党的一个突出特点和优点。[②] 党在理论上的成熟是政治成熟的重要标志。慈善事业是实现党全心全意为人民服务宗旨、缩小贫富差距、达到共同富裕的重要手段，因此，在推进慈善事业发展的全过程中需要贯彻党的理论，始终把马克思主义这一科学理论作为自己的行动指南，并坚持在实践中不断丰富和发展马克思主义。

第二，思想领导制度坚守党的使命。我党是为人民谋幸福、为国家谋发展的使命型政党，在慈善事业发展的过程中要将党的使命和责任内化为激励性要素，不忘初心、牢记使命。面对经济建设和现代化变革中出现的新形势和新问题，通过塑造政治共识来达成慈善共识，构建一种全体社会成员都愿意接受和服从的主流意识形态和未来战略愿景，并以党的初心使命和责任担当激励全体党员在慈善活动中充分发挥先锋模范作用，成为党的领导的重要内容。

第三，思想领导制度引领慈善理念发展。思想领导制度可以有序推动慈善事业的高质量发展与不断进步。慈善事业是国家建设和社会治理的重要力量，将对国家发展的总体思路和人民群众的日常生活产生积极影响。党的十八大报告提出全面建成小康社会的新要求，支持发展慈善事业。要通过思想引领和动员激发全社会的参与热情，引导更广泛的社会资本涌入慈善领域，使慈善捐赠和志愿服务最大可能满足社会需求。

---

① 《马克思恩格斯文集》第十卷，人民出版社 2009 年版，第 691 页。

② 赵新峰、程世勇、王治国：《第三次分配：动力机制、协同效应与制度建构》，《中国行政管理》2024 年第 2 期，第 76—88 页。

二、思想领导制度的历史变迁和实现方式

党的领导制度是我国领导制度的重要组成部分,在中国特色社会主义制度体系中占据统领地位,也是把党的领导落实到国家治理各领域各方面各环节的关键。[1] 思想领导制度是慈善事业中党的建设的基础性工作,通过党组织和党员的组织隶属关系与先锋模范作用传扬志愿精神和公益理念,做好慈善事业各参与主体的思想建设工作。[2] 从思想领导制度的一般内涵来看,思想建设主要是指通过对党组织和党员的思想教育,提升党组织的建设水平和党员的思想觉悟。具体到慈善领域,就是用习近平新时代中国特色社会主义思想武装慈善组织及参与主体,强化思想领导制度的引领功能。慈善事业的思想领导制度是推进慈善事业发展的灵魂,是促进慈善组织有效发挥功能和作用的重要依据,是弘扬慈善精神的主要方式。

(一) 思想领导制度的历史变迁

思想领导制度涉及党对慈善事业的角色和功能定位。思想领导制度有利于提升慈善事业参与主体的政治性,增强党的思想引领力,对于坚持和加强党的全面领导,应对各种复杂局面和风险挑战,具有非常重要的现实意义。同时,借助思想引领的方式可以推进慈善事业的发展,消除社会对慈善事业的错误认知,使慈善事业与国家发展的重大战略相结合。随着慈善事业的持续发展,党在慈善领域的思想领导制度逐渐成熟和完善,为慈善事业的进步提供思想养料。总体来看,慈善领域的思想领导制度经历了三个主要发展阶段。

在第一阶段,党对慈善事业进行吸纳和搁置。改革开放前,面对繁重的国家建设任务和复杂的国内外环境,党对慈善事业的重视程度

---

[1] 唐皇凤、梁新芳:《党的领导制度体系:构成要素、逻辑结构和优化路径》,《新疆师范大学学报(哲学社会科学版)》2020年第4期,第7—22、2页。

[2] 麻乃晨、赵盛茂、牛志强:《加强和规范党员组织关系的管理》,《紫光阁》1999年第5期,第18页。

不高,政治和经济领域的建设是这一时期国家建设的重点内容。在这一时期,慈善事业尚未成为相对独立和体系化的社会事务,而是被吸纳到社会救助事业之中,在一定程度上被认为是社会保障制度的一个组成部分。与此同时,部分人认为发展慈善事业与社会主义现代化国家建设存在矛盾或冲突:慈善被定义为一种"伪善",社会主义国家不需要慈善,慈善仅仅是资本主义的产物,社会主义国家通过计划经济体制和整体性的社会管控已经实现了慈善的基本功能。这样,思想领导制度融于社会管理体系之中。在这一时代背景下,慈善活动基本上处于停滞状态。

第二阶段,党对慈善事业放开,并鼓励其发展。改革开放以来,党和政府开始创造性地提出:慈善事业是社会主义初级阶段、社会主义市场经济建设和中国特色社会主义建设必不可少的环节。① 党的十六届四中全会通过的《中共中央关于加强党的执政能力建设的决定》提出健全社会保险、社会救助、社会福利和慈善事业相衔接的社会保障体系,这是在党的文献中第一次明确将发展慈善事业作为社会保障体系的重要组成部分,也是第一次把发展慈善事业提升到构建和谐社会的高度予以定位。这一时期的慈善事业虽然仍旧是社会保障的从属者,但已经初步达成了加快慈善事业发展的共识。党的十七大进一步提出慈善事业在社会保障体系中的补位功能,慈善事业成为社会福利建设的重要路径。党对慈善事业的放开和鼓励基于党对慈善事业功能的重新认识:社会主义市场经济和社会建设仍然需要慈善,进一步发展慈善事业是加强党对各项事业的领导、促进社会主义现代化国家建设的重要内容之一。党对慈善事业发展的支持和鼓励为慈善事业提供了合法性资源,慈善事业成为实现社会公平正义的重要方式。与此同时,党的思想领导和制度建设也为慈善事业引入更多的社会性资源,党组织和党员的联结机制促使慈善资源持续聚集。

---

① 靳环宇:《论邓小平社会主义慈善事业发展理论》,《社会保障研究》2009年第5期,第61—64页。

第三阶段,党对慈善事业的定位进行再调整。在中国特色社会主义新时代的背景下,思想领导制度加强了党在慈善事业中的统领地位,坚定了慈善事业参与者的理想信念,有效推进了党统领慈善事业的思想根基建设。习近平总书记关于慈善事业的一系列重要论述都表明,中国传统文化、马克思主义经典著作和思想都对我国慈善事业的建设方向和发展思路产生重要影响。[①] 随着慈善理念在社会层面的广泛传播,慈善事业得到党和政府越来越多的关注。为规范慈善事业的领域范畴,加强立法以明确慈善事业的范围与边界成为必然。《慈善法》的出台将传统的"小慈善"扶贫济困扩展到有利于社会公益的广泛性活动,包括教育、科学、文化、生态等。"大慈善"的概念表明中国慈善事业已经进入现代慈善的新阶段。党的十八大提出全面建成小康社会的新的目标要求,为保证各方面制度更加成熟、更加稳固,慈善事业的发展需要与党的制度建设相匹配,所以要在现代化国家建设的过程中促成慈善事业与全面建成小康社会、实现共同富裕等国家战略有机结合,进一步提升国家治理体系和治理能力现代化的水平。慈善事业亟需新定位,而思想领导制度可以充分显示党中央对慈善事业的定位和谋划,为慈善领域的深度改革提供思想基础。慈善已不再是一种施舍行为,而是以增强人民群众的获得感、增进人民群众福祉为基础的社会性活动。在新的历史发展阶段,慈善应当成为具有广泛社会基础、群众喜闻乐见的互助行为。

(二)思想领导制度的实现方式

实现社会主义现代化是共产党人的追求,中国共产党始终把为中国人民谋幸福、为中华民族谋复兴作为自己的初心使命。思想领导制度始终是坚定共产主义理想和社会主义信念的重要抓手,慈善领域的思想领导制度成为慈善事业发展的思想源泉,促进了马克思主义基本原理、慈善事业发展经验与中国现实的有机结合。蓬勃发展的慈善组

---

① 周秋光、胡远志:《试论习近平关于慈善重要论述的主要内容和特点》,《湖南社会科学》2020 年第 5 期,第 112—119 页。

织和慈善事业在社会治理、公共服务等领域表现越来越突出①,思想领导制度成为推动慈善事业持续发展的重要动力。党对慈善事业进行思想领导的内容主要包括形成话语体系、强化思想工作、坚持群众路线、促进公众参与、加强数字治理五类。

第一,形成具有中国特色的慈善事业话语体系是思想领导制度的重要组成部分。思想领导首要是坚持党的领导,慈善事业应当在党的全面领导下发挥自身的独特优势,在党组织的统领和党员的带头作用下实现持续进步。思想领导的一大实现方式是加强慈善的话语体系建设,为创新中国特色社会主义道路实践和中国特色社会主义理论体系建构提供支撑。

第二,强化思想工作是思想领导制度的重要实现方式。强化思想引领、提升慈善事业的影响力是促进慈善事业发展的重要途径,这就需要重点发挥好宣传部门的作用。宣传部门是主管意识形态工作、引导社会舆论、生产文化产品、开展思想教育的职能部门,宣传部门的主要工作应与慈善事业发展的诉求相吻合。在党中央大力推进慈善事业发展的当下,宣传部门应通过促进营造社会互助的良好氛围,弘扬志愿精神,加快社会主义精神文明建设,以达到促进慈善事业发展的目的。宣传部门应与慈善总会、基金会等不同类型的慈善组织开展广泛合作,通过宣传典型人物、典型事件,用"榜样的力量"激励公民参与公益慈善事业。习近平在《要善于抓典型》一文中也表达了这一观点,他在文中写道:"榜样的力量是无穷的。善于抓典型,让典型引路和发挥示范作用,历来是我们党重要的工作方法……浙江不乏通过诚实劳动而致富的典型,也不乏勤劳致富后反哺家乡、回馈社会、带动大家共同富裕的典型,这类典型我们要大力宣传。"②宣传部门应以慈善组织为抓手开展慈善事业相关管理工作,通过树立典型和模范的方式打造党领导慈善事业的先进和样板单位,发挥业务统领功能,巩固党在

① 郑琦:《社会组织党建值得重视的几个问题》,《学习时报》2015年10月29日,第3版。

② 习近平:《之江新语》,浙江人民出版社2007年版,第212—213页。

慈善事业建设与发展过程中的引领地位。

第三,坚持群众路线是贯彻落实党的思想领导制度的深刻反映。群众路线是中国共产党的生命线和根本工作路线。党的最大政治优势是密切联系群众。能否保持党同人民群众的血肉联系,决定着党的事业的成败。党对慈善事业的思想领导在领导干部调查研究制度、党员领导干部联系点制度、定期接待群众来访制度、同干部群众谈心谈话制度、群众满意度测评制度等具体制度建设和完善的过程中得以体现。要通过党组织和党员干部的努力,进一步加强社会公众对慈善事业的关注度和认可度,不断巩固党长期有效执政的政治基础。慈善事业的本质是民间性,慈善事业只有依靠人民群众,才能具有最广泛的群众基础;慈善组织只有扎根服务于基层,才能充满生生不息的活力。

第四,在公众参与慈善事务中强化党的统领功能。随着社会建设的不断深入,慈善组织等社会组织已经成为推动国家建设、服务群众的重要阵地。社情民意反映制度、重大事项社会公示制度、社会听证制度、党务信息公开制度等一系列制度建设,保证了社会公众能够通过多种途径和形式参与慈善事业发展,切实保障了人民管理国家事务和社会事务、管理经济和文化事业的权利。党员干部要经常性地联系群众,了解社会对慈善事业的整体印象,通过现场调研、处理举报等方式完善监督和保障制度,切实保障人民在国家治理中的主体地位。社会是慈善事业发展的动力和源泉,要通过党的思想领导制度持续动员社会公众参与慈善活动,加入慈善组织,举办慈善项目,在参与慈善事务的过程中强化党的统领功能。

第五,加强数字治理是党的思想领导制度在新的社会背景下对新的思想领导方式和工作模式的探索和尝试,也是完善思想领导制度的重要路径。受现代信息技术的深刻影响,党的领导对象从具体的、线下的人拓展为虚拟的、线上的人,数字空间改变了群众的诉求表达方式、思维方式、道德判断等,党对群众的思想领导面临更为复杂的情境。在互联网时代,海量的网络信息既能弘扬慈善理念和文化,也会对慈善事业的规范化发展造成一定障碍。慈善事业在网络空间的发展得到了网信办等部门的关注,两会代表提出的慈善组织透明度和公信力建设的提案/议案也受到民政部和中央网信办的肯定。对慈善事业而言,慈善事业的数字化建设在提升效率的同时,也引起跨地域的、数量更为庞大的、类型更为多元的群众的关注,从而加大党对慈善事业思想领导的难度。[1] 总体来看,党已经充分认识到这一深刻变化,并在制度建设和完善的过程中提出应对措施。

三、思想领导制度的核心特征和面临的挑战

党的思想领导制度是党对慈善事业进行统领的重要内容。党的思想领导制度具有领导客体多元化、业务覆盖广泛化和教育手段技术化三个方面的核心特征。党的思想领导制度要求慈善事业发展的过程始终坚持人民立场,与满足人民美好生活需要相结合。从党的思想领导制度的发展情况来看,目前仍然面临思想领导制度应用成效一般、制度衔接效果较弱和制度保障未全面覆盖等挑战。

(一)思想领导制度的核心特征

党的思想领导制度要从慈善组织的日常运作和慈善活动的具体开展入手,将党的政治路线、方针和政策传递给从业人员,在慈善全过程贯彻党的基本思想。党的思想领导是慈善事业运行的基本依循和行动指南。

第一,领导客体多元化。从主客体关系来看,中国共产党始终是思想领导制度的核心主体,而由于慈善事业涉及的组织机构种类庞杂,因此思想领导制度的客体较为多元。从慈善组织类型来看,党的思想领导面向的组织主体多元,涉及参与慈善事业的各类社会组织,既包括社会团体、社会服务机构、基金会等在民政部门正式登记的社会组织,也包括社区社会组织等在基层政府备案而开展活动的社会组织。面对多样化的社会组织类型,如何根据组织参与慈善事业的特征和优势因地制宜、因人施策成为党的思想领导的核心内容。慈善事业需要全社会的关注与支持,慈善组织能聚集广大人民群众参与慈善事

---

① 中共重庆市委组织部:《推进党建传统优势与信息技术深度融合》,《党建研究》2017 年第 6 期,第 33 页。

业,传播慈善理念,形成慈善文化。① 从领导客体的性质来看,党的思想领导对象不仅是参与慈善事业的组织,也包括参与慈善事业的个体;思想领导既是对组织的领导,也是对个体的领导。多元的领导客体使得党的思想领导在领导方式、领导过程等方面存在一定差异。

第二,业务覆盖广泛化。党的思想领导在慈善领域是一种全过程的领导,体现在慈善组织几乎全部的业务工作之中。有研究表明,党建对于慈善组织而言是重要生产力,对于完善慈善组织的结构、人员等方面的建设具有积极作用。② 在业务覆盖层面,党的思想领导面向慈善事业参与主体几乎所有的管理和运作活动,以思想、纪律、工作作风和廉政建设等内容为主,辅之以组织的业务活动流程中党的相关制度。对慈善组织而言,党的思想引领横跨组织的内部治理、运作绩效、社会服务等多个领域,为慈善组织的业务工作提供方向指引。从慈善事业的整体发展态势来看,党的思想领导不但需要全体党员高度的思想和政治自觉,同时需要健全完善的制度,为思想引领保驾护航。

第三,教育手段网络化。党的思想领导制度随着现代信息技术的发展呈现出教育手段网络化的特征。互联网时代群众工作的对象,正在由过去的人民群众变为现今的网民,但虚拟空间中网民的话语表达、思维方式、情绪变化、价值选择和道德判断,均可能与现实中的人民群众具有很大差异,做好互联网时代的群众工作需要治理理念和制度机制的重大创新。共产党员网、学习强国等在线学习平台为在线学习党史党章知识、提升党员素质、加强党的领导提供了新的载体,慈善组织也顺应技术化浪潮,在思想学习和业务工作中更多地采用线上方式。对慈善事业而言,传统的线下捐赠逐渐向线上捐赠转变,这既是慈善组织提升透明度和进行公信力建设的良机,又是对慈善组织的数

---

① 李昭昕、刘海春:《社会组织党建三重功能辨析》,《中国社会科学报》2020 年 8 月 18 日,第 8 版。

② 侯利文:《社会组织党建的过程与机制研究》,《社会科学辑刊》2021 年第 3 期,第 15—24 页。

字管理能力提出的新要求。

（二）思想领导制度面临的挑战

中国共产党是中国工人阶级、中国人民和中华民族的先锋队，党的最大政治优势是密切联系群众，党执政后的最大危险是脱离群众。因此，要建立有效践行群众路线和落实全心全意为人民服务的根本宗旨的制度，永葆马克思主义执政党的先进性和纯洁性。但从思想领导制度的总体发展情况来看，仍然存在以下三方面的挑战。

第一，思想领导制度应用成效一般。思想领导制度的制度建设历经长期发展，在慈善领域已经明确形成一些具体制度。但就具体落实的情况来看，思想领导制度的体系虽然已初步完善，但在慈善领域的应用效果一般，多种制度的叠加并未有效提升慈善事业的发展成效，也没有显著提高党对慈善事业的思想引领效果。在当下，慈善事业的发展重点是慈善的专业化和科学化，思想领导制度与业务工作的联系紧密程度处于较低的水平，这也限制了思想领导制度效能的进一步提升。

第二，思想领导制度衔接效果较弱。部分制度存在虚化风险，未能形成较为完整的制度闭环。思想领导制度是党的建设的重要内容，是始终维护好发展好最广大人民根本利益的基础和前提。[①] 但在实践中仍存在对群众的利益认识不清、群众的诉求解决较为缓慢等问题。群团组织是党实施思想领导制度的重要抓手，在促进慈善事业发展、加强党的领导方面具有天然的合法性优势。然而从实践情况来看，集体协商和对话协商制度、信访代理和公益诉讼制度、群团组织参与立法、重大决策的调研与论证制度等制度虽然已经成形，但存在慈善领域的应用不多、不广、不深等问题。

第三，思想领导制度保障未全面覆盖。思想领导制度落实中存在经费、人员、平台等方面的短板。从经费角度来看，思想领导制度的建立与完善需要专门的党建工作经费支持，而党建经费更多用于项目和

---

① 祝福恩、张滨：《中国共产党百年组织体系建设的基本经验研究》，《理论探讨》2021年第 3 期，第 20—25 页。

管理等方面,在思想教育等方面的投入比例不高。从人员的视角来看,慈善事业中的党建工作基本由业务工作人员兼任,专职党务工作人员的比例不高,因此存在党务与业务混杂、党务工作的精准度不高等问题。

第三节　慈善事业中党的组织领导制度

中国特色社会主义制度是一个严密完整的科学制度体系,起四梁八柱作用的是根本制度、基本制度、重要制度,其中具有统领地位的是党的领导制度。从国家治理的视角来看,主要通过推荐党的优秀人才担任国家机关的领导来实现有效组织领导。组织领导是借助党的干部、各级组织和广大党员的力量,组织和引导社会公众为实现党的主张而奋斗。组织领导制度主要包括对干部选拔和任用的主张和制度设计,组织领导制度的有效性依托于党的引领功能。

慈善事业的组织领导制度是党在慈善领域对慈善组织等组织化参与力量的领导制度的总和。党的组织领导效能主要体现为党的组织力,具体表现为贯彻党的目标对资源进行整合和运用的能力。[1] 组织是国家建设和社会治理的核心主体,党的组织领导始终是优化治理的核心逻辑。[2] 慈善事业的组织领导制度是释放组织活力、激发社会参与慈善事业积极性的重要制度。

一、组织领导制度的价值意蕴

组织领导制度可以扩大党对慈善事业的覆盖面,提升党组织在慈善事业中的引导能力,促进党的资源与慈善资源的交融与整合。

第一,组织领导制度可以扩大党对慈善事业的覆盖面。组织领导

---

①　高振岗:《新时代党的基层组织提升组织力的理论探源与实践路向》,《探索》2018年第 2 期,第 101—106 页。

②　曹都国、吴新叶:《党建引领社会治理:制度逻辑与效能改进》,《江淮论坛》2020 年第 6 期,第 86—91 页。

制度将党对慈善事业的领导覆盖参与慈善事业的广泛主体，强化了党对社会力量的统领功能。[1] 参与慈善事业的主体主要是慈善组织、企业、新闻媒体和社会公众等。慈善组织是在我国国家治理体系和治理能力现代化建设过程中，具有重要地位、发挥独特优势、与其他国家治理主体共同促进社会治理的主体之一。在党和政府的领导下，慈善组织长期开展慈善活动，是我国慈善事业发展的重要促进者和慈善活动的践行者。企业在参与慈善事业建设中具有资金和人员等方面的优势，通过在企业成立慈善组织和党组织等方式加强了党在慈善领域对企业的领导效能。新闻媒体在慈善事业中既发挥宣传作用，也肩负监督责任。

第二，组织领导制度可以提升党组织在慈善事业中的引导能力。党作为领导慈善事业的核心主体，保证慈善事业始终朝正确方向发展。中国共产党是按照民主集中制原则组织起来的有机体，党的力量来自组织。慈善事业的组织领导制度涉及党组织和社会组织在社会治理场域的主体间关系，从组织的地位来看，党的组织在同级组织中处于领导地位，随着社会日新月异的发展，发挥越来越重要的作用。因此，需要建立健全党对"两新"组织的领导制度，健全基层党组织领导的基层群众自治制度，实现党的领导全覆盖。在慈善领域，党的组织通过组织领导制度实现了党的组织嵌入，提升了党对慈善事业参与主体的引导效能，形成了具有中国特色、坚持全面从严治党原则、赋予社会组织资源、激发社会组织活力的组织嵌入模式，为慈善事业朝正确方向发展开辟了一条光明的道路。

第三，组织领导制度可以促进党的资源与慈善资源的交融和整合。组织领导制度的核心目标在于加强党务与业务的协调与配合，共同推动慈善事业向更高水平发展。组织领导制度通过嵌入机制为参与慈善事业的各类组织提供了扩展社会资本的机遇，同时为参与主体提供了新的制度空间。嵌入参与主体的党组织和党的优秀人才成为

---

① 何艳玲、王铮：《统合治理：党建引领社会治理及其对网络治理的再定义》，《管理世界》2022 年第 5 期，第 115—131 页。

党的建设的新地标,充分凸显了党在慈善事业中的领导核心作用。随着慈善事业向更高水平发展的进程不断加快,慈善组织和其他慈善参与主体受到了党的高度关注。在慈善事业中有效加强党的领导和党建工作既是国家治理的迫切要求,也是捍卫党的执政地位的必然逻辑,党的组织领导由幕后走向台前,为引导慈善事业健康有序发展提供了契机和抓手。

二、组织领导制度的历史变迁和实现方式

党的组织领导制度的核心内容是党与社会之间的关系,在慈善领域具体表现为慈善组织的党建工作如何开展。党的组织领导制度是保障慈善组织和慈善事业健康发展的重要基础。

(一)组织领导制度的历史变迁

组织领导制度的历史变迁反映党在不同历史时期对慈善事业的认知差异,随着党日益重视慈善事业在国家建设和社会发展中的独特作用,慈善事业的组织领导制度日趋完善。总体来看,党的组织领导制度经历了党对慈善事业的整体吸纳、相对放开和组织化引领三个阶段。

第一阶段,党对慈善事业整体吸纳。改革开放前,党对慈善事业予以整体性吸纳,党对慈善事业和慈善组织的领导嵌在现代化国家建设的全过程。党作为领导核心,对社会中的组织和个体影响力极大,慈善事业与国家的整体现代化建设工作相融合,作为社会保障制度的有机组成部分而存在。由于这一时期是国家政治和经济建设的关键时期,大量社会资源被投入政治和经济领域,社会领域获得的资源总量和国家关注度都较少,慈善事业缺少发展的物质基础。而且,整体性社会特征使得单位制成为基层管理的重要单元,慈善事业仅作为社会管理工作的一部分而存在,且往往局限于扶贫济困等社会救助事务,独立性未彰显。因此,慈善领域的组织领导制度建设进度缓慢,尚未对慈善事业的发展产生巨大影响,这一情况在改革开放后有所改善。

第二阶段,党对慈善事业相对放开。改革开放后,作为独立主体的慈善组织开始出现,慈善事业的价值得以凸显,慈善事业中党的领导越来越受到关注和重视。坚持党建引领是慈善领域党建工作得以持续有效开展的重要前提[①],随着慈善事业的价值和意义得到党和人民高度认同,专业化的慈善组织和职业化的从业人员在这一时期开始出现,推动慈善事业向更科学、更体系化的方向发展。

第三阶段,党对慈善事业进行组织化引领。中国特色社会主义进入新时代,慈善组织的专业化和科学化成为慈善事业向纵深发展的必然要求,因此需要进一步强化党的领导,把握组织的正确发展方向,使党建实现组织覆盖和工作覆盖。社会组织党建是党的组织化引领的重要方式,是党为提高执政能力而在社会组织内开展的一系列党务实践。社会组织党建共有三方面的主要内容:一是在社会组织内建立党组织,以培育和发展更多的党员。二是社会组织党建的工作方式,具体包括"三会一课""两学一做"等具体的党务工作,并通过定期的组织生活会加强党的组织领导。[②] 三是党组织在社会组织中的功能定位和具体行动。党组织通过将党建嵌入中心工作的方式引导慈善组织更好地满足社会需求,促进行业发展。

（二）组织领导制度的实现方式

建立健全组织领导制度是强化党的领导、保证慈善组织的政治性的重要方式。党对慈善事业的组织领导实现方式主要包括党组织的嵌入、党委购买服务、党建平台建设和成立党委职能部门。

第一,党组织的嵌入。党建工作要与慈善组织健康发展相结合,从而加强政治引领和组织建设是党的领导制度的重要内容。[③] 党组织

---

① 王清:《从行政控制、行政治理到政治引领:国家推动社会组织发展40年》,《河南社会科学》2019年第5期,第11—18页。

② "三会一课"中的"三会"是指定期召开支部党员大会、支委会、党小组会,"一课"是指按时上好党课。"两学一做"是指"学党章党规、学系列讲话,做合格党员"学习教育。

③ 杨贤金:《切实把各领域基层党组织建设成为坚强战斗堡垒》,《党建》2021年第6期,第19—20、18页。

的嵌入既包括组织的整体嵌入，也包括特殊个体对慈善组织的嵌入，具体包括建立党支部、成立联合党支部、设立党建联络员和指导员等方式，以加强党对慈善组织的领导。① 党组织的有效嵌入为慈善组织带来主题鲜明、内容丰富、形式多样的党建活动，既发挥党组织对慈善组织的教育作用，又充分体现党组织的核心功能。党组织的嵌入也为慈善组织评价其组织绩效提供新的考核机制。透明高效的党建考评是贯彻落实组织领导制度的具体要求的重要依据，要保证党建工作依托明确的制度开展评估，为党组织的良性发展提供动力支持。

第二，党组织购买服务。随着慈善事业向更高水平发展，社会和公众对慈善事业中党的领导也提出了更高的要求。为进一步做好对慈善事业的引领工作，为慈善组织提供更多必要的发展资源，党委等党的组织机构购买慈善组织提供的服务成为当今普遍的方式。党委购买服务有利于加强党的组织领导、提升慈善组织能力建设和促进慈善事业发展。党委购买服务可以有效增强党的组织机构和慈善事业具体执行机构的联系与合作，为建立健全党的组织领导制度提供良好契机。通过党委购买服务的方式，党组织进一步加强了对慈善组织等慈善事业参与主体的引领、指导和服务，助推了慈善事业的高速发展。

第三，党建平台建设。党建平台建设的主要内容包括完善党建与业务融合机制，依托社会组织孵化园、公益园地等平台和载体，进行专职党务工作者的培训工作等。党建联盟是贯彻党的组织领导制度的重要实践，为慈善领域的党建工作提供有益借鉴。② 党的组织领导制度建设并非局限于慈善组织内部的党建工作，而是在更广泛的层面上加强党组织的凝聚力和党建工作的有效性，以党的制度建设为根本，以平台化党建等新的党建工作模式和组织领导方式为依托，加强对慈

---

① 郭文主编：《社会组织党建工作实务指南》，中国社会出版社 2020 年版，第 162 页。

② 薛美琴、马超峰：《关系网络再造：社会组织联合党建的行动逻辑——以江苏省党建联盟的实践为例》，《探索》2020 年第 6 期，第 134—143 页。

善组织的组织引领。① 党建平台为加强组织领导制度建设提供了抓手和载体。

第四,成立专门性的党委职能部门。根据 2023 年《党和国家机构改革方案》,中国共产党中央委员会社会工作部成立,是党的社会工作的主管部门。从职能来看,中共中央社会工作部主要承担以下工作:负责统筹指导人民信访工作,指导人民建议征集工作,统筹推进党建引领基层治理和基层政权建设,统一领导全国性行业协会商会党的工作,协调推动行业协会商会深化改革和转型发展,指导混合所有制企业、非公有制企业和新经济组织、新社会组织、新就业群体党建工作,负责全国志愿服务工作的统筹规划、协调指导、督促检查,指导社会工作人才队伍建设等。相较于党组织嵌入这一内生性的组织领导方式,在慈善组织外部成立专门性党委职能部门则为慈善组织的组织领导提供了更强有力的制度支持。中共中央社会工作部是党中央职能部门,标志着党的社会工作成为一种比较完整且相对稳定的独立职能。省、市、县各级党委也开始组建社会工作部。

三、组织领导制度的核心特征和面临的挑战

(一)组织领导制度的核心特征

对慈善事业而言,组织载体是传播慈善理念、开展慈善活动的重要平台,党的组织领导制度主要通过慈善组织这一载体加强领导。组织领导制度的核心特征包括项目化运作促进党建工作与业务工作的双向驱动和共同进步、党的资源为慈善组织深度参与社会治理提供新的资源支持、党的领导与慈善组织使命相结合。

第一,项目化运作促进慈善领域党建工作与业务工作的双向驱动和共同进步。党的有效领导必须以充分了解慈善组织需求为前提,这样才能更好地发挥党的组织领导作用。党建工作与业务工作的双向融合是慈善领域组织领导制度得以有效落实的根源,促使慈善事业党

---

① 刘红凛、胥壮壮:《中国共产党百年党内法规制度建设与治党模式发展演进——从以章治党、政策治党到制度治党、依规治党》,《理论探讨》2021 年第 3 期,第 5—12 页。

建工作从"封闭"走向"开放"。慈善组织党建工作项目化运作这一模式为党建工作的活动和项目开展提供资金支持,有利于发挥好慈善组织党支部书记、党员等主体的先锋模范作用,促进基层党组织与慈善组织业务部门之间的良性互动。党建的项目化运作可为党的工作树立标准,促进党建的规范化发展;项目运作机制也成为党建和慈善事业业务工作形成合作关系的桥梁,促使党建与业务的协调与融合。

第二,党的资源为慈善组织深度参与社会治理提供新的资源支持。慈善事业的主要资源来自政府、企业和社会公众的捐赠与支持,而党的组织领导制度可以为慈善组织引入党团组织的新资源。党组织是发挥政治、思想、组织领导功能的重要载体,但在基层实践过程中往往存在缺少抓手的短板。党组织深度参与慈善事业建设使得党组织可以借助慈善组织在社会治理中的独特优势,进一步深化社会治理。

第三,党的领导与慈善组织使命相结合。党建工作是推动慈善事业组织化发展的重要动力,有利于发扬社会组织的政治性和专业性优势。慈善组织和参与慈善事业的社会公众是国家治理体系和治理能力现代化建设的重要参与主体,是党的基层组织建设需要覆盖和关注的重要群体。党通过组织领导制度与人民群众保持密切联系,以组织进步促进党的建设,引领基层社会治理和慈善事业协同发展。

（二）组织领导制度面临的挑战

在推进慈善事业高质量发展的过程中,通过党的制度建设和组织建设落实党在慈善领域的组织领导制度,依据管党治党的理论要求和慈善事业的实践创新为党在慈善事业和慈善组织发展中的长期领导地位和功能发挥提供制度保障。然而从实践现状来看,慈善领域的组织领导制度存在成本与收益不匹配、党建基础薄弱、党建工作的贯彻落实与组织自主性之间存在张力三方面的挑战。

第一,成本与收益不匹配。当前,普遍存在对党建工作认识不到位的问题,慈善领域也存在党建工作与业务工作脱节的现象。① 按照社会组织党建的一般要求,社会组织党建须应建尽建,配备专职工作人员,实现党组织的全覆盖,而这会带来较高的党建工作成本,对人员、经费、活动也都有一定的要求。这些会给慈善组织带来额外的压力,但党建工作产生的收益却相对有限。组织领导制度建设成本高、收益低的问题影响慈善事业的持续发展。

第二,党建基础薄弱。慈善组织等慈善事业的参与主体数量多、涉及领域广,其中党组织的覆盖率不高,开展高水平的党建工作在当下仍有较大难度。部分慈善组织开展党建活动时没有固定的办公室,没有专门用来宣传、展示党建工作的空间,也没有充足的资金做多媒体宣传,更缺乏专门的党建阵地,党建资源相对薄弱。慈善组织的党建工作具有阶段性特征,组织领导制度建设面临党员数量少、党建可用资源不充分、从业人员流动性大、党组织活动不定期开展等现实问题。

第三,党建工作的贯彻落实与组织自主性之间存在张力。党组织是党在慈善事业中的战斗堡垒和政治核心,党建工作应当与组织自身业务工作实现有效融合。② 慈善组织在发展初期一般没有设立党组织,对外生的党组织存在观望或排斥的态度。慈善组织中的党组织负责人与慈善组织法人不一定是同一人,这就导致党组织负责人与掌握慈善组织决策权和话语权的法人之间可能产生分歧,党的组织领导与慈善组织的组织利益、个人利益之间存在整合难题。从慈善组织的内部治理结构来看,很多慈善组织尚未厘清党组织与职能部门之间的职责分工关系,可能引发落实党组织工作要求与组织法人治理之间的矛盾与问题。

---

① 崔开云、徐勇:《中国共产党对社会组织的政治整合问题分析——基于观念、机构和行动的综合性视角》,《教学与研究》2018 年第 6 期,第 43—51 页。

② 徐越倩、张倩:《社会组织党建与业务融合何以可能——基于动力—路径的分析》,《北京行政学院学报》2019 年第 6 期,第 22—30 页。

第三章　我国慈善事业的法律制度

慈善法律制度是指调整各种慈善社会关系的规范性文件所形成的各种规则或规范。作为一种基础性制度规则的文本化表现形式,法律制度是制度体系的规范表达,构成维系性的中间支撑制度,为制度建设提供法理支持。[①] 在国家制度层面,法律与政治需要十分契合,才可塑造出理想的秩序状态。"法律之于政治,犹如骨骼之于身体。"[②] 正是有了法律的支撑,制度才能够"立"起来。因此,在讨论慈善事业的制度体系时,法律是不可或缺的部分。国家政策是国家在一定历史时期为实现国家管理任务而制定的行动纲领、方针和准则的总称。法律主要体现为国家机关通过一定程序制定的宪法、法律法规和其他规范性文件,国家政策主要体现在国家机关的政策性文件(如政府工作报告、决议、决定、通知等),以及国家领导人的政策声明中。[③] 本书所指的法律制度使用广义内涵,既包括一般的法律规范,也包括政府出台的相关政策。法律制度体系按照法律层级高低,可分为法律、行政法规和政策。法律分为基本法律和一般法律,由全国人大、全国人大常委会制定发布,行政法规由国务院制定发布。部门规章及政策是由政府有关部门制定发布。不同制度体系相互关联,在规范慈善事业过程中具有不同的功能定位。对慈善事业法律制度体系的研究也依从此逻辑展开。本章分别论述三类法律制度在慈善事业中的价值意蕴,

---

① 肖贵清、刘玉芝:《中国特色社会主义制度体系的逻辑分析》,《马克思主义研究》2012 年第 8 期,第 28—37、159 页。

② 〔美〕罗伯特・古丁、汉斯-迪特尔・克林格曼:《政治科学新手册》,钟开斌等译,生活・读书・新知三联书店 2006 年版,第 191 页。

③ 孙国华主编:《中华法学大辞典法理学卷》,中国检察出版社 1997 年版,第 154 页。

回顾 1949 年后我国不同层次慈善事业法律制度的演变过程,梳理其法律体系的基本构成情况;在此基础上,总结各类慈善事业法律制度的核心特征,归纳从法律到规章所面临的问题。

第一节　慈善事业主要相关法律

在所有制度体系中,法律具有至上的权威。在现代国家的制度建设中,法治建设是关键一环,被认可为现代国家治理的基本方式。[①]我国法律是由人大代表依据人民意志制定的,用以维护国家安全和社会秩序,保障人民利益。在 2016 年《慈善法》颁布前,我国的慈善事业相关法律呈现出较强的分散特征;而随着这部慈善基本法律的出台、实施,我国的慈善事业法律开始走向体系化。2020 年《中华人民共和国民法典》(以下简称《民法典》)的颁布和 2024 年《中华人民共和国突发事件应对法》(以下简称《突发事件应对法》)的修订,则使得我国慈善事业具备了更为统一的制度安排。本节从达成利益共识、理顺关系认知和构筑规则体系的角度论述慈善事业法律的价值,在回溯法律形成过程的基础上,系统呈现当前我国以《民法典》《慈善法》等为统领的慈善事业法律体系构成与特征,并讨论现有法律存在的问题。

一、法律在慈善事业中的价值意蕴

法律作为兼具强制性和规范作用的正式制度,对于构筑慈善事业的规则体系具有无可替代的作用。由于法律在制度体系中具有最高的权威,能够有效促成共识,因此在慈善领域可以深化公众对于公共利益的认知。同时,法律还通过权利义务的确定来实现调整社会关系的目的,在慈善领域有助于理顺政府、市场和社会关系。

（一）构筑社会领域的基本规则体系,缓和社会矛盾

从分配正义的角度,可将慈善事业理解为社会福利保障制度的重

---

① 张文显:《法治与国家治理现代化》,《中国法学》2014 年第 4 期,第 5—27 页。

要组成部分。慈善事业具有不同于政府和市场分配的独特价值，某些情况下甚至与福利保障制度形成此消彼长的关系。"社会财富快速增长的事实，表明发展慈善事业已经具备了日益丰裕的经济基础，而贫富差距过大及其导致的社会矛盾加剧，则表明仅靠税收与法定社会保障措施来对财富进行刚性调节还不够，当今社会特别需要建立在自愿捐献基础之上的慈善事业充当'润滑剂'。"①慈善领域的法律制度建设之目的正在于应对此种矛盾，理顺慈善事业相关的规范，确保慈善运作主体关注和满足不同领域困难群体或目标对象的潜在需要，将社会矛盾平息在激化和爆发之前，最大限度地将慈善融入社会建设进程。

（二）促成有关公共利益的共识

在我国慈善领域的法律体系尚未建立之前，人们对慈善的认知停留在扶危济困的层面，而对社会领域的公共利益则缺乏共识性的表达。《慈善法》的颁布意味着国家从法律层面对公共利益分层化和分域化予以承认②，不再将慈善单纯视为扶危济困的事业，而是视其为代表公共利益的事业，具有社会共享性，体现出与时代相符、和社会结构变迁相适应的新共识。从实践层面来说，慈善法从产生之日起，就被视为社会福利制度的重要组成部分，其通过对可获得税收减免的捐赠予以调整，进而将捐赠更多地用于具有促进公共福利（利益）价值之慈善，体现促进分配正义的价值目标。③

（三）理顺政府、市场和社会之间的关系

传统上慈善的价值定位是社会领域的补充性力量，作为政府和市场之外的资源配置力量，慈善弥补了政府和企业在社会福利分配中的缺陷与不足。对社会的发展而言，初次分配讲效益和效率，以让具有

---

① 郑功成主编：《慈善事业立法研究》，人民出版社 2015 年版，第 2 页。

② 褚松燕：《慈善法的公共价值倡导及其实现路径》，《复旦学报（社会科学版）》2017年第 2 期，第 173—179 页。

③ 吕鑫：《分配正义：慈善法的基本价值》，《浙江社会科学》2018 年第 5 期，第 41—49、157 页。

知识储备、善于创新、勤奋刻苦的人获得更多的劳务报酬,多劳多得;二次分配兼顾效率和公平,政府通过税收和社会福利保障等手段帮助社会困难群体,建立全面、系统、适度、公平和有效的社会保障体系,缩小群众内部的财富差距;第三次分配讲社会责任,先富者以志愿性为前提,自愿拿出部分财富用于改善困难群体的教育和医疗条件,促进社会整体发展。第三次分配是"纯粹出于个人的信念、社会责任心或对某种事业的感情而引起的收入转移、自愿缴纳、自愿捐献"①。《中国共产党第十九届中央委员会第五次全体会议公报》和《中共中央关于制定国民经济和社会发展第十四个五年规划和二〇三五年远景目标的建议》都提出"十四五"时期经济和社会发展主要目标,要在"十四五"时期实现分配结构明显改善、基本公共服务均等化水平明显提高,加强民生福祉建设。慈善事业代表的是一种社会自治的力量与传统。② 慈善事业是社会保障体系和社会公益事业的重要组成部分,是社会财富的第三种分配方式。

二、慈善事业相关法律的发展过程和组成要素

我国慈善法律经过长时间停滞,在 20 世纪 90 年代进入萌芽状态,并以 2016 年《慈善法》的颁布为标志初步实现体系建构。当前以《民法典》、《慈善法》、《中华人民共和国红十字会法》(简称《红十字会法》)、《突发事件应对法》、《中华人民共和国公益事业捐赠法》(简称《公益事业捐赠法》)为体系基础,相关法律已经涵盖慈善组织、慈善捐赠、慈善财产、慈善税收优惠和慈善信托等多个方面的内容。

(一)我国慈善事业相关法律的发展过程

我国慈善事业法律制度的构建起步较晚,在新中国成立后经历相当长时间的停滞,直到 1986 年颁布的《中华人民共和国民法通则》(简称《民法通则》)成为《中人华民共和国宪法》(简称《宪法》)之外的第一部相关法律。进入 20 世纪 90 年代,以红十字会和公益事业捐赠为

---

① 厉以宁:《股份制与现代市场经济》,江苏人民出版社 1994 年版,第 79 页。

② 徐麟主编:《中国慈善事业发展研究》,中国社会出版社 2005 年版,第 17—26 页。

主要规范对象的法律使这一领域的正式制度构成日益丰富。在创新发展期,以《慈善法》实施为标志,慈善法律体系终于初步建立。

1. 停滞期

1949 年 10 月中华人民共和国成立之后到 1978 年 12 月中央实施改革开放政策前的相当长一段时期内,慈善法律制度整体处于停滞状态。这段时间,慈善事业相关领域缺乏专门性法律。与慈善相关的法律仅限于《宪法》。1954 年颁布的《宪法》规定:"中华人民共和国劳动者在年老、疾病或者丧失劳动能力的时候,有获得物质帮助的权利。国家举办社会保险、社会救济和群众卫生事业,并且逐步扩大这些设施,以保证劳动者享受这种权利。"与改革开放前的"全能国家"相适配,中国慈善事业被纳入政府主导的社会福利体系,具备强烈的行政化色彩。

改革开放前,中国不存在真正意义上的民间慈善组织,也未出现有组织、有规模、经常性的慈善活动,法律层面也并无"慈善"相关表述。对于这一时期回避"慈善"的现象,可从以下三个方面加以理解。一是当时学界普遍认为,西方以济贫为目的的慈善不过是维护政权稳定的手段,实际上强化了社会不平等。对于意欲消灭不平等的社会主义国家而言,忽视或批判"慈善"则在常理之中。二是当时的学者认为,"社会主义国家不应当有慈善",政府的福利事业已经涵盖了社会中所有需要救助的困难群体。[①] 三是中国仍处于高度集中的计划经济时代,慈善作为资源配置的一种方式几乎不可能成为现实,只有在市场经济适当发展后,慈善作为资源配置方式的受益需求和捐赠基础才可以初步建立。

2. 萌芽探索期

改革开放到党的十八大以前,我国慈善事业的发展环境发生明显变化,各类慈善事业相关法律开始涌现,这一时期是我国慈善事业法律制度的萌芽探索期。在 1978 年 12 月党的十一届三中全会胜利召

①　周秋光、曾桂林:《中国慈善简史》,人民出版社 2006 年版,第 1 页。

　　　　　　　　中国式现代化慈善事业的制度体系研究

开后,部分热心公益事业的老干部和从事民政工作的政府工作人员开始纠正社会对慈善事业的偏见和误解,主张在社会救济中引入民间力量,大力发展慈善事业。伴随着现代慈善意识的觉醒,相关法律在这一时期的颁布、施行推动了我国慈善事业的复兴。其中,《民法通则》确立了慈善事业的相关主体范围,《中华人民共和国合同法》(简称《合同法》)明确慈善捐赠协议的效力,《红十字会法》和《公益事业捐赠法》则对慈善领域的特定主体及活动进行规范。

1986 年 4 月第六届全国人民代表大会第四次会议通过的《民法通则》是我国第一部具有民法总则性质的民法基本法,由此确立中国当代民法的民事主体制度。[1] 该法将我国的法人类型分为企业法人、机关法人、事业单位法人和社会团体法人,其中社会团体法人正是日后慈善领域最为重要的法人主体——社会组织之雏形,而其他法人则成为慈善事业协同治理体系的参与者。更重要的是,2017 年公布的《中华人民共和国民法总则》(简称《民法总则》)确立自然人、法人,以及个人合伙这一非法人组织形式作为民事法律主体,日后无论是在《公益事业捐赠法》还是在《慈善法》中,它们都被界定为慈善活动主体。

1993 年 10 月,《红十字会法》由第八届全国人民代表大会常务委员会第四次会议通过。20 世纪 80 年代就已启动该法立法准备工作,直到党的十四大报告提出"高度重视法制建设"才形成良好的社会环境。中国的红十字会本身不是单纯意义上的慈善组织,但是其部分业务又确实属于慈善范畴。《红十字会法》将红十字会限定为从事人道主义工作的社会救助团体,强化服务职能,淡化宗教色彩。该法以激发慈善信心为归依,是中国慈善事业发展历程中的重要法律之一。

1999 年 3 月第九届全国人民代表大会第二次会议通过的《合同法》是一部调整平等主体之间交易关系的法律。该法第十一章"赠与合同"与慈善事业有密切关系,尤其是第一百八十六条规定的"具有救灾、扶贫等社会公益、道德义务性质的赠与合同或者经过公证的赠与

---

[1]　杨立新:《从民法通则到民法总则:中国当代民法的历时性跨越》,《中国社会科学》2018 年第 2 期,第 72—97、206 页。

合同"不可撤销赠与,使慈善捐赠合同的特殊地位得以彰显,保护了在捐赠协议中常常处于弱势地位的受助人之基本权利。

1999年6月,第九届全国人民代表大会常务委员会第十次会议审议通过《公益事业捐赠法》,中国慈善事业领域的第一部专门性法律出现。①《公益事业捐赠法》明确规定公益捐赠的主体、行为、对象等内容,促进公益事业走上法治化轨道。值得关注的是,该法用"公益性社会团体"作为以发展公益事业为宗旨的基金会、慈善组织等的总称,"慈善组织"仅仅是"公益性社会团体"的组成部分。此后,公益和慈善这两大公益事业的核心术语在立法中被交替使用。《公益事业捐赠法》是我国第一部慈善立法,此后我国慈善法制进入局部性慈善立法的阶段。

《红十字会法》和《公益事业捐赠法》的颁布代表着处于复兴期的中国慈善事业结合当时的经济社会发展水平的探索,为我国慈善事业法律体系的成长和壮大奠定了扎实的基础。除了这两部法律外,这一时期颁布的《中华人民共和国信托法》(简称《信托法》)、《中华人民共和国企业所得税法》(简称《企业所得税法》)和《中华人民共和国个人所得税法》(简称《个人所得税法》)也与慈善事业具有较强的关联性,在下文的慈善事业涉及的主要法律部分将做进一步的介绍。

也是在这一时期,中国慈善领域基本法律的制定被立法机关提上日程:2006年,《慈善事业促进法》被纳入国务院的立法工作计划,慈善制度初步进入顶层设计框架;2008年,《慈善法》被列入全国人大常委会的立法规划,对慈善制度的顶层设计正式拉开帷幕,于2016年正式颁布。

3. 创新发展期

2012年11月党的十八大以来是我国慈善事业法律制度的创新发展期。以2016年3月16日颁布的《慈善法》为标志,我国慈善事业进入全面法治阶段。《慈善法》对我国慈善事业的推进作用主要体现在

①　刘培峰:《非营利组织的几个相关概念的思考》,《中国行政管理》2004年第10期,第37—40页。

以下四个方面:第一,由原来只重视捐赠转为把捐赠和慈善活动都列入《慈善法》,使慈善事业的发展前景更为广阔;第二,设立慈善组织更加便捷;第三,慈善活动有法可依,提升慈善活动的合法性;第四,慈善事业更加透明,监管高效。2023 年 12 月 29 日,十四届全国人大常委会第七次会议修改《慈善法》,完善相关促进措施,规范慈善活动,强化领导监督,增设应急慈善专章,并对个人求助进行规范。新的《慈善法》自 2024 年 9 月 5 日起施行。《慈善法》的修正考虑了与其他相关法律的衔接问题,慈善事业法律体系基本建构成形。《慈善法》是一部基础性和综合性的法律,它的制定和修改为我国慈善事业法律体系的高质量发展提供了契机。

同样在慈善法律制度构筑过程中具有非凡意义的是《境外非政府组织境内活动管理法》。随着中国对外开放迈上新台阶,来自境外的非政府组织数量日益增加。为了加强对境外非政府组织的管理,推进慈善事业的发展,《境外非政府组织境内活动管理法》于 2016 年 4 月28 日由十二届全国人大常委会第二十次会议表决通过,自 2017 年 1月 1 日起施行,该法从登记备案、活动规范、便利措施、监督管理和法律责任等多个方面对境外非政府组织的定义、活动范围、合法身份、活动领域、登记备案流程等进行了详细规定。

随着《慈善法》和《境外非政府组织境内活动管理法》的颁布和施行,慈善事业法律体系逐渐完善成形。慈善事业法律体系在教育事业、环境保护、脱贫攻坚和乡村振兴等工作中发挥了积极作用,是新时代全面深化改革的重要组成部分。慈善事业法律体系坚持党的领导,明确组织发展方向,优化内部治理结构,意图使慈善事业成为人人可为、无处不在的社会自觉行为。

另外一部与慈善事业密切相关的基本法律是《民法典》。2020 年5 月,十三届全国人大第三次会议通过《民法典》。虽然该法律文本中没有直接使用"慈善"概念,但《民法典》为慈善事业发展和慈善法制建设提供了基础性框架。这部法典系统确立非营利法人的法律地位,正式明确非营利法人特殊的财产所有权,规定公益性非营利法人不得担保,赋予公益组织担任监护人权利,完善赠与合同相关规定。上述立法规定为加快慈善事业发展、提升慈善法制化水平提供了基本的制度保障。

(二) 当前慈善事业涉及的主要法律

以《民法典》与《慈善法》为基础,我国现行有效的多部法律在慈善组织、慈善捐赠与募捐、慈善税收优惠和慈善信托等多个方面作出相应规定,在慈善事业的高速发展期初步形成有利于慈善事业发展的法律体系。

1. 体系基础:《民法典》《公益事业捐赠法》与《慈善法》

《民法典》当中没有使用"慈善"概念,但却对慈善事业发展产生深远影响。首先,该法在总则当中明确主体平等、绿色发展、以人民为中心的原则,搭建起我国的个人权利体系及保障制度①,为慈善事业发展奠定环境基础。其次,该法系统确立非营利法人的法律地位,将其定义为"为公益目的或者其他非营利目的成立,不向出资人、设立人或者会员分配所取得利润的法人",直接界定非营利法人的公益属性。最后,该法明确非营利法人特殊的财产所有权,规定"社会团体法人、捐助法人依法所有的不动产和动产,受法律保护"。《中华人民共和国刑法》(以下简称《刑法》)规定"用于扶贫和其他公益事业的社会捐助或者专项基金的财产"为公共财产。这是我国现行法律中再次明确包括慈善组织在内的非营利法人对于其财产具有所有权,可以行使处分权利。

1999 年 6 月通过的《公益事业捐赠法》,围绕捐赠这一事项,对立法目的、捐赠主体、公益事业范围、捐赠原则、受赠人义务、优惠措施和法律责任等方面作出了规定。捐赠也是慈善领域中非常重要的部分。

2016 年出台的《慈善法》则作为慈善领域的基本法律,对慈善组织、慈善募捐、慈善捐赠、慈善信托、慈善财产、慈善服务、信息公开、促进措施、监督管理等方面作出规定。这部法律的出台对于形成良好的

---

① 林珊珊:《通过私法的国家治理——兼论民法典的政治内涵》,《江汉论坛》2021 年第 5 期,第 113—117 页。

慈善氛围、提升全社会的慈善参与意识产生了积极作用,在规范慈善事业参与主体的行为同时,也对维护相关方利益提供指导。正如《全国人民代表大会常务委员会执法检查组关于检查〈中华人民共和国慈善法〉实施情况的报告》所言,这部法律"推动我国慈善事业的思想理念、法治建设和实践效果达到了新高度"[①]。从整体发展情况来看,正是随着《慈善法》的出台,我国慈善事业法律制度的构建逐渐从分散规制逐渐走向综合性立法。

在《慈善法》实施过程中出现了新的问题和挑战。第一,政府与慈善力量之间缺乏应急协调机制,慈善组织的信息公开不到位,没有将志愿服务纳入应急机制,法律宣传不到位导致部分群众对慈善事业的合法操作存在误解。第二,促进鼓励措施不到位,对慈善行为持有"过高标准",政策支持的程序烦琐,对慈善事业的专门性队伍建设缺少激励。第三,监管不足与监管过度并存,登记管理机关的监管人员数量少,行业自律薄弱,存在要求多、指导少的现象。第四,互联网衍生慈善新挑战。对互联网公开募捐平台上个人求助行为相关的管理规定不够完善,存在管理漏洞,个别案例造成不良社会影响。

2023年,对《慈善法》进行了修正,具体体现在以下几个方面:(1)增加"应急慈善"一章。(2)适用对象增加"非法人组织"。(3)增加"慈善工作坚持中国共产党的领导"一款。(4)细化明确县级以上人民政府的统筹、协调、督促和指导有关部门的各自职责,规定业务主管单位承担对慈善组织的指导、监督职责。(5)细化慈善组织报送年度工作报告和财务会计报告的内容,报告应当包括年度开展募捐和接受捐赠、慈善财产的管理使用、慈善项目实施、募捐成本、慈善组织工作人员工资福利以及与境外组织或者个人开展合作等情况。(6)明确公开募捐资格的获取方式,依法登记满一年的慈善组织,可以向办理其登记的民政部门申请公开募捐资格。其他法律、行政法规规定可以公开募

[①] 张春贤:《全国人民代表大会常务委员会执法检查组关于检查〈中华人民共和国慈善法〉实施情况的报告——2020年10月15日在第十三届全国人民代表大会常务委员会第二十二次会议上》,《中国人大》2020年第24期,第21—25页。

捐的非营利性组织,由县级以上人民政府民政部门直接发给公开募捐资格证书。(7)明确具有公开募捐资格的慈善组织与不具有公开募捐资格的组织或者个人的方式,具有公开募捐资格的慈善组织应当对合作方进行评估,依法签订书面协议,在募捐方案中载明合作方的相关信息,并对合作方的相关行为进行指导和监督。具有公开募捐资格的慈善组织负责对合作募得的款物进行管理和会计核算,将全部收支纳入其账户。(8)明确慈善行为的利益相关性问题,捐赠人与慈善组织约定捐赠财产的用途和受益人时,不得指定或者变相指定捐赠人的利害关系人作为受益人。慈善信托的受托人确定受益人,应当坚持公开、公平、公正的原则,不得指定或者变相指定受托人及其工作人员的利害关系人作为受益人。(9)在增加"应急慈善"一章的同时,调整完善重大突发事件的应对机制,细化募捐款物信息公开、募捐方案备案等规定。修正后的《慈善法》进一步适应了我国慈善事业发展的新要求新方向,成为慈善事业坚持党的领导、形成多方互动格局、打造慈善文化品牌、营造社会慈善思想氛围的重要制度基础。

2. 主体定位:慈善组织相关法律

慈善组织是慈善事业的基础性活动主体。对于慈善组织进行规范的主要法律包括《民法典》《慈善法》《境外非政府组织境内活动管理法》和《红十字会法》。其中,《民法典》规定慈善事业的基本主体——非营利法人的法律地位,明确"公益目的"是非营利法人成立的主要目的,划分出事业单位法人、社会团体法人、捐助法人等主要类型。《慈善法》规定了慈善组织的基本概念、组织形式、登记认定条件以及基本行为规范,使"慈善组织"在我国首次成为法定概念;同时,该法也制定了自然人、法人和其他组织参与慈善活动的基本规则。《民法典》和《慈善法》这两部法律是规范慈善组织的基本法律。

《境外非政府组织境内活动管理法》和《红十字会法》所规范的对象严格意义上来说并不属于狭义的慈善组织范畴,但同样是我国慈善领域的重要参与主体。前者适用的境外非政府组织及其在中国境内的代表机构长期投身于教育、救灾、农村发展、特殊群体照顾等慈善活动,在帮扶受助对象的同时,促进了我国同境外组织的沟通交流。《境外非政府组织境内活动管理法》对这些组织的活动领域、登记或备案流程以及运作流程都作了较为详尽的规定。《红十字会法》则对红十字会这一人道主义社会救助团体的行动作了系统的规范,尤其在2017年的修订版本中明确红十字会的募捐活动应当符合《慈善法》的有关规定,这主要是指《慈善法》第二十二条规定"其他法律、行政法规规定可以公开募捐的非营利性组织,由县级以上人民政府民政部门直接发给公开募捐资格证书",使《慈善法》和《红十字会法》两部法律之间有一个非常顺畅的衔接。

3. 资源汇集:慈善捐赠及募捐相关法律

慈善捐赠是慈善事业发展资源的重要来源形式,而获取捐赠的主要手段之一则是基于慈善宗旨开展的募集财产活动,即慈善募捐。对慈善捐赠和募捐进行规范的法律主要有《民法典》《慈善法》以及《公益事业捐赠法》。《民法典》调整了此前《合同法》中的相关表述,明确"依法不得撤销的具有救灾、扶贫、助残等公益、道德义务性质的赠与合同",在赠与财产的权利转移之前不适用任意撤销的规定,事实上拓展了慈善捐赠的范畴。

《慈善法》对慈善捐赠的概念进行了定义,即"自然人、法人和非法人组织基于慈善目的,自愿、无偿赠与财产的活动"。该定义与《公益事业捐赠法》中对于捐赠属性的描述相一致,后者同样强调捐赠"应当是自愿和无偿的",并明确禁止强行摊派或是变相摊派的捐赠行为。两部法律在捐赠方面的规定一致性不止于此,还包括对签订捐赠协议的鼓励性规定,对捐赠方具备财产合法处分权的要求以及赋予捐赠人查询捐赠财产使用情况的权利等。

与此同时,《慈善法》也对慈善募捐进行了定义,即"慈善组织基于慈善宗旨募集财产的活动",将公开募捐和定向募捐都囊括其中,改变了过往地方性条例中将募捐局限于公开募捐的规定。《慈善法》对慈善组织的公开募捐资格作出条件限定,明确获得公开募捐资格的组织及个人可以开展合作募捐。围绕上述条文,后续民政部门出台一系列配套措施,旨在规范募捐这一重要的慈善活动形式。而公开募捐资格的认定制度造就了我国慈善领域双重依赖格局[①],重新塑造了慈善事业中的多元合作格局。

4. 制度鼓励:慈善事业促进相关法律

激励性制度体系的建立对于慈善事业发展具有不可替代的驱动作用。《慈善法》提出了一套系统的促进慈善事业发展的制度方案。该法"促进措施"一章从信息共享、税收优惠、费用减免、土地政策、金融支持、购买服务、文化培育、捐赠冠名、荣誉表彰等方面梳理出针对慈善事业的支持性政策条款,其中"慈善服务设施用地""国家为慈善事业提供金融政策支持"等表述具有较强的超前性。这些措施的进一步细化落实,将为我国慈善事业构筑起全方位的支持性制度体系。

诸多鼓励形式中,税收减免是基本措施之一。在发达国家,税收制度构成促进慈善事业发展的有力杠杆[②]。我国对于慈善领域税收进行规范的法律主要是《企业所得税法》和《个人所得税法》。其中,《企业所得税法》明确企业的捐赠支出可享受税收优惠,这为相当一部分企业投身慈善事业提供了激励,但由此也引发一些学者和公众对于企业通过慈善捐赠来实现避税目的的质疑[③]。

《个人所得税法》则为自然人提供捐赠税收优惠,该法第六条规定,"个人将其所得对教育、扶贫、济困等公益慈善事业进行捐赠,捐赠额未超过纳税人申报的应纳税所得额百分之三十的部分,可以从其应纳税所得额中扣除",同时该法还允许行政机关单列捐赠全额扣除的情况。相较于企业,个人可享受到的税前扣除比例更高。

①　张其伟、徐家良:《网络慈善募捐中双重依赖格局初探——以腾讯"99公益日"为例》,《江西社会科学》2019年第4期,第210—220页。

②　陈成文、谭娟:《税收政策与慈善事业:美国经验及其启示》,《湖南师范大学社会科学学报》2007年第6期,第77—82页。

③　李增福、汤旭东、连玉君:《中国民营企业社会责任背离之谜》,《管理世界》2016年第9期,第136—148、160、188页。

5. 商社结合:慈善信托相关法律

慈善信托是推动和促进慈善事业发展的重要载体和新型模式,也是公众参与慈善事业的重要途径。在海外尤其是英联邦国家,慈善信托作为一种成熟的资金管理和支配模式,发挥着促进慈善事业的积极作用。[①] 慈善信托具有意愿自由、信义义务、旗帜鲜明的价值观、声誉风险、不问动机问需求、实现信托目的等特点。慈善信托领域主要适用的法律是《慈善法》和《信托法》。

《慈善法》设专章"慈善信托",明确慈善信托的定位、设立程序、受托人资格,突出其"公益信托"的地位,实现了与《信托法》的衔接。无论是慈善信托还是公益信托,其财产和收益都被要求用于公益目的,也允许两个以上的受托人存在。两部法律共同确立了信托这一商业与社会目的相结合的形式在慈善事业当中的应用[②],这是吸取海外慈善制度经验并移植于我国慈善事业的有益创新。

6. 综合支持:慈善事业相关其他法律

其他与慈善事业密切相关的法律还包括《中华人民共和国政府采购法》《中华人民共和国预算法》《中华人民共和国民办教育促进法》《中华人民共和国老年人权益保障法》和《中华人民共和国残疾人保障法》《突发事件应对法》。其中,《政府采购法》和《预算法》作为规定政府采购预算编制和执行事项的法律,均明确要求在政府支出中划拨用于社会发展或社会建设的部分,为慈善领域的政府购买服务提供了依据。《民办教育促进法》作为维护民办学校和受教育者权益的法律,将民办教育事业定性为"公益性事业",允许非营利性民办学校的设立,并鼓励社会组织兴办民办学校。《老年人权益保障法》作为为保障老年人合法权益而制定的法律,鼓励慈善组织以及其他组织和个人为

---

① 周贤日:《慈善信托:英美法例与中国探索》,《华南师范大学学报(社会科学版)》2017 年第 2 期,第 116—132、192 页。

② 徐家良、王昱晨:《中国慈善面向何处:双重嵌入合作与多维发展趋势》,《华南师范大学学报(社会科学版)》2019 年第 6 期,第 125—133 页。

老年人提供物质帮助及服务,并将公益性养老机构区别于经营性养老机构,允许前者使用国有划拨土地。《残疾人保障法》作为维护残疾人合法权益的基本法律,明确鼓励社会组织和个人为残疾人提供捐助及服务,提出发展残疾人慈善事业,并开展相应公益活动。《突发事件应对法》为应对突发自然灾害、事故灾难、公共卫生事件和社会安全事件等提供了重要法律制度保障,明确了有效动员各方力量参与突发事件处置的各个环节,以发挥社会力量在现场救援、慈善募捐等方面的优势和独特功能。2024 年修订的《突发事件应对法》增加了"管理与指挥体制"一章,修订的主要内容包括以下几个方面:一是建立突发事件应对的应急管理体制和工作体系,提出建立统一指挥、专常兼备、反应灵敏、上下联动的应急管理体制;二是畅通信息报送和发布渠道;三是完善应急保障制度;四是加强突发事件应对管理能力建设;五是充分发挥社会力量的作用;六是保障社会各主体合法权益。

三、慈善事业相关法律的核心特征和面临的挑战

初步建立的中国慈善法律体系呈现出一系列鲜明特征,包括在制度变迁过程中不断增强对慈善事业利益相关方的权利保障,将慈善领域的组织管理和行为管理都纳入关注视野,逐渐形成以民政部门为核心的综合管理体系,初步建立起针对中国慈善事业的支持性制度环境。同时,慈善事业相关法律仍然存在顶层设计不明确、法律之间缺乏有效衔接和激励性支持制度未能深化以及整体设计不充分等显性问题。

(一)慈善事业相关法律的核心特征

我国慈善事业法律制度的发展经历了从私法规制到公法规制的过程,这与世界各国的发展情况是相似的。慈善是人类基于群居生活而自发生成的互助和人性关怀行为,但进入法治时代,每种民事行为都将产生民事关系,有民事关系就会有纠纷,因此需要立法给出明确说法。立法对慈善的关注是分阶段展开的。在西方国家,早期的慈善立法重心主要在私法领域。英国在 14 世纪就开始关注慈善遗赠的司

法管辖、慈善遗赠内容。① 1978 年实行改革开放政策以来,我国慈善立法规制的路径与西方国家的发展过程较为相似,对慈善的早期关注重点在于就平等民事主体之间的慈善行动设定规则边界,明确群众对慈善行为的预期。如 1986 年公布的《民法通则》就规定了无因管理制度,即没有法定或约定义务的情况下,为避免他人利益受到损失,可自愿管理他人事务或为他人提供服务的行为。随后的《合同法》和《物权法》等法律也对赠与合同履行及相关组织的财产管理和使用作出规定。慈善事业法律制度体系历经多年发展,初步实现规范慈善活动、指导慈善组织、促进慈善事业等方面的目标。具体来看,慈善事业法律制度体系具有以下四个方面的核心特征。

1. 不断增强对慈善事业利益相关方的权利保障

保护慈善领域各类相关主体的基本权利是慈善事业法律制度的根本目标。作为社会法的组成部分,慈善法律以实质公平为价值取向,以社会困难群体的利益保护为核心。② 慈善活动是一种发自内心的善举,因此慈善事业法制建设必须重视利益相关方的权益,尤其需要保障作为受益对象的困难群体的权利,为他们争取表达自身诉求的空间,以避免引发大规模的社会矛盾和冲突,维持社会稳定。③ 我国慈善事业法律变迁与发展的过程,也是对于相关方权利保障不断重视的过程,从《红十字会法》笼统提出"保障和规范红十字会依法履行职责",到《公益事业捐赠法》明确强调"保护捐赠人、受赠人和受益人的合法权益",再到《慈善法》和《境外非政府境内活动管理法》将慈善组织、志愿者、境外非政府组织等主体纳入保护范围,慈善事业相关法律的权利保障对象不断扩展。《公益事业捐赠法》中仅有总则一处提及

---

① 〔英〕加雷斯·琼斯:《慈善法史:1532—1827》,吕鑫译,社会科学文献出版社 2017 年版,第 3—5、18—19 页。

② 汤善鹏、钟连勇:《共享发展理念与地方社会法立法的关系与创新》,《南京社会科学》2019 年第 8 期,第 107—111 页。

③ 张晓玲:《社会稳定与弱势群体权利保障研究》,《政治学研究》2014 年第 5 期,第 71—82 页。

受益人,而《慈善法》中则有多达二十九处明确表述受益人的权利和责任。对于受益人法律地位的重视程度提升,也是中国慈善法律制度的主要转型趋势。

2. 既关注组织管理也关注行为管理

对于组织管理重视的传统在慈善法律建设中由来已久。从《红十字会法》开始,组织主体就成为法律规制的主要对象。这一情况在《公益事业捐赠法》出台后有所转变,但在《慈善法》颁布后得到重新确立。《慈善法》作为第一部有关慈善事业的专门法律,确立了对慈善组织的规制。该法第一次对慈善组织作出了较为全面的规定,将慈善组织作为一种区别于其他社会组织形式的全新类别,不仅专章规定慈善组织的结构与行为,而且其一系列支持和规范措施也都依托慈善组织这一实体展开。[1] 在法律的引导下,对于慈善事业的管理重心应逐渐从捐赠转向慈善组织的发展。

包括《慈善法》在内的法律也对慈善捐赠、慈善募捐、慈善财产、慈善服务和慈善信息公开等作出相应规定。这些规定的限制对象不仅包含组织主体,也包括个人,如慈善服务的主体可以是个人,慈善募捐活动的合作主体也可以是个人。无论是《慈善法》还是《境外非政府组织境内活动管理法》都有针对个人在开展慈善活动过程中的限制性规定。法律对不同主体在慈善领域中的行为加以引导,增强了慈善活动的规范性。

3. 逐步形成以民政部门为核心的综合管理体系

慈善法律制度的权力集中化倾向体现为民政部门日益成为慈善工作的中心主管部门。随着《慈善法》的实施,民政部门作为慈善事业行政管理机构的角色得以明确,其履职情况直接影响慈善事业的发展

---

[1]　宫蒲光:《以良法善治推进新时代慈善事业高质量发展——〈慈善法〉修法历程回顾及展望》,《社会政策研究》2024 年第 3 期,第 3—14 页。

前景。① 由于《慈善法》将慈善组织的形式定为"基金会、社会团体、社会服务机构等",在未明确"等"之外延范畴的前提下,其所罗列的三种组织范围都在民政部门登记,而慈善组织的认定工作以及公开募捐资格授予也交由民政部门负责,这使得民政部门在慈善事业管理中拥有绝对权威。

尽管根据法律,慈善事业管理职责主要由民政部门承担,但由于慈善活动无处不在,即使是《慈善法》中罗列的慈善活动领域,也有很多不属于民政部门的业务范围,因此其他部门并不能脱身于管理体系之外。在民政部门对慈善事业加强管理的同时,《慈善法》所涉及的教育部门、科技部门、文化和旅游部门、卫生部门、体育部门、环保部门、国土部门等仍然对其领域的慈善组织负有引导和管理职责。更不用说长期在慈善事业发展资源层面具有较强话语权的财政和税务部门。在信息时代,互联网络监管部门也需要承担更多慈善事业管理职能,以加强对互联网络慈善的管理。随着慈善法律的不断完善,在民政部门主导下的慈善事业综合管理体系已经基本形成。

4. 初步建立起针对中国慈善事业的支持性制度环境

近年来,我国慈善事业的支持性制度体系日渐成形,其中产生重要影响的因素之一是相关法律。在慈善领域,支持性制度环境意味着政府让渡一部分空间给社会主体,并为其发展提供更多的资源。② 在法律层面,支持性制度环境的生成突出体现在慈善捐赠和慈善税收领域,且这两个领域的支持性制度互为支撑。在慈善捐赠领域,《公益事业捐赠法》最早以专章形式规定针对捐赠的优惠措施,优惠的主要事项包括捐赠不同环节所产生的所得税、增值税等。这为后续税收领域的法律创造制度空间。而《企业所得税法》和《个人所得税法》当中的慈善相关内容均为针对公益性捐赠支出的税前抵扣。《企业所得税

① 章高荣、张其伟:《慈善行政管理体制:职权划分、运行张力及其优化》,《中国行政管理》2022 年第 2 期,第 36—42 页。

② 叶士华、何雪松:《理事会能够提升社会组织绩效?——基于全国 691 家社会服务类组织的实证研究》,《公共行政评论》2021 年第 1 期,第 132—150、222 页。

法》规定："企业发生的公益性捐赠支出,在年度利润总额 12% 以内的部分,准予在计算应纳税所得额时扣除;超过年度利润总额 12% 的部分,准予结转以后二年内在计算应纳税所得额时扣除。"《个人所得税法》规定："个人将其所得对教育、扶贫、济困等公益慈善事业进行捐赠,捐赠额未超过纳税人申报的应纳税所得额百分之三十的部分,可以从其应纳税所得额中扣除。"这三部法律互相关联,初步搭建起有利于慈善事业发展的积极制度环境。

（二）慈善事业相关法律面临的挑战

《慈善法》实施五年后,全国人大发布执法检查报告,认为该法在内容设置上有待调整,法律实施中也有许多未达预期之处。事实上,在慈善事业相关法律中,不仅是《慈善法》存在突出问题,单部法律的条文内容与其他法律之间的联系衔接也都有待改进。慈善事业相关法律面临的挑战突出表现为以下四个方面。

1. 缺乏较为明确的顶层设计

慈善事业法律制度的制定与执行缺乏较为明确的顶层设计,慈善事业可能作为社会福利、社会保障的组成部分而受到忽视,但顶层设计问题是影响慈善事业发展方向和发展质量的根本问题,亟须重视和反思。从历史的视角来看,各国慈善事业法律制度一般要经历从私法规制到公法规制的过程,我国慈善事业法律制度的发展基本也因循此路径。值得注意的是,出于历史原因,中国社会对"慈善"一词的正面认识迟滞于慈善实践实际进入社会生活的时间,对"慈善"制度顶层设计的法治化努力也迟滞于其他立法政策对部分慈善事业的调整,导致"立法切割"现象出现且很难进行有效整合。

慈善组织的认定范围较为狭窄,认定条件却又与现有社会组织设定的条件交叉重叠,未能解决实际运行过程中出现的问题,这是当前法律体系的突出问题之一。在慈善组织的认定范围方面,《慈善法》规定的慈善组织可采取形式包括社会团体、基金会、社会服务机构等,虽然通过"等"字表述拓展了慈善组织范畴的潜在外延,但只明确列举出三类社会组织,使得实践中事业单位、境外非政府组织、宗教场所、社会企业等其他形态组织寻求慈善组织认定出现困难。而在认定条件方面,该法规定较为宽泛,与现有的基金会和社会服务机构(民办非企业单位)设立条件差别不大,都强调公益性和非营利性,只是《慈善法》未使用"公益"一词而是采用了"以开展慈善活动为宗旨"的表述。至于对"慈善"的界定,《〈中华人民共和国慈善法〉释义》仅仅是采用"公益性""非营利性""财产独立性和公共性"及"自治性"等列举式描述,其定义过于简单,不能清晰地反映出"慈善"的内涵。① 慈善组织的认定权限在民政部门而不是税务部门,使得公开募捐资格创设成为一个重要的激励条件。而对慈善组织生存和发展至关重要的免税资格,则还要根据财政部和国家税务总局的相关规定再次向税务部门申请非营利组织免税资格。通过法律确立的"慈善组织"只是解决了公开募捐资格问题,未能解决免税优惠的认定问题。

其他法律也存在类似问题,如《公益事业捐赠法》使法律制度建设进入切分状态。在该法立法时,中国社会对于慈善的研究处于起步阶段,因此这一法律存在三个明显的缺陷:其一,调整范围过于狭窄。即便公益捐赠相关内容,该法也只限于调整捐赠人与受赠人关系,对募捐及善款使用等内容没有作出规定。其二,政府角色配置错位。政府既是受赠群体又是监管群体。《公益事业捐赠法》第十一条规定,"在发生自然灾害时或者境外捐赠人要求县级以上人民政府及其部门作为受赠人时,县级以上人民政府及其部门可以接受捐赠,并依照本法的有关规定对捐赠财产进行管理",以确保县级以上人民政府及其部门能够接受捐赠。同时,第五章"法律责任"中规定了对受赠个人和单位的违法行为的处罚,这个受赠单位应该包括县级以上人民政府及其部门。其三,制度设计存在明显缺陷。只关注了捐赠人和受赠人关系,对受赠主体资格及慈善信托等形式未作规定,对税收激励的理解

---

① 阚珂主编:《〈中华人民共和国慈善法释义〉》,法律出版社 2016 年版,第 7—9 页。

也过于狭窄等。①

从 2006 年被列入国务院立法规划到 2016 年正式出台,《慈善法》被寄予厚望。"慈善组织是慈善活动的重要主体,税收减免则是现代慈善活动的主要魅力和动力所在,因此这两方面的法律规范往往构成一国慈善法律体系的主要内容。"②但是,《慈善法》并没有真正解决慈善组织和慈善税收的相关问题,顶层制度思考稍显迟滞,慈善组织认定与慈善税收优惠政策由不同部门操作,没有保持一致性。

2. 不同法律之间缺乏有效衔接

《慈善法》与《民法典》《公益事业捐赠法》《境外非政府组织境内活动管理法》《信托法》等法律的衔接并未被完全理顺。以公益捐赠为例,《民法典》中对于赠与合同不可撤销情形的规定就存在模糊之处。该法规定,"经过公证的赠与合同或者依法不得撤销的具有救灾、扶贫、助残等公益、道德义务性质的赠与合同",在赠与财产的权利转移之前不适用任意撤销的规定,但并未明确"依法"依据的是《慈善法》还是《公益事业捐赠法》。在《慈善法》当中,可以请求履行的赠予只包括第三条第一项至第三项规定的慈善活动,即救灾、济贫、助残等领域,而排除了第三条第四项和第五项,以及《公益事业捐赠法》第三条第二项、第三项所列举的教育、科学、文化、卫生、体育、环境保护等事业。③ 此种概念范围的不衔接,在实践中容易导致慈善活动的参与主体间产生认知上的不一致,可能直接引发基于捐赠协议的纠纷,对慈善事业发展的负面影响不可低估。

不同法律之间概念的不衔接还体现在参与慈善活动的主体称谓方面。比如,《民法典》使用的是"非营利法人",《慈善法》使用的是"慈善组织",《公益事业捐赠法》使用的是"公益性社会团体和公益性

---

① 民政部政策法规司编:《中国慈善立法课题研究报告选编》,中国社会出版社 2009年版,第 120—122 页。

② 郑功成主编:《慈善事业立法研究》,人民出版社 2015 年版,第 22 页。

③ 罗昆:《"依法"不得撤销的公益性赠与之认定》,《法律适用》2020 年第 15 期,第53—60 页。

非营利的事业单位",《境外非政府组织境内活动管理法》使用的是"非政府组织"等。这些概念彼此存在交叉重合,但内涵和外延都存在较为明显的差异,不仅给社会公众理解此类组织造成困难,也为配套政策的出台增设了障碍。又如,《慈善法》所定义的慈善信托和《信托法》所定义的公益信托,尽管前者被界定为属于后者,但由于两个概念来源于不同法系的制度①,所以相关信托的设立中公益性审查如何开展、监察人之角色定位等问题都难以明确,阻碍了慈善信托作为一种实现慈善而目的之路径的有效性发挥。

3. 激励性支持制度有待进一步深化

尽管我国已初步建立慈善支持性制度体系,但法律所呈现的支持力度却仍然未达到期望。这一点首先表现在《慈善法》当中的"促进措施"部分未能得到有效落实,尤其是建设用地、金融政策以及针对慈善组织的专项购买服务体系等,都还停留在意向阶段,并无更加具体的配套法规政策予以落实。尽管法律中明确提出"由县级以上人民政府"开始建立慈善表彰制度,但在实践中开展慈善表彰仍未成为地方各级政府成建制的举措,只在个别地区建立了有限的表彰制度,反映出我国慈善事业的精神和荣誉鼓励机制未能有效运转。

激励性支持制度有待调整,反映最明显的领域是税收领域。② 如前所述,税收减免是现代慈善活动的主要动力。因此,必须正视慈善税收优惠制度设计中存在的诸多问题,制定更加科学和激励性税收制度来撬动慈善的健康发展。当前规范捐赠税收减免的法律多为原则性立法,具有实际操作性的多为规章或规范性文件。如《慈善法》规定"慈善组织及其取得的收入依法享受税收优惠","受益人接受慈善捐赠,依法享受税收优惠"等。《公益事业捐赠法》第二十四条、二十五条和二十六条,采用原则性规定,其指向的税收法律也多为原则性规定,最后指向的、实际起规范作用的是财政部、国家税务总局及海关总

---

① 吕鑫:《从公益信托到慈善信托:跨国移植及其本土建构》,《社会科学战线》2019年第10期,第199—206页。

② 张奇林:《中国慈善事业发展研究》,人民出版社2014年版,第196—197页。

署等部门的规范性文件,法律效力低,实际效果弱一些。

目前的慈善税收制度设计还存在税收减免力度小、范围窄和程序繁杂等问题。"慈善税制至今未能发挥有效的促进作用,实践中的慈善税收减免执法主体多头(如财政、税收、民政等),申请减免税收的程序烦琐并大多采用个案审批制,主管部门的自由裁量权过大,造成了税收减免政策实践的不公。"①在流转税层面,捐赠可免除消费税,但仍然无法免除增值税。财政部、国家税务总局发布的《中华人民共和国消费税暂行条例实施细则》第五条规定,"条例第四条第一款所称销售,是指有偿转让应税消费品的所有权。前款所称有偿,是指从购买方取得货币、货物或者其他经济利益"。2008年修订的《中华人民共和国增值税暂行条例实施细则》第四条却规定自产、委托加工或者购进的货物无偿赠送其他单位或者个人,视同销售货物。在所得税优惠方面,各种限制仍然较多。例如,使捐赠人获得税收优惠的慈善组织认定比较严格,数量仍然较少,主要是因为《慈善法》采取慈善认定资格与税收减免资格分离的模式。股权捐赠、房产捐赠、知识产权捐赠方面的税收减免也尚未纳入法律,前两者相关税收减免规定仅见于《财政部、国家税务总局关于公益慈善事业捐赠个人所得税政策的公告》,知识产权捐赠则暂未出现于任何政策中。对于慈善组织本身的税收减免范围较窄,根据《企业所得税法》(2018修正)第二十六条规定,企业的以下收入为免税收入:(1)国债利息收入;(2)符合条件的居民企业之间的股息、红利等权益性投资收益;(3)在中国境内设立机构、场所的非居民企业从居民企业取得与该机构、场所有实际联系的股息、红利等权益性投资收益;(4)符合条件的非营利组织的收入。《财政部、国家税务总局关于非营利组织企业所得税免税收入问题的通知》规定的免税收入有:(1)接受其他单位或者个人捐赠的收入;(2)除《企业所得税法》第七条规定的财政拨款以外的其他政府补助收入,但不包括因政府购买服务取得的收入;(3)按照省级以上民政、财政部门规定收取的会费;(4)不征税收入和免税收入孳生的银

---

① 郑功成主编:《慈善事业立法研究》,人民出版社2015年版,第3页。

行存款利息收入；(5)财政部、国家税务总局规定的其他收入。另外，慈善组织因技术转让而取得的收入，符合规定的条件也可以享受免税待遇，但对其保值增值收入、财产转让收入和财产租赁收入等都还纳入应纳税所得。① 这一问题应当引起重视并得到政府有关方面的回应。

4. 应急慈善事业的整体设计不充分

应急慈善事业是提升党和国家应对重大突发事件能力的重要领域之一，但在发展过程中存在法律法规有待细化、枢纽型社会组织参与不足、社会力量参与潜力未得到完全释放等问题。

首先，相关法律法规对应急慈善事业的设计和规定有待细化。应急慈善事业主要依托《突发事件应对法》《慈善法》等法律条文的相关规定，但相关条文对应急状态下社会力量参与的体制、机制和方式等内容并未形成明确规定。2024 年修订的《突发事件应对法》第四十二条规定，"居民委员会、村民委员会、企业事业单位、社会组织应当根据所在地人民政府的要求，结合各自的实际情况，开展面向居民、村民、职工等的应急知识宣传普及活动和必要的应急演练"，并没有社会组织或慈善组织的相关规定。第七十七条规定，"突发事件发生地的居民委员会、村民委员会和其他组织应当按照当地人民政府的决定、命令，进行宣传动员，组织群众开展自救与互救，协助维护社会秩序"。社会组织或慈善组织属于其他组织的一部分，而该法却没有直接明确它们的法律地位。《慈善法》虽然设立了"应急慈善"专章，但就当前的法律法规体系来看，行业组织、社会组织等社会力量参与并未在相关法律条文中得到明确，对社会力量的内涵范畴存在"模糊化"的问题。

其次，枢纽型社会组织的参与不充分。地方政府在应对突发事件的过程中往往只重视调动行政体系内部的资源和队伍，对当地的慈善

① 王振耀：《慈善组织税收优惠政策研究》，载郑秉文、施德容主编：《新时代慈善十大热点》，社会科学文献出版社 2018 年版，第 261 页。

联合会、社会组织联合会等社会力量的吸纳和整合程度不高,影响了应急救援的效率。慈善联合会、社会组织联合会作为党政部门与社会力量联动的枢纽和中介,是"以政带社"和"以社带社"的重要载体,应当成为地方政府应对突发事件的重要合作伙伴。但从当前的应急实践来看,只有少数地方政府会主动联络慈善联合会、社会组织联合会等主体共同参与突发事件应对工作。

最后,社会力量的参与活力和热情未得到充分激发。在应急救援、物资分发等环节,党政部门总是将相关任务安排给体制内单位,忽视了高科技企业、民间救援队的行动优势,有时会引发公众的质疑和诘问。一方面,行政体系在应对突发事件时产生了路径依赖;另一方面,在突发事件应对和应急管理等领域尚未完全激发社会力量的参与积极性和参与活力。

总体来看,上述问题都源于当前应急慈善事业的整体设计不充分,这一问题亟须通过畅通社会力量参与应急治理渠道、加快培育专业性组织、提高枢纽型组织参与积极性等方式解决。

第二节 慈善事业主要相关法规

内容具体、条文明确的行政法规和地方性法规是慈善事业发展的重要行动依据,为繁荣慈善事业、建立慈善秩序提供进一步的规则框架。作为国家行政机关和地方立法机关依法制定的规范,行政法规和地方性法规在中国法律的制度体系中具有承上启下的作用。在相当长的历史时期内,我国慈善事业实际上主要是由行政法规进行规范和约束的。以《基金会管理条例》为代表的行政法规对于慈善领域的行动主体及其行为进行定义和边界框定,使得慈善事业朝着组织化、规模化的方向发展,具备了现代化的主体性基础。本节围绕慈善领域的主要法规展开分析,在概括其价值意蕴的基础上,重点聚焦社会组织相关条例和地方性慈善条例的变迁过程、核心特征和面临的挑战。

一、法规在慈善事业中的价值意蕴

法规在广义上属于法律,是中央政府(行政法规)和地方人大(地方性法规)的规范性文件,具有法律文件的性质,能为其规范对象提供运行的规则框架。尤其在社会建设相关领域,随着《民法典》的出台,法规在较大范围内被视作民法渊源而获得充分认可,在民事制度创设方面具备正当性。[①] 随着市场经济的发展及社会问题的日趋复杂化,大多数国家都已经意识到,除通过私法领域的立法推动慈善发展以外,还可通过公共领域的立法安排让慈善成为公共资源配置方式,以更有效地应对自然灾害或公共危机,改善公共利益的实现方式和路径。行政法规和地方性法规正是这样一种制度安排,具有以下三个方面的价值内涵。

(一) 完善慈善事业的法治体系建构,在慈善领域打造法治政府

党的十八大以来,党中央持续推进全面依法治国,高度重视法治政府建设,坚持依法治国、依法执政、依法行政共同推进,坚持法治国家、法治政府、法治社会一体建设。其中,法治政府建设作为推进全面依法治国的重点任务和主体工程,对法治国家、法治社会建设具有示范带动作用。慈善领域相关法规的制定和执行,一方面为各级政府依法行政提供规范指引,另一方面逐步修正不符合社会主义法治发展规律的理念和做法,客观上促成慈善事业法治体系的优化完善。法治政府具有权力有限、权责分明、阳光透明、维护公平等基本特征[②],而这些特征与慈善事业的价值目标具有高度一致性。因此,法规所助力的法治政府建设,又可拆解为有限政府、公益政府、责任政府等多重维度,而这些维度的政府建设都能使慈善事业朝积极的方向发展。

---

① 周海源:《"民法典时代"行政法规创设民事制度的正当性及其限度》,《行政法学研究》2021 年第 3 期,第 26—36 页。

② 汪习根:《法治政府的基本法则及其中国实践》,《理论视野》2015 年第 1 期,第 18—21 页。

（二）将法律理念转化为制度元素，保证相关法律的实施落地

法律规定慈善事业发展的基本方向，法规则从更加具体的层面承接法律，将慈善法律中的精神具象化，丰富慈善领域的制度元素。在制度建设中，法律体系的建构是一个动态整合的过程，需要通过对法律理念的深化与贯彻落实来实现整个体系的逐步完善。法律理念是对法律本质及运作规律的理性认知和整体结构的把握，通常不是自发形成，而是在法律的发展过程中不断调整的。① 慈善领域法规不断丰富的过程，就是对慈善领域法律理念进行补充和完善，并转化为制度元素的过程。以《慈善法》为例，其法律条文中蕴含着开放、务实、创新的精神，而每一种精神的实际落地，都需要相应的行政法规和地方性法规作为载体，从而在根本上促进我国慈善事业的发展水平。

（三）为慈善领域的各项工作开展设定具体标准

相较于法律一般提出的原则性规定，法规更为广泛和具体，能够在一定程度上为特定事业框定出相应标准。慈善领域的行政法规，无论是《社会团体登记管理条例》《民办非企业单位登记管理暂行条例》还是《基金会管理条例》，其重要作用之一都是划定慈善领域组织主体的分类标准。如社会团体分为学术性、行业性、专业性和联合性四种类型；基金会分为公募和非公募两种类型；社会服务机构（民办非企业单位）分为教育、卫生、文化、科技、体育、劳动、民政、社会中介服务业、法律服务业、其他等十种类型。② 而基于这些分类，又可衍生出不同的规制和培育体系，形成相关领域的叠加制度。法规为慈善领域的组织运作设定标准，使得法律规范对象的行动边界更为清晰。

二、慈善事业相关法规的发展过程和组成要素

我国慈善事业相关法规相较法律起步更早，早在新中国成立后不

---

① 薛剑祥：《中国特色社会主义法律体系的形成与审判理念的多维度展开》，《法律适用》2012 年第 4 期，第 50—54 页。

② 王向民、鲁兵：《社会组织治理的"法律—制度"分析》，《华东师范大学学报（哲学社会科学版）》2019 年第 5 期，第 43—52、236—237 页。

久就颁布实施与慈善关联性极强的《社会团体登记暂行办法》。20 世纪与 21 世纪之交,在慈善立法久久未能推进的同时,社会组织领域的三大条例早已颁布实施,对我国的慈善主体治理思路和模式产生深远影响。同时,具有一定摸索性质的地方慈善条例也从 2010 年起纷纷诞生,为区域性慈善事业发展提供制度框架。慈善事业相关法规在中央以社会组织领域的三大条例为纲领,在地方以慈善条例为代表,形成条块叠加的正式制度体系。

（一）慈善事业相关法规的发展过程

我国慈善事业的法规经历短暂起步期、蓬勃发展期和整合创新期三个发展阶段。与法律稍显不同的是,大部分时至今日依然发挥重要作用的行政法规诞生于蓬勃发展期,在整合创新期经过有效调整后继续发挥效力。而地方性法规则主要集中问世于《慈善法》颁布之后,在慈善法律设定的框架内进行有限的突破创新。

1. 短暂起步期

改革开放前,慈善事业相关法规曾有短暂发展,后陷入长期停滞。1950 年政务院颁布的《社会团体登记暂行办法》明确定义"社会公益团体"为社会团体类型之一,这是新中国的法规体系中首次出现慈善组织的近似概念,明确内务部、省级地方政府和地方专署作为社会团体的登记管理机关。① 后来受到"文化大革命"等事件的影响,这部法规的执行陷入停滞状态。

除了《社会团体登记暂行办法》,1954 年通过的《中华人民共和国城市居民委员会组织条例》中也有涉及慈善事业的内容。该条例第十条规定:"居民委员会办理居民的共同福利事项所需的费用,经有关的居民同意⋯⋯可以按照自愿原则向有关的居民进行筹募。"这是我国首部涉及慈善募捐的行政法规,不仅明确募捐应基于"办理居民的共同福利事项"这一公益目的开展,还明确募捐的自愿原则。直到《慈

---

① 朱健刚主编:《中国公益发展报告（2011）》,社会科学文献出版社 2012 年版,第130 页。

善法》，仍然延续采用这一基于社区内部的募捐原则。

2. 蓬勃发展期

从改革开放后到党的十八大前是慈善领域行政法规的蓬勃发展期。这一时期，我国慈善事业法律体系出现了新发展，一系列关于慈善事业的法律法规出台，推动慈善事业迈上新台阶。1988年9月《基金会管理办法》公布，将基金会定义为"对国内外社会团体和其他组织以及个人自愿捐赠资金进行管理的民间非营利性组织，是社会团体法人"，且其活动宗旨是服务于"科学研究、文化教育、社会福利和其他公益事业的发展"。基金会由此成为改革开放后慈善领域最先被法规确认的慈善组织。1989年10月，最早版本的《社会团体登记管理条例》由国务院颁布。这部法规并未明确定义"社会团体"概念，而是采用列举方式，将协会、学会、联合会、研究会、基金会、联谊会、促进会、商会等组织形式纳入社会团体范畴。该条例在规范社会团体登记程序和监管要件之余，首次明确后来在慈善领域具有深远影响的"双重管理制度"①，即社会团体的成立需要同时获得业务主管部门和登记管理机关的同意。这两部法规代表我国社会组织登记管理体制的全面恢复，也改变了党的十一届三中全会之后一度陷入无序增长的慈善事业主体的发展环境，为后续的法律制度建设奠定基础。尤其是《基金会管理办法》在一定程度上回应了对组织合法性审查的需求。不过，当时的立法关注点还在于理顺慈善捐助渠道，而非发展慈善组织。

1998年公布的《民办非企业单位登记管理暂行条例》和《社会团体登记管理条例》，为慈善组织的设立开辟了制度化的路径。两部条例虽未直接提及慈善，但实际上规范了慈善组织的发展。《民办非企业单位登记管理暂行条例》将其定义为"企业事业单位、社会团体和其他社会力量以及公民个人利用非国有资产举办的，从事非营利性社会服务活动的社会组织"，并明确民办非企业单位的主管部门、成立条件、登记程序，为监督管理此类组织确立规范。自该条例颁布之后，民

---

① 王振耀主编：《以法促善——中国慈善立法现状、挑战与路径选择》，社会科学文献出版社2014年版，第14页。

中国式现代化慈善事业的制度体系研究

办非企业单位成为我国慈善领域中比较活跃的主体,尤其在服务供给方面扮演重要角色。

1998 年版的《社会团体登记管理条例》较之 1989 年版有较为明显的调整,不仅新增社会团体的明确定义("中国公民自愿组成,为实现会员共同意愿,按照其章程开展活动的非营利性社会组织"),还列举社会团体的成立条件、不予登记的情形,以及法人登记证书需要载明的事项等。这部条例还将"业务主管部门"的表述正式调整为"业务主管单位",并对其监督管理职责作了更为细致的规定。1998 年版的《社会团体登记管理条例》还单列"罚则"一章,为主管部门针对社会团体的行政执法提供依据。与成立民办非企业单位不同,成立社会团体有明确的资金要求:全国性社会团体需有 10 万元以上活动资金,地方性社会团体和跨行政区域的社会团体则需达到 3 万元以上。

2004 年,《基金会管理条例》正式问世,社会组织领域的三大条例(《社会团体登记管理条例》《民办非企业单位登记管理暂行条例》《基金会管理条例》)由此成形。在《慈善法》出台之前,《基金会管理条例》很长时间都被视为慈善事业的基本性制度文件之一。相较于《基金会管理办法》,《基金会管理条例》所指基金会概念是"利用自然人、法人或者其他组织捐赠的财产,以从事公益事业为目的,按照本条例的规定成立的非营利性法人",将基金会从社会团体法人中剥离出来单列。《基金会管理条例》确立了公募基金会和非公募基金会这一基本分类形式,并针对不同类型的基金会制定不同的设立条件和支出标准。另外,《基金会管理条例》将境外基金会代表机构纳入管辖范围,直到《境外非政府组织境内活动管理法》生效前,《基金会管理条例》都是对慈善领域境外非政府组织进行管理的主要规章。

这一阶段除了上述三大条例,与慈善事业密切相关的行政法规还包括如下几部。组织层面,1989 年的《外国商会管理暂行规定》,对经济领域的外来国别团体进行规制;税收层面,1993 年的《企业所得税暂行条例》、1994 年的《个人所得税法实施条例》和 2007 年的《企业所得税法实施条例》,对企业和个人开展公益性捐赠所能享受的税收优惠范围和程序提供进一步明确指导;宗教慈善层面,2004 年的《宗教事务条例》对宗教团体和宗教活动场所兴办公益事业所取得的收益和收入用途作出明确规定,即只能投入"与其宗旨相符的活动"。

同期,第一批慈善领域的地方性法规在不同地区涌现,主要以省、市两级的慈善条例和募捐条例为主。省级层面的慈善条例主要有2010年的《江苏省慈善事业促进条例》和2011年的《宁夏回族自治区慈善事业促进条例》,市级层面的主要有2011年的《宁波市慈善事业促进条例》和2012年的《长沙市慈善事业促进条例》。募捐领域则有2010年的《湖南省募捐条例》、2012年的《上海市募捐条例》和《广州市募捐条例》。这些地方性法规为促进地方慈善事业健康发展、规范慈善尤其是募捐活动以及参与其中相关主体的合法权益提供了制度保障。

3. 整合创新期

党的十八大之后,慈善事业相关法规迎来整合创新期。所谓整合,主要体现在对原有条例,包括《社会团体登记管理条例》《企业所得税法实施条例》《个人所得税法实施条例》《宗教事务条例》等的修订或修正,以及为其他法规修订征求意见。所谓创新,则是指以《国务院关于促进慈善事业健康发展的指导意见》《志愿服务条例》和地方性慈善条例为代表的一系列新法规的诞生,进一步完善了慈善领域制度体系。

慈善领域的法规整合以三大条例的整合为主要方向。2016年2月,国务院对《社会团体登记管理条例》进行新一轮的修订,包括禁止社会团体在筹备期间开展筹备以外的活动,淡化筹备阶段的相关规定,简化社会团体分支机构设立和撤销的流程。这次修订并未涉及《社会团体登记管理条例》的核心内容。民政部在同年5月公布《基金会管理条例(修订草案征求意见稿)》和《民办非企业单位登记管理暂行条例(修订草案征求意见稿)》,8月又公布《社会团体登记管理条例(修订草案征求意见稿)》,意见稿尤其针对基金会作为慈善组织的基本定位,与《慈善法》进行了多处衔接。

步入2018年后,在尚未完成三大条例进一步修订的情况下,统一立法的思路浮出水面,《社会组织登记管理条例》进入立法通道。2018年3月,国务院办公厅发布《国务院2018年立法工作计划》,其中就包含制定《社会组织登记管理条例》,这是第一次公开提出社会组织三大条例"三合一"的立法模式和规划。2018年8月,民政部全文公布《社会组织登记管理条例(草案征求意见稿)》,向全社会征求意见。随后,在2019年、2020年和2021年,《社会组织登记管理条例》均被纳入国务院年度立法工作计划。2024年4月,《民政部关于2023年法治政府建设情况的报告》发布,提出推进修订《基金会管理条例》,"报请国务院领导同志同意开展《基金会管理条例》修订相关工作",表明这部行政法规的修订正式进入民政部政策议程。

除了三大条例修订和社会组织统一立法被提上日程,这一阶段修订的与慈善领域相关的法规还包括《宗教事务条例》和《个人所得税法实施条例》《企业所得税法实施条例》。其中,2017年的《宗教事务条例》与时俱进地采用"慈善"相关表述,对宗教团体、宗教院校、宗教活动场所以及教职人员个人的慈善活动进行规范,尤其明令禁止组织或个人利用慈善活动传教。2018年的《个人所得税法实施条例》依循相关法律内容的调整,对个人捐赠的范围进一步作出说明。2019年的《企业所得税法实施条例》的修订主要针对慈善捐赠相关内容,包括用"公益性社会组织"替代过往所使用的"公益性社会团体"概念,并明确其需要满足的具体条件;不再将可享受税前扣除的捐赠范围框定为《公益事业捐赠法》规定的公益事业,而是所有"符合法律规定的慈善活动、公益事业的捐赠";与相关政策衔接,明确公益性捐赠支出跨年度结转的细则。

这一时期的创新性法规以2017年的《志愿服务条例》为代表。以"保障志愿者、志愿服务组织、志愿服务对象的合法权益""发展志愿服务事业"等为目标,《志愿服务条例》确立我国志愿服务领域的基本原则、管理体制,并以专章形式提出一系列的促进措施。虽然《志愿服务条例》并未直接使用"慈善"这一表述,但在定义时明确志愿服务是"志愿者、志愿服务组织和其他组织自愿、无偿向社会或者他人提供的公益服务",实质上包含慈善的基本精神内核。

更为密集的法规创新出现在省级层面,地方性慈善条例迎来井喷式发展。《慈善法》出台之前,2013年2月,"陕西省慈善事业促进条例"被列入陕西省人民政府办公厅发布的《陕西省人民政府2013年度立法计划》。在《慈善法》颁布之后,各地更是以该法为根本遵循,不断地推动着地方慈善立法工作。2018年3月1日,《江苏省慈善条例》开始施行。2021年,《山东省慈善条例》《山西省慈善事业促进条例》《湖北省慈善条例》和《上海市慈善条例》获得地方人大常委会通过并实施。此外,《重庆市慈善条例》《吉林省慈善条例》《贵州省慈善条例》也相继出台。另一些省份则主要采取制定《慈善法》实施办法的形式完成本地的慈善立法,以陕西、江西、安徽、浙江等为代表。

(二)当前慈善事业涉及的主要法规

我国慈善事业的现行法规可分为行政法规和地方性法规两套体系。在中央层面,对于慈善事业运作主体社会组织进行规范的三大条例构筑起本领域法规制度的基础,成为主管部门对慈善事业进行规范的重要依据。慈善税收和慈善服务也由相应的法规进行规范。在地方层面,各省级行政区慈善条例作为区域内慈善事业发展的纲领性文件,为促进社会进步和发展成果共享厘定了制度框架。

1. 中央层面的行政法规

在中央层面的行政法规中,《社会团体登记管理条例》《民办非企业单位登记管理暂行条例》和《基金会管理条例》与慈善事业关系较为密切,一定意义上确立了慈善管理的基本原则。其他条例则从慈善税收、慈善服务、宗教慈善等领域与慈善事业产生关联。表3-1呈现的是与慈善事业相关的主要行政法规。

表3-1　与慈善事业相关的主要行政法规

名称	与慈善事业相关内容
《基金会管理条例》	规范基金会的组织和活动,维护基金会、捐赠人和受益人的合法权益,促进社会力量参与公益事业

名称	与慈善事业相关内容
《社会团体登记管理条例》	维护社会团体的合法权益,对社会团体形态的慈善组织相关事宜进行规范
《民办非企业单位登记管理暂行条例》	保障民办非企业单位的合法权益,对部分直接开展服务的慈善领域民办非企业单位进行规范
《企业所得税法实施条例》	明确企业享受税收优惠的公益性捐赠范围,以及捐赠接收方被认定为公益性社会组织的条件
《个人所得税法实施条例》	明确个人享受税收优惠的公益慈善相关捐赠范围
《志愿服务条例》	将志愿服务定义为公益服务,对公益服务中的志愿者、组织和活动进行规范,并提出促进措施
《宗教事务条例》	对宗教教职人员、宗教团体、宗教院校、宗教活动场所慈善活动进行规范
《外国商会管理暂行规定》	对我国慈善事业参与主体之一的外国商会进行规范

（1）纲领文件:社会组织三大条例。

《基金会管理条例》《社会团体登记管理条例》《民办非企业单位登记管理暂行条例》作为公认的社会组织三大条例,是慈善事业的核心法规,在《慈善法》颁布前的很长一段时间内发挥本领域的制度支撑作用,对慈善组织管理制度的理念和体系建构都产生深远影响。三大条例规范社会组织的设立、变更、消灭条件和程序,明确这些慈善事业运作主体的权利、责任和行为导向,确保我国社会组织治理步入法治化轨道。

社会组织三大条例共同形塑慈善事业中主体治理的管理体制,即归口登记、双重负责和分级管理。[1] 归口登记指的是将社会组织统一交由民政部门进行登记管理,这就为日后民政部门作为慈善事业的主

---

[1] 王振耀主编:《以法促善——中国慈善立法现状、挑战及路径选择》,社会科学文献出版社 2014 年版,第 19 页。

管部门创造了条件,也使得慈善立法过程中社会组织优先被纳入慈善组织的认定范围。双重负责指的是社会组织同时接受登记管理机关和业务主管单位的管理,从 1989 年的《社会团体登记管理条例》开始,这种管理体制就一直居于慈善事业制度体系的核心,到从地方到中央的直接登记试点后才有所松动,但仍然影响着一部分慈善组织的运转。分级管理则是指不同层级的政府部门承担对本级社会组织的管理职责,从国务院相关部委到县级人民政府全部被纳入社会组织的管理体系。后续的慈善事业法律制度仍然坚持这三大管理体制。

在三大条例中,《基金会管理条例》与慈善事业最为密切相关,其诞生具有一定的超前性。考虑到基金会是以公益资助作为主要活动形式和项目起点的组织类型,《基金会管理条例》专章规定基金会的财产相关事宜,为后续慈善组织的财产管理和使用奠定制度基础。对境外基金会代表机构的相关规定,则为后续境外非政府组织相关法律的制定提供部分规制基础。

(2)鼓励措施:慈善税收相关行政法规。

税收优惠是针对慈善事业最为直接的鼓励性措施,能够起到激励社会各界参与慈善捐赠的直接作用。[1] 而规范税收的主要法规是《企业所得税法实施条例》和《个人所得税法实施条例》。2019 年修订的《企业所得税法实施条例》已经实现与《慈善法》的有机衔接。除上面提到的“公益性社会团体”被调整为“公益性社会组织”之外,这部条例还明确了公益性社会组织的认定条件,其中“以发展公益事业为宗旨”,“收益和营运结余主要用于符合该法人设立目的的事业”,“捐赠者不以任何形式参与该法人财产的分配”等要求都与慈善精神高度契合。因此,这部条例所定义的公益性社会组织,实际也可看作广义上从事慈善活动的社会组织。

与企业所得税相关法规类似,《个人所得税法实施条例》历经多次修订,现行有效版本是 2018 年修订的,《个人所得税法》强调捐赠应用

---

① 栗燕杰:《我国慈善税收优惠的现状、问题与因应——以慈善立法为背景》,《国家行政学院学报》2015 年第 6 期,第 93—97 页。

于教育、扶贫、济困等公益慈善事业。

（3）志愿规范：慈善服务相关行政法规。

与慈善服务关系最为密切的法规是 2017 年出台的《志愿服务条例》。《慈善法》设专章对慈善服务进行规范，但在通行的话语体系中，"志愿服务"仍然是较为常规的表述。《志愿服务条例》从志愿者、组织、活动等层面对我国的志愿服务事业进行规范，明确志愿服务的公益属性。其中，志愿服务组织的形式可采取社会团体、社会服务机构、基金会等，与慈善组织一致；国家对社会组织成立志愿服务队伍予以鼓励和支持；各级政府及有关部门可以通过购买服务等形式支持志愿服务运营管理。这些规定凸显了志愿服务与慈善事业之间的密切关系，为慈善领域专业化、规模化服务构建了较完备的制度基础。

（4）其他慈善事业相关行政法规。

除了上述法规，《宗教事务条例》和《外国商会管理暂行规定》是与慈善事业存在较为密切联系的现行有效的制度文件。前者明确支持宗教教职人员开展公益慈善活动，宗教团体、宗教院校、宗教活动场所可以依法举办社会公益事业，可以按照国家有关规定，接受境内外组织和个人的捐赠，不得违法。后者对于在我国的国际商会成立、变更与解散相关事宜进行规范。这些商会及其所联结的企业网络同样为中国慈善事业发展提供诸多支持。

2. 地方层面：特色慈善发展模式的初步探索

自从《慈善法》颁布之后，多个省级行政区以该法为基本遵循，立足本地实际，出台一批慈善主题的地方性法规，在贯彻慈善法治精神的同时，形成具有本地特色的慈善事业治理体系。地方慈善立法的日渐活跃，对于弥补中央层面慈善法律体系之不足具有积极意义。[①] 表 3-2 为慈善领域现行主要省级地方性法规发布时间。

---

① 徐道稳：《中国慈善立法若干问题研究——基于对地方慈善立法的分析》，《南开学报（哲学社会科学版）》2016 年第 2 期，第 68—78 页。

表 3-2 与慈善事业相关的主要省级地方性法规发布时间

名称	公布时间
《吉林省慈善条例》	2024 年 7 月
《贵州省慈善条例》	2024 年 7 月
《重庆市慈善条例》	2022 年 7 月
《上海市慈善条例》	2021 年 9 月
《湖北省慈善条例》	2021 年 5 月
《山东省慈善条例》	2021 年 3 月
《山西省慈善事业促进条例》	2021 年 3 月
《陕西省实施〈中华人民共和国慈善法〉办法》	2019 年 5 月
《江西省实施〈中华人民共和国慈善法〉办法》	2019 年 3 月
《安徽省实施〈中华人民共和国慈善法〉办法》	2018 年 12 月
《浙江省实施〈中华人民共和国慈善法〉办法》	2018 年 11 月
《江苏省慈善条例》	2017 年 12 月
《宁夏回族自治区慈善事业促进条例》	2011 年 9 月

在慈善领域的现行主要省级地方性法规中,只有《宁夏回族自治区慈善事业促进条例》通过于《慈善法》立法之前。这部早在 2011 年即颁布的地方性法规,以其在信息公开方面的严格规定著称,该条例明确要求慈善组织于每年 1 月 30 日前在其网站及当地民政部门网站公布治理结构、资产状况、资金使用、项目效果等方面的信息。该条例也是国内较早使用"慈善组织"概念的法规之一,将慈善组织定义为"具有独立法人资格,以慈善为宗旨的非营利性社会组织"。

2016 年《慈善法》出台以后,各地慈善条例或实施办法密集出台。截至 2024 年 9 月,包括宁夏在内,已经有十三个省级行政区颁布慈善相关地方性法规,其中以"慈善条例"为名的有七部,以"慈善事业促进条例"为名的有两部,以"实施……办法"为名的有四部。在框架上与《慈善法》保持大体一致的同时,各地的法规也呈现出一些地方特色,如《江苏省慈善条例》中的慈善文化,《湖北省慈善条例》中的应急慈善,以及《上海市慈善条例》中的社区慈善等。

《江苏省慈善条例》在制度层面加强慈善文化的普及与推广,设立专章"慈善文化建设"。该条例不仅提出将慈善文化建设纳入社会主义精神文明建设规划,还将党政机关、社会组织、公民个人、媒体、教育机构都纳入慈善文化建设的参与体系,尤其是"推行慈善组织从业人员持证上岗制度"的表述具有较强超前性。

《湖北省慈善条例》推出"应急慈善"专章,反映出该省慈善立法过程中对于突发事件中慈善力量作用的高度重视和系统总结。根据该条例,湖北省各级政府应将应急慈善活动纳入突发事件应对体系,建立应急慈善物资调度渠道,动态发布有关信息,并为参与其中的单位和个人提供必要保障。这是我国第一部明确政府在应急慈善工作中的组织和引导责任的地方性法规,在现代风险社会中具有特殊意义。

《上海市慈善条例》则重点关注社区慈善,尤其是社区基金会和慈善超市两种典型的社区慈善组织形态。社区基金会是中国社区治理和慈善事业发展到一定阶段的产物,是深化社区治理和激活大众慈善参与的重要主体,在整合社区资源、发挥专家优势、动员居民参与、打造品牌项目并最终解决社会问题等方面发挥重要作用。[①] 慈善超市是我国慈善事业发展过程中出现的新兴组织形式和行动主体,其活动始于上海,近年来又在上海复兴,除发挥社会救助的重要功能外,还在生活物资供给、慈善活动组织和志愿服务开展等方面承担角色,是基层慈善工作的重要抓手。[②]《上海市慈善条例》明确提出支持社区基金会和慈善超市的可持续发展,将其作为推进慈善领域五社联动和促进基层社会治理的载体,调动公众参与积极性,充分发挥推动社区慈善发展的作用。

---

① 朱志伟:《联合与重构:社区基金会发展路径的个案研究——一个资源依赖的分析视角》,《浙江工商大学学报》2018 年第 1 期,第 119—128 页。

② 徐家良、彭雷:《运营战略、种群关系与生态位:慈善超市生存空间新框架》,《中国行政管理》2019 年第 11 期,第 104—110 页。

三、慈善事业相关法规的核心特征和面临的挑战

虽然慈善事业相关法规被划分为行政法规和地方性法规两类,但两类法规还是呈现出一定的共通性特征,包括延伸法律所设定的制度框架,高度重视组织化的慈善行为。稍显特殊的是,我国慈善事业中具有鲜明特征的双重管理体制是由行政法规所确立。由于早期法规多集中在社会组织领域,与慈善并不直接相关,它们与慈善的关系并未完全理顺,与慈善法之间的衔接也尚待调整。

（一）慈善事业相关法规的核心特征

我国慈善事业相关法规在不断完善的过程中形成自身的多重特征,不仅先于法律确立慈善事业的培育、规制和监管的管理制度,还在法律诞生后与法律逐步衔接,拓展本领域制度体系的框架外延。另外,慈善领域的法规以组织化行动主体为主要关注对象,而对个体化的慈善活动关注较为有限。

1. 确立双重管理的慈善事业基础性管理体制

改革开放后,我国政府对慈善事业运作主体的管理依据主要是《社会团体登记管理条例》。该条例将登记管理机关和业务主管单位共同管理社会组织的双重管理体制制度化,并沿用二十余年。双重管理体制一定程度上改变了慈善领域活动主体杂乱无章的情况,在我国慈善事业重新起步阶段对于规范主体运行、防范政治风险起到积极作用。[1] 随着 2013 年《国务院机构改革和职能转变方案》规定"重点培育、优先发展行业协会商会类、科技类、公益慈善类、城乡社区服务类社会组织。成立这些社会组织,直接向民政部门依法申请登记,不再需要业务主管单位审查同意",双重管理体制一度面临被突破的风险。但确立双重管理体制的《社会团体登记管理条例》虽经历修改,但并未动摇双重管理的规制思路。

---

① 朱健刚、邓红丽:《治理吸纳慈善——新中国公益慈善事业的总体特征》,《南开学报（哲学社会科学版）》2022 年第 2 期,第 71—81 页。

在行政法规确立的双重管理体制之下,慈善领域的国家与社会关系得以形塑。尽管部分学者强调基于双重管理形成了"双重赋权"①"分类控制"②"体制吸纳"③"行政吸纳"④等状态,导致作为慈善事业重要主体的社会组织不论是成立还是具体运作过程都受到很多限制及干预,但实际上,也正是依托双重管理体制,我国社会组织能够通过策略行动来争取自主性和活动空间。一方面,业务主管单位为社会组织提供合法性⑤,也为社会组织实施政策倡导、影响政策走向提供必要的政策支持⑥,这使得国家与社会具备某种意义上的固定联结。另一方面,登记管理机关为社会组织登记认定、年检、评估等提供相应的管理,确保慈善事业有序进行。在慈善领域,社会组织可以利用此种联结参与公共议题的探讨和民生项目的设计进程,使协同治理具备初步可行性。

2. 延伸法律所设定的制度框架

基于慈善事业相关法律所设定的制度框架,慈善领域行政法规在保持与法律原则一致的基础上,对于相关法律所设定的主体权利和活动边界进行进一步延伸。如在慈善税收领域,《企业所得税法实施条例》作为解释说明《企业所得税法》的主要行政法规,对"捐赠收入""公益性捐赠支出"进行了更为细致的界定。第九十七条再次明确企

---

① 徐家良:《双重赋权:中国行业协会的基本特征》,《天津行政学院学报》2003年第1期,第34—38页。

② 康晓光、韩恒:《分类控制:当前中国大陆国家与社会关系研究》,《社会学研究》2005年第6期,第73—89、243—244页。

③ 徐家良:《"体制吸纳问题":社区组织的动员功能》,《中国行政管理》2007年第9期,第11页。

④ 唐文玉:《行政吸纳服务——中国大陆国家与社会关系的一种新诠释》,《公共管理学报》2010年第1期,第13—19、123—124页。

⑤ Xueyong Zhan and Shuiyan Tang, "Understanding the Implications of Government Ties for Nonprofit Operations and Functions," *Public Administration Review*, 2016, Vol. 76, No. 4, pp. 589-600.

⑥ Jessica Teets, "The Power of Policy Networks in Authoritarian Regimes, Changing Environmental Policy in China," *Governance*, 2018, Vol. 31, No. 1, pp. 125-141.

业捐赠税前扣除的抵扣结转年限,依据《慈善法》的要求,将以面向社会开展慈善活动为宗旨的基金会、社会服务机构等非营利法人纳入公益性社会组织范畴,不再将《公益事业捐赠法》作为公益事业捐赠的唯一参照标准,使得慈善捐赠的范围更广。又如《志愿服务条例》在《慈善法》实施后问世,以部门规章形式鼓励和规范志愿服务事业。该条例所定义的"志愿服务"与《慈善法》所定义的"慈善服务"具有异曲同工之处,都强调服务的利他性、自愿性和无偿性,也都不将志愿服务单纯视为组织化行为,而是充分鼓励个人参与。《志愿服务条例》增加了更多鼓励条款来助推志愿服务的社会合力形成,调动志愿者积极性。[①]

法规对法律框架的延伸更为直观的体现是地方慈善条例。作为规范本地慈善事业发展的地方性法规,大部分地区的慈善条例内容设置与《慈善法》保持了一致性,其章节中多包含慈善组织、慈善募捐、慈善捐赠、慈善信托等部分,以保障慈善法所推广的精神内核与工作机制能够在地方得以延续。这些地方性法规中也会增加一定个性化元素,如《上海市慈善条例》以专章形式规范社区慈善发展,强调"建立社区与社会组织、社会工作者、社区志愿者、社会慈善资源的联动机制",发展慈善超市、社区基金会和社区社会组织服务中心等典型的社区慈善主体,对在慈善事业发展过程中打造地方特色与亮点产生制度形塑作用。

3. 高度聚焦组织化的慈善主体

作为《慈善法》颁布前慈善领域的主要规范文本,《社会团体登记管理条例》《基金会管理条例》《民办非企业单位登记管理暂行条例》三大条例均是从法人组织出发,对慈善事业中的活跃主体进行规范。尽管社会团体、基金会和民办非企业单位(社会服务机构)在治理结构和运作逻辑上大相径庭,但它们作为社会组织仍具有使命愿景等方面的共通性。也正是因为这几类组织与政治类、经济类组织有本质的区

---

① 辛华:《构建公益慈善事业腾飞的基础设施——〈志愿服务条例〉解读》,《中国社会工作》2017年第28期,第14—15页。

别,才能被归入同一组织范畴,并有可能在日后由同一部法律或法规予以规范。

（二）慈善事业相关法规面临的挑战

以社会组织为主要规范对象的三大条例,并非对慈善事业进行单向约束的行政法规。因此它们不仅与慈善的直接关联性稍显模糊,与后来的慈善方面相关法律之间也存在衔接障碍。另外,以监管为主要目的的三大条例,在促进措施方面还存在缺失,难以发挥对慈善事业运作主体的培育作用。其他慈善相关法规与慈善事业的关联性则相对较低,难以产生更多的政策影响。具体来看,慈善事业相关法规面临的挑战包括以下三方面。

1. 主要行政法规与"慈善"的直接关联性尚未明确

三大条例作为对慈善事业运行主体进行管理的主要依据,却至今未与慈善建立明确关系,其中的重要原因之一是条例修订的滞后性。除了《社会团体登记管理条例》于 1998 年和 2016 年进行了修订外,《基金会管理条例》和《民办非企业单位登记管理暂行条例》分别自 2004 年和 1998 年颁布以来沿用至今。而无论是《社会团体登记管理条例》《民办非企业单位登记管理暂行条例》,还是《基金会管理条例》,都未直接提及"慈善"或"慈善组织",因此这三大法规并未与"慈善"建立法律制度层面的直接联系。

《社会组织登记管理条例（草案征求意见稿）》（简称"征求意见稿"）也没能彻底解决这一问题,只在第二条中列举了三类社会组织,即社会团体、基金会和社会服务机构。"征求意见稿"单独使用"慈善"一词两次（第二十三条、第二十七条）,均是"慈善组织"一词,将基金会的成立目的表述为"公益慈善",将社会服务机构的成立目的表述为"公益",甚至还使用"公益慈善类社会组织"这一政策概念。这些用语与行政管理实践有密切联系,却忽略了用语的精准度,无助于强化慈善领域制度体系的完整性。

2. 法规与法律的整合衔接仍有待完善

2011 年发布的《中华人民共和国国民经济和社会发展第十二个

五年规划纲要》明确提出"加快发展慈善事业,增强全社会慈善意识,积极培育慈善组织,落实并完善公益性捐赠的税收优惠政策"。2016年发布的《中华人民共和国国民经济和社会发展第十三个五年规划纲要》规定,"大力支持专业社会工作和慈善事业发展……广泛动员社会力量开展社会救济和社会互助、志愿服务活动"。2021年发布的《中华人民共和国国民经济和社会发展第十四个五年规划和2035年远景目标纲要》提出要"促进慈善事业发展,完善财税等激励政策。规范发展网络慈善平台,加强彩票和公益金管理"。但是鉴于社会团体、基金会、社会服务机构等社会组织已因循另一种思路持续发展多年,规划未能直接与慈善事业建立联系。《慈善法》在制度设计方面试图为社会组织与慈善组织搭建有效的联系,通过慈善组织认定制度与社会团体、民办非企业单位和基金会勾连起来。在这部法律框架内,慈善组织本身并不是一种独立的社会组织形式,也不是一种新设的社会组织类型,而是在现有基金会、社会团体、社会服务机构三类社会组织的基础上,从慈善宗旨角度按照设定的条件对相关社会组织的组织性质进行认定,符合条件的就是该法所称的慈善组织,不符合条件的就不属于慈善组织。

慈善组织监管的相关规定中也存在法律和法规的衔接不畅。比如三大条例对基金会、社会团体和民办非企业单位实行年检,而现在《慈善法》规定慈善组织不用年检,改为实行年报制度,要求慈善组织每年公布年度工作报告和财务会计报告。这使得许多地区的主管部门和慈善组织困惑于应该遵循何种制度安排。

3. 缺乏对于慈善事业活动主体的培育机制

以社会组织三大条例为代表,目前慈善领域的主要行政法规多是从监管角度明确政府部门职责,强调慈善事业的规范性,对于支持性制度的建设存在一定滞后性。由于支持制度的缺失,大部分地区的社会组织发展缓慢,慈善事业中存在"家长制"作风,如政府采取"组织外形化"方式,由其实际运作的慈善组织以民间慈善团体的名义来发展慈善事业,导致"慈善公共性异化"。① 这一政府慈善组织的"结构洞"在短期内可能会促进慈善发展,但长期的负面影响却十分明显,真正的民间慈善组织难以得到制度支持,被挤出慈善发展的中心场域,进而导致其慈善事业创新能力被削弱。

由于培育制度的不完善,我国慈善制度设计存在自我限制的问题,这将影响慈善组织的规制效果。慈善组织是慈善事业的载体,慈善事业的顶层设计必须对慈善组织的发展方向加以关注和确立。但从中国的慈善实践及政策来看,改革开放早期,慈善事业比较注重财物捐赠,而对慈善组织的发展关注不多,这导致了此后的慈善组织制度设计缺少活力,而且组织划分交叉重叠,无法分清种属。重新审视现有慈善组织的相关法规,不难发现,当前的管理制度是一种"叠床架屋"式的层层捆绑制度,受到历史因素和利益群体的多重影响,难以实现较大的突破。

第三节　慈善事业政策体系

除了法律和法规,还有两类制度文本在我国慈善事业发展过程中起到秩序建构与行动指引的作用。第一类是中央层面由党和政府制定的纲领性文件,包括党中央综合部门和职能部门发布的党内规范性文件,国务院制定和发布的除行政法规以外的规范性文件,以及中共中央办公厅与国务院办公厅联合发布的特殊行政规范性文件。② 这些规范性文件虽不属于法律法规,却在实践中具有高出一般规范性文件的法律效力,多以意见或指导意见的形式对慈善事业发展作出原则性规定,具有涵盖面广、政策层次高、针对性强等特征。③ 第二类则是慈

---

① 张奇林:《中国慈善事业发展研究》,人民出版社 2014 年版,第 395—401 页。

② 赵谦、余月:《位阶与主体:党内法规制定权限的规范内涵论》,《党内法规理论研究》2021 年第 1 期,第 135—153 页;贾圣真:《论国务院行政规定的效力位阶》,《中南大学学报(社会科学版)》2016 年第 3 期,第 78—82 页。

③ 李健、顾拾金:《政策工具视角下的中国慈善事业政策研究——以国务院〈关于促进慈善事业健康发展的指导意见〉为例》,《中国行政管理》2016 年第 4 期,第 34—39 页。

善领域的部门规章,为慈善领域发生的特定问题或细分领域提供规范,属于执行性的行政立法。本书所论述的慈善事业政策体系是指这两类制度文件的集合。本节主要对中央层面的相关政策进行分析。

一、政策在慈善事业中的价值意蕴

与权威性和效力较强的法律、法规相比,政策文件对于慈善事业的作用不体现在整体规则框架的设定上,而更多是从微观层面发挥作用。其价值包括确立慈善事业运作的行动计划,对慈善参与主体的日常行为进行规范,并通过细节调整促成慈善领域制度体系的渐进优化。

(一)确立慈善事业运作的行动计划

以纲领性文件为代表的慈善政策从指导思想、基本原则、发展目标、工作任务等方面厘定慈善事业发展的具体行动方案,明确一定时期内慈善事业建设的总体思路和重点难点。在我国的法律制度体系中,指导意见虽不具备法律效力,却体现出中央政府在具体领域的决策部署,是行政层面针对特定工作统一思想、理顺体制机制的重要工具,帮助执行者把握相关工作的政策要点。[1] 以国务院《关于促进慈善事业健康发展的指导意见》为代表的慈善政策,表明中央政府对于慈善事业发展的高度重视,其所列举的主要任务为《慈善法》出台之前的慈善工作划定重点内容,使得在法律法规不甚完善的环境中,各级政府有关慈善事业的指导和统筹工作也能依照一定标准展开。

(二)规范慈善领域参与主体的日常行为

以部门规章为代表的政策的主要作用在于规范公民、法人和其他社会组织的日常行为,是行政机关管理社会活动的依据,在遵循上位法精神的基础上,对规制对象的行为进行有针对性的引导和规范。民政部和其他部门制定的部门规章中,有的对于慈善事业进行直接规

---

[1] 刘继同:《中国特色全民医疗保障制度框架特征与政策要点》,《南开学报(哲学社会科学版)》2009年第2期,第75—83页。

范,有的则是为慈善领域的运作主体和社会组织设定运行规则,实际上是法律制度体系的组成主体之一。[①] 包括《慈善组织认定办法》《慈善组织公开募捐管理办法》《基金会信息公布办法》《个人求助网络服务平台管理办法》等在内的部门规章,都对特定主体行为产生具体约束,设定相关主体活动的规范与边界,实质上起到补充和细化法律或行政法规的作用。

（三）促成慈善领域制度体系的渐进优化

慈善领域呈现出从政策治理向法律治理转变的趋势,循序渐进而科学严谨的立法模式是保证慈善事业规范化发展的可行路径。但即使法律体系初步建立,政策仍然发挥优化整个制度结构的作用。渐进决策理论早已指出,一系列连贯微小的改变能够逐渐实现决策目标。[②] 慈善相关政策在制度建设过程中扮演着渐进优化因子的角色。依托这些政策,政府实现慈善领域的"渐进式赋权"[③],整个制度体系也不断发展和完善。

二、政策体系的发展过程和组成要素

相比法律和法规,慈善事业政策在每个发展阶段都有较为丰富的内容呈现,也因此具备更强的体系化特征。从早期的国家化到改革开放之后的社会化,党和政府通过大量的党内文件和部门规章来调节慈善事业发展方向,并不断修正、完善现有的制度结构。经过长时间的动态演变,当代慈善事业政策在纲领性文件和部门规章两个维度都已形成多元制度文本体系。

---

① 王向民、鲁兵:《社会组织治理的"法律—制度"分析》,《华东师范大学学报(哲学社会科学版)》2019 年第 5 期,第 43—52、236—237 页。

② Robert Gregory, "Political Rationality or ' Incrementalism'? Charles E. Lindblom's Enduring Contribution to Public Policy Making Theory," *Policy & Politics*, Vol. 17, No. 2, 1989, pp. 139–153.

③ 张圣、徐家良:《政府慈善赋权何以走向有序？——探寻渐进之道》,《学习与实践》2021 年第 3 期,第 77—88 页。

（一）慈善事业政策体系的发展过程

慈善事业政策体系的历史发展脉络反映出慈善从国家化向社会化的变化趋势。国家化初期的慈善完全被纳入全能政府的结构框架内，与社会救济和救助事业产生直接关联。1978年起，慈善事业政策体系先后经历社会化发展期和跨越式发展期，尤其是部门规章在《慈善法》实施后开始密集出台，逐渐构建起完整的慈善事业正式制度体系。

1. 国家化初期

新中国成立到改革开放是我国慈善事业政策体系的国家化初建期。由于常年的战争和频繁的自然灾害，新中国的社会发展极度滞后，亟须休养生息，恢复国力。鉴于国家在政治、经济、文化、教育、卫生等方面的巨大发展压力，慈善事业既没有得到国家的大力支持，也未有法律明文禁止。这一时期的慈善事业主要是以旧社会留存的慈善组织为基础开展活动，直到1950年出现大饥荒，政府开始重视慈善事业尤其是社会救助工作。1950年，中国人民救济代表会议在北京召开，政务院副总理董必武在会上作了报告《新中国的救济福利事业》。会议宣布成立中国人民救济总会，通过了《中国人民救济总会章程》，明确将社会救济作为社会和平建设的重要组成部分。[①] 同年，中国红十字会第一次全国代表大会召开，《中国红十字会章程》和理事会成员名单获政务院批准。1950年6月，党的七届三中全会要求认真对待失业工人和失业知识分子的救济和就业，政务院发布《关于救济失业工人的指示》，该文件指明通过以工代赈、生产自救和发放救济金等方式解决失业工人的救济问题。为了避免西方国家通过救济活动威胁国家安全，1951年《关于处理接受美国津贴的救济社团及救济机关实施办法》正式颁布，对外国在华机构进行清理和改组。就这一时期的总体情况来看，1956年以前，我国慈善事业法制处于调整和改造的阶段，相关立法数量较少，慈善事业的发展和慈善事业法律体系的构建未得

---

① 徐达深主编：《中华人民共和国实录》第一卷，吉林人民出版社1994年版，第232页。

到国家的重视。

1956年完成社会主义改造以后,由于国家将慈善事业理解为社会保障和社会福利制度,加之受到"左"倾思想和"文化大革命"的影响,慈善被认为是"资本主义的装饰品"而陷入停滞期。但这一时期仍有慈善相关政策出台,如1956年中华全国总工会颁布的《职工生活困难补助办法》和1957年的《国务院关于职工生活方面若干问题的指示》,在单位制背景下强调由工会来负责困难职工的补助问题,由民政部门负责各地失业和零散职工的生活救济问题,体现出较为明显的慈善事业国家化倾向。

2. 社会化发展期

改革开放至党的十八大为慈善事业社会化发展期。这一时期,我国慈善事业取得持续性发展,相关政策也不断涌现,且政策内容反映出与国家化相对应的社会化慈善导向。在纲领性文件方面,较有影响力的包括1996年的《关于加强社会团体和民办非企业单位管理工作的通知》,1998年发布的《关于在社会团体中建立党组织有关问题的通知》和《关于党政机关领导干部不兼任社会团体领导职务的通知》,以及1999年发布的《关于进一步加强民间组织管理工作的通知》。

《关于加强社会团体和民办非企业单位管理工作的通知》(简称《通知》)首次使用"民办非企业单位"概念,取代过往常用的"民办事业单位",同时明确对于社会团体和民办非企业单位采取"统一归口登记、双重负责、分级管理"的体制,为之后的《社会团体登记管理条例》和《民办非企业单位登记管理暂行条例》奠定基础。《通知》还对打击非法社会组织工作进行了部署。这些理念在《关于进一步加强民间组织管理工作的通知》中得到再次强调,其中还增加"强化民间组织的自律机制""规范民间组织涉外交往活动"等内容,在激发慈善领域主体自主性方面产生一定推动作用。

与上述两部政策相比,另两部政策规定的内容更为聚焦。《关于在社会团体中建立党组织有关问题的通知》要求在"常设办事机构专职人员中凡是有正式党员3人以上的,应建立党的基层组织",且要求社会团体在筹备过程中就考虑党组织建设问题。《关于党政机关领导干部不兼任社会团体领导职务的通知》要求各级国家机关及所属部门领导干部不得到社会团体兼任领导职务。这里的社会团体概念基本等同于社会组织，即领导干部到慈善相关运作主体中任职被严格限制，如果确需兼任应由其所在单位同意和人事部门审核。这是国家为确保慈善等领域实现"政社分开"所进行的较早期尝试。从这三部纲领性文件内容来看，20世纪90年代的社会组织管理工作仍然以规范性建设为主要目标，强调慈善事业的有序发展与合规性。

慈善社会化转型的方向在21世纪之交有所显现。2000年，民政部、国家计委等11个部委联合发布《关于加快实现社会福利社会化的意见》，并获得国务院批准。该意见明确将"社会化"作为加快社会福利事业发展、促进社会稳定和社会文明的重要手段，并提到"国内外一些社会团体、慈善组织和个人的积极参与（捐助或投资）……为实现社会福利社会化创造了有利条件"，认可慈善在社会福利社会化中的积极作用，也进一步指明慈善社会化发展的前景。

这一时期，民政部先后于2005年和2010年分别颁布《中国慈善事业发展指导纲要（2006—2010年）》和《中国慈善事业发展指导纲要（2011—2015年）》，在回顾上一阶段慈善事业所取得成绩之余，提出下一阶段的慈善事业指导思想、基本原则和主要目标。其中，前一部指导纲要提出慈善事业"已成为构建社会主义和谐社会的重要内容"；后一部指导纲要则提出"'十一五'时期是我国慈善事业发展取得重大进展的五年"，"具有中国特色的慈善事业发展格局初步形成"，在形成对于中国慈善发展状况基本判断的同时，为下一阶段的慈善事业发展谋划出路。两部规划纲要都把培育或促进慈善组织发展和加强志愿者队伍建设作为阶段性工作重点，体现出党政部门依靠社会力量来壮大慈善事业的意图。

另一部较有代表性的纲领性文件是2011年11月中共中央组织部、中央政法委等18个部门和组织联合发布的《关于加强社会工作专业人才队伍建设的意见》。作为中央层面第一个关于社会工作人才的专门文件,这部政策文件中也有诸多涉及慈善事业的内容,如将慈善事业明确界定为社会工作专业人才发挥作用的领域,鼓励公益慈善类社会组织吸纳社会工作专业人才,为他们提供必要培训和参与职业水平考试的机会,并保障其薪酬待遇处于合理水平。

部门规章方面,这一时期也发布过一系列与慈善密切相关的政策。首个提及"慈善"一词的政策性文件是 1993 年发布的《中国农业银行财务管理制度》,具体内容为"公益救济性捐赠支出:凡救灾、慈善事业等用于社会公益性捐赠支出,记本帐户"。1996 年 5 月民政部发布的《关于在社会救助工作中充分发挥慈善组织作用的通知》,标志着中国对"慈善"的关注从慈善财物逐渐转向慈善组织。

实际上,慈善领域的部分政策在这一时期是由银行系统制定的。1995 年 4 月,《中国人民银行关于进一步加强基金会管理的通知》正式发布,作为与 1988 年的《基金会管理办法》相关联的制度,对基金会的注册资金和资助领域进行限定,前者主要包括 10 万元人民币注册资金和 200 万元人民币活动基金以及不低于上年末基金余额的 10%作为本年度资助金额等规定,后者则限定基金会在科学研究、文教、卫生、社会公益等领域资助事业和项目。

社会组织三大条例制定之后,配套性的部门规章也开始不断出台,如社会团体相关的有《社会团体印章管理规定》(1993)、《社会团体年度检查暂行办法》(1996)、《社会团体分支机构、代表机构登记办法》(2001),民办非企业单位相关的有《民办非企业单位登记暂行办法》(1999 年)、《民办非企业单位名称管理暂行规定》(1999)、《民办非企业单位印章管理规定》(2000)、《民办非企业单位年度检查办法》(2005),基金会相关的有《基金会名称管理规定》(2004)、《基金会信息公布办法》(2006)、《基金会年度检查办法》(2006),对于三类社会组织的名称管理、印章管理、年度检查和信息公开等事务进行详细规定,其中一些法规如《基金会信息公布办法》至今仍然具有效力。此外,民政部于 2010 年公布的《社会组织评估管理办法》确立了社会组织评估的管理机构和法定程序,从此民政部门获得治理社会组织的重要抓手,将等级评估作为监管和评价社会组织好坏的重要手段。①

2008 年的《救灾捐赠管理办法》是这一时期民政部颁布的具有持续性影响力的部门规章之一。该办法明确具有救灾宗旨的公募基金会是救灾募捐主体,把受赠人范围扩展至县级以上人民政府民政部门委托的社会捐助接收机构及经认定具有救灾宗旨的社会团体、基金会、民办非企业单位,这事实上赋予了各类社会组织参与应急慈善的主体地位。该办法还针对救灾的特殊情况,允许各级政府变卖捐赠物资,但不允许民政部门在救灾款中列支非相关费用,以确保救灾慈善活动的规范性。

在财税领域,这一阶段也出台了一些具有标杆性的部门规章。2004 年财政部制定的《民间非营利组织会计制度》是代表性文件之一,该文件解决了民间非营利组织适用会计规范问题,落实了《基金会管理条例》等法规所要求的"基金会应当执行国家统一的会计制度,依法进行会计核算、建立健全内部会计监督制度",填补了我国会计规范的一处空白。②《民间非营利组织会计制度》要求作为慈善事业运作主体的社会组织编制统一的财务会计报告,大大提高了组织会计信息的透明度,便于捐赠者、会员等利益相关方以及政府主管部门了解组织运行状态,提升外部监督和管理效率。

税收领域的相关政策体系也在此阶段初步形成。随着《企业所得税暂行条例》的实施,国家税务总局于 1999 年就印发《事业单位、社会团体、民办非企业单位企业所得税征收管理办法》,规定事业单位、社会团体、民办非企业单位所获得的社会各界捐赠收入可免征企业所得税,而相关凭证是"捐赠人签字的捐赠证明和接受捐赠单位领导签字的证明";上述单位如有用于公益、救济性事业的捐赠,其年度应纳税所得额 3% 以内的部分可相应扣除。2001 年 3 月,《关于完善城镇社

①　徐家良主编:《中国社会组织评估发展报告(2019)》,社会科学文献出版社 2020 年版,第 153 页。

②　徐潇潇:《中美非营利组织会计准则比较》,《湖北社会科学》2008 年第 6 期,第 84—87 页。

会保障体系试点中有关所得税政策问题的通知》甚至规定,企业、事业单位、社会团体和个人向慈善机构、基金会等非营利机构的公益、救济性捐赠,准予在缴纳企业所得税和个人所得税前全额扣除。这一规定后来被《企业所得税法》等法律法规的相关规定所取代,但其反映了这一时期国家层面对慈善捐赠的鼓励程度。

2008 年的《关于公益性捐赠税前扣除有关问题的通知》和 2009 年的《关于非营利组织免税资格认定管理有关问题的通知》是慈善税收领域具有举足轻重地位的两个部门规章。前者衔接两部所得税法的相关规定,明确法人实体获得非营利组织公益性捐赠税前扣除资格的条件和申请报送材料;后者则规定非营利组织自身收入可以获得税收减免的具体条件。两部规章在提升慈善税收管理工作规范程度的同时,也给慈善领域的税收减免设置了较为苛刻的条件,一定程度上限制了慈善事业的规模化发展。

3. 跨越式发展期

党的十八大以来,慈善事业政策体系进入跨越式发展期。一批具有里程碑意义的中央层面纲领性文件发布,将慈善事业的重要作用,尤其是在全面建成小康社会和弘扬社会主义核心价值观方面的作用凸显出来,提升了各级党政部门和社会公众对于慈善事业的重视程度。同时,随着《慈善法》的颁布,相关配套制度迅速建立,慈善领域的规则体系不断充实完善。

纲领性文件方面,这一时期最具代表性的文件是 2014 年颁布的《关于促进慈善事业健康发展的指导意见》和 2016 年印发的《关于改革社会组织管理制度促进社会组织健康有序发展的意见》。前者是我国慈善领域第一个以国务院名义印发的规范性、纲领性文件,其中一些表述颇具开创性意义,如"探索捐赠知识产权收益、技术、股权、有价证券等新型捐赠方式","鼓励设立慈善信托","积极探索金融资本支持慈善事业发展"等。这些超前性的概念为《慈善法》的内容提供了启发性思路,部分意见也反映在两年后颁布的《慈善法》当中。

《关于改革社会组织管理制度促进社会组织健康有序发展的意

见》则主要从秩序层面厘定社会组织这一慈善事业运作主体的行动规则体系。该意见首次明确社会组织是"我国社会主义现代化建设的重要力量",在国家层面形成对社会组织改革发展的重大决策部署。该意见将社会组织的作用定位为"服务国家、服务社会、服务群众、服务行业",形成对社会组织功能新的概括。

另一项在慈善领域具有显著影响力的中央文件是2013年的《关于政府向社会力量购买服务的指导意见》。随着这项指导意见的出台,政府向社会组织等民间主体购买公共服务正式进入制度化阶段,购买服务由此成为我国深化政府治理改革和优化公共服务供给机制的主要路径。① 这部文件中并无直接涉及慈善的表述,但其通篇主旨都是在为社会组织这一慈善运作主体提供合法性与资源,尤其是对于社会力量所承担服务的公益性之强调,更增加了该指导意见与慈善事业的关联度。

此外,2013年的《国务院机构改革和职能转变方案》实现对慈善组织直接登记的创新。在该文件的指引下,中共中央和国务院通过的各个涉及全面深化改革的文件都明确规定了包括公益慈善类社会组织在内的社会组织统一直接登记制度,与中央推进社会组织登记管理制度改革的上述重大决策相同步。从2012年以来,包括公益慈善在内的四类社会组织直接登记工作在全国逐步试点和铺开。广东、北京、浙江、上海等省市已建立公益慈善等四类社会组织直接登记的新体制。

部门规章方面,《慈善法》的配套政策措施相继出台,构成这一阶段慈善事业政策体系的主要组成部分。其中,民政部门单独制定的《慈善组织认定办法》《慈善组织公开募捐管理办法》《慈善组织信息公开办法》和《慈善组织保值增值投资活动管理暂行办法》构成对慈善组织进行规范的主要制度细则。民政部和其他部门联合发布的文件有:《公开募捐平台服务管理办法》,将互联网慈善事业中的主要枢纽——网络募捐平台的管理责任予以明确;《中央集中彩票公益金支

---

① 王浦劬:《政府向社会力量购买公共服务的改革意蕴论析》,《吉林大学社会科学学报》2015年第4期,第78—89页。

持社会福利事业资金管理办法》,对使用彩票公益金支持社会事业予以进一步规制和管理;《慈善信托管理办法》,尝试把慈善和信托有机结合,形成慈善信托的规制体系;《志愿服务记录与证明出具办法(试行)》衔接《慈善法》和《志愿服务条例》,保障志愿者和相关组织的合法权益。

除《慈善法》的配套政策,慈善税收领域的相关政策也在这一阶段迎来重大变革。2018 年的《关于非营利组织免税资格认定管理有关问题的通知》对于新成立或登记的组织给予特殊优待。2020 年公布的《关于公益性捐赠税前扣除有关事项的公告》废止了 2008 年的《关于公益性捐赠税前扣除有关问题的通知》,对公益性社会组织获取捐赠税前扣除资格提出更为严格的要求。具体来看,2020 年发布的文件对以下内容作出更为明确的限制和规范:第一,明确管理费用的合理范畴。具有公开募捐资格的社会组织,前两年度每年支出的管理费用占当年总支出的比例均不得高于 10%。不具有公开募捐资格的社会组织,前两年每年支出的管理费用占当年总支出的比例均不得高于12%。第二,规定了公益性捐赠税前扣除资格的有效期限。公益性捐赠税前扣除资格在全国范围内有效,有效期为三年。

(二) 当前慈善事业相关的主要政策

如前所述,我国慈善事业政策体系主要由纲领性文件和部门规章两部分构成。前者包括由党中央、国务院颁布的各类针对慈善事业的指导意见或通知,明确一个时期内慈善事业的发展方向和工作重心;后者主要是指民政部和其他相关部委制定的行政层面执行性规则,对慈善事业的某个方面提出较为细致的规定。

1. 慈善事业相关纲领性文件

现行有效的慈善事业纲领性文件以《关于促进慈善事业健康发展的指导意见》为代表。作为国内第一部指导和规范慈善事业发展,并以"慈善"命名的指导意见,其在《慈善法》出台前的短暂时间曾发挥统筹慈善事业发展目标和工作部署的职能。但随着法律体系的建立和 2020 年目标的达成,《关于促进慈善事业健康发展的指导意见》在慈善领域的地位有所下降。与此同时,《关于改革社会组织管理制度促进社会组织健康有序发展的意见》等文件中也包含一系列与慈善事业密切相关的内容,某种程度上对于慈善工作具有更明显的指导价值。表3-3呈现的是慈善事业相关主要纲领性文件。

表3-3　慈善事业相关主要纲领性文件一览

名称	公布时间	与慈善事业相关内容
《关于促进慈善事业健康发展的指导意见》	2014年12月18日	提出慈善事业发展的指导思想、基本原则和目标,将扶贫济困作为慈善事业重点领域,提出培育和规范慈善组织,加强慈善领域监督管理和组织的具体思路与方法
《关于改革社会组织管理制度促进社会组织健康有序发展的意见》	2016年8月21日	降低公益慈善类社区社会组织准入门槛,改进落实慈善捐赠税收优惠制度,支持社会组织在发展公益慈善事业方面发挥作用,推进特定领域的公益慈善类社会组织直接登记
《关于规范退(离)休领导干部在社会团体兼职问题的通知》	2014年6月25日	限制离退休领导干部到慈善组织中任职,确有需要的须经过多重审批
《关于加强社会工作专业人才队伍建设的意见》	2011年11月8日	通过政府购买等方式引导和鼓励公益慈善类社会组织吸纳社会工作专业人才,为此类组织中的相关人员提供人才评价、技能培训和薪酬激励
《关于推进社会公益事业建设领域政府信息公开的意见》	2018年2月26日	推动慈善组织如实公开社会公益事业信息,对慈善组织信息公开工作成效开展评估
《关于政府向社会力量购买服务的指导意见》	2013年9月30日	强调社会力量所承担服务应突出公益性,为慈善领域社会组织提供制度化的资金支持渠道
《关于加强社会组织党的建设工作的意见(试行)》	2015年9月28日	明确慈善组织党组织功能定位,健全慈善领域相关主体党建工作管理体制机制

　　　　中国式现代化慈善事业的制度体系研究

2014 年的国务院《关于促进慈善事业健康发展的指导意见》在慈善领域纲领性文件中具有代表性。这是新中国成立以来,第一部以中央政府名义出台,专门用于指导和规范慈善事业发展的政策文件。该意见明确我国慈善事业发展的指导思想和基本原则,厘定 2020 年之前的慈善事业发展目标,并从扶贫济困、培育规范慈善组织、加强监督管理和组织领导等角度对我国慈善工作展开部署,是整合创新期慈善领域的纲领性文件。随着《慈善法》的颁布,慈善事业的基础性制度体系建设开始围绕基础性法律展开,该指导意见的现实作用相对降低,但其提出的到 2020 年建立"健全有效"的慈善监管体系,"社会捐赠积极踊跃"和"志愿服务广泛开展"等目标都已基本宣告实现。

2016 年的《关于改革社会组织管理制度促进社会组织健康有序发展的意见》是在《慈善法》通过后发布,几乎与慈善法律的实施开端重合。这部意见分为十个部分,内容涵盖培育发展社区社会组织、完善扶持社会组织发展政策措施、依法做好社会组织登记审查、规范社会组织涉外活动、加强社会组织自身建设和加强党对社会组织工作的领导等。其中,与慈善直接相关的内容包括:降低公益慈善类社区社会组织登记门槛;改进和落实公益慈善事业捐赠税收优惠制度;优先发展公益慈善类社会组织,允许其直接登记,但也注重规范管理。

除了上述两项政策,表 3-4 中的其他纲领性文件也对慈善事业某些特别细分领域提出制度期望。如《关于规范退(离)休领导干部在社会团体兼职问题的通知》为保障慈善领域主体的社会化创造条件;《关于加强社会工作专业人才队伍建设的意见》强调社会工作与慈善事业在人员和技能方面的融合;《关于推进社会公益事业建设领域政府信息公开的意见》推动慈善组织如实公开信息;《关于政府向社会力量购买服务的指导意见》强调将公益性服务委托给社会力量承担,为慈善领域构筑更为良好的制度环境;《关于加强社会组织党的建设工作的意见(试行)》则为后续持续开展的社会组织党建工作奠定工作原则基础。

2. 慈善事业相关部门规章

现行有效的慈善事业相关部门规章以《慈善法》立法之后出台的配套政策为主,辅之以部分过往已经使用且仍具有现实意义的文本,以及与慈善密切相关的税收政策等。由于慈善外延具有较强的伸展性,因此涉及的部门规章总数难以估计,这里选取部分与慈善事业直接相关的部门规章来分析其具体内容,见表3-4。

表3-4　慈善事业相关部门规章

名称	公布时间	与慈善事业相关内容
《慈善组织认定办法》	2016 年 8 月 31 日	明确可认定为慈善组织的主体形式和申请程序
《慈善组织信息公开办法》	2018 年 8 月 6 日	明确慈善组织在不同平台应该公开的信息内容以及需要承担的责任
《慈善组织公开募捐管理办法》	2016 年 8 月 31 日	细化慈善组织申请公开募捐资格的条件及程序
《慈善组织保值增值投资活动管理暂行办法》	2018 年 10 月 30 日	规范慈善组织的投资活动,防范慈善财产运用风险
《社会组织信用信息管理办法》	2018 年 1 月 24 日	具有公开募捐资格的慈善组织不再符合相关条件或连续六个月不开展公开募捐活动,被视为失信行为
《慈善信托管理办法》	2017 年 7 月 7 日	规范慈善信托,保护慈善信托当事人的合法权益
《公开募捐平台服务管理办法》	2016 年 8 月 30 日	规范公开募捐平台服务,维护捐赠人、受益人和慈善组织等慈善活动参与者的合法权益
《救灾捐赠管理办法》	2008 年 4 月 28 日	规范救灾捐赠活动,加强救灾捐赠款物的管理,保护捐赠人、救灾捐赠受赠人和灾区受益人的合法权益
《公益事业捐赠票据使用管理暂行办法》	2010 年 11 月 28 日	规范公益事业捐赠票据使用行为,加强公益事业捐赠收入财务监督管理

名称	公布时间	与慈善事业相关内容
《社会组织评估管理办法》	2010 年 12 月 27 日	确定社会组织评估的对象、内容、机构职责、程序方法等，明确可依据评估结果申请公益性捐赠税前扣除资格
《关于慈善组织开展慈善活动年度支出和管理费用的规定》	2016 年 10 月 11 日	明确慈善活动支出的定义，对于不同类型的慈善组织提出分级分层的支出比例要求
《关于建立和完善慈善表彰奖励制度的指导意见》	2015 年 7 月 16 日	鼓励各省级行政区建立慈善表彰奖励制度，并提出相关奖项的规范性建设方案
《关于加强和创新慈善超市建设的意见》	2013 年 12 月 31 日	增强慈善超市自我发展能力和社会服务功能，打造城乡基层慈善综合服务平台
《关于公益性捐赠税前扣除有关事项的公告》	2020 年 5 月 13 日	明确在税法当中所定义的"公益性社会组织"概念，列举各类社会组织获取捐赠税前扣除资格的条件和确认程序
《关于非营利组织免税资格认定管理有关问题的通知》	2018 年 2 月 7 日	回应相关税法，明确可获取免税资格的公益性社会组织标准、审批部门和提交材料等方面
《民间非营利组织会计制度》	2004 年 8 月 18 日	为包括慈善组织在内的非营利组织提供统一核算体系

　　慈善领域的规范大多为部门规章。尤其在《慈善法》通过之后的几年，民政部独立制定的部门规章均是以慈善组织为规范对象。作为慈善法律规制的逻辑起点，慈善组织是整个体系中最需要给予发展空间的主体。① 对于慈善组织进行专门规范的部门规章包括《慈善组织认定办法》《慈善组织信息公开办法》《关于慈善组织开展慈善活动年

---

① 杨思斌、李佩瑶:《慈善组织的概念界定、制度创新与实施前瞻》,《河北大学学报（哲学社会科学版）》2016 年第 5 期,第 18—24 页。

度支出和管理费用的规定》等。其中，《慈善组织认定办法》规定，基金会、社会团体、社会服务机构申请认定为慈善组织，应当完成社会组织法人登记，以开展慈善活动为宗旨，且业务范围符合《慈善法》规定，年度支出和管理费用符合规定，不以营利为目的，财产及其孳息未在相关方当中分配，有健全的财务制度和合理的薪酬制度等。几乎同期发布的《关于慈善组织开展慈善活动年度支出和管理费用的规定》则根据慈善组织是否具有公开募捐资格以及登记的具体类型，列明慈善组织年度慈善活动支出和管理费用支出的相应比例，其中年度慈善活动支出比例最低可为上年末净资产的6%，年度管理费用最高可达当年总支出的20%。2024年5月，民政部公布的《慈善组织认定办法（修订征求意见稿）》对慈善组织的申请成立时限、登记受理部门、施行日期等规定与新修正的《慈善法》保持一致。在此基础上，2024年9月，新的《慈善组织认定办法》公布，该办法进一步完善了慈善组织不予认定的情形，除有法律法规和国家政策规定的不得担任慈善组织负责人的情形的，申请前二年内受过行政处罚的，申请时被民政部门列入社会组织活动异常名录的，有其他违反法律、法规、国家政策行为的外，还将严重违法失信社会组织列为不予认定慈善组织的情形。

由于《慈善法》专章规定了信息公开事项，因此相关部门规章应运而生。2018年的《慈善组织信息公开办法》对于慈善组织的公开内容和渠道作出细致规定，将慈善组织作为慈善信息公开的第一责任人，实质上再次体现出慈善事业相关法律制度的"组织化"倾向，即慈善事业的公开透明需要依托组织行为来完成。该办法还规定慈善信息需要在统一的信息平台发布，为后续民政部所主导开发的"慈善中国"平台提供法律合法性。在公开内容上，这部政策抓住财产管理和公开募捐这两项慈善组织的重点活动，并对于具有公开募捐资格的慈善组织提出更为严格的信息公开要求。

慈善募捐层面的部门规章从慈善组织和募捐平台两方面建立规范。《慈善组织公开募捐管理办法》将有权公开募捐的主体进一步明确为"依法登记满一年的慈善组织或者认定为慈善组织满一年的社会组织"，并分别列举了依申请获得公开募捐资格和直接发给公开募捐资格证书的情形。该办法拓展《慈善法》所述"内部治理结构健全、运作规范"标准，设立慈善组织申请公开募捐资格的九项条件，要求慈善组织在建立规范治理结构的同时保障公共利益，避免利益输送，并具有较好的接受监管记录。《公开募捐平台服务管理办法》则对广播、电视、报刊、互联网等多类型媒体平台进行规范，要求运营商具有相应资质和条件，并明确平台对募捐信息负有验证监督义务，通过平台治理强化募捐活动的整体合法性。2024年6月，民政部就《慈善组织公开募捐管理办法（修订征求意见稿）》公开征求意见，该意见稿明确了申请公开募捐资格的条件，2024年7月该办法正式发布。公开募捐资格退出制度、公开募捐方案的备案要求、互联网公开募捐服务平台在发现违规行为时的举报职责等内容，成为进一步强化慈善组织公开募捐管理的重要制度基础。

现行政策体系中还有对慈善财产的相关规定，即《慈善组织保值增值投资活动管理暂行办法》。该办法明确慈善组织的投资前提与范围，对慈善组织可用作投资的财产类型作出相应限制——仅包括非限定性资产和投资期间暂不拨付的限定性资产，慈善组织的投资方式被限定为三种，而不得投资的领域则多达八种。这部政策整体上呈现出谨慎的治理取向，力图将慈善组织的保值增值行为限定在绝对安全的范围内，尽量避免慈善财产的流失。

慈善信托层面的专门政策是《慈善信托管理办法》，对慈善信托的内容和形式作出了详细的规定。慈善信托的蓬勃发展得到了政策制度的保障，逐渐成为慈善事业发展过程中的重要动力。中国的慈善信托管理在借鉴域外发展经验的基础上，结合中国场景的实际情况，对慈善信托的管理规范程度、慈善目的落实情况、慈善财产运用效益和运作过程综合评价等多方面作了规定，形成既具有中国特色又具备一定普适性的慈善信托发展机制。

税收层面的部门规章也是慈善政策体系的重要组成部分。如前所述，现行规章中具有较强政策效力的是2018年的《关于非营利组织免税资格认定管理有关问题的通知》和2020年的《关于公益性捐赠税前扣除有关事项的公告》。前者将事业单位、社会团体、基金会、社会服务机构、宗教活动场所、宗教院校都列为可申请免税资格的主体范围，须向税务机关提出免税资格申请并报送相关材料，新设立或登记的组织还可免除部分材料；后者则将慈善组织、其他社会组织和群众团体纳入申请范围，并将获取3A（含3A）以上的社会组织评估等级、具有非营利组织免税资格、公益慈善事业支出和管理费用比例等都纳入申请条件，体现出"宽严相济"的特点，对慈善领域的组织和捐赠者都产生重要影响。

三、慈善事业政策体系的核心特征

我国慈善事业政策的发展受到各种政治变量关系影响，既与本领域法律法规的制度选择处在同一因果链中，又受到相关主管部门的利益考量和观念变迁的影响。现行的慈善事业政策体系呈现出三方面的核心特征：一是流变性极强，动态反映出党政主管部门对慈善工作的关注重心的变迁；二是分布在慈善事业的各类细分领域，形成对慈善领域法律法规的有效补充和支撑；三是相较自愿性政策工具，更倾向于采取强制性政策工具，延续本领域行政法规的监管导向。

（一）动态反映党政主管部门对慈善工作的关注重心的变迁

在从国家化到社会化的不同阶段，我国慈善事业政策也经历从监管为主到监管与培育并重的变迁，体现出党和政府对慈善事业关注重心的动态变化。早期的慈善事业相关纲领性文件关注慈善事业的规范化建设，尤其将清理整顿非法社会组织作为工作重点之一；而以《中国慈善事业发展指导纲要（2006—2010年）》《关于促进慈善事业健康发展的指导意见》等文件为标志，党和政府逐步主导推动和鼓励慈善事业发展，尤其是创造良好制度环境来形塑慈善的社会化，激发民间的参与意愿和实际行动。[1]尽管我国在慈善激励工具的使用方面较为滞后，对于慈善组织的准入也存在摇摆态度，但对于慈善事业的制度

---

① 汪大海、唐德龙：《新中国慈善事业的制度结构与路径依赖——基于历史制度主义的分析范式》，《中国行政管理》2010年第5期，第114—119页。

化建设从未曾停步。慈善定位已不仅仅是对于扶贫济困的社会保障体系的补充，而是作为第三次分配的不可或缺的有机组成部分发挥重要作用，相关的政策文件也正酝酿出台。

（二）形成对慈善领域法律法规的补充与支撑

慈善事业相关政策对于法律法规未能予以明确的事项进行细节上的补充，作为制度要素支撑起慈善事业法律制度体系。这一特征在《慈善法》通过之后颁布的配套政策中体现尤为明显：一方面，无论是《慈善组织认定办法》《慈善组织信息公开办法》，还是《慈善组织公开募捐管理办法》，都是对《慈善法》中的具体章节的规范细化，为行政主管部门提供可操作的执行细则，从而将法律落实为可操作的制度工具。税收领域的相关政策也是基于所得税法调整而不断更新规范，以达到与法律相匹配的目的。当然，另一方面，正是基于这些具体的政策，慈善事业的法律制度体系才得以充实完整，形成一个有机的系统。在不改变基本制度构想和格局的情形下，这些精细化政策在政府层面实现慈善事业的提质扩容[1]，完成对于制度体系的功能性、局部性优化。

（三）以强制性政策工具为主导

慈善事业政策体系呈现出强制性政策工具绝对主导而自愿性政策工具较为弱势的整体格局。[2] 根据豪利特等人的分类，政策依据其不同强制性可分为强制性政策工具、混合性政策工具和自愿性政策工具，其中，强制性政策工具中政府介入程度最高，利用权威和强制力程度最深，而自愿性政策工具中政府介入程度较弱，主要由个人、家庭或社会组织等主体自主行动。[3] 通过对慈善事业相关政策的梳理可以看

---

① 王向民：《分类治理与体制扩容：当前中国的社会组织治理》，《华东师范大学学报（哲学社会科学版）》2014 年第 5 期，第 87—96 页。

② 章高荣、赖伟军：《理念、制度与权力——慈善法决策过程分析》，《社会学评论》2022 年第 6 期，第 124—144 页。

③ Michael Howlett, Michael Ramesh, and Anthony Perl, *Studying Public Policy: Policy Cycles and Policy Subsystems*, Oxford University Press, 2009, p. 117.

出,从20世纪90年代的《关于加强社会团体和民办非企业单位管理工作的通知》开始,强制性政策就一直是本领域政策主流,直到近年的慈善组织和慈善募捐相关部门规章中仍然体现出此种导向,即政府通过"准入许可""问责查处"等方式设定具体要求①,发挥后盾保障作用,将慈善领域的主体行动限制在一定范围内。这些惩戒力较强的政策工具在减少慈善领域失范行为的同时,也反映出慈善领域的行政干预的氛围仍然较为浓厚。如在推进《上海市慈善条例》制定和修改完善的过程中,如何适度削弱行政过度干预、为慈善组织等专业力量参与法律法规和政策制定预留合理空间成为理论研究者与法律实务专家的共同关注点。

> 现有法律法规和政策文件基本都建议政府把慈善事业纳入国民经济和社会发展规划,但对规划的具体执行者没有明确规定。一般来说,规划都是由政府部门来起草,但这就会存在专业性不足的问题。如果慈善组织能够参与到专项规划的起草和制订,或者是让慈善组织来承担规划制订工作,政府承担监督管理的工作,法治建设的成效可能会更高。
>
> ——20210324某基金会秘书长M在《上海市慈善条例(草案)》
> 讨论会上的发言记录

---

① 刘蕾、史钰莹:《我国慈善捐赠政策的政策变迁与工具选择——基于中央层面的政策文本分析》,《北京行政学院学报》2021年第6期,第30—39页。

第四章 我国慈善事业的协同制度

慈善事业协同制度为慈善领域不同主体之间的协同关系及形成的制度。协同制度是保障慈善事业制度体系正常运转的前提条件,是体系内部各主体明确分工、提升效能的重要基础。本章主要介绍党政协同、央地协同和政社协同三种慈善事业协同制度,阐释三类协同制度的价值、变迁、特征、问题等方面的内容,充分凸显我国慈善事业中各主体间的协调和合作的过程。

第一节 党政协同制度

慈善事业可持续发展既需要健全的体系,又有赖于通过具有灵活性和弹性的运作机制弥补制度运作过程中产生的张力,因此在慈善事业制度体系中党和政府主体间关系成为研究的重要内容。慈善事业的党政协同制度是指在党的领导下,由相关政府部门协同推进,形成党政协同的中国慈善事业制度体系。

一、党政协同制度的价值意蕴

法治是我国社会主义现代化国家建设的基本理念,我国社会主义政治文明必须通过法治的方式得以实现。我国的党政关系也属于大的法治范围,从依法执政的角度来看,党依法实现对政府的领导并规范其政治权力的使用。2018年公布的《中共中央关于深化党和国家机构改革的决定》反映出,党和国家机构改革的主旋律是坚持党的全面领导,是以加强党的全面领导为统领,以国家治理体系和治理能力现代化为导向,以推进党和国家机构职能优化协同高效为着力点。①
党政协同制度表明要在党的全面领导下,党和政府就慈善事业某些需
要协同的领域开展合作,通过党政协同的方式妥善处理政府单一主体
未能解决的问题,从而加强党的全面领导。党和政府的协同可以提升
慈善事业的合法性,丰富慈善事业的制度体系,强化慈善事业的法治
保障。党政协同为进一步解决政府管理在慈善领域的难点和痛点提
供制度支持,从而提升慈善管理领域的行政效率。

（一）加强党的全面领导

党政协同制度建设有利于加强党的全面领导。中国共产党是我
国政治制度体系建设的重要主体,在制度发展的过程中始终发挥着政
治引领的功能。② 中国共产党在长期治国理政的实践中,坚持全心全
意为人民服务的根本宗旨,植根于中国行政体制的价值问题、科学问
题和实践问题,创造性地推进行政体制改革,探索服务型政府建设的
路径,进而创新中国特色社会主义国家治理的理论和实践。③ 中国共
产党在社会发展过程中一直扮演着全面领导的角色,发挥着举足轻重
的重要作用。在慈善事业制度建设和发展完善的过程中,中国共产党
的全面领导角色既是历史的选择,也是国家发展的需要,建立健全慈
善事业的制度体系和提升慈善事业的治理水平要求党的全面领导。
具体而言,中国共产党在推动慈善事业发展过程中发挥统领作用的方
式可细分为思想统领、制度统领和组织统领三种主要方式,党政协同
制度可以凸显这三种方式特有的制度效能。党的思想统领主要体现
为党的精神宣传,具体到慈善领域,主要将习近平新时代中国特色社
会主义思想等治国理政思想作为慈善制度建设的基本准则和根本依

---

① 赵立波:《统筹型大部制改革:党政协同与优化高效》,《行政论坛》2018 年第 3 期,
第 24—30 页。

② 张等文、解秀丽:《党的领导:发展全过程人民民主的基本经验与根本政治保证》,
《理论月刊》2023 年第 12 期,第 55—65 页。

③ 孔繁斌、郑家昊:《建设人民满意的服务型政府——中国共产党对行政体制理论的
创新探索》,《中国行政管理》2021 年第 7 期,第 22—29 页。

循,通过线上、线下相结合的方式贯彻到各类慈善主体的实践过程之中,对慈善主体的行为方式施加影响,使慈善工作和慈善活动与党的主张相一致;党的制度统领则是应用具体的制度化手段对各类慈善主体的行为进行规制,确保慈善组织和慈善活动紧随党的大政方针;党的组织统领则主要借助党组织深入各类慈善主体的内部开展指导工作,保证慈善主体的各项工作与党中央步调一致。在实际工作中要发挥好党的三种统领方式的作用,以实现党对慈善工作的指导和监督,督促政府执行党的决议,满足国家和社会的发展需要,从而最终提升党政协同制度的建设成效。

（二）强化法治保障

党政协同制度强化慈善事业的法治保障。立法制度是由我国宪法等法律规定的重要制度,加强党政协同制度建设有利于促进立法工作的开展。党政协同制度是国家治理体系和治理能力现代化建设过程中的重要命题,是推动我国依法治国、促进社会发展的有力制度保障。党政协同制度促进法治建设,加强国家能力体系中的立法能力和法治能力,保障立法者在立法过程中完成立法目的、满足立法需求所体现出来的本领和能力即为立法的生产力。① 具体来看,党政协同制度强化法治保障、推动跨主体资源整合与平台搭建的实践价值主要体现为四个方面。其一,党政协同制度围绕体制机制促进立法创新。党政协同有利于人大以立法形式进一步完善我国行政体制,突破制度阻力,为促进慈善事业发展提供法律保障。其二,党政协同制度围绕疑难问题强化立法推动,加快推动慈善议题进入法治视野。人大通过把慈善事业的发展作为立法工作的重点之一,为慈善事业的蓬勃发展提供法治保障,明确慈善主体的权责利,引导相关主体的行为选择,规范政府的职能范围,有力破解慈善事业发展难题。其三,党政协同制度围绕经济社会发展的核心要求推进立法工作,强化慈善在第三次分配中的功能与作用。慈善事业是第三次分配的抓手,改革和创新慈善事

---

① 宋方青:《立法能力的内涵、构成与提升以人大立法为视角》,《中外法学》2021年第1期,第161—178页。

业有助于完善第三次分配制度,促进实现共同富裕。①　其四,围绕我国民生事业发展现状开展立法创新,对慈善事业和民生事业给予立法关切。慈善事业攸关群众切身利益,尤其对于需要帮扶的对象来说,慈善法律对其生活有重大影响,党政协同制度借助法律法规方式从各个方面保障慈善事业相关主体的合法权益,促进慈善主体积极行动,帮助受助群体共享经济社会发展成果。在吸收大数据等现代信息技术的最新成果的基础上,慈善事业和慈善治理相关内容被纳入立法过程,这是推进慈善事业协同制度建设的重要道路,并在此过程中可尝试消解立法的政治逻辑与技术逻辑的紧张关系,实现政治逻辑和技术逻辑的良性互动。②　在支持慈善事业发展方面,人大促进跨主体资源整合,搭建相关平台,对于法律出台后相关行政法规、部门规章等进行制定和修订,确保相关优惠政策落地,对有关制度创新的探索起到了重要的推动作用。

（三）提升慈善管理的行政效率

党政协同制度有利于提升慈善管理的行政效率。政府是进行国家统治和社会管理的机关,包含着为完成行政管理任务进行的一系列组织活动和功能运作过程。③　政府在政治生活中代表着国家和社会的双重意志,既从国家获取权力推动社会秩序构建、管理社会公共事务和公益事业,同时对社会负有责任,积极回应社会和群众的基本要求,并采取较为有效的措施加以满足,在承担道义、政治和法律责任基础上承受来自内外部的控制以保证责任的实现。④　这也在一定程度上直接决定政府的职能,即处理相关行政系统内部事务和社会公共事务时所应具备的职责和能力。⑤　政府部门为慈善事业的发展明确前进方

①　孙大鹏:《慈善事业制度创新的三次分配效应研究》,《财经问题研究》2021 年第 12 期,第 21—28 页。

②　冯亮、何俊志:《人大立法中政治与技术逻辑的互动——以 G 省人大常委会立法过程为例》,《学术研究》2018 年第 8 期,第 70—75 页。

③　夏书章主编:《行政管理学(第四版)》,中山大学出版社 2008 年版,第 72 页。

④　张成福:《责任政府论》,《中国人民大学学报》2000 年第 2 期,第 75—82 页。

⑤　徐家良主编:《公共行政学基础(第二版)》,浙江大学出版社 2007 年版,第 63 页。

向、建立基础性的制度框架。与此同时,慈善管理领域的行政工作为慈善事业提供政策工具,促进慈善事业发展。然而,在慈善事业管理这个层面,仅仅依赖政府的行政管理工作仍然会产生诸多制度性问题。党政协同制度则为破解上述问题提供了一个新的思路,从而为提升慈善管理领域的行政效率创造可能性。党政协同制度的建立健全有助于打破"总体分散、局部协同"的协同制度建设现状,推动分散治理走向协同治理。① 在慈善治理方面,各级政府在党的领导下,通过制定推动慈善事业发展的法律法规、保持常态化的慈善发展环境、投资基本慈善公共设施、提供基本公共服务、平衡慈善项目的均等化和差异化关系等方式②,进一步加强我国慈善事业的工作效能,以推动慈善事业高质量发展。在这个过程中,党和政府保持着紧密的联系,在慈善治理中形成一种独具特色的协同关系。

二、党政协同制度的历史变迁和制度主体

党政协同是提升党和政府推进慈善事业法律制度建设效果的重要前提。党政协同制度在早期呈现为党政不分的统一领导,党政不分是这一时期制度建设的总体特征。随着总体性社会的转型和瓦解,党和政府在各自领域的分工成为制度的核心特征,党的思想引领和政府的运行管理成为这一时期慈善事业发展的重要背景。在党的全面领导阶段,党和政府在促进慈善事业发展中的职能定位得到进一步优化。党政协同制度是党和政府在慈善事业治理领域的重要内容,主要呈现为党和政府在协同中的角色分工和二者的协同机制。

(一) 党政协同制度的历史变迁

党政协同制度是彰显党的领导地位和政府部门的行政效率的重要制度。我们基于我国慈善事业发展过程的相关资料,探寻党政协同制度中的历史变迁,以明确制度主体的角色定位。党政不分阶段明确

---

① 胡小君:《从分散治理到协同治理:社区治理多元主体及其关系构建》,《江汉论坛》2016 年第 4 期,第 41—48 页。

② 张成福、党秀云:《公共管理学(修订版)》,中国人民大学出版社 2007 年版,第 59 页。

了党领导一切的核心原则,党政分工阶段则规定了二者在慈善事业发展中的职能分工,但协同制度的建设效能尚不明显。在党的全面领导阶段,党和政府的角色定位以及二者在协同层面的制度建设为促进慈善事业的持续发展提供了可能。

1. 慈善事业党政不分阶段

党政不分阶段是党政协同制度建设的早期阶段。党政不分是指在特殊时期党领导一切的制度规定。早在抗日战争阶段,中国共产党在党、政、军三个方面的全面领导初步凸显。1942 年 9 月 1 日,中共中央政治局会议通过《中共中央关于统一抗日根据地党的领导及调整各组织间关系的决定》,明确强调"党是无产阶级的先锋队和无产阶级组织的最高形式,他应该领导一切其他组织"[①]这一重要主张,明确党对各类组织的领导地位。解放战争时期,为加强党中央对一切工作的领导,毛泽东在 1948 年 1 月 7 日为中共中央起草《关于建立报告制度》的党内指示,要求各中央局和分局实行书记负责制,全面负责所在辖区的政治、经济、文化等多项事务,同时各野战军首长和军区首长,除作战方针外其他事项必须随时向党报告和请示等,这一系列举措建立健全了党领导一切的制度规制。[②] 1949 年 11 月,中共中央决定在中央人民政府内组织党委会和建立党组,保证党中央对国家政权的统一领导,要求各级政府必须严格执行党中央决议,运用民主集中制的集体决策机制和干部选拔机制,巩固了党在国家权力结构中的中心地位,强化了党对一切工作的领导。1949 年后,党的领导地位通过颁布一系列的政策制度和成立领导小组等方式进一步凸显,党领导一切的能力得以强化。这一时期的党政协同制度处于发展初期,党对行政事务进行全面领导。这一时期的慈善事业被吸纳到国家现代化建设的总体布局之中,成为社会救济和社会保障制度建设的重要内容之一。

---

① 《建党以来重要文献选编(1921—1949)》第十九册,中央文献出版社 2011 年版,第423 页。

② 方涛:《"党领导一切"的历史考察与现实启示》,《理论与改革》2019 年第 6 期,第146—156 页。

慈善事业的"扶贫济困"理念与中国共产党"全心全意为人民服务"的根本宗旨相契合,从而引起党和政府的高度重视,慈善事业在这一时期得到初步发展。

2. 慈善事业党政分工阶段

党政分工阶段的慈善事业管理逐渐明确了党和政府在慈善事业中的功能划分。自 1978 年中国实行改革开放政策以来,思想观念的解放使得党在全国事务中的全面领导角色发生了一定程度的改变。1980 年,邓小平提出要改革党和国家的领导制度,废除领导干部职务终身制,同时明确党和政府之间的权责关系,自上而下建立起一整套完善的政府工作系统,党政分工关系进一步明确,党在国家各项事务中的领导作用得以更好发挥。中国共产党引导着国家前进的方向,人民政府则负责具体的行政事务和社会事务的管理。这一时期的慈善事业管理者角色逐渐向政府转移,政府部门成为管理慈善事业、慈善组织和慈善从业人员等的主要部门。通过制定政策的方式,政府部门有意识地引导慈善事业的发展方向,促使慈善事业始终致力于缩小贫富差距、促进社会进步等发展目标,推动慈善事业的常态化和规范化建设。党政分开虽然在一定程度上使得党的政治领导和政府的行政管理之间的边界更为清晰,但在高度复杂性和高度不确定性的社会治理格局面前,分立的管理体制很难有效处理社会事务中出现的新问题。

3. 慈善事业党的全面领导阶段

党的全面领导是党政协同制度进入新的发展时期的制度调整。面对国家在发展新阶段出现的新矛盾和新问题,党政间关系出现了由改革开放时的职能分开向建立在协同合作前提下的职能分工、统一发展的方面转型。[①] 2013 年 11 月,党的十八届三中全会通过《中共中央关于全面深化改革若干重大问题的决定》,明确指出全面深化改革的

---

① 孙莹:《党政统合下基层协同治理研究——以四川省 N 县的脱贫振兴为例》,《理论学刊》2019 年第 1 期,第 137—143 页。

总目标是完善和发展中国特色社会主义制度,推进国家治理体系和治理能力现代化。中国的现代化需要在党的领导下稳步推进。党的十九大报告则重申"坚持党对一切工作的领导"的重要性,提出"必须增强政治意识、大局意识、核心意识、看齐意识,自觉维护党中央权威和集中统一领导,自觉在思想上政治上行动上同党中央保持高度一致"等要求。党的十九届四中全会强调党在国家治理体系中的重要地位,提出在新时代如何把我国制度优势更好转化为国家治理效能的全新命题。① 党的十九届五中全会通过《中共中央关于制定国民经济和社会发展第十四个五年规划和二〇三五年远景目标的建议》,提出发挥第三次分配作用,发展慈善事业,改善收入和财富分配格局。这是以习近平同志为核心的党中央对"十四五"时期乃至更长一段时期内慈善事业发展作出的重大战略部署。慈善事业是国家治理体系和治理能力现代化建设的组成内容之一,是高水平全面建成小康社会、开启社会主义现代化建设新征程的重要一环,反映出国家与社会治理的协同。② 党的十九大报告提出,中国特色社会主义最本质的特征是中国共产党领导,中国特色社会主义制度的最大优势是中国共产党领导,党是最高政治领导力量。这一论述明确定位党的地位与职能。按照中共中央办公厅于 2019 年 1 月印发的《中共中央关于加强党的政治建设的意见》的要求,党和政府需要深入贯彻和落实习近平新时代中国特色社会主义思想和党的十九大精神,切实加强党的政治建设,"将坚持党的全面领导的要求载入……工商联、人民团体……高等学校、有关社会组织等的章程,健全党对这些组织实施领导的制度规定"。在当前国家大力推进第三次分配的背景下,三次分配配套的基础性制度安排可以最大限度地确保人民共享改革发展成果,弥合社会潜在的

---

① 吕普生:《我国制度优势转化为国家治理效能的理论逻辑与有效路径分析》,《新疆师范大学学报(哲学社会科学版)》2020 年第 3 期,第 18—33 页。

② 王浦劬:《推进国家治理现代化的基本理论问题》,《中国党政干部论坛》2021 年第 11 期,第 10—17 页。

利益冲突,加快政府职能转变进程,充分保障不同群体的异质化诉求。① 有鉴于此,政府扮演的更多是执行国家和社会意志的角色,拥有执行的强制权力。聚焦于慈善事业制度体系建设这一领域,政府执行国家意志,构建慈善事业的发展秩序、提供慈善领域的公共服务,以及满足社会对慈善事业发展诉求等,党和政府的协同为慈善事业制度体系建设与完善打下扎实的基础,明确了政府部门的管理属性,提升了政府的管理效果。

(二)党政协同的制度主体

党政协同的制度主体分析是剖析党政协同的制度要素、协同条件等内容的基础前提。总体来看,党政协同的制度主体包括中国共产党、政府、党和政府的二元协同。党在协同制度建设中主要发挥政治引领的功能,以保证慈善事业的正确发展方向。政府则主要扮演制度行动者的角色,有效提升慈善事业的管理效果,促进慈善事业的持续发展。随着慈善事业向纵深发展,政府对慈善事业的管理也面临一定的困境,需要党和政府的协同机制进一步扫除慈善事业发展中的障碍。

1. 中国共产党

中国共产党是党政协同制度的重要主体,主要发挥政治引领功能。党通过设立独立党支部、联合党支部和党建联络员三种组织形式嵌入慈善组织内部,以此将党的影响力由内而外地在慈善组织中发挥出来,这是党领导慈善组织的主要模式之一。构建党和政府对社会组织引导型管理政策体系是我国慈善事业制度体系建设的一项长期目标②,党政协同关系为实现这一目标提供了可能性。在该模式中,党组织通过多种方式影响和引领慈善事业发展,其中最直接的方式是以党组织为核心开展党建活动,这些党建活动政治性较强,能够有

---

① 马雪松:《第三次分配在新时代的新变化、新利好》,《人民论坛》2021 年第 28 期,第 14—17 页。

② 廖鸿、石国亮:《中国社会组织发展管理及改革展望》,《四川师范大学学报(社会科学版)》2011 年第 5 期,第 52—58 页。

效引领慈善组织向符合党的意志的方向发展。

基于党政部门不同角色分工而形成的党政协同制度建设具体涉及职权优化、资源配置、社会动员等多方面事项,党政之间的合作展现出相互间职责分工、共同推进的协作状况,成为新时代我国慈善治理体系的重要特征之一。① 党在这一过程中主要发挥政治引领功能。党建活动成为党中央和慈善组织之间联系的重要纽带,各种精神要旨都是在活动中得到传达与贯彻的,在一定程度上强化了慈善组织中党员的社会责任感和使命感,使其在为人民群众服务意识的指引下,在慈善组织内部形成核心团体,并辐射影响周边人群,确保慈善组织既能保持正确的政治发展方向,同时在业务开展中体现党的宗旨。② 党的政治引领为党政协同提供了思想基础,从而推动各主体为实现发展目标不断前进。

2. 政府

政府是党政协同制度的重要行动者,政府通过贯彻法制要求、执行公共政策等方式规范慈善事业的发展。党的全面领导角色和政府的执行角色在慈善事业制度体系中往往交织在一起,党政协同运行机制呈现出螺旋上升的趋势,并在慈善事业发展中直接体现为党的全面领导体系与政府的复合性组织结构。党政协同制度建设为慈善事业的发展开启新的制度驱动力,政府部门的行政活动为慈善事业提供规范化的制度设计。

政府在引导慈善发展的过程中,主要是基于《公益事业捐赠法》《慈善法》《民法典》以及相关国家法规和地方性规定,从慈善治理大格局出发,立足地方特色,通过文化宣传、组织动员、技术保障等多种方式去引导。政府引导是贯彻法治原则、通过管理型政府这一组织载

---

① 赵立波:《统筹型大部制改革:党政协同与优化高效》,《行政论坛》2018 年第 3 期,第 24—30 页。

② 沈永东、虞志红:《社会组织党建动力机制问题:制度契合与资源拓展》,《北京行政学院学报》2019 年第 6 期,第 13—21 页。

体消除政府过度控制引发的问题、转变政府职能的重要方式。① 慈善事业中的政府引导是保证慈善事业制度体系建设朝正确方向发展,保证慈善活动长期稳定开展的基本要素。《浙江省人民政府关于加快推进慈善事业发展的实施意见》提出加快培育和发展现代慈善组织、鼓励和支持开展慈善活动、提高慈善事业公信力、加强慈善事业监督管理、强化慈善事业发展的组织保障五个方面的发展目标,坚持政府推动、社会实施、公众参与、专业运作、鼓励支持与完善监管并重,推动慈善事业健康有序发展。同时,上海、广东、福建、宁夏等地在弘扬慈善文化、打造区域或城市"慈善名片"等方面具有丰富的实践经验,极大丰富了社会主义精神文明建设的内容,推动我国慈善事业发展。

3. 党政二元主体的协同机制

党和政府的二元协同是发挥党政协同制度效能的重要机制。从慈善事业的发展实践来看,地方政府层面已经出现党政协同推进慈善事业的做法,形成了一定的实务工作经验。中共北京市委社会工作委员会、中共成都市委城乡社区发展治理委员会等机构都是地方治理层面党政协同机制的重要载体,上述机构的成立与发展大大推进了慈善事业的发展。中共北京市委社会工作委员会于 2017 年底组建,隶属于中共北京市委,与北京市民政局合署办公。中共北京市委社会工作委员会的成立标志着党进一步加强对社会工作和慈善事业的领导;中共北京市委社会工作委员会与市民政局持续增强联络和沟通,为形成"党委领导、政府负责、社会协同、公众参与"的社会治理格局提供支持。中共北京市委社会工作委员会在推进政府购买社会组织服务以及培育枢纽型社会组织方面做了大量工作,为社会组织尤其是慈善组织的发展提供了政策和制度层面的支持。中共成都市委城乡社区发展治理委员会将培育发展城乡社区社会组织和社会企业列入组织机构的主要职责,大力推进慈善事业的发展。与此同时,中共成都市委

---

① 张康之:《论政府行为模式从控制向引导的转变》,《北京行政学院学报》2012 年第 2期,第 22—29 页。

城乡社区发展治理委员会通过推进社区志愿服务体系建设和社区志愿服务工作实现健全社区志愿服务体系的总体发展目标,为慈善组织投身基层治理、供给公共服务创造了良好的政策机遇和发展空间。2023年3月,根据新一轮《党和国家机构改革方案》,中国共产党中央委员会社会工作部成立,是负责党的社会工作的主管部门,省市县相继成立社会工作部从事包括志愿服务在内的工作。民政部门仍承担社会组织管理和慈善事业方面的工作。从工作职能看,社会工作部重点在党建引领,民政部门则具体承担相应慈善工作,二者是党政二元主体协同机制的重要部门。

三、党政协同制度的主要特征和面临的挑战

中国慈善事业发展明确党的引领作用,同时与政府的具体政策规制相协调,党政协同制度为加快慈善制度体系建设创造了必要条件。党政协同制度在发挥二者协同效能的同时,也可能造成二者职能边界模糊的问题。由于党和政府的角色定位以及职能存在一定差异,因此二者在促进慈善事业发展的过程中也存在思路层面的差异。此外,党和政府的协同并未覆盖慈善事业的全部领域,部分领域存在党政协同效能弱,因而发展较为缓慢。

（一）党政协同制度的主要特征

党政协同制度始终以保障慈善事业的正确发展方向为核心,通过协同制度提升法治建设水平,提升慈善领域的政策执行效能,为中国慈善事业的发展保驾护航。

1. 以保障慈善事业正确发展方向为核心

中国共产党和政府始终是慈善事业制度体系建设的总舵手,通过形成和优化党政协同制度,引领慈善事业的前进方向,促进慈善事业的大发展大繁荣。中国的福利分配制度是一种普遍的"人民福利",是一种基于"共同富裕"和"全面建成小康社会"的国家目标,贫困治理和福利分配充分体现执政党的政治领导力转换为现代化国家治理能

力的制度优势。^① 党的十九大描绘出决胜全面建成小康社会、夺取新时代中国特色社会主义伟大胜利的美好蓝图,也为这一蓝图的实现指引方向、明确道路。党的二十大更进一步,号召全党全国人民为全面建设社会主义现代化国家而奋斗。

近年来党和政府的文件多次对慈善事业发展作出重要指示,且重视程度逐年提升。慈善事业是社会服务体系建设的重要组成部分,慈善为缩小贫富差距、实现人民美好生活愿望提供制度保障,成为公共服务均等化供给的补充性手段。^② 2007 年 10 月,党的十七大报告指出要"加快建立覆盖城乡居民的社会保障体系,保障人民基本生活"。慈善事业主要作为社会保障的补充措施和手段出现,涉及社会保险、社会救助、社会福利等内容。2012 年 11 月,党的十八大报告将慈善事业作为城乡社会保障体系建设中的一项重要内容,提出要"完善社会救助体系,健全社会福利制度,支持发展慈善事业,做好优抚安置工作"。此时的慈善不仅涉及社会保障中的救助内容,还包括保障住房需求、推动男女平等、保障妇女儿童合法权益、积极应对人口老龄化等多项重要社会议题。2017 年 10 月,党的十九大报告扩大了慈善事业的范围,将医保政策和残疾康复服务等纳入慈善事业。2019 年 10 月,党的十九届四中全会通过的《中共中央关于坚持和完善中国特色社会主义制度 推进国家治理体系和治理能力现代化若干重大问题的决定》,明确指出要"重视发挥第三次分配作用,发展慈善等社会公益事业"。2022 年 10 月,党的二十大报告特别强调"引导、支持有意愿有能力的企业、社会组织和个人积极参与公益慈善事业"。2024 年 7 月,党的二十届三中全会通过《中共中央关于进一步全面深化改革 推进中国式现代化的决定》,提出"支持发展公益慈善事业"。这说明我国将发展慈善事业提升到国家战略层面,并为慈善事业的发展提供政策

---

① 谢岳:《中国贫困治理的政治逻辑——兼论对西方福利国家理论的超越》,《中国社会科学》2020 年第 10 期,第 4—25、204 页。

② 项继权:《基本公共服务均等化:政策目标与制度保障》,《华中师范大学学报(人文社会科学版)》2008 年第 1 期,第 2—9 页。

性保障。在党指明的慈善事业发展方向下，政府也不断改良行政方式，以落实党中央提出的慈善事业发展要求。

2. 聚焦慈善事业的法治化建设

用法治工具对慈善事业进行法治化管理，是健全慈善事业管理长效机制的重要抓手，为打造"大慈善"提供坚实的法治保障。以法治为基础的多元主体共同治理是我国社会治理实践探索的经验总结，也是实践中形成的新要求。① 慈善协同制度是建立健全国家治理体系的重要组成部分，是展现国家治理现代化能力的重要方面。《公益事业捐赠法》《慈善法》《民法典》《红十字会法》《政府采购法》《预算法》和《合同法》等法律都或多或少地涉及慈善领域的重要方面。发扬人道主义精神，弘扬中华民族扶贫济困的传统美德，帮助社会上不幸的个人和困难群体，开展多种形式的社会救助工作，也是社会主义核心价值观的集中体现。慈善法治建设对于促进慈善事业健康发展具有十分重要的意义，这是慈善事业发展的迫切需要。改革开放以来特别是近年来，我国慈善事业蓬勃发展，各类慈善组织积极踊跃，在扶贫赈灾、扶老助残等多个领域发挥作用，慈善事业制度体系日趋完善。但整体来看，我国现代慈善事业仍处于初步发展阶段，面临参与渠道不够畅通、扶持措施不够完善、慈善活动不够规范、社会氛围不够浓厚、监管措施不够到位、与社会救助衔接不够紧密等一系列问题，亟须建立健全相关法律法规和政策支持，加强对慈善事业发展的引导和规范。当前，我国正处于经济转型升级的关键阶段，存在许多不确定因素，民生改善任务繁重艰巨。要妥善解决困难群众的各种基本生活问题，仅靠政府的力量远远不够，还需要通过慈善事业动员社会力量和市场资源，逐步形成与社会救助工作紧密衔接的"大救助"格局。加强慈善法制建设、健全慈善事业制度体系是推进慈善事业法治化、科学化、专业化和职业化的必由之路，是实现依法治国、建设法治社会的重要内容，也是全面建成小康社会的重要力量，为慈善事业健康发展提

---

① 王名、蔡志鸿、王春婷：《社会共治：多元主体共同治理的实践探索与制度创新》，《中国行政管理》2014 年第 12 期，第 16—19 页。

供思想保证和行动指南。

与此同时,还需要通过《企业所得税法》等法律制度的建设,构建起初步的慈善领域税收优惠制度。根据成本收益理论,税收优惠政策可以通过增加税收的抵免和减少获取税前抵免凭证付出的成本,使企业获得最大的收益。税收优惠政策是慈善捐赠的重要政策工具,在慈善捐赠中发挥着重要的引导作用。给予捐赠的企业税收优惠是世界各国的普遍做法,也是近年来我国修正的《慈善法》《企业所得税法》的重要内容和方向,通过完善企业慈善税收优惠制度,广泛吸纳企业力量参与慈善,能够向慈善组织释放资源空间,提升慈善组织的信息透明度和治理能力,推动政府、企业和慈善组织"三圈共治",加快国家治理体系和治理能力现代化建设进程。

3. 强化慈善相关政策有效执行

政府是慈善事业制度体系建设的重要执行者。慈善事业的有机发展离不开慈善组织和社会组织的有效参与,但从近年来的实践情况来看,非法社会组织始终是妨碍慈善事业发展和相关政策落地的重要障碍。从中央层面来看,民政部、中共中央统战部、中央网信办等11部门持续开展打击整治非法社会组织专项行动,2018年、2021年和2023年共开展3次专项行动,主要任务包括:一是针对非法社会组织试图借助合法登记的社会组织这一情况,通过梳理分支机构等方式实现对非法社会组织的识别。二是对非法社会组织虚假宣传的党政背景予以查证,揭穿其伪装。三是对非法社会组织开展活动所依托的网站平台予以集中打击,根除非法社会组织生存的虚拟空间土壤。2014年11月,《国务院关于促进慈善事业健康发展的指导意见》对慈善事业发展提出总体要求,鼓励和支持以扶贫济困为重点的慈善活动,培育和规范各类慈善组织,加强对慈善组织和慈善活动的监督管理,加强对慈善工作的组织领导。《国务院关于促进慈善事业健康发展的指导意见》作为中央层面颁布的规范慈善事业发展的重要文件,是《慈善法》实施前政府管理慈善事业的集中体现。在《慈善法》实施后,慈善领域的范畴被扩大,除扶贫、济困、扶老、救孤、恤病、助残、优抚等外,还包括教育、科学、文化、卫生、体育、环境等公益活动,这既反映党对慈善事业的方向驱动,同时也体现出党和政府对慈善事业的监管要求。如民政部 2016 年以来出台的政策法规就涉及慈善组织监管多个方面的内容。一是慈善组织认定。2016 年 8 月 31 日,民政部公布《慈善组织认定办法》,明确规定基金会、社会团体、社会服务机构申请认定为慈善组织的条件以及后期审查、信息透明等方面的要求。二是信息公开。2018 年 8 月 6 日,民政部公布《慈善组织信息公开办法》,对慈善组织信息公开的内容和方式作出规定,以有效保护捐赠人、志愿者、受益人等慈善活动参与者的合法权益,维护社会公众的知情权。三是公开募捐管理。为规范慈善组织的公开募捐行为,2016 年 8 月 31 日,民政部公布《慈善组织公开募捐管理办法》,规定了包括公开募捐资格的获取、公开募捐活动的申请、公开募捐后资金管理等内容,规范了慈善组织的公开募捐行为。四是保值增值投资活动管理。2018 年 10 月 30 日,民政部公布《慈善组织保值增值投资活动管理暂行办法》,对慈善组织资产投资行为作出限定和规范,严格划定保值增值的范围和要求。在上述政策法规的基础上,民政部又相继发布《慈善组织互联网公开募捐信息平台基本技术规范》《慈善组织互联网公开募捐信息平台基本管理规范》等公告以及《关于全国慈善信息公开平台上线运行的通知》《关于完善救灾捐赠导向机制的通知》等通知,以期实现对慈善组织全方位的制度化管理。各地民政部门积极响应中央号召,也出台了一系列正式的制度规范。同时,为保障慈善活动在响应党的号召的基础上有序开展,民政部与财政部、国家税务总局印发《关于慈善组织开展慈善活动年度支出和管理费用的规定》,进一步明确慈善组织开展慈善活动的年度支出和管理费用,规范慈善活动的开支行为。

（二）党政协同制度面临的挑战

在发挥协同效能的同时,党政协同制度也面临党和政府在促进慈善事业发展的过程中职能分工体系尚不健全的挑战。此外,由于党和政府的角色定位与职能存在一定差异,因此二者在促进慈善事业发展的过程中也存在思路层面的差异。此外，党和政府的协同并未覆盖慈善事业的全部领域，部分领域的党政协同效能较低，发展较为缓慢。

1. 党和政府促进慈善事业发展的职能分工体系须进一步调整完善

协同制度中的党和政府职能边界较为模糊是当前党政协同制度存在的主要问题之一。党和政府为慈善事业和慈善组织的发展制定了一系列的政策文件和制度规定，但在慈善事业的具体发展过程中，仍存在党和政府的职能不清晰、边界较为模糊的问题。党对慈善事业和慈善组织的管理基本沿用党组织覆盖和党的活动覆盖这两种方式。与此同时，党组织通过丰富的社会资源来吸引慈善组织主动进行自身党建能力建设，将党建与业务建设积极结合，形成可持续的发展动力。虽然党通过一系列政策优惠促进慈善事业发展，但是有关党建活动中的党建经费、党建场所等具体制度建设层面对慈善组织的规定尚未明确，难以体现出党在培育慈善组织、促进慈善事业发展方面的清晰职能定位。很多情况下，党的相关制度规定和政策仅具有原则指导性，如何操作则没有具体规定，使得经济支持、政策支持等相关保障体系难以发挥应有效用。从全国层面来看，中央社会工作部划转了多个党政部门的管理职能，其中指导城乡社区治理体系和治理能力建设、统筹规划全国志愿服务工作和全国性行业协会商会党的建设等职能在一定程度上与慈善事业和慈善组织高度相关，但如何理顺党政部门之间的职能分工，并指导各级党委和政府在慈善领域的权责分工，依然是一个需要长期探索的重难点问题。

2. 党和政府的协同制度运行思路存在差异

党和政府在协同制度的运行思路方面存在一定的差异。随着经济社会的发展，越是基层，社会组织（包括慈善组织）的数量越多，总体来看，区县级的社会组织数量最多。此外，社会组织的类型较多，基金会、社会团体、社会服务机构等不同类型的社会组织或慈善组织的内部运作、项目管理等方面存在较大的差异，因此亟须探索针对不同类型社会组织或慈善组织的制度化管理策略。2013 年 11 月发布的《中共中央关于全面深化改革若干重大问题的决定》规定，行业协会商会类、科技类、公益慈善类、城乡社区服务类社会组织可以申请直接登记,这四类社会组织的直接登记政策为社会组织突破长期存在的双重管理困局提供了新的思路。2016年9月开始实施的《慈善法》明确了慈善组织直接申请的制度,规定新成立的社会组织可以直接申请登记为慈善组织。但就全国的整体实践来看,在直接登记政策实施后,社会组织或慈善组织的登记数量并没有呈现爆发式增长的趋势,这与政策预期不符。此外,社会组织或慈善组织在这一时期出现的管理乱象使得政府部门加大了监管力度,社会组织或慈善组织的管理体制呈现双重管理体制与直接登记体制并存的整体局势,并体现出分类管理的特性。在双重管理体制下,注册登记的社会组织受到登记管理机关和业务主管单位的双重管理,社会组织党建工作因此也受到登记管理机关和业务主管单位的双重管理与指导。在直接登记体制下,社会组织只有业务主管单位,没有登记管理机关,少了审批的环节,党建工作也由此受到影响,成为管理上的盲点。

3. 党政协同制度未实现对慈善事业的全面覆盖

党政协同制度未实现对慈善事业的全面覆盖,在实践过程中仍然存在工作盲点。在政策支持方面,虽然社会组织直接登记制度为慈善组织的发展提供了便利条件,但相关法律法规和政策文件较为笼统,仅作出原则性的规定,管理性规定较多、支持性规定较少,使得各类慈善组织在运作过程中可能处于被动局面。

第二节　央地协同制度

央地关系是我国政府治理需要处理的一对基本关系,是自上而下和自下而上的垂直关系的总和。[1] 中央与地方关系包括两个方面的内涵:一是自上而下的关系,是命令与服从的关系,体现了中央对地方的权威性;二是自下而上的关系,是地方对中央有关任务与规定的自我

---

[1]　马亮:《府际关系与政府创新扩散:一个文献综述》,《甘肃行政学院学报》2011年第6期,第33—41、123页。

选择和自我落实,反映出中央与地方的沟通与协同。问责权推动统辖权和治理权的分离,从而划分出两条可以独立并行的央地间权力分配逻辑链条,在责任维度和任务维度进行收放,进而引发央地关系在整体上的重塑。[①] 本节是从第二个方面来探讨中央与地方关系的。央地关系内嵌于各级政府之间,而内嵌于央地之间的协同制度的核心是在尊重组织多样性的前提下,寻求实现条块中各子系统之间行动目标和行动手段的协同,在行动过程中形成可遵守的规则,实现多方共赢。

一、央地协同制度的价值意蕴

我国慈善治理体系中的央地协同是指立足于纵向不同层级政府间的合作模式。该模式有利于保障慈善政策从中央到地方得到一以贯之的执行,同时又为地方创新留下空间,提升我国慈善事业发展的规范性和丰富性,满足国家和社会对慈善的需求与期待。央地协同作为政府垂直关系的重要内容,反映了政府的协同能力。央地协同制度通过将慈善事业发展的要求和需求逐级传递,发现慈善事业运作中的制度性梗阻。央地协同既是对慈善事业治理的重要概括,又因其与政府的央地互动保持一致而具有强大的制度效能。

(一)反映政府协同能力

央地协同的能力和水平是慈善事业制度体系建设宏观背景下政府协同能力的重要反映。[②] "央地协同"是"协同政府"概念中的一个分支,在分析"央地协同"前需要明确何为"协同政府"。多数学者选择从主体多元性的角度出发去界定政府的协同关系,首先将政府视为一个复杂的系统,将系统内、外部相分离,划分出政府内协同和政府外协同两部分;其次从系统内部通过"条块结构"拆分政府内的协同关

---

① 何艳玲、肖芸:《问责总领:模糊性任务的完成与央地关系新内涵》,《政治学研究》2021 年第 3 期,第 114—126、163—164 页。

② 曹正汉、郑翔益:《中国公共事务治理能力的强与弱——中央、地方与社会的关系视角》,《开放时代》2023 年第 4 期,第 9、144—163 页。

系,分为纵向协同(央地协同)和横向协同(部门协同)[1];再次,从系统外部,纳入其他社会主体,从政府的亲力亲为、单打独斗和独自治理转变为与其他多元主体的合作治理[2];最后,综合以上关系最终形成协同政府。由此可见,央地协同属于协同政府建设中的政府内协同,并基于政府"条块结构"归于纵向间不同层级政府的职能部门的协作互动。聚焦于慈善领域,央地协同主要表现为不同层级民政部门间的相互联系。为更好地理解央地协同过程,需要从动态化的历史纵轴上剖析央地间的协同制度变迁过程,了解其历史演进过程以及形成的角色分工;同时结合静态化的视角,探寻央地协同的基本特征,即"条块结构"下央地互动的过程特征,并分析其互动机理。融合动态化和静态化的双重视角,有利于更好地了解央地协同的变迁历程与基本特征,最终回归于分析央地协同本身,将其作为推进我国慈善事业发展的重要方略,在政府内部形成合理有效的慈善事业制度体系和治理机制。

（二）揭示慈善事业运作中的制度性梗阻

央地协同制度可揭示我国政府运作结构和反映慈善事业制度体系建设中存在的制度性梗阻。除分析慈善治理体系中央地协同的历史演进过程,也要明确其背后的政府结构——条块结构,基于条块结构的互动性也是央地协同的基本特征。1949年初,全国分为东北、西北、华北、华东、中南、西南六大行政区。1954年,中央撤销了大行政区,改为中央以下的三级政府结构,包括省级、县市级以及乡镇级,地方增设专业职能部门,形成了央地的条块结构。所谓"条"指的是中央贯穿至地方的各职能条线下的垂直监管体系;而"块"则是指以三级结构为核心,将不同层级内的各职能条线统归起来,并在党政领导下构

---

① 彭向刚、向俊杰:《论生态文明建设中的政府协同》,《天津社会科学》2015年第2期,第75—78、154页。

② 高轩:《当代西方协同政府改革及启示》,《理论导刊》2010年第7期,第102—104页。

成统一化的管理体系。① 在条块结构下,央地间会形成三种联系方式:第一,上级职能部门(条)与下级政府(块)之间的关系,如某省发展和改革委员会与某市人民政府。我国上级政府部门对下级政府部门的领导大部分是通过职能部门来实现的,由于上级职能部门会以上级政府的形式出现,因此其能够直接对下级政府下达命令。第二,上级职能部门(条)与下级职能部门(条)之间的关系,如某省发展和改革委员会与某市发展和改革委员会。我国各层级政府部门由各个职能部门构成,不同层级间的政府部门又会遵循上下对口的原则,以此保证各条线职能部门均可以将中央政策一贯到底,打通不同层级间关系。第三,上级政府(块)与下级政府(块)之间的关系,这是构成条块结构的核心关系。虽然各级职能部门在条线上发挥着重要作用,但是它们之间还有为所在层级整体利益服务的功能,这就形成上下级政府之间的"上级统一领导—下级积极执行"的联系过程,同时配合着前两种央地关系,使得央地协同越发紧密。②

(三) 与政府的央地互动关系保持一致性

慈善治理在政府的央地结构的影响下形成明显的央地协同特征。以 2019 年民政部和各地方民政部门中各司局或处室的职权划分情况为例。就中央政府而言,其慈善工作核心主管部门是民政部。为保证各方面工作有序开展,民政部内部又分设了各个处室,其中的核心处室为慈善事业促进司,其他相关司局包括社会组织管理局(社会组织执法监督局)、社会救助司和儿童福利司等。相对应,各地方政府的慈善工作也主要由民政部门承担,如北京市政府主要负责慈善工作的部门为北京市民政局,其中核心处室为慈善事业促进处(福利彩票工作处),负责组织拟订促进本市慈善事业发展的规划政策,并组织实施;

---

① 李康:《新中国 70 年来经济发展模式的关键:央地关系的演进与变革》,《经济学家》2019 年第 10 期,第 17—25 页。

② 马力宏:《条块关系:从结构角度看政府管理》,《中国国情国力》1999 年第 8 期,第 8—9 页。

拟订慈善信托备案管理制度;负责慈善信托备案管理;负责本市慈善工作的宣传教育培训及交流合作;指导慈善行业组织建设;组织指导社会捐助工作,拟订福利彩票管理制度,监督福利彩票的开奖和销售,管理福利彩票代销行为。此外,还包括社会组织工作处、社会救助处和儿童福利处等其他相关处室的参与,分担慈善工作的其余职能。上海市政府推动慈善事业发展时也主要由民政局牵头负责。其核心处室为慈善事业促进处,承担慈善组织培育发展、慈善人才队伍建设、慈善信息统计发布和慈善表彰活动开展等任务;监督检查慈善组织和慈善活动,推进慈善信息公开;指导公开募捐、社会捐助和慈善行业组织建设;参与慈善组织认定工作;承担慈善信息备案和监督管理工作;指导社区慈善事业。其他相关处室如基金会管理处、社会组织登记处(社会组织协调处)、社会组织服务处(涉外社会组织管理处)和社会救助处(收入核对处)等也积极参与,一同推进全市慈善工作的开展。基金会管理处"承担慈善组织公开募捐资格认定以及慈善组织公开募捐活动方案的备案管理工作";社会组织登记处(社会组织协调处)"承担市级社会组织、慈善组织的登记(认定),志愿服务组织标识以及相关统计分析工作";社会救助处、养老服务处、儿童福利处(收养登记处)等处室则开展具体的助残、济困、扶老和救孤等慈善项目。此外,江苏省、湖南省、浙江省等也均有此特点,即民政部门牵头,并由其中的慈善类处室主要承接具体业务,其他相关处室予以配合。同时,这个特点一直贯穿到基层的区县一级,使得中央民政条线的工作指示得以有序地利用条块间关系传达至基层,让慈善政策有效落地,达到慈善工作的应有效果,而这正是条块结构下央地协同的优势所在。

二、央地协同制度的历史变迁和运作方式

(一)央地协同制度的制度变迁

以条为主的初期阶段是通过自上而下的管理链条推动慈善事业发展的。随着中央确立属地化管理模式,以块为主成为央地协同的重

要内容,慈善事业的管理职责更多地交由属地人民政府和专门管理部门承担。由于有效治理和一统体制的制度张力长期存在,因此亟须通过条块整合的方式实现突破和创新。

1. 以条为主

以条为主是央地协同制度在发展初期采用的主要制度模式。通过将慈善事业的发展任务交托于各级民政部门的方式,打造上下贯通的多层级业务工作体系。民政部门内部协同是实现民政部门职能的重要方式。新中国成立以来,民政部门就是发展慈善事业的重要政府部门,是推进我国慈善事业法律体系建设的重要组织机构。1978年,恢复设立的民政部参照内务部的机构框架设立办公厅、政治部、优抚局、农村社会救济司、城市社会福利司、民政司、政府机关人事局等七个部门,负责收容遣送,救灾救济,优抚安置,拥军优属,盲人、聋哑人等特殊人群的安置、教育和管理,国家机关工作人员的待遇、退职退休管理,政府机关人事等工作。[1] 此后,民政部始终处于职能的动态调整之中,在国家发展的不同历史时期有着不同的任务重点,民政厅、民政局等各级地方民政部门的职能和角色也在不同的历史发展阶段进行了相应调整。据不完全统计,截至2018年,民政部发生过31次职能调整,其中,20次职能转出,11次职能转入。[2] 民政部门的机构调整带来如何通过内部协同提升制度效能的问题。

中央和地方民政部门的协同是建立健全慈善事业制度体系的重要方式,是扩大民政部门影响力、提升民生服务效果的关键因素。在条线工作中,以服务对象为例,民政部门的工作主要针对孤老、残疾人、受灾群众、军人等特定群体和对象,覆盖群体数量较为广泛,主要工作内容包括对受灾群众的救济和对困难群体的慰问等。在以条为主的制度发展阶段,慈善事业覆盖的对象和群体仍然较为有限,大多

---

① 杨荣、刘喜堂:《新中国民政职能的历史变迁与路径依赖》,《华中师范大学学报(人文社会科学版)》2015年第4期,第18—25页。

② 邹波:《从职能变迁看民政事业的改革路径和发展方向》,《毛泽东邓小平理论研究》2018年第2期,第70—76、108页。

数社会成员既不享受政策的优惠和支持,也很难主动参与慈善事业。虽然以条为主的制度模式能够较好地发挥领导和指挥作用,但总体的制度效能仍然较低。

2. 以块为主

随着央地关系的进一步明确,以条为主的央地协同制度逐渐向以块为主的央地协同制度转变。以前慈善事业由中央政府主导,随着社会经济的发展,慈善事业的工作重心转向地方,由地方政府承担更多的社会服务和社会救助事务。例如,部分地方政府高度重视对慈善事业和慈善组织的管理工作,通过设立社会组织综合党委的方式将党和政府的主要部门吸纳到管理队伍之中,组织部门、工商联、民政部门等多个党政部门被列为综合党委的成员单位。多部门的参与和协同进一步提升了慈善事业在政府管理工作中的重要程度。从成员单位的职能划分来看,主要由民政部门主要负责人担任综合党委书记,配备专职副书记或成立专职工作小组,逐渐形成慈善工作以块为主的属地型协同治理体制。社会组织综合党委负责社会组织和慈善事业的总体布局工作,在基层的街道(镇)设立社会组织联合党支部和社会组织服务中心,作为基层党群服务中心的重要载体之一,形成上下联动、齐抓共管的良好发展格局。以块为主的协同机制充分发挥属地政府较强的统筹力和组织力,地方政府制定事关慈善事业发展的专门性政策文件,明确社会组织综合党委和社会组织服务中心的功能定位和服务事项,推动工作管理的标准化和流程化建设,细化慈善事业专职管理机构的结构布局和职能分工。以块为主的协同体制实现了组织载体的全覆盖,以支撑引领、辐射带动为导向,构建区域化慈善事业服务平台,零距离、嵌入式、接地气的社会组织党建和业务工作阵地,融合党群服务中心建设,链接社区社会组织。

3. 条块整合

随着社会的发展,政府工作越来越强调群众的"获得感"和满足人民群众对于美好生活的需要,慈善事业的管理观念和工作模式亟须转变。党的十九大报告指出,必须多谋民生之利、多解民生之忧,在发展中补齐民生短板、促进社会公平正义,在幼有所育、学有所教、劳有所得、病有所医、老有所养、住有所居、弱有所扶上不断取得新进展,保证全体人民在共建共享发展中有更多获得感,不断促进人的全面发展、全体人民共同富裕。党的十九届四中全会提出,统筹完善社会救助、社会福利、慈善事业、优抚安置等制度。民政部门为实现"保障和改善民生"和"加强和创新社会管理"两大发展目标,积极推动"大民政"建设,以实现"大统筹""大服务""大保障""大协同"的发展目标。① 为了实现进一步加快慈善事业建设和社会发展的目的,民政部门需要加强内部协同,通过统一的制度设计和安排推动政务服务水平的提升。随着慈善从"小范围"向"大范围"的转变,慈善事业与群众日常生活的距离越来越近,慈善事业不再是局限于民政部门中某些科室、某些工作人员的部门内本职工作,而是成为民政部门的整体追求,民政部门的内部协同得到快速发展,推动慈善事业制度体系建设迈上新台阶。

民政部在原有司局的基础上,新组建慈善事业促进司。总体来看,民政部的机构改革呈现出部门专业化增强、职能集中的特点,同时突出民政部在慈善事业推进过程中的地位与作用。民政部慈善事业促进司的主要工作包括以下三个方面:第一,拟订促进慈善事业发展的政策和慈善信托、慈善组织及其活动的管理办法;第二,指导社会捐助工作;第三,制定福利彩票管理制度,监督福利彩票的开奖和销售,管理监督福利彩票代销行为。关于职能定位的要求充分显示民政部在推进慈善事业法治建设过程中的部门协同作用。

随着慈善事业制度体系的建立健全和慈善管理工作在各级政府的全面铺开,地方省市的民政部门也加强了部门协同工作。例如,上海市民政局明确规定,慈善事业处具有"会同相关部门指导规范慈善

---

① 黄家亮:《"大民政":社会管理创新的必然趋势》,《中国党政干部论坛》2013年第4期,第70—72页。

活动开展"的部门协同职能。① 山东省民政厅将"促进慈善事业发展的政策,组织、捐助等管理工作"和"推动社会工作、志愿服务、社工人才和志愿者队伍建设"两项职能作为其主要职责内容,并下设慈善事业促进和社会工作处推进慈善事业发展。地方民政部门在明确内部协同制度规定的同时,也注重实务工作中的协调与配合,在公益创投、政府购买公共服务、慈善信托等方面明确各部门权责,有效提升了工作效率。

（二）央地协同制度的运作方式

中国央地政府间的互动关系逐渐形成了独具中国特色的、条块结构下的央地协同方式,这种模式适应国家发展的需要,实现慈善治理的有效性,能够更有力地推动我国慈善事业朝着中央期待和地方适合的方向发展。总体来看,纵向协同和横向协同的运作方式为加强中央政府和地方政府在慈善领域的合作、明确各自分工、提升协同效能提供了可能。

1. 纵向协同

在慈善治理的过程中,央地协同已成为一大重要发展趋势,并初步形成较为固定的模式,即主要立足于政府条块结构,具体围绕不同政府层级的民政系统的纵向协同和横向协同。纵向协同为民政部自上而下地推进慈善政策、指导各地方政府的民政部门予以执行;同时,各地方民政部门的实践会自下而上影响民政部的决策,体现出央地间行政行为的相互影响。央地协同通过政策文件明确各层级政府的职责和各自的工作内容。"上下对口、左右对齐"的职责同构结构为纵向协同提供制度基础。随着《慈善法》提出"慈善信托"这一概念,运用金融工具服务于慈善事业成为我国慈善的新增长点,因此政府部门为慈善事业提供金融政策支持也成为推动慈善事业发展的重要路径,慈善与金融的结合逐渐成为推进慈善事业发展的重要领域,民政部门与

---

① 上海市民政局编:《上海市社会组织发展二十年(1999—2018)》,上海人民出版社2019年版,第18页。

金融监管部门的工作交集也逐步增多。2016 年 8 月公布的《关于做好慈善信托备案有关工作的通知》明确了慈善信托的管辖机关和备案职责,并分别确定了民政部、民政厅和民政局在监管慈善信托工作中的分工和内容。

多年来的地方管理问题也在提醒我们不能再盲目使用"一刀切"的管理模式,需要继续通过地方分权的改革,激发地方政府的治理活力。因此,慈善治理体系中的央地关系需要根据不同地方的情况不拘一格、"集""分"并举①,不能割裂地看待央地联系,而是要实现二者的协作共赢,共同推进我国慈善事业的发展,这也正是央地协同的价值所在。良好制度的支持是慈善事业健康发展的重要前提。慈善领域央地协同的主要特点在于两个"强化":一方面,中央与地方的慈善监管协同不断强化;另一方面,地方慈善监管体制机制也在不断强化。央地协同的不断推进,对于慈善领域的治理具有重要意义。

2. 横向协同

横向协同是指中央政府综合民政部以及其他相关部门意见,并在国家法律法规指导下出台统一行政指令,同时各地方政府也会综合中央政府意见,并结合本地区民政部门意见出台地方性法规或开展地方实践,呈现出各地方的不同特点和不同做法。

慈善治理中的横向协同表现为:中央政府以统一化领导来保证全国各地区在总体规范上具备一致性,同时留有一定的决策空间。如全国标准化的慈善工作者队伍建设、全国规范化的福利彩票运作管理等,各地都会在一致的全国政策要求基础上,根据具体情况进行调适和改良,以适应不同地区的慈善发展需求。在此基础上,横向协同演化出不同类型的央地互动形式,尤其在慈善制度制定、慈善组织监管和慈善活动开展这三个慈善治理领域体现得格外明显。

慈善制度制定、慈善组织监管和慈善活动开展这三个慈善治理领域在以统一性和差异性为区分标准的谱系中处于不同的位置。整体

---

① 朱光磊:《当代中国政府过程(第三版)》,天津人民出版社 2008 年版,第 267 页。

来看,慈善制度制定、慈善组织监管和慈善活动开展对统一性的要求程度逐渐降低,对差异性的要求却逐渐明显,由此形成三种风格迥异的央地协同表现形式及特征:"自上而下"的传递性、"上下互动"的协同性和"统一多元"的丰富性。这说明中央政府动员地方政府开展慈善工作后,地方政府会结合中央提出的工作目标,根据慈善事业的规范性和创新性程度等方面的具体要求选择不同执行方式。其中,慈善制度的规范性最强,不需要地方做过多创新,首先需要地方充分执行中央政策;而在慈善活动方面,则需要地方百花齐放,创造出更多的慈善品牌。政策规范一般是活动过程中的保障性因素,慈善活动的创新发展才是地方政府的首要目标。慈善组织的管理的状况则介于二者之间。其他慈善治理领域也多居于以"慈善制度"和"慈善活动"为极端值的谱系之间。必须明确的是,慈善治理中的央地协同不能泛泛而谈,需要对具体治理领域进行具体分析,从而充分展现央地间政府的不同联系状态,全面揭示中央与地方政府之间复杂的协同过程,进而分析央地协同的具体实践及其价值。

三、央地协同制度的主要特征和面临的挑战

(一) 央地协同制度的主要特征

央地协同制度通过职能分工明确了各级政府的权责关系,借助权力在政府层级内的传导实现跨层级跨部门的合作,在制度层面体现为制度化协同与运动式协同的结合。

1. 以较为清晰的职能部门分工为前提

央地协同制度的重要特征是慈善职能并非集中于某一个部门,而是在"大慈善"理念下多部门各司其职、通力合作,形成较为清晰的部门分工。新时代的慈善事业制度体系发展和民政部门协同重点突出"完善慈善事业相关制度"和"推动志愿服务制度化"两大内容。民政部门是慈善事业发展的重要推进部门,但其发展慈善事业的职能并非集中于慈善事业处(科)或某一层级的民政部门,而是其内部所有科室和机构都或多或少具有推进慈善事业发展的职能,各层级的民政部门

都具有一定的管理和服务职能。

央地协同是推进制度稳固和创新的重要方式。央地协同是在反思传统的官僚制行政模式和碎片化的新公共管理模式的基础上形成的,是形成整体性政府、加强政府内部整合的重要举措。[1] 条块的不同管理部门通常以发文的形式明确慈善管理和协同制度的要求,是推动央地协同制度化和创新的重要抓手。央地协同制度的思想根源在于"分工"思想。随着社会的发展,社会事务的复杂性不断增强,承担治理职能的各层级政府部门之间的边界日益模糊,对于涉及范围广、服务对象多的繁杂事项,央地协同能够发挥重要作用,不需要成立具体的跨部门组织机构,而是基于原有政府部门的组织机构便可实施。[2] 央地协同制度促进不同层级部门的高效运行,为健全我国慈善事业协同机制提供了有益经验。

2. 跨层级跨部门的通力合作

跨层级跨部门的通力合作是央地协同制度的重要特征之一。央地协同制度是一套完整的制度设计,包含多领域的内容,在慈善事业管理中可以发挥整合性的作用。各层级民政部门的内部沟通与协同是发展壮大慈善事业的重要抓手,是满足人民群众对美好生活的向往和日益增长的服务需求的重要路径。民政部门通过在慈善事业发展政策、慈善信托、社会捐助、慈善组织、福利彩票等领域的协同,有效动员社会力量、提供社会服务和解决社会问题。民政工作不仅仅是民政某一职能部门的事,整个民政部门的机构都是为民政设置的,并以民政为核心,只是分工不同。[3] 通过民政部门层级间的纵向协同可以有效凝聚各部门对于推动慈善事业发展的共识,减少制度和政策执行中

---

① 吕志奎、孟庆国:《公共管理转型:协作性公共管理的兴起》,《学术研究》2010 年第 12 期,第 31—37、58 页。

② 杨杰、杨龙:《中国政府及部门间联合发文的初步分析——基于 200 篇联合发文》,《天津行政学院学报》2015 年第 5 期,第 66—73 页。

③ 乔耀章:《关于"民政"问题的理论探微》,《上海行政学院学报》2012 年第 2 期,第 24—33 页。

的梗阻和困难,推动慈善事业及其法律体系的制度化和规范化。

央地协同制度创造的合作关系呈现出更强的专业性和对慈善事业发展工作的整合。民政部门是推动慈善事业法治建设的主要抓手,其工作事项与慈善事业的内容非常接近,民政部门的工作人员对于慈善政策最为熟悉,能够精准把握慈善事业发展的重点难点,从而通过部门内部各科室、各层级部门之间的协调与配合凝聚"合力",解决慈善事业及其制度体系建设中的障碍和问题,推动慈善事业发展的各项政策与制度良好运行,共同促进慈善事业制度体系的持续发展。民政部门具有扶贫济困、养老保障、儿童救助等多个方面的职能,各层级的民政部门在完成本级工作的同时,就一些覆盖范围广、服务对象多、事务较复杂的慈善工作建立条线的协同机制,推动慈善事业向更高的水平发展。

3. 制度化协同与运动式协同相结合

制度化协同与运动式协同是央地协同的两种方式。以事务处理为中心的协调合作是央地协同的重要基础。例如,上海市政府为做好"上海慈善奖"评选工作而成立"上海慈善奖"评委会。该评委会由有关党政部门、事业单位、人民团体、新闻媒体、教育科研、社会组织等机构的代表和市人大代表、市政协委员、专家学者、社会知名慈善人士等组成。各区人民政府负责其行政区域内慈善楷模、慈善项目和慈善信托、捐赠企业、捐赠个人等的推荐,市级有关机关、事业单位、群团组织等单位和部门负责其职责和业务范围内慈善楷模、慈善项目和慈善信托、捐赠企业、捐赠个人等的推荐。上海市每年通过奖项评选的方式进一步扩大慈善在公共事务中的知名度和影响力,从而促进慈善事业与政府管理、社会治理的有机结合,确保评审成员单位的稳定性与评选活动的常态化,持续提升央地协同在慈善领域的应用效果。

制度化协同是央地协同常态化运作的重要形式。中央政府对地方政府在慈善治理领域进行统一化领导的首要方式就是在制度层面的引导和约束。地方政府运用中央赋予的权力去执行中央规定的慈善治理任务,落实中央鼓励的各类慈善项目;中央则会采取财政转移支付等补助方式支持地方推广慈善事业,提拔政绩突出的地方政府官员。这种由制度化引导过程产生的央地间的"委托—代理"关系将成为我国慈善治理形成协同模式的直接动因。[1] 但在实践过程中,中央不可能充分考虑到地方的实际情况,央地间必然存在信息不对称的问题。中国慈善事业的制度变迁产生路径依赖,并在自我强化的过程中出现新的制度断裂和关键节点。[2] 制度变迁和制度断裂为制度创新提供"历史时空"要素,在改革开放这一外力的冲击下出现了制度的调适和优化。为避免信息不对称的问题阻碍慈善事业的发展,一般来说,在地方实践过程中,在忠于中央政府的制度要求的前提之下,允许一定幅度的调整。例如,地方政府可以出台地方性法规或者实践中适当拓展慈善活动的形式和内容,促进慈善事业的持续性发展。

运动式协同则是央地协同在应对重大问题和突发问题时采用的重要方式。在国家治理中,中央政府往往会采取运动式治理方式去动员地方政府执行国家意志,形成政策号召、意志宣传、媒体推广等正式和非正式的中央压力性行为,地方政府接受动员后将中央决策付诸实施。运动式治理是对传统官僚科层循规蹈矩执政方式的挑战,它融合社会多元主体利益和关系,能够打通政府内外部的联系;主要采取政治动员方式,集中和组织社会资源以达成国家的各种治理目的。[3] 在慈善治理应用中,中央政府会对某个慈善领域尤为重视并进行大力宣传,这时,地方政府不仅会落实中央要求,同时还会产生一定的辐射效应,即围绕该慈善领域,地方政府会进行一定的拓展。这种运动式治理的央地协同方式,在中央的"精准扶贫"建设中得到充分体现。2013 年 11 月 3 日,习近平总书记在湘西考察时提出"扶贫要实事求

① 张璋:《基于央地关系分析大国治理的制度逻辑》,《中国人民大学学报》2017 年第 4 期,第 89—98 页。

② 汪大海、唐德龙:《新中国慈善事业的制度结构与路径依赖——基于历史制度主义的分析范式》,《中国行政管理》2010 年第 5 期,第 114—119 页。

③ 唐皇凤:《常态社会与运动式治理:中国社会治安治理中的"严打"政策研究》,《开放时代》2007 年第 3 期,第 115—129 页;周雪光:《运动型治理机制:中国国家治理的制度逻辑再思考》,《开放时代》2012 第 9 期,第 105—125 页。

是,因地制宜。要精准扶贫,切忌喊口号,也不要定好高骛远的目标"。此后中央政府将精准扶贫工作提升到国家发展战略高度,致力于打赢新时代脱贫攻坚战。[①] 2018 年 1 月 2 日,中共中央和国务院联合发布《关于实施乡村振兴战略的意见》,阐释乡村振兴战略的三个阶段的目标任务。精准扶贫向乡村振兴的转变,是要在前期脱贫的基础上解决脱贫后的持续发展问题,从根本上解决"三农"问题,推进农业农村现代化建设。《中国共产党农村工作条例》提出,要支持引导农村社会工作和志愿服务发展,这一目标涉及乡村发展中的各级组织,政府部门、企业、慈善组织等不同类型组织为乡村发展提供了公益性、自治性的公共服务。借助乡村这一场域,中央政府和地方政府在乡村振兴这一总体目标上达成一致,央地协同为慈善事业发展提供机制建设的可能空间,合作机制、信任机制和循环机制等成为中央政府、地方政府、企业、社会组织等不同主体发挥各自功能、提升合作绩效的重要基础。乡村振兴战略作为中国乡村建设的一项长期战略,通过运动式协同持续解决乡村治理在不同历史时期和发展阶段面临的问题和短板,借助持续改良、渐进优化的方式持续提升治理效能。

（二）央地协同制度面临的挑战

央地协同制度往往存在条块职能差异度较低等问题。同时,条块部门之间职权分工的不对等性使得属地部门的管理权限受制于条线部门。非协同制度要素仍然存在于央地协同的制度运行过程之中。

1. 权力清单中明确的条块职能差异度较低

权力清单制度是明确各层级政府部门的职能边界和工作内容的重要制度。央地协同的具体内容可通过政策文件明确部门职责的方式予以确认。例如,根据《民政部职能配置、内设机构和人员编制规定》的相关规定,民政部与国家卫生健康委员会的职责分工就包含部门协同的内容。从职责分工来看,民政部负责统筹推进、督促指导、监

---

① 魏程琳、赵晓峰:《常规治理、运动式治理与中国扶贫实践》,《中国农业大学学报（社会科学版）》2018 年第 5 期,第 58—69 页。

督管理养老服务工作,国家卫生健康委员会负责综合协调、督促指导、组织推进老龄事业发展,承担老年疾病防治、老年人医疗照护、老年人心理健康与关怀服务等老年健康工作。民政部与国家卫生健康委员会在养老工作方面进行沟通和交流,在工作中实现有效的协同,通力合作,共同推进养老服务体系的现代化建设。从中央政府层面到地方各级政府,民政部门与卫生健康部门、财政部门、税务部门等机构的协同与合作逐渐增多,各部门的职能差异较为明显和清晰。但是从层级来看,权力清单对各级具体职能部门的规定较为模糊,对职能的描述相似程度较高,对其所处政府层级的个体化描述较少。以民政部门中慈善事业管理部门为例,民政部慈善事业促进司的职能是"拟订促进慈善事业发展政策和慈善信托、慈善组织及其活动管理办法。指导社会捐助工作。拟订福利彩票管理制度,监督福利彩票的开奖和销毁,管理监督福利彩票代销行为"。江苏省民政厅慈善事业促进处的职能是拟订促进慈善事业发展政策、慈善组织及其活动管理办法;组织开展慈善表彰和慈善宣传等工作;指导社会捐助工作;拟订全省福利彩票管理制度,监督福利彩票的开奖,管理监督福利彩票代销行为。对不同层级的政府职能部门的表述相似,使得条块职能的差异度较低,有利于央地协同工作,但不利于结合当地实际情况开展工作。

2. 属地部门的管理权限受制于条线部门

条线部门的管理权限大于属地部门是影响央地协同制度效能的重要因素。中央政府在开展慈善治理上具有一定的权威性,地方政府必须自觉服从和接受其领导与监督。同时,中央政府的政策主张还具有引领性,使全国自上而下形成统一的慈善行动。此时中央成为地方效仿的标杆,深刻影响地方行动,以实现全国慈善事业的统一化发展。例如,"中华慈善奖"是中国公益慈善领域中的政府最高奖,该奖项于2005年设立,每年评选一次(从2014年开始改为每两年评选一次),设置了慈善楷模、慈善项目(从2018年第十届开始包含慈善信托)、捐赠企业、捐赠个人四类奖项,目的是弘扬慈善文化、倡导互助精神、形成扶贫济困的良好风尚。自举办以来,各地方政府积极踊跃向中央上报优秀的慈善典型,举国上下形成一股慈善浪潮。许多地方政府在参与"中华慈善奖"的过程中也尝试创设本地的慈善标杆和品牌,例如"上海慈善奖"这一奖项就是上海市政府和上海市民政局为推进上海慈善事业发展而设立的荣誉奖项。然而从具体的运作方式来看,慈善事业的诸多管理事项必须服从中央的统一规定,地方政府的创新空间较小,地方政府在开展慈善创新工作的时候容易受限。

3. 非协同制度要素仍然存在

央地协同制度在优惠政策、资金管理等方面还存在诸多非协同要素。央地协同通常通过提供资金支持的方式进行合作,由慈善主管部门负责统筹协调,制订项目总体计划和资金使用计划,由支持部门制定预算并实际拨付资金,双方还可共建领导小组作为合作项目的实施机构。各级民政部门与财政部门的协同就体现在资金拨付和使用方面,如利用中央财政资金支持社会组织建设、进行政府购买。财政部通过设立政府购买服务专项资金加快推进慈善事业发展,这一专项资金的资助对象为在民政部门登记的社会团体、基金会和民办非企业单位等社会组织,从 2013 年起每年划拨 2 亿元用于购买社会组织服务,地方政府也已连续多年开展社会组织服务专项购买项目。但是存在中央的财政资金和地方政府的财政资金资源配置效率不高等问题,这些都大大影响了央地协同制度的效能提升。此外,税收工具的应用和配套政策的落实成为央地协同面临的又一大挑战。税收减免是对慈善事业最直接的支持手段,免税资格的获得对慈善组织的生存发展和公信力建设至关重要。虽然我国税务部门不直接负责监管慈善组织,但也在慈善治理体系中占据重要的位置。《慈善法》第八十六条规定,慈善组织及其取得的收入依法享受税收优惠。《中华人民共和国税法》要求税法统一原则,把免税权力收回到税法中进行统一规定,其他法律对此不作细致规定,但在税收优惠的具体执行过程中需要民政部门与税务部门的协同合作,以有效落实对慈善组织的优惠政策,推动慈善组织的发展。

总体来看,我国仍然存在慈善组织税收优惠政策制度性梗阻、上下级政府之间政策规定衔接不畅等问题。这些问题对央地协同制度造成了深远的影响。

第三节　政社协同制度

政社协同制度中的政是指政府,社是指社会,既包括企业,也指社会组织和个人,这里主要是指慈善组织。中国政府与社会的合作逐渐形成"发展型协同共治"模式,即"政社关系的基本定位是基于对地区发展需求的共识,相关政策的制定与执行取决于政府部门间协同和基于社会服务的共治二元关系的建构"①。目前,慈善事业已经成为推进国家治理体系和治理能力现代化的重要组成部分。要持续推进慈善事业发展,就需要政府与社会的共同努力和彼此协同。协同是个人、公共机构与私人机构管理诸多个人事务和公共事务,利益主体进行调和并联合行动的过程。在政府与社会的理论框架下,不同的主体具有不同的价值判断和利益诉求,也拥有不同的社会资源,存在着互相谈判协商和资源交换的基础,而谈判和交换能否顺利进行,则取决于社会主体与政府部门之间能否自愿平等协同,并达成各方均认可的行动规则。在新时代,继续推进社会主义政治制度的完善健全与发展进步,需要加强政治制度的协同建设,进一步发挥社会主义政治制度合力,推动制度优势转化为治理效能。② 政社协同制度是促进我国慈善事业发展的重要制度内容之一。

一、政社协同制度的价值意蕴

政社协同的过程中政府与社会的分工关系逐渐明确:政府主要发

---

① 张强、陆奇斌、胡雅萌等:《中国政社合作的"发展型协同共治"模式——基于云南省境外非政府组织管理的探讨》,《北京航空航天大学学报(社会科学版)》2015年第3期,第16—22、32页。

② 马雪松:《社会主义政治制度自我完善和发展的政治学阐释》,《理论与改革》2022年第2期,第123—134页。

挥引导作用,社会则是促进慈善事业发展的重要力量。政社协同制度有利于凝聚政府与社会在发展慈善事业中的共识,形成政府与社会合作的发展目标。政社协同制度还有利于政府与社会发挥各自优势。

（一）明确政府与社会的功能边界

政社协同制度需要明确政府与社会在慈善领域的功能分工和职能边界。在单位制时期,慈善事业的发展主要借助国家对单位的资源注入,单位成为其成员获取社会资源的唯一渠道。这一时期的单位制也成了一种既是政府管理又是基本公共服务供给的制度形式,政府与社会融合为一体。同时,单位也成为其成员的应责者,使得单位具有了依附性与整体性特征。这时,我国处于一种总体性发展的形势之下,政府与社会被高度整合,慈善事业也被单位制所吸纳,慈善组织发展的空间被不断压缩,甚至工会、妇联、共青团等人民团体也被纳入单位制,依托不同的党政部门开展工作。在单位制时期,慈善事业最大的特征在于慈善活动的政治性与慈善组织的单位化。在慈善活动的政治性方面,单位制时期的慈善活动被融入单位与政府管理工作,一切被认为具有慈善性质的服务都被取缔或者改造,部分地区甚至出现了"社会主义没有贫困"的论断;在慈善组织的单位化方面,扶贫、济困、为老等领域的组织都被单位所取代,单位制成为慈善活动的唯一组织形式。

政社协同是政府部门改革与发展成果的重要体现。随着市场经济体制改革的深入,传统的慈善恩赐观,如"穷则独善其身,达则兼济天下"的父爱主义、等级观念,以及单位主导的慈善组织及系列制度正在重建,新的公民权利观、财富观正在形成,现代公益观、组织形态和公益性制度也在发展中。[①] 从全球视野来看,福利发展模式会对慈善事业的发展产生重要影响。在补救型的福利模式下,政府会承担一部分公共福利的职责,社会组织参与公共福利的空间不断扩展,慈善事业获得最大的发展空间。在社会保险福利模式下,因为社会保险承接

---

① 楼军江、王守杰:《慈善事业从传统向现代转型的制度思考》,《河北学刊》2008 年第 5 期,第 151—154 页。

了很多公共服务功能,服务倾向于市场化,慈善事业的经济保障功能会被抑制,但是慈善事业服务保障功能仍然较为重要。① 一般而言,政府为确立自身的合法性与正义性,会维护公共利益,这与社会所追求的公平正义具有很强的价值耦合性。但正因如此,政府与社会组织在维护公共利益时会面临一定的矛盾冲突:政府对某一方面的公共资源投入过多会抑制慈善事业在该领域的发展。过往研究发现,我国政府在社会救助领域的支出会对民间慈善的捐赠行为产生很明显的挤出效应。② 因此,需要明确哪些是政府做的,哪些是社会做的,只有这样的法律政策才能调动社会的积极性。

(二)形成政府与社会合作的发展目标

政社协同制度有利于形成政府与社会合作的发展目标。随着单位制解体和市场化改革,资源获取的渠道日益多元,市场逐渐成为城镇居民获得资源的途径。同时,单位不再担任过去对员工全方位应责的角色,而政府对居民的应责也采取了间接的方式。个人被要求对自己负责,凭借自身和家庭力量应对各种生活难题和风险,并通过竞争来获得资源优势。这导致个体不得不想方设法提高自身竞争力,而竞争力来源于自身的人力资本优势,这被学者看作"自我企业家"兴起的过程。③ 在此过程中,政府部门出于维护社会秩序的目的而不断加强对社会力量的规范化指导,同时也鼓励个人积极参与和开展慈善服务活动,这些为慈善事业发展创造了良好的条件。

在信息化时代,政社协同制度显得更为重要。目前,我国已经进入网络化时代,信息技术逐渐影响社会的组织形态与交往方式,重塑现有的组织结构。信息技术为社会组织的发展提供新场域、新思维与

---

① 于环:《福利模式对慈善事业的影响及启示》,《江西社会科学》2019 年第 4 期,第 201—209 页。

② 张奇林、宋心璐:《中国政府社会救助支出对民间慈善捐赠的挤出效应》,《社会保障评论》2018 年第 4 期,第 111—124 页。

③ 王宁:《后单位制时代,"单位人"转变成了什么人》,《学术研究》2018 年第 11 期,第 46—54、177 页。

新生活方式。现代组织理论强调组织与环境间的双向互动关系,认为灵活的组织结构可以更好地适应环境发展,更加有效地处理组织事务。

技术环境的改变会影响组织内部工作模式。以 ZS 慈善基金会为例,在信息化建设的大背景下,ZS 慈善基金会通过技术工具搭建出了市慈善基金会与 16 个代表处的慈善工作网络,实现了内部治理体系的优化。得益于此,更多信息能够于平台汇聚,提升内部工作的协同性,并逐步提升慈善工作的效能。技术优化的更大意义在于,反向驱动组织负责人提升专业能力,明晰各部门的工作职能,提升工作效率。

> 信息化使业务工作每天都忙着做,去外地也会带着 iPad 查看材料,这样也能更加公开透明。
>
> ——20230227 ZS 慈善基金会副理事长 Z 的访谈记录

现阶段,随着互联网的快速发展,社会环境发生变化,社会组织可以在更加平等、自由与没有身份等级的环境中进行交流。同时,技术环境的改变直接影响社会组织的内部结构,互联网跨越时间、传递与共享信息的能力,打破了原有的信息沟通壁垒,让组织活动可以更加倾向于用户与需求发展的导向,实现组织活动的全球化与及时性。[1]现阶段互联网信息技术在重塑组织结构方面带来拓展传统渠道、提升组织透明度与公信力、在线筹款业务兴起等变化,同时也催生出新的组织形态——网络"草根"组织。网络"草根"组织利用网络平台如微博、微信、论坛所具有的便捷性、信息即时性等特点,吸纳个体成为虚拟社会组织的一员,使得我国的社会组织形态更加复杂多样。

(三)发挥政府与社会各自的优势

政社协同制度可以发挥政府与社会各自的优势。在促进慈善事

---

[1] 张雷:《我国网络草根 NGO 发展现状与管理论析》,《政治学研究》2009 年第 4 期,第 82—88 页。

业发展的过程中,社会所扮演的角色已经不仅仅是慈善资源的主要来源,更是慈善服务的重要执行者,特别是随着慈善超市建设在全国范围的开展,慈善与社会化运作相结合的"善意经济"已经形成。① 社会力量主要包括企业和社会组织两大类型。从企业视角来看,在慈善事业制度体系建设的过程中,企业主要通过创新慈善参与形式来对政策产生影响。在我国,政府部门与企业在慈善领域的协同主要发生在三个层面,一是中华全国工商业联合会及其各地分支机构成员对慈善领域的参与和投入;二是由国资委主管的中央企业及地方国有企业的慈善参与;三是民营企业与外企在参与慈善事业法律制度建设中的行动与投入。另外,近年来一些具有创新精神的企业,在慈善领域开展了一系列具有前瞻性和创造性的尝试,也为未来慈善政策的制定提供了参考。

从社会组织视角来看,政社协同是政府与社会组织服务功能的重要体现。社会组织是我国慈善事业的运作主体,在整体性慈善治理结构中具有不可替代的作用。早在晚清时期,慈善家、慈善组织以及慈善服务机构就立足于开民智、助国力的相关工作,在传统慈善救助的基础上积极服务于社会公益事业,维护国家利益,蕴含着富国强民的价值,是一种新的慈善精神。② 社会组织服务功能会受到理念、结构、资源以及组织的深刻影响。③ 一般而言,社会组织服务功能主要体现在三个方面:其一,可以满足特定人群开展结社活动的需求。基于共同的兴趣爱好、地理区域与服务目标成立相应的组织,开展服务活动,可以促进个体性向组织化的过渡,实现社会再组织的目标。其二,可以培养起社会人员的公共性精神。通过组织化的服务活动让更多的主体参与到不同的服务过程中,关心周边发生的公共事务,进而促进

---

① 苗青、张晓燕:《从慈善超市到善意经济:新框架和新预见》,《浙江大学学报(人文社会科学版)》2019 年第 1 期,第 173—183 页。

② 李喜霞:《国家与社会:晚清慈善事业的新精神》,《宁夏社会科学》2019 年第 4 期,第 163—168 页。

③ 丁惠平:《依附、发轫与同构:当代中国社会组织发展历程》,《学习与探索》2019 年第 10 期,第 30—37、191 页。

社区自治与社区共治服务格局的形成。其三,可以实现资源的再次分配。社会组织作为独立于政府、市场以外的第三种组织形态,通过向特定的群体特别是困难群体提供服务可以促进资源的再次分配。同时,支持性社会组织也大量涌现。这类社会组织对于培育社会组织新生力量,引介资源、宣传政策等方面发挥了积极作用。

政府与社会在慈善领域发挥各自优势,能够产生政社协同的独特优势。由于领导者、工作团队、社会资源等方面的差异,不同地域、不同领域的社会组织往往各具特色,具有独特优势。推进社会组织间协同建设,需要强化方向引领,党组织通过引导社会组织作用的发挥,实现社会组织领导机制与社会组织发展机制的有机融合,实现社会组织专业化服务的有效供给,保证社会组织正能量的发挥。为推进社会组织与政府之间的协同,必须按照国家治理和社会治理的要求,在国家建构与社会生成之间保留一定的空间,对政府与社会组织之间、各社会组织之间的权力关系和权利关系予以适当的调整,充分赋予社会组织可持续发展的活力。政府与社会组织间协同强调互相合作,有助于改变传统的政府一元化管理的固化思维,避免权力的唯一性和绝对性,政府与社会之间除有政策政令的“命令—服从”关系外,还有协调与商量的关系。良性的社会治理机制,鼓励不同主体相互合作、相互学习、相互支持,各自承担自身的责任,既相互激发各自的潜能和动力,又能够形成合力给社会增加生机和活力,而社会组织之间的协同是构建良性社会治理机制的重要路径。

二、政社协同制度的历史变迁和运作方式

(一) 政社协同制度的制度变迁

政社协同制度发端于政府全面管理的历史阶段,这一时期的社会事务主要由政府部门承担。在总体性社会消解的过程中,国家为社会参与治理释放了一定空间,从而形成了政府主导与社会有限参与的总体格局。随着政府服务职能向社会转移的过程逐渐加快,打造社会治理共同体成为政社协同制度的重要内容。

1. 政府全面管理

政府全面管理阶段是政社协同制度的发展初期。要考察我国政府与社会组织的关系变迁需要将社会组织发展置于新中国成立的历史进程中加以理解。我国政府与社会组织间关系经历了"党社同构"到"分离发展"的历史演变,社会组织发展由"总体性生存"向"嵌入式发展"转变。① 改革开放前,国家建立起一种政党、政府、社会的三元社会形态,社会组织被纳入单位制。早期政府与社会组织一体化,政府直接处理社会性事务。国家先后在1950年与1951年颁布了《社会团体登记暂行办法》与《社会团体登记暂行办法实施细则》,开始清理整顿社会组织,同时也成立了以包括中华全国总工会、中国科学技术协会在内的八大人民团体为代表的社团组织,并将其纳入了国家政治体制。这一时期的社会也呈现出"泛政治化"特征,民间社会组织难以获取发展空间。早期的社会组织被认为是社会动员的力量而受到国家的高度关注,社会组织被吸纳到体制内,社会组织的发展资源由政府供给,政府成为社会建设领域的权威。社会组织的泛政治化一方面保证了社会组织在政治层面与政府保持高度一致,另一方面也束缚了社会组织的发展活力。

2. 政府主导与社会有限参与

政府主导与社会有限参与是政社协同制度发展的第二个阶段。鉴于总体性社会在激发社会活力方面具有明显短板,1978年12月中央实施改革开放政策以后,政府与社会组织开始出现一定程度的分离,社会组织的发展环境得到优化,社会组织开始了主体性的发展,发展活力得以释放。社会的形成是国家权力下放的结果。社会组织发展政策具有非线性、有偶发性与不确定性,先后经历了分类控制、监管控制与赋权控制的阶段。② 我国的社会组织总体呈现出有限的组织松

---

① 唐文玉:《从"总体性生存"到"嵌入式发展"——"党社关系"变迁中的社会组织发展研究》,《马克思主义与现实》2018年第3期,第190—195页。

② 李健、成鸿庚、贾孟媛:《间断均衡视角下的政社关系变迁:基于1950—2017年我国社会组织政策考察》,《中国行政管理》2018年第12期,第66—71页。

绑与社会组织发展的态势。20世纪90年代以后，政府对社会组织进行了新一轮登记与管理，修订了《社会团体登记管理条例》，不仅实行双重管理制度，而且规定只有县级以上的民政部门才有登记社会组织的权力。双重管理制度的设计初衷在于通过双重负责和双重把关，严格规范社会组织的登记注册，但在实际运作中却在一定程度上异化为登记管理机关和业务主管单位对社会组织的过度干预，从而限制社会组织的持续发展。进入21世纪，我国的社会组织发展迎来了新契机，国家在政策层面鼓励社会组织发展，直接登记制度的建立与完善促进了社会组织的发展，消减了审批制度对社会组织的过度制约，激发了社会组织活力。

3. 打造社会治理共同体

打造社会治理共同体是政社协同制度发展的最新阶段。在政府主导的慈善治理和协同制度建设过程中，政府部门在规则制定与目标树立方面发挥着无可替代的作用。但同时，政府部门也意识到需要重视社会主体的价值，促成不同治理主体尤其是社会组织在具体事务上的协作，调和可能出现的矛盾。信任合作成为政府与社会组织协同的新趋向。进入新时代，各地社会组织在与政府的协同过程中逐步走向合作互信，各地社会组织积极寻求与政府部门的合作，社会组织服务开始嵌入政府内部，随着组织数量、类型的增加，政府与社会组织合作发展进入了双向选择、互助共赢的层面，政府、企业、社会组织"三圈"互动的格局不断深化。[①] 政府购买社会组织服务和项目制的发展为政府与社会组织协同提供了合法化的平台，政府与社会组织通过合作过程建立了信任关系，社会组织充分展现了其在公共服务、基层治理、慈善公益等领域的组织优势，得到了政府部门的认可和信赖。信任型合作成为当前政府与社会组织关系发展的新方向，而这一目标的实现需要在价值理念、体制机制与社会组织能力建设三个层面做出努力，是

---

① 徐家良、王昱晨：《上海社会组织发展与创新70年》，《上海交通大学学报（哲学社会科学版）》2019年第4期，第6—14页。

一个系统性发展的过程。① 社会组织作为慈善事业和社会治理的重要主体,是政府的好帮手,因此政府需要认可社会组织的价值,允许社会组织在治理过程中发挥其优势。此外,政府需要调整其体制机制和制度设计,为政府与社会组织协同提供制度基础。最后,政府与社会组织的协同要求社会组织发挥专业优势,因此社会组织亟须通过能力建设提升其服务和治理水平,更有效地参与慈善事业的治理过程。

（二）政社协同制度的运作方式

按照主体的差异划分,可以将政社协同制度的运作方式细分为政企协同和政社协同两类。

1. 政企协同

政府与企业协同是指企业在处理私人事务时也应参与相应的公共事务。企业参与公共事务的方式主要有企业的公益行动、社会企业的主体功能发挥、创办企业基金会三种方式。

第一,企业的公益行动。在我国新常态的经济形势下,转变经济增长方式、提升企业创新能力显得至关重要。与此同时,推动企业积极履行企业社会责任（Corporate Social Responsibility, CSR）已成为社会共识。企业社会责任并非企业所必须履行的职责,事实上,企业社会责任的履行与企业自身的发展状况存在很大关系。尽管如此,履行企业社会责任仍然是企业回应社会问题、关注社会困难群体、开展公益服务活动的重要方式,是企业慈善的重要形态。很多企业设置了相应的社会责任管理部门。现如今,企业社会责任这一说法逐渐演变为环境、社会和公司治理。

2004 年,联合国在一份报告中首次正式提出 ESG,它是 Environmental（环境）、Social（社会）和 Governance（公司治理）三个单词的首字母缩写,是一种关注企业环境、社会、治理绩效的投资理念和企业评价标准,社会这部分包括捐赠、志愿服务等公益慈善的相关内容。

---

① 倪永贵:《政府与社会组织合作治理模式创新趋向研究——以温州市为例》,《北京交通大学学报（社会科学版）》2019 年第 4 期,第 63—68 页。

2024 年 4 月,上海证券交易所、深圳证券交易所和北京证券交易所联合发布《上市公司可持续发展报告指引》,它是 A 股首个统一、标准、实用的 ESG 披露标准。

第二,社会企业的主体功能发挥。社会企业是企业的一种,企业是将所有利润进行分配,社会企业是将一部分利润分配,另一部分利润不分配。社会企业是一种新的组织形态,它是介于商业企业与非营利组织之间,倡导利用商业化手段来实现社会目标的组织。商业企业以市场价值最大化为最终目的,社会企业则是以社会公共目标为使命,将创造性解决社会问题当作自身机会;社会组织发展主要依赖私人慈善捐赠和政府补贴,社会企业则强调通过提供市场化产品和服务获取收入以维持自身可持续运行。社会企业在全球日益兴起,已成为社会发展的"第四推动力"。① 中国社会企业经历了国营单位、福利企业、非营利组织、企业社会责任、社会企业等不同历史阶段②,其产生是国家、市场和社会三方互动的结果。儒家义利兼顾思想是中国社会企业产生的思想根基,单位办社会形式和政府隐性期待是社会企业发展的制度基础。社会企业基于机会导向和社会创新的组织特征,能够创造性地将社会价值和长期市场回报相结合,有机融合市场与社会,是连接商业和社会困难群体的一座桥梁,回应了企业家"致良知"的道德需求与市民社会包容发展的迫切需求。社会企业对社会公共品的有效补充与对社会治理的协调功能为其赢得中国地方政府的认可和支持。一些省市先后制定了社会企业的相关文件。2011 年,北京市首次提出要积极扶持社会企业发展。2018 年 3 月,中共北京市委社会工作委员会推动成立北京社会企业发展促进会;8 月 11 日,北京社会企业发展促进会发布《北京市社会企业认证办法(试行)》。2019 年 7 月,中共北京市昌平区委社会工作委员会、北京市昌平区民政局发布《昌

---

① Jacques Defourny and Marthe Nyssens, "Conceptions of Social Enterprise and Social Entrepreneurship in Europe and the United States: Convergences and Divergences," *Journal of Social Entrepreneurship*, Vol. 1, No. 1, 2010, pp. 32–53.

② 刘志阳、王陆峰:《中国社会企业的生成逻辑》,《学术月刊》2019 年第 10 期,第 82—91 页。

平区回天地区社会企业认证与扶持试点办法(试行)》。2018年4月,成都市人民政府办公厅发布《关于培育社会企业促进社区发展治理的意见》;6月,成都市工商行政管理局发布《关于发挥工商行政管理职能培育社会企业发展的实施意见》。2021年10月,成都市人民政府办公厅发布《成都市社会企业培育发展管理办法》。2022年6月,安徽省民政厅等多部门联合发布《安徽省社会企业认定培育试点管理办法(试行)》。这些省市先后对社会企业开展认证工作,截至2024年6月,全国获得认证的社会企业总数量为726家,省级单位认证的社会企业数量是:四川236家、北京211家、广东111家、上海32家、浙江24家、江苏22家、河南11家、云南10家、安徽和湖南各9家。社会企业发展充分体现了政府与社会企业互动从而推进经济与社会均衡发展的全过程。

> 成都市是我国最早支持、引导和培育社会企业发展的城市之一,政策制定和更新,走在前列。成都市政府和相关职能部门先后发布涉及社会企业评审管理、城乡社区发展治理规划、社区社会企业运营规范的政策意见,充分保障了成都社会企业从身份合法化到社区特色化的阶段性转型。
>
> ——20240522某社会企业发展促进会负责人在社会企业立法研究专题座谈会上的发言记录

各地发布的政策文件和行业成果在一定程度上肯定了社会企业作为新型组织形态的合法性。企业家精神引领下的社会创业活动日益成为一种同商业创业同样重要的创业形式,社会创业的大规模普及推动了社会企业的扩张。[1] 在上海,以市场化运营为主的慈善超市推动了全市慈善事业的发展。慈善超市管理者往往具有市场化运营的经验,在受街道政府委托运营慈善超市后,能借助原有的组织资源和

---

[1] 徐家良、何立军主编:《中国社会企业发展研究报告(No.1)》,社会科学文献出版社2021年版,第17页。

运营经验,提升慈善超市运营效益。① 当前的社会企业发展具有商业性与公益性两种倾向,已成为我国慈善事业发展的一大重要力量。

第三,创办企业基金会。在我国,基金会是指利用自然人、法人或者其他组织捐赠的财产,以开展公益慈善活动为目的,按照《基金会管理条例》规定成立的非营利性法人。企业基金会是指由企业出资发起成立的、日常运作的主要资金来源于企业的基金会。自愿性、公益性和自治性是企业基金会的重要特点。我国最早的基金会是成立于2005年6月的香江社会救助基金会,该基金会是由香江集团出资5000万元作为原始资金成立的,是第一家在民政部注册成立的企业基金会。现如今,企业基金会已经成为我国慈善事业发展的重要组成部分,发挥着重要作用。

首先,企业基金会的发起成立出自企业自觉履行社会责任的意愿,是企业将乐善好施这一中华民族传统美德转化为实际行动的一种方式。其次,企业基金会服务于慈善公益事业,基金会的财产和其他合法收入完全用于公益慈善项目的开展,不能分配给发起成立基金会的企业和基金会的理事、监事及工作人员。最后,企业基金会是独立的社团法人,承担相应的民事、刑事责任,拥有理事会、监事会、秘书处等组织机构,严格按照《慈善法》和《基金会管理条例》等法律法规及企业基金会章程进行自我管理和公益慈善项目运作。

一般而言,企业基金会的投入很大程度上与企业的自我定位或者企业的业务范围存在关联,这是由企业的利润导向所决定的。近几年,随着我国社会资本的不断积累与商业企业的持续发展,越来越多的企业在慈善领域开始走向多元合作,最典型的是北京市企业家环保基金会(SEE基金会)的成立。该基金会成立于2008年12月,依托阿拉善SEE生态协会,由80位企业家共同发起,每位企业家承诺连续10年,每年每人投资10万元人民币用于缓解阿拉善的沙尘暴问题。

---

① 徐家良、彭雷:《运营战略、种群关系与生态位:慈善超市生存空间新框架》,《中国行政管理》2019年第11期,第104—110页。

2. 政社协同

我国政府与社会组织的互动模式是随着二者关系的变化而不断发生变化的。就目前而言,政府与社会组织互动的模式主要有枢纽型发展方式、党建融合方式、监管方式三类。

第一,枢纽型发展方式。枢纽具有沟通、协调和相互整合资源之意,而枢纽型社会组织具有联结政府、企业和其他社会组织的功能,发挥平台作用。近年来,枢纽型社会组织得到持续性发展,现已成为促进社会组织健康发展、增强社会组织与政府互动的有效形式。这一组织形式不仅可以实现对社会组织的日常管理、为社会组织发展提供服务,也可以发挥党和政府与社会广泛联系的功能。[①] 在具体实践中已经形成以社会组织服务中心、社会组织联合会、慈善联合会为代表的组织形态。先行研究认为,制度环境中权力结构的开放程度和产权体系的完备程度,以及社会制度环境中结构性社会资本和认知性社会资本的丰富程度是理解制度绩效的关键。[②] 从枢纽型社会组织的具体实践来看,政府与社会组织的互动由于枢纽的存在而形成了更有效、更持续、更稳定的交流机制,既强化了政府对社会组织的引领,又将社会组织的诉求通过枢纽予以传达。

早在 2000 年 8 月,上海市就成立了全国首家省级社会组织服务中心,这成为政府管理社会组织、服务社会组织的重要组织形式。此后在上海市社会组织服务中心的基础上,2001 年 5 月,上海市普陀区成立了普陀民间组织服务中心,这成为全国第一个区级社会组织服务中心。2002 年 9 月,全国首家街镇级社会组织服务中心也在上海普陀区长寿路街道成立,并因此获得了"第四届中国地方政府创新奖"。[③] 此后,枢纽型社会组织在北京、广东、四川、天津等地兴起。从目前来

[①] 崔玉开:《"枢纽型"社会组织:背景、概念与意义》,《甘肃理论学刊》2010 年第 5 期,第 75—78 页。

[②] 蔡长昆:《制度环境、制度绩效与公共服务市场化:一个分析框架》,《管理世界》2016 年第 4 期,第 52—69、80、187—188 页。

[③] 上海市民政局:《上海民政改革创新 40 年》,上海人民出版社 2018 年版,第 286 页。

看,经过不断的发展,枢纽型社会组织已经基本形成联合行动的服务理念,通过自上而下与自下而上相结合的服务模式,逐步实现了内部治理结构社会化运作、枢纽服务智能化和多元化。

整体而言,枢纽型社会组织基本形成以业管社、以社管社、以节管社的组织形式。① 以业管社是通过联合共同公益领域中的不同社会组织实现统一化管理;以社管社是通过成立专门的社会组织服务机构,实现对社会组织的管理;以节管社则是通过公益服务节日的活动实现对社会组织的管理。

第二,党建融合方式。现阶段的社会组织在城市治理中发挥积极作用,不仅为社会创新提供强大的推动力,也在政治、经济、社会、文化等层面发挥积极作用。目前,社会组织党建已经成为我国支持社会组织发展的重要组织形式,也符合中国特色社会主义制度的要求,凡是有社会与经济活动的地方都应该有党组织的存在。② 社会组织党建是社会组织发展的必要条件,其功能主要体现在:一是扩大社会组织中党组织的覆盖面,强化组织党员管理,凝聚党员力量,发挥党员在社会组织中的作用;二是促进政社分开,为社会组织发展创造良好的环境,动员各类资源;三是发挥社会组织党组织在社会组织发展中的政治引领作用,优化社会组织服务功能,有效解决社会组织党组织多头隶属、多方管理的问题。

第三,监管方式。社会组织监管一直以来都是社会组织发展过程中的重要议题。在传统的社会组织监管模式之下,监管的主体比较单一,基本上是以政府为主导,因此社会组织发展动力不足、社区居民参与的积极性不高等问题明显。随着网络社会的发展,互联网赋予社会组织监管的组织动力,社会组织监管的生态系统得以重塑,组织运作

---

① 徐家良等:《改革开放后上海社会组织创新发展研究》,上海交通大学出版社 2018 年版,第 201 页。

② 马西恒:《民间组织发展与执政党建设——对上海市民间组织党建实践的思考》,《政治学研究》2003 年第 1 期,第 23—37 页。

结构更加丰富,这是技术融合发展下的创新。① 现阶段,我国的社会组织监管方式有了更进一步的发展,政府与社会组织的互动由单向度的线下转向了线上互动与线下服务相结合的方式。以上海市为例,上海市社会组织可以在"上海社会组织公共服务平台"上完成年度检查报告填写、信息披露、项目查询等事项,这极大地提升了社会组织与政府的互动效率。同时,在线下,各社会组织还要接受民政局与街道的监管,在日常项目活动中要定期或者不定期地向政府部门汇报项目执行情况,做到"横向到边""纵向到底"的全过程监管。

三、政社协同制度的主要特征和面临的挑战

(一) 政社协同制度的主要特征

政社协同制度是以信任互惠为基础的协同方式,通过多元主体的合作打造政社协同平台,并在协同过程中实现强制性与自主性的有机结合。

1. 以信任互惠为基础的协同方式

政府与社会力量的信任互惠是政社协同制度的重要基础。在政府部门的号召下,企业、社会组织积极参与到慈善事业之中。一直以来,全国工商联所属企业的慈善捐赠额度都在我国名列前茅。2014年初,民政部和全国工商联联合下发《关于鼓励支持民营企业积极投身公益慈善事业的意见》,为民营企业参与慈善事业提供指引,许多民营企业在政策支持下相继成立了基金会,其中腾讯公益慈善基金会每年举行"99公益日"活动,在民营企业慈善事业发展中具有重要的影响力。该基金会是由腾讯公司于2007年6月在民政部注册的全国性非公募基金会,是中国第一家由互联网企业发起的公益基金会。腾讯公司捐赠原始基金2000万元,并承诺每年按照利润一定比例持续捐赠。在腾讯公益慈善基金会的运作下,腾讯公益开放平台不仅成为影响力较大的民营企业公益项目,还作为国内主要互联网公开募捐信息平台

---

① 朱志伟、刘振:《重塑与创新:"互联网+"视域下的社会组织监管机制研究》,《电子政务》2018年第2期,第37—44页。

之一为更多企业和个人参与慈善活动提供便利。腾讯"月捐计划"是腾讯公益面向个人用户推出的新型网络公益参与方式,该计划倡导爱心人士通过每月小额捐款的形式,长期关注和支持公益项目。

此外,政府还引导社会组织主动加入和持续参与慈善事业。在我国,社会组织长期以来都是参与慈善事业的重要主体。除了直接捐赠,社会资助还以组织志愿活动、提供慈善服务、发布慈善研究报告等多种形式参与慈善事业。从历史根源方面来讲,中国的社会组织有其特殊性,既需要获取组织持续发展的资金支持,又需要担负对国家和社会的责任。

2. 打造政社协同平台

打造政社协同平台有助于提升政社协同效能。例如在应对突发性公共危机时,政府通过与慈善组织建立政社协作网络协同应对赈灾难题。疫情期间,W 市政府与 S 市慈善基金会形成沟通机制并提出支援的请求,S 市慈善基金会 Z 副理事长得知后,采取物资快速调配方案使得 W 市灾区所需物资快速到位。得益于政府和社会力量之间联盟关系的建立,医疗器材等物资得以快速有效地落实。政府、社会协同关系的建立体现出政府执政能力的转变。

> 过去政府大包大揽,未来是政府、企业、社会三足鼎立。执政能力转变,从政府来看是能力转变,学会和社会组织合作,让社会组织依法依规。(要在)法律上下功夫,权力要让渡给法律。
>
> ——20240227 S 慈善基金会 Z 副理事长的访谈记录

在平安建设领域,公安部刑事侦查局与阿里巴巴集团安全部共同开发"团圆"全民打拐系统,该系统由公安部刑侦局主持开发,阿里巴巴提供技术支持,是全国 6000 多名打拐民警的移动办公系统。该系统包括"紧急寻人""滴血寻亲""防走失"等功能,公众如果点击"紧急寻人",就可以查看 3 天内附近走失的儿童,如果遇到相似的儿童,可以一键报警,提升报警效率。在"滴血寻亲"功能中,该系统与高德公司合作,能够通过 LBS 定位技术向失踪地周边群众精准推送。儿童保护问题作为一个慈善课题,是一个全球性问题,政府与社会力量协同开发的寻亲系统作为行之有效的中国经验,通过儿童保护工作的过程透明、数据实时在线,更好地保护儿童权益。

3. 政府与社会的双向嵌入

政府与社会的双向嵌入是政社协同制度的重要特征之一。政府与社会力量的协同实现了行政刚性和社会活力的结合,产生协同品牌优势。当前社会组织发展的一大劣势是社会组织的影响力和知名度仍然处于较低的水平,因此社会组织品牌化成为社会组织发展水平再上新台阶的重要机遇,政社协同制度的建设与发展为提升社会组织的影响力和知名度提供了可能。社会组织以服务社会需求、推动社会进步为根本使命。随着社会组织的持续发展和壮大,打造政社的持续合作机制,发挥集聚效应和品牌效应是慈善事业发展的必由之路。发挥政社优势,运用集合影响力优势迅速建立合作,这是慈善事业在新的发展时期实现成长和突破的重要武器。[1] 在快速变化的数字时代,不同行业、不同地域的社会组织通过协同助力社会治理,已成为我国国家治理体系和治理能力现代化的显著特征。与政府依靠强制力和权威动员与管理社会组织不同,社会组织依靠共同愿景和使命将公益资源组织起来,形成社会组织动员与管理的新治理模式。[2] 社会组织工作不能"单打独斗",其公共属性承载着社会的整体性与多元化诉求,这构成社会组织协同与联合发展路径选择的总体与现实要求。[3]

(二) 政社协同制度面临的挑战

虽然政社协同制度在社会治理领域已经取得较为广泛的应用,但

---

[1] 高飞:《外部环境变迁、政社互动差异与社会治理共同体类型演变》,《中国行政管理》2024 年第 5 期,第 64—74 页。

[2] 刘学:《流量治理:平台企业如何将公益组织起来?》,《新视野》2021 年第 1 期,第113—119 页。

[3] 王嘉渊:《支持性社会组织的平台化趋向:发展局限与路径选择》,《学习与探索》2020 年第 6 期,第 45—52 页。

就目前来看,政社协同制度中的社会力量未被完全吸纳入政府管理体系,政社分工整合机制运行不畅导致协同效率低下,政社协同渠道单一则限制了慈善事业的可持续发展。

1. 社会力量未被完全吸纳入政府管理体系

社会力量未被完全吸纳入政府管理体系,这一问题大大降低了政社协同的制度效能。在常态化管理阶段,政府就社会力量的吸纳和整合制定了许多政策文件,在实践中也逐渐将社会力量纳入政府常态管理的体系内。但在非常态管理中,社会力量的功能和作用未得到全面正确的认识,社会力量的参与不足导致政社协同制度效能不高。社会力量的自主性功能较弱也是其尚未被纳入政府管理体制的一大重要原因。社会组织的成长与成熟是一个漫长的过程,不仅需要系统的、好用的政策的支持,也需要持续良好的社会环境和丰厚的生存土壤。①社会组织单独开展活动,得不到政府财力、项目和表彰等方面的支持和肯定,可能会遇到一些困难。社会协同治理范式中社会组织的社会治理活动强调的是与其他治理主体的合作与竞争、共享与共治。② 但是政社协同不强的问题导致各组织间的联系较弱,在资源集聚和整合方面未形成明显优势,社会组织服务工作支撑体系的效能不高。

2. 政社分工整合机制运行不畅

政社协同制度还存在分工整合机制运行不畅的问题。政府与社会组织在发展慈善事业的过程中容易陷入"单打独斗"的局面。创新社会治理方式、提高社会治理水平是新时代中国社会建设的重要内容和历史使命。政府和社会组织是社会治理的重要主体,其单一的组织结构及个体建构已经不能满足现代社会治理的需求。③ 政府的科层化

① 李培志:《规范增能与协同治理:推动建设"伙伴式"街道社区社会组织联合会》,《学习与探索》2017 年第 12 期,第 34—42 页。

② 易轩宇:《社会协同治理中社会组织的博弈评价与优化对策》,《甘肃社会科学》2014 年第 6 期,第 190—194 页。

③ 赵冬、陈志超:《城市协同治理的社会组织:结构、机理与增效》,《上海行政学院学报》2021 年第 2 期,第 73—82 页。

管制模式与社会力量"来自民间、服务社会"的特性未能实现较好的融合。协同治理是治理的高级形态,现代化治理要求多元主体在治理集体行动中实现有效协同。[①] 社会组织作为介于国家与社会的中间力量,上接政府下连群众,种类众多、分工明确,在行动上具有主动性和高效性,更能满足群众的多元化需求。[②] 面对当代社会更加复杂的结构,社会主体的多元化成为时代的新特征,与之相应的是,社会治理的手段也开始由平面化向立体复合化转变,而政府与社会组织"各行其是"的格局已经无法满足慈善事业的发展需求。当前社会所需的公共产品和公共服务,既有政府通过行政或借助市场手段提供的,也有社会组织通过市场化手段或社会动员的方式提供的,但是这些不同方式之间的协同和联动效果不强,限制了协同制度的进一步发展。

3. 政社协同渠道单一

政社协同渠道单一是阻碍政社协同制度进一步发展的重要问题。在新的社会发展环境和社会治理变革中,以社会组织为代表的社会力量在城市社区治理中如何充分有效地发挥协同作用,如何处理好政府与社会组织之间的关系,是当前中国社会治理实践创新和理论研究的重要课题之一。[③]

参与治理的主体由一元向多元转变。以往的社会管理,更多强调政府的权威和绝对地位,呈现出典型的一元化特征。在社会转型过程中,以政府为主的一元管理模式具有很大弊端,政府权力无法触及社会生活的全部,也很难实现信息的完全把控,政府无法逾越自身障碍成为"全能政府"。在当前的社会发展阶段,政社协同制度主要体现在协商民主、基层治理等领域,政府通过购买服务等方式为社会组织提

---

① 张继亮、王映雪:《政府与社会组织协同治理效能提升的三重维度》,《学术交流》2018 年第 6 期,第 70—76 页。

② 罗思洁:《社会组织与地方政府的协同与互助》,《人民论坛》2018 年第 22 期,第 82—83 页。

③ 闫树涛:《结构、行动与制度:城市社区中的社会组织有效协同治理》,《河北学刊》2020 年第 6 期,第 177—185 页。

供支持,但这种单一的协同渠道限制了政社协同制度的深入发展。进入新时代,协商民主在实践中不断发展,政党协商、人大协商、政府协商、政协协商、人民团体协商、基层协商和社会组织协商逐渐制度化平台化,表现形式多样,构成多渠道组成的民主体系。[①] 中国共产党领导下的社会组织协商对于促进社会组织发展具有重要作用,但是从实际运行状况来看,协商民主领域的政社协同仍然处于较低的发展水平。随着国家治理体系和治理能力现代化的持续推进,社会治理重心逐渐向基层下移,社会组织作为基层治理的重要主体,应当持续推进政府治理和社会调节以及居民自治之间的良性互动。但社会组织在推动政府决策的科学化、传递行业领域意见、反映百姓诉求等方面的桥梁和纽带作用较弱,未能有效打破原来单一的、自上而下的垂直管理结构,这限制了政社协同制度的进一步发展。

---

① 郭红军:《社会主义协商民主的三维审视》,《前线》2020 年第 3 期,第 31—34 页。

第五章 我国慈善事业的动员制度

慈善事业动员制度是扩大我国慈善事业社会参与、推动慈善事业创新的重要制度。动员制度为慈善事业的发展提供广泛的社会基础，增加全社会对于慈善事业的理解，从而成为慈善事业发展创新的重要动力。弘扬慈善文化和中华民族传统美德、践行社会主义核心价值观是慈善事业法治化建设的重要内容，普及慈善知识、传播慈善文化、培养慈善专门人才是有关部门的法定职责，这些规定的目的都在于进一步提升公众的慈善意识，增强慈善的社会动员能力，营造社会参与的慈善氛围。慈善事业的发展既受到政府鼓励和推进，也需要全社会群众的积极参与。[①] 动员人民群众参与是践行社会主义民主政治建设的基本要求，而民主是实现善治的条件，实现新形势下慈善事业的良序运行，则需要通过动员制度建设引入参与式治理的方式，在慈善事业发展的过程中反映民意、回应民意。面对慈善发展新形势，不断推进慈善事业法律制度建设和公共参与成为优化慈善事业管理体制、强化慈善事业社会认同的重要路径。

第一节 国家机关动员制度

一、国家机关动员制度的价值意蕴

国家机关动员制度为社会力量参与慈善事业提供制度标准和依据，通过明确的制度文本规定完善慈善动员的法治化建设。国家机关

[①] 林卡、吴昊：《官办慈善与民间慈善：中国慈善事业发展的关键问题》，《浙江大学学报（人文社会科学版）》2012年第4期，第132—142页。

动员制度的核心在于发挥政府在国家治理中的引领功能,通过政策执行和过程激励的方式持续推进慈善领域的动员工作。国家机关动员制度始终坚持"从群众中来,到群众中去",倾听社会公众对于慈善事业发展的意见和建议,贯彻落实党的群众路线。

（一）推动慈善动员的法治化建设

推动慈善动员的法治化建设是国家机关动员制度的重要价值。国家机关动员制度是坚持贯彻民主立法、科学立法和公正立法的重要规范,是推动慈善事业目标实现的重要制度基础。

国家机关动员制度是坚持民主立法的必然选择。法律是治国之重器,良法是善治之前提。法治建设受到国家领导人的高度重视。民主是现代立法的制度设计者认真思考立法权的归属和行使方式后形成的基本理念,民主立法是判断我国法治建设能否真正实现社会公平正义的重要标准之一。① 经济社会的飞速发展,群众社会参与意识的觉醒和参与能力的提升,对国家机关动员的制度设计和制度效果提出了新的要求。国家机关动员有利于解决目前立法存在的"民意缺位"问题。

国家机关动员制度是强化科学立法的重要有效实践。立法是国家机关决策的重要环节,决策的科学性是动员工作的重中之重。科学立法应在属性上坚持中国特色社会主义立法,在宗旨理念上将满足人民日益增长的美好生活需要作为出发点和落脚点,在功能作用上发挥立法的引领和推动作用作为根本遵循。②

国家机关动员制度是实现公正立法的重要保障。坚持公平正义是立法工作必须遵循的核心价值理念,是法律制度建设的主要标准。人大专门委员会具有保障立法公正的重要功能,吸收各方意见和建议,最大限度了解社会各界利益诉求,确保合法合规利益受到保护。

---

① 黄文艺:《谦抑、民主、责任与法治——对中国立法理念的重思》,《政法论丛》2012年第2期,第3—11页。

② 焦盛荣:《推进地方立法科学化民主化特色化的遵循和机制》,《甘肃社会科学》2020年第5期,第135—141页。

在基层慈善实践中,慈善动员机制的不畅可能会导致一部分群体参与不足,进而影响法治实践中公平正义价值的彰显。国家机关应推进慈善动员,促使法治建设更加贴近公众的日常生活,满足公众的合理诉求,保障公众意见的表达,确保立法的有效性和公正性。

(二) 发挥政府的引领功能

国家机关动员制度是发挥政府引领功能的重要制度。国家机关动员制度充分体现了"为人民服务"和"以人民为中心"的制度宗旨,通过优化政府职能建立慈善事业发展的良好秩序。我国政治动员和公众参与从混同走向分化,动员制度保证了公众参与从边缘化到主流化,政治参与和社会参与从并存到交融发展,动员制度带来的公共参与成为体现人民性的重要标志。① 坚持"为人民服务"和"以人民为中心"的宗旨是国家机关推进慈善动员的根本价值。为人民服务作为共产党人的感性对象性活动,揭示了共产党人与人民群众的生存关系。② 国家机关推进慈善领域的有序动员有利于巩固并扩大我国政治动员范围,保障公民对国家重要发展事项的知情权。

优化政府职能可以进一步强化国家机关在慈善领域的行政引领功能。慈善事业涉及社会服务的多个领域,与不同条线部门的业务活动产生直接关联,作为业务主管单位的行政机关有时也要发挥主导作用。③ 开展慈善事业不仅需要国家机关的大力推进,同时也需要群众的鼎力支持和配合。国家机关在推进慈善动员的过程中主要发挥引领、规范和执行等方面的作用。

(三) 贯彻党的群众路线的重要方式

国家机关动员制度是贯彻党的群众路线的重要方式,始终坚持

---

① 秦攀博:《公众参与的多维审思:分化与融合》,《求实》2019 年第 6 期,第 15—27、107—108 页。

② 黄显中、刘东旭:《为人民服务:共产党人的生存方式——毛泽东为人民服务思想新探》,《湘潭大学学报(哲学社会科学版)》2020 年第 6 期,第 1—8 页。

③ 邓国胜:《慈善组织培育与发展的政策思考》,《社会科学研究》2006 年第 5 期,第 119—123 页。

"从群众中来,到群众中去"。国家机关动员制度体现了人民性的制度本质,并且为听取民意和履行国家机关职能提供了制度保障。

国家机关动员阶段制度体现人民性的制度本质。国家机关动员制度总结社会主义发展实践的成功经验,动员制度的各项内容都是基于人民的社会实践,体现人民的意志和利益。国家机关动员制度的合法性来自人民,属于人民,为了人民,依靠人民,具有最彻底的人民性。人民性集中体现了国家机关动员制度的先进性和优越性,构成国家机关动员制度正当性的基础。

国家机关动员制度为积极听取民意、正确履行职能提供制度保障。国家机关在慈善领域的动员制度得到一系列党和国家政策文件的确认和支持。在中国共产党百年的奋斗历程中,党的历代中央领导集体紧密结合中国革命、建设和改革的实际,创造性地坚持和运用马克思主义群众观,创新性地提出党的群众路线的思想,逐步形成了党的群众路线的科学理论体系,探索运用了群众工作的诸多方式方法,并且付诸党的各项工作实践。[①] 信息公开制度将有关慈善工作的运行过程和结果向社会公布,提升了国家机关工作透明度,为社会公众有序参与、推进动员工作提供了制度条件;同时,信息技术降低了公众的参与成本,保障民权、尊重民意、体现民情,持续推进着社会动员工作的开展与深入。

二、国家机关动员制度的历史变迁和运行方式

国家机关动员制度的发展反映了社会参与慈善事业的总体历程。在动员制度的初建阶段,由国家机关主导的行政化动员促进特定社会群体的参与。随着国家对慈善事业定位和认识的调整,为了促进慈善事业的发展,慈善组织开始成立,依托慈善组织开展动员成为这一时期慈善动员的主要方式。随着慈善事业越来越受到党和国家的重视,慈善事业的制度体系日趋完善,体系化动员成为当前阶段国家机关动

---

① 杨金卫:《党的群众路线的百年演进及其历史经验》,《东岳论丛》2021 年第 2 期,第 15—26 页。

员制度的主要方式。慈善事业的发展既需要国家的大力支持,也需要社会的广泛参与,以提升动员效能。制定动员制度规范、多渠道听取社会意见、建立平台紧密联系群众等方式成为国家机关动员的重要方式。

（一）国家机关动员制度的历史变迁

从行政化动员到组织化动员,再到体系化动员的制度变迁过程充分说明,国家机关在促进慈善事业发展的过程中越来越重视社会力量的参与。随着制度变迁的日趋深化,国家机关的引导作用越发突出,社会的参与效能也得以持续提升。

1. 行政化动员阶段

行政化动员阶段是慈善事业国家机关动员制度的初期发展阶段。行政化动员主要是指国家在这一时期将发展慈善事业、开展慈善动员的职能交给党委、政府和具有政府背景的组织承担。行政化动员阶段的慈善事业并不是局限于扶贫济困、养老哺幼、助残恤孤等传统慈善领域,而是将涉及社会公益事业的更广泛的内容也纳入其中,因此这一时期的慈善事业动员制度具有混沌性和综合性,虽然动员的组织较为固定,但是动员的内容则较为广泛,并未涉及慈善事业的细分领域。

在这一时期,进行现代化国家建设成为国家发展的重要任务。因此,国家鼓励广大社会公众在参与社会主义现代化国家建设的过程中发扬吃苦耐劳、艰苦奋斗的精神,同时关注对他人和社会的奉献,雷锋精神就是这一时期慈善精神内核的重要体现。1963 年 3 月 5 日,首都各报刊登毛泽东同志亲笔题词,号召全国人民"向雷锋同志学习"。从此,全国广泛开展学习雷锋的活动,"雷锋精神"激励着一代又一代人。从精神内涵来看,雷锋精神包括五个方面的内容:第一,热爱党、热爱祖国、热爱社会主义的崇高理想和坚定信念;第二,服务人民、助人为乐的奉献精神;第三,干一行、爱一行、专一行、精一行的敬业精神;第四,锐意进取、自强不息的创新精神;第五,艰苦奋斗、勤俭节约的创业精神。① 而其中的"服务人民、助人为乐的奉献精神"就是这一时期推动慈善事业发展的重要精神力量。

2. 组织化动员阶段

组织化动员阶段是国家逐渐放松对慈善事业的控制,将部分慈善事业的动员工作交由其他组织承担,国家机关则根据部门职责对慈善事业和慈善组织承担指导和监管的职能。1978 年党的十一届三中全会之后,计划经济体制向社会主义市场经济转型,宏观经济社会背景有利于社会组织成长,群众结社热情高涨,而社会组织快速发展则构成了社会组织乃至慈善组织治理体系得以存在的基础性条件。1981年 7 月,新中国历史上第一家国家级公募基金会——中国儿童少年基金会成立;1982 年 5 月,中国宋庆龄基金会成立;1984 年 3 月,中国残疾人福利基金会成立。总体来看,改革开放后成立并发展起来的这一批慈善组织具有政府推动发展或海外资金支持等特征。在组织化动员阶段,慈善组织与国家机关的关系较为紧密,慈善组织的活动受到国家机关的严格规范和制度引导。② 慈善事业的主要内容与国家发展需求相一致,慈善组织与国家机关的制度趋同现象较为明显。

这一阶段,政府多个部门都参与慈善事业的动员过程。政府部门主导开展的"慈善一日捐"活动是体现政府多部门参与慈善的最好例证。为进一步弘扬中华民族互助互爱、无私奉献的传统美德,各级政府部门在这一时期广泛开展了"慈善一日捐"活动,广泛动员各级党政机关、事业单位、国有企业等单位的工作人员,通过慈善捐赠的方式提升慈善事业对党政部门和各单位的影响力,从而推动慈善事业的发展。此后,慈善事业的重要性也得到国家的高度重视。2004 年 9 月,党的十六届四中全会通过的《中共中央关于加强党的执政能力建设的决定》明确指出,"健全社会保险、社会救助、社会福利和慈善事业相衔

---

① 2012 年 3 月,中共中央办公厅印发的《关于深入开展学雷锋活动的意见》中对此精神有高度的概括。

② 王博:《我国社会团体登记管理工作现状及展望——基于对〈社会团体登记管理条例〉实施效果评估的分析》,《中国行政管理》2021 年第 2 期,第 40—46 页。

接的社会保障体系"。2006 年的政府工作报告提到"积极发展社会福利事业和慈善事业"。这是党和政府的重要文件提及慈善事业时首次使用"积极"一词来描述,将发展慈善事业作为社会保障和社会福利体系的重要组成部分,标志着在中国,发展慈善事业已经上升到非常重要的位置,要促进慈善事业又好又快发展,为解决好困难群体的生产生活问题,为构建和谐社会做出贡献。

3. 体系化动员阶段

在体系化动员阶段,多个国家机关对慈善事业的发展形成合力,在制度建设、监督管理等方面加强合作,形成了较为体系化的慈善事业动员制度体系。2014 年 11 月,国务院印发《关于促进慈善事业健康发展的指导意见》,大力推进社会福利事业和慈善事业的发展,为规范和促进慈善事业提供了政策支持,行政机关回归慈善事业管理者的本位,进一步释放了公共参与的社会活力。该意见为跨部门的慈善动员工作提供了可能,成为在更广的范围内进行慈善动员工作的重要基础。2015 年 10 月,中国人大网公布《慈善法(草案)》全文,面向社会公开征求意见,慈善事业的范围、促进措施、监管等内容受到社会广泛关注。[①] 2016 年 1 月,《慈善法(草案)》二次审议稿修改稿全文公布,引发社会的广泛关注。相关法律条文对信息公开、评估制度、激励机制、税收优惠、审批程序、监管体制机制等内容作出具体规定。[②] 慈善领域相关的专家学者、实务工作者、捐赠人以及其他社会公众被动员参与慈善法的修改讨论,慈善事业法律制度的立法建议通过多种渠道传达到立法机关。国家机关的体系化动员为慈善事业法治化和规范化发展提供了制度保障。

这一时期成立的专门化管理部门为慈善事业的体系化动员提供

---

① 郑功成:《中国慈善事业发展:成效、问题与制度完善》,《中共中央党校(国家行政学院)学报》2020 年第 6 期,第 52—61 页。

② 余少祥:《我国慈善立法的实践检视与完善路径》,《法学杂志》2020 年第 10 期,第 70—78、131 页。

了可能性。正式的慈善事业管理职能部门的设立为慈善事业动员提供了方向指引和组织保障。政府在设置和调整组织结构的过程中充分认识到慈善事业的重要性,通过调整部门设置和优化机构职能的方式加强对慈善事业的管理,制定相关管理办法和工作文件,持续加强过程管理,推动慈善事业法律制度公共参与向纵深发展。此外,全国慈善信息公开平台"慈善中国"开通并投入使用,慈善中国公开慈善组织、慈善信托、慈善募捐方案、慈善项目、慈善募捐平台等多方面的慈善事业发展信息,方便了公众查询慈善信息和监督慈善事业发展。与此同时,在党政部门的指导下,中国公益慈善项目交流展示会(中国慈展会)得以顺利举办。中国慈展会作为慈善成果展示交流平台、慈善资源对接服务平台、慈善文化交流传播平台以及慈善生态协作共创平台,将慈善项目引入会展业,通过展会的形式,开辟一条开放共享、合作共赢的慈善发展新路径,填补了中国慈善领域的一项重大空白。截至 2024 年 12 月,中国慈展会已成功举办十届,并培育了一大批慈善组织、公益项目和公益人才,不仅成为展示我国慈善发展成果、催生现代慈善理念、促进慈善资源对接的一个重要平台,也成为国际社会观察中国慈善乃至读懂中国温度的一个重要窗口。

(二)国家机关动员制度的运行方式

国家机关动员制度聚焦于正式的动员制度建设和多渠道的意见反馈机制。通过制定动员制度规范,国家机关为动员社会力量参与慈善事业提供了标准和依据。多渠道听取社会意见使得国家机关可以调整动员的方向和重点,从而及时把握慈善事业的发展方向。随着技术的进步和社会的发展,依托制度和网络形成的平台成为慈善事业动员新的增长点,国家机关建立多种平台紧密联系群众,在促进慈善事业发展的过程中始终重视社会诉求、及时调整发展方向。

1. 制定动员制度规范

国家机关制定的动员制度规范主要包含立法机关的慈善立法、行政机关的政策执行和司法机关的司法正义三方面的内容。

立法机关在慈善领域的立法工作是慈善事业动员制度的重要内

容。立法机关作为制定、修改慈善事业法律的权力机关,其立法功能、监督功能、教育功能以及代表功能通过推进慈善事业动员的具体实践得以体现。党的十九大报告将"依法立法"与"科学立法""民主立法"并列,"依法立法"作为新理念,具有理论基础和实践基础,在全面依法治国方略中有着重要的地位和作用。① 立法机关是推进慈善事业动员制度的重要主体,通过完善立法的方式推进社会广泛参与,提升立法工作的社会认可度。

行政机关通过政策执行的方式落实慈善事业动员制度的相关规定,慈善动员的相关内容被列入政府的政策文件。虽然政府在慈善事业发展中处于主导地位,但也存在失灵现象,慈善组织和社会力量的参与具有客观必然性。② 行政机关正着力改变公众在慈善动员中有限参与的制度定位,在充分保障公众对重大行政决策参与权的基础上,建构交涉性参与过程。③ 在慈善事业发展过程中,政府出于对转变职能、提高效率和满足社会需求等多重目标的考量,以赋权形式动员社会参与。④ 民政部门是行政机关动员的重要主体,在促进慈善事业公共参与方面发挥关键性作用,通过多种渠道将社会公众纳入慈善活动。

司法机关作为慈善法律关系的最终裁决者,可以通过法治化手段激发和保障社会主体的慈善参与热情。一方面,司法机关可以通过执法行动,打击慈善领域的违法犯罪行为,对不符合法律规范的慈善动员活动进行惩戒或产生警示作用。司法机关还可以通过对慈善领域典型案例的判决和宣传,将司法裁判转化为社会规范的鲜活教材,从

---

① 陈俊:《依法立法的理念与制度设计》,《政治与法律》2018 年第 12 期,第 86—98 页。

② 郑晓齐、宋忠伟:《我国慈善组织参与社会救助论析》,《吉林大学社会科学学报》2019 年第 4 期,第 104—111、221 页。

③ 王万华:《重大行政决策中的公众参与制度构建》,《中共浙江省委党校学报》2014 年第 5 期,第 5—11 页。

④ 张圣、徐家良:《政府慈善赋权何以走向有序?——探寻渐进之道》,《学习与实践》2021 年第 3 期,第 77—88 页。

而在规范行业行为的同时,培育公众合法化参与慈善的意识。

2. 多渠道听取社会意见

国家机关动员制度通过多种渠道和方式积极听取社会意见,促进慈善事业的规范化发展。立法机关和行政机关在多渠道听取社会意见方面发挥重要作用。

立法机关通过公开征集立法建议和立法草案意见的方式了解社会公众对慈善事业的看法和建议,了解法制建设和社会需求的具体情况,通过制定、修改和废止法律的方式维护人民群众的切身利益。习近平总书记在中央全面依法治国工作会议上提出"十一个坚持",为新时代中国特色社会主义法治建设提供了根本遵循与行动指南,对新时代立法机关工作提出更为严格的要求。[①] 立法机关通过开展立法计划工作,对收集到的立法计划建议进行研究,并对其中基础性的、关键性的立法建议进行确定立项。慈善领域由国家机关主导的动员集中体现在《慈善法》立法进程中。部分学术类社会团体也在立法咨询等方面发挥一定作用。上海市法学会慈善法治研究会作为一家省级社会团体,在慈善法律制度的修订和完善等方面积极建言献策,推动慈善事业法治建设。向社会公开立法草案并征求意见、听取公众对相关立法的态度和建议等方式可以加强全社会对慈善事业和法治建设的广泛参与。

承担慈善事业促进职能的行政机关通过制定专门管理办法等政策文件的方式完善慈善事业动员制度。行政机关通过贯彻善治理念、优化政社关系、革新行政程序、创新社会管理等方式加强对慈善事业的管理工作。[②] 在中央层面,民政部等有关部门通过制定政策文件的方式推进慈善事业动员的制度化建设,优化慈善事业法律制度的公共参与过程,鼓励更多公众参与到慈善法制建设之中。2005 年 11 月,民

---

① 卓泽渊:《习近平法治思想要义的法理解读》,《中国法学》2021 年第 1 期,第 15—28 页。

② 秦鹏、唐道鸿:《环境协商治理的理论逻辑与制度反思——以〈环境保护公众参与办法〉为例》,《深圳大学学报(人文社会科学版)》2016 年第 1 期,第 107—112 页。

政部公布《中国慈善事业发展指导纲要(2006—2010年)》,提出促进慈善事业发展的立法建议,还与中华慈善总会在北京举行首届中华慈善大会。民政部对我国慈善事业发展进行总体规划,并通过对公共参与过程的详细设计推进慈善事业法动员制度建设。《慈善法》出台后,民政部门制定相关配套政策,使公众慈善参与的规范体系更为立体化。2023年10月22日,十四届全国人大常委会第六次会议对《慈善法(修订草案)》进行了审议;10月25日,对《慈善法(修正草案)》向社会公开征求意见;12月29日,十四届全国人大常委会第七次会议表决通过《关于修改〈中华人民共和国慈善法〉的决定》。《慈善法》修正有助于优化慈善事业发展环境,规范慈善活动,健全慈善监管制度机制,推动慈善事业高质量发展。

3. 建立平台紧密联系群众

国家机关动员制度通过在长期治理实践中建立的各种平台紧密联系群众。在全国各省市范围内广泛建立的慈善会和慈善基金会是国家机关推动社会公众参与慈善事业、培育慈善文化的重要平台和载体。如上海市慈善基金会组织的"蓝天下的至爱"等品牌慈善活动,对上海市民投身慈善捐赠和志愿服务起到了关键性的推动作用。

> 慈善基金会曾参与一次社会反响特别热烈的慈善活动,新闻报道有一名来自仙桃的女学生患有心力衰竭的疾病,慈善基金会马上联系S市第九人民医院帮助女学生办理住院手续,同时通过电视广告、中小学广播等募集善款,3天就完成了筹款,这也成为当年度的重要慈善事件之一。
>
> ——20230626上海市慈善基金会工作人员J的访谈记录

立法机关借助法治顾问团队和基层立法联系点等组织和平台为提升慈善事业动员制度效能提供了可能。2014年10月,党的十八届四中全会审议通过的《中共中央关于全面推进依法治国若干重大问题的决定》明确指出,要依法建立健全专门委员会、工作委员会立法专家顾问制度。为贯彻落实党的十八届四中全会提出的建立基层立法联系点制度的要求,全国人大常委会于 2015 年设立首批四个基层立法联系点;其后,地方人大也纷纷仿效,设立了一大批省级和市级基层立法联系点。① 建立健全立法专家顾问制度的要求推动了一批立法顾问团队的设立和初步发展。立法顾问团队是各级人民代表大会为提升立法科学性和有效性,邀请多个领域的实务专家和理论研究者组成,其作用是为立法工作建言献策。设立立法专家顾问团,充分听取和吸纳专家的意见和建议,重视立法工作的专家参与效果,从而促进立法的科学化和民主化。在《慈善法》的修订过程中,全国人民代表大会内务司法委员会与中国社会保障学会、北京大学、清华大学、上海交通大学和北京师范大学开展合作,在全国范围内征求慈善法制领域相关专家学者的意见和建议,在《中华人民共和国慈善法(修订草案)》的起草和制定阶段发挥了重要作用。

行政机关通过打造专业化组织和平台的方式提升慈善事业的动员效能,如慈善会、红十字会等组织。深圳市宝安区慈善会在区民政局的指导下,通过与街道商会、新闻媒体、志愿组织等主体的合作形成慈善事业的协同发展格局,有效提升了慈善动员的效果,成为基层慈善可持续发展的重要样板。在慈善事业的影响力日渐提升的今天,上海的"公益伙伴日"和深圳的"中国公益慈善项目交流展示会"等公益活动也成为提升慈善动员效能的重要方式。"公益伙伴日"是由上海市民政局主办、社会各界共同参与的大型公益活动。活动聚焦于倡导公益的生活方式,提升城市软实力,通过持续多年的努力已经成为上海慈善事业发展的重要标志。"中国公益慈善项目交流展示会"由民政部、全国工商联、广东省人民政府、深圳市人民政府和中国慈善联合会等共同主办,将慈善项目引入会展业,通过展会的形式开辟一条开放共享、合作共赢的慈善发展新路径,吸引社会的广泛关注和参与。

司法机关通过人民陪审员制度为慈善事业动员提供制度支持。人民陪审员制度是指由审判员和人民陪审员共同组成合议庭对案件

---

① 席文启:《基层立法联系点:立法机制的一项重要创新》,《新视野》2020 年第 5 期,第 23—29 页。

进行审判的一项司法制度。当前我国人民陪审员制度改革的核心是将人民陪审员"法律内行、同职同权"的角色纠正为"法律外行、异职异权",将人民陪审员"消极参与"与"过于积极参与"并存的角色认知纠正为"民主的参与者、事实真相的发现者和社会价值的代言者",以推动人民陪审员制度充分发挥促进司法民主、司法公正和司法公信的功能。[1] 司法权作为国家权力的一个重要组成部分,在司法实践中同样应当保障公民的参与权,倾听来自普通公民的声音。在人民法院的审判活动中,由人民陪审员代表人民参与案件的审理,是司法民主的重要表现形式。[2] 人民陪审员由法定程序产生,代表人民群众在人民法院参加合议庭审判活动,是人民群众参加国家管理、行使审判权的重要体现。人民陪审员相对固定,主要由基层推荐、法院审核、人大任命三种方式产生,每届任期五年。司法机关加强与人民陪审员之间的工作联系,发挥好人民陪审员的功能和作用,充分保障人民陪审制度落在实处,可以加快慈善事业法律制度公共参与的法制化建设。近年来,许多律师以普通公民身份提起"公益诉讼"的案件时常见诸媒体,这就是发挥公益诉讼制度在维护社会公众利益方面作用的一种体现。

三、国家机关动员制度的主要特征和面临的挑战

(一)国家机关动员制度的主要特征

国家机关动员制度为慈善事业动员提供法制保障,通过制度建设明确参与者权责义务关系,形成良好的参与氛围。国家机关在动员的过程中进一步向社会放权,为激发社会活力提供了制度基础。国家机关动员制度建设也营造了公平正义的慈善事业动员环境,有效保护参与者的合法权益。

1. 提供慈善事业动员的法治保障

国家机关动员制度为慈善事业动员提供法治保障。立法机关、行

---

[1]　陈琳、肖建华:《论我国人民陪审员参审的角色重构与实现路径》,《北京社会科学》2021年第5期,第61—72页。

[2]　左卫民:《中国司法制度》,中国政法大学出版社2012年版,第48—51页。

政机关和司法机关的联动和配合为慈善事业动员提供了制度保障。立法机关通过立法工作推进慈善事业法律制度建设体现立法引领的特征。人大主导立法有利于促进民主立法,提高立法质量。① 立法引领是立法机关推进慈善事业法律制度公共参与最重要、最核心的制度特征,这一特征反映出公平正义和中国特色社会主义的内在要求,是法律制度建设的生命线。推动新时代立法工作迈上新台阶、实现新发展,必须充分体现党和国家事业发展的新要求,积极回应人民群众对美好生活的新期待。② 立法机关通过立法工作引领慈善事业法律制度建设是推进慈善事业发展的重要内容,对提升慈善事业法律制度建设的科学性和规范化具有重要意义。

行政机关通过政策供给的方式加强慈善动员,保证社会公众的有序参与。"人民民主是一种全过程的民主",习近平总书记的这一论断是对我国民主政治实践特征的全景式概括。③ 它在揭示我国民主政治实践特征的同时,对进一步深化人民民主的认识也具有十分重大的意义。在法治原则的指导下,动员制度建设必须遵守规范化的组织程序。政府在充分尊重宪法和法律制度的前提下,不断调整和规范动员制度建设,加强社会公众参与在政府决策中的角色引导和功能发挥。经过多年实践与发展,法律已经对公共参与政府决策的渠道、内容、程序等作出规定,公民按照既定的、合法的组织程序理性地表达自己的主张就可以实现参与决策的目标。公众参与政府决策的行为逐渐固定下来,最终成为一种制度化、程序化的公众参与政府决策形式。从这个意义上讲,政府部门成为公众有序参与的制度化形态的重要推动者。

司法机关的相关制度建设也为动员制度建设提供有力保障。民

---

① 刘松山:《人大主导立法的几个重要问题》,《政治与法律》2018 年第 2 期,第 60—78 页。

② 沈春耀:《迈出新步伐书写新篇章新思想引领新时代立法工作》,《人民论坛》2019 年第 10 期,第 6—9 页。

③ 程竹汝:《人大制度内涵的充分展现构成全过程民主的实践基础》,《探索与争鸣》2020 年第 12 期,第 24—26 页。

意是群众的呼声和诉求，只有到群众中去，才能听到最真的诉求，只有了解群众的所急、所需、所困，国家机关的决策与办法才能有的放矢、真正发挥实效。"互联网＋"时代，技术利器深入社会治理的每个角落，对公众参与司法产生深刻影响。[①] 司法机关不仅应对群众的意见及时答复，还要注重不断创新和发展群众参与司法的工作机制。司法机关在整合社会利益方面具有重要作用，在公共参与的过程中，司法机关充分发挥社会主义法律的基本功能，平等保护每个人的合法权益，以法律为准绳协调各种利益关系，维护社会公平正义，在尊重个人权益基础上构筑全社会利益共同体和命运共同体。

2. 通过权力下放激发社会活力

行政机关在国家治理中承担了促进经济发展、提供公共服务、稳定社会秩序的职责。随着国家治理体系和治理能力现代化的推进，行政机关按照改革要求下放部分经济管理和社会服务的职能，将这些职能交由市场组织、社会组织，可以增加社会发展活力。行政机关权力下放为公共参与创造了有利条件，为公众参与慈善事业、深入了解慈善事业等创造了可能。政府通过进一步简政放权和明确职能，在对社会力量进行支持和激励的基础上，借助相关法律、规章制度的"硬约束"以及政府责权划分的"软约束"，使社会资本的利益得到保障，最终促使合作主体间达到激励相容。[②] 政府购买社会组织服务进一步加强了国家机关动员制度的效能，来自财政部的资金支持为慈善组织和社会组织提供资源支撑，成为慈善事业的重要发展基础。在全国和地方的不同层面，慈善事业的发展状况有所差异，因此政府权力下放释放的公共参与空间和参与程度也存在一定差异。地方政府在基础性的法律法规以外出台诸多补充性的支持措施，以完善公共参与的制度

①　王群：《技术何以保障公众参与司法》，《湖北社会科学》2018 年第 10 期，第 134—140 页。

②　秦山：《中国政府与社会资本合作主体关系分析——基于双层次互动进化博弈模型》，《云南社会科学》2018 年第 3 期，第 59—65 页。

设计及推进其实际运用。政府的权力下放和职能转移为适当的动员和参与提供可能,通过鼓励承接管理和服务职能的方式调动社会力量的积极性,推进慈善事业的发展。

行政机关通过线下与线上相结合的方式推进慈善事业动员制度建设。一方面,通过线下的法治宣传活动等方式送法下乡、送法上门,将慈善事业的政策和规定及时传递给更大范围内的社会公众,增强社会公众对慈善事业的理解和认同,鼓励更多社会公众参与到慈善事业之中。另一方面,随着互联网的快速普及,互联网公益成为加快慈善事业法律制度公共参与的重要工具。自媒体和网络平台的快速发展为慈善事业创造巨大的发展机遇,互联网为在线捐赠、慈善项目扩散等提供了诸多的便利。与此同时,行政机关对互联网公益的监督和管理日趋完善。区块链技术带来公益慈善领域的资源整合和信息公开两大功能创新,慈善组织出现链上自组织治理模式创新和传统慈善组织的角色转型两种组织模式的重大变革。为促进区块链慈善的发展,慈善组织需要培养区块链思维和人才,与大型支付平台合作推进区块链慈善联盟建设,并调整组织的业务流程和重点,积极拥抱区块链慈善的到来。[①] 国家机关动员社会参与慈善不仅发挥着改进社会福利分配机制、提升制度运行效能、增强慈善制度规范性的作用,还具有更重要、更根本的维护公民权利、提升公共服务效果的价值功能。[②] 行政机关在网络平台接受公众的网络问政,进一步深化慈善事业的国家动员和公共参与改革,凝聚多元社会力量共同参与到慈善事业的建设过程之中。

3. 司法公正保障动员制度的公平正义

国家机关通过加强司法公正保障动员制度的公平正义。以权利

---

① 张楠:《区块链慈善的创新模式分析——功能、组织结构与影响因素》,《北京交通大学学报(社会科学版)》2020 年第 4 期,第 79—88 页。

② 栗燕杰:《社会救助领域的公众参与:原理、规范与实践》,《社会保障评论》2018 年第 3 期,第 66—81 页。

的制度化保障为基础,司法机关通过行使司法权维护群众的基本权利,为群众有序参与慈善事业、强化动员制度效能提供保障。公众参与司法的主体经历了从"群众"到"公民"再到"公众"的发展历程,"公众"更能表达和实现公众参与司法的合理性与广泛性。[①] 在全面推进依法治国背景下,有必要总结司法民主的传统经验,立足司法实践的新情况和新问题,解决当前制约司法公正的深层次问题,让人民群众在每一个司法案件中都能感受到公平正义。[②] 例如在环境保护领域,司法机关对违规排污的企业和个人作出处罚,采取罚款、行政拘留等多种方式有效捍卫周边群众的生存权利,为群众的美好生活保驾护航。司法机关在信息披露方面为慈善事业动员制度提供程序性保障,通过对违法企业和个人的信息进行披露和公开,保障群众的知情权,进一步强化社会公众参与慈善事业的权利保障和制度建设。

司法透明化建设是新时代深化司法工作、提升工作实效的重要方式。司法透明是指司法机关将司法活动的内容告知公众,通过司法资料公开、司法审判过程公开等方式凸显司法透明的程度。司法机关推进慈善事业动员制度建设加快了司法工作的透明化建设,有助于公众理解司法结果产生的理由和依据,进一步提升司法工作的公信力和社会影响力,推进司法工作和社会领域的深度融合。在司法民主化改革中理性选择体制外、开放型的公众参与模式,形成有中国特色的公众司法参与模式,才能真正化解司法改革进程面临的司法理性与公众理性脱节、司法权威不断被消解的困境。[③] 司法机关推进慈善事业动员、扩大社会参与能够促使多元主体主动接受法律制度的规范和约束,进而维护社会稳定,实现最大限度的公平正义。

司法动员的公平正义以社会的民主化参与为基础。公众参与的

① 陆洲:《我国公众参与司法的价值挖潜及短板补救》,《甘肃社会科学》2018 年第 5 期,第 133—139 页。

② 高长见:《新时代我国司法民主制度建设与创新》,《理论视野》2022 年第 6 期,第 57—62 页。

③ 陈发桂:《我国司法改革进程的现实困境与理性选择——基于公众司法参与模式创新的分析进路》,《学习与实践》2010 年第 3 期,第 80—85 页。

民主化是指司法机关在推进慈善事业法律制度建设的过程中积极听取公众意见,将公众的意见和诉求融入司法机关的日常工作,推进司法工作的民主化进程。司法机关推进动员制度建设是一个推进民主法制的过程,司法机关的审判结果和决定明确了社会成员的行为和利益边界。我国人民陪审制度等相关司法制度的功能定位是在司法领域贯彻中国共产党的群众路线和实现司法民主。公民有序、有效地参与司法是司法民主的应有之义,也是实现司法民主的必由之路。[①] 司法机关以法律为依据构建冲突解决机制,在法治轨道上推进慈善事业的有序参与,保障慈善事业的稳定运行。

(二)国家机关动员制度面临的挑战

国家机关动员制度受到制度主体的深刻影响,行政化色彩较为浓厚,这有可能降低动员效能。国家机关动员在奖励表彰层面尚未形成较为完善的体系,不利于社会参与积极性的提升。虽然新技术和网络平台在慈善领域的应用日趋深入,但国家机关动员制度对技术的应用不够,动员技术更新速度较为缓慢。

1. 动员的行政化色彩依然较为浓厚

国家机关动员制度的行政化色彩较为浓厚一直是阻碍制度效能提升的重要问题。国家机关是推进政治生活、经济生活和社会生活平稳运行的重要主体,无论是完善和发展慈善动员制度,还是促进社会在慈善事业领域的广泛参与,都需要国家机关发挥好自身功能。然而,从慈善事业国家机关动员制度的总体情况来看,国家机关动员主要借助行政力量办慈善,信息公开不足,行政化色彩依然较为浓厚。

从慈善事业的运行情况来看,慈善动员主要借助行政力量办慈善,甚至出现了行政摊派等乱象。慈善事业动员制度仍然停留在行政强制的阶段,自愿参与仍较少见。行政色彩浓厚在"慈善一日捐"等慈善活动中极为明显,政府部门往往通过发通知和文件的方式号召党员

---

① 卞建林、孙卫华:《通向司法民主:人民陪审员法的功能定位及其优化路径》,《浙江工商大学学报》2019年第4期,第43—53页。

中国式现代化慈善事业的制度体系研究

和公职人员捐款捐物,慈善活动的志愿性未能得到充分体现。

行政化也体现为信息公开的力度不足。国家机关对慈善活动的信息、慈善捐赠的类型和具体数额、参与人数和参与情况等内容的信息公开数量较少,往往将慈善事业动员作为行政动员的一部分工作予以开展。国家机关动员主要在党政机关和国有企业等单位开展,对社会公众的宣传力度不足,覆盖范围极为有限,限制了国家机关在慈善动员中功能的有效发挥。

2. 奖励表彰体系不完善

奖励表彰体系不完善是制约国家机关动员制度的重要问题。慈善事业的发展需要法制建设和管理机制与发展水平相一致。从慈善事业的发展现状来看,慈善事业的激励机制不足是阻碍慈善事业发展进程的重要因素。[①] 当前慈善事业的相关奖项主要有民政部设立的"中华慈善奖"和地方政府民政部门设立的相应奖项,目前尚没有由国务院或其他部门支持设立的国家级慈善事业奖项。总体来看,慈善领域没有国家级的奖项,这在一定程度上对慈善事业的奖励表彰制度的权威性和激励效果存在影响,长此以往,将不利于动员更加广泛的社会群体了解慈善、参与慈善、投身慈善,慈善事业的社会影响力会受到一定程度的制约。

3. 动员技术更新速度较为缓慢

先行研究表明,组织的调整总是落后于技术的进步。[②] 从慈善事业的发展情况来看也存在类似情况。当前国家机关动员制度主要依靠传统的机构动员方式和动员渠道,数字化等新技术在国家机关动员制度中应用较少,动员技术的更新速度较为缓慢。我国的数字化建设已进入全面提升阶段,治理智能化水平取得长足进步,但在慈善治理

---

① 廖建军:《论我国公益慈善事业管理机制的创新》,《北京行政学院学报》2011 年第 3 期,第 27—31 页。

② 邱泽奇:《技术化社会治理的异步困境》,《社会发展研究》2018 年第 4 期,第 2—26、242 页。

方面,数字建设仍然存在可拓展的空间。慈善中国等官方的慈善数据平台主要发挥了信息发布的功能,在动员社会力量层面发挥的功能和作用较小。

新兴技术的使用能够为国家机关动员和慈善事业的智能化建设提供持续动力。然而从发展现状来看,国家机关动员制度未能较好地利用数字化转型机遇,在慈善领域的数字治理能力未能得到显著提升,慈善动员的数字化赋能效果尚不明显。当前的慈善网络平台在动员层面的功能有待进一步挖掘和提升。枢纽型慈善行业组织建设与数字平台建设结合的成效仍然不高,慈善领域尚未建立起完备的资源分配网络,影响慈善组织和社会公众提供更加全面的服务。

第二节　社会组织动员制度

社会组织动员制度是发挥社会组织优势、促进慈善事业广泛参与的重要制度。从主体来看,社会团体、社会服务机构和基金会等社会组织在慈善事业动员制度的建设过程中发挥重要作用。

一、社会组织动员制度的价值意蕴

社会组织为慈善事业提供专业性的社会力量支持。社会组织动员制度充分发挥社会组织在动员领域的社会性优势,能够更好地识别社会需求,满足社会需求。社会组织动员也为增强公众的权利意识和参与意愿创造了可能性条件。

(一) 发挥社会组织的社会性动员优势

社会组织具有非营利性、志愿性等特征,相较于国家机关,社会组织的社会性优势更加明显。从社会组织的功能视角来看,社会组织动员制度有助于发挥社会组织的动员优势、维护安定和谐的政治局面。政治局面的安定和谐为慈善事业动员提供有利的发展环境,从而促进国家机关、社会组织、社会公众等主体间的有序互动。① 随着政府机构改革和政府职能转变的持续推进,社会组织获得了在慈善领域的广泛活动空间,社会组织借助政府职能转移的契机承接部分社会服务职能,承担部分社会性和公益性的社会事务,进而提升了社会治理的效率。

社会组织的社会性动员也是对慈善事业合法性资源的有效补充。合法性资源供给是指社会组织(主要是指社会团体)凭借利益表达机制,兼用正式的制度安排与非正式的制度安排,督促政府调整和采取相关政策,使公共政策趋于合理化。② 社会组织的动员工作为国家与社会的制度性合作奠定了扎实的基础,从而使国家权力获得稳定的支持来源,增强了政府权威。③ 合法性资源共同组成社会组织动员制度的法理基础,动员的方式可以强化社会对慈善事业的认同,增进社会福利,促进社会公平。社会组织的社会性动员优势还在于其可以解决基层社会出现的微观问题。社会问题的解决有赖于基层问题的解决,只有将最基层、最细微的问题通过组织化的方式带入议程,推动对话,促进问题的显性化讨论,才能有效、及时地解决这些社会问题。懂民生、接地气的社会组织来自基层、扎根社区,更加了解居民的迫切需求。它们在开展慈善活动和服务居民的过程中,既壮大自身队伍,也为政府延伸服务触角,成为新形势下用社会力量解决民生问题的生动实践。社会组织通过慈善动员,能够激发群众的主体意识,整合困难群体、志愿者等多方力量,为群众提供参与契机和平台。

(二) 满足社会发展的需求

社会组织动员制度满足社会各阶层在社会发展过程中的基本需

---

① 侯光辉、李馥琪、郑桂贤:《大型慈善社会组织是如何获得应急动员能力的?——一个案例研究》,《华东理工大学学报(社会科学版)》2024 年第 2 期,第 77—94 页。

② 徐家良:《利益表达机制与危机状态下社会团体的作用——江山养蜂协会个案研究》,《公共管理评论》2005 年第 0 期,第 73—82 页。

③ 吴巧瑜:《转型期民间商会组织的角色与功能——从合作主义的理论视角分析》,《学术研究》2007 年第 8 期,第 15—19 页。

求。社会主义市场经济和谐有序是指在经济发展过程中市场秩序稳定,各类主体活力彰显,发展成效显著。市场经济的稳定快速发展呼唤社会组织的有序参与,并通过激发社会组织的活力,动员更广泛群体参与,从而促进经济社会的持续发展。社会组织既能够作为特定领域或特定群体的代表维护其利益,又能够推动和督促社会公众承担相应的社会责任。社会组织在公共事务治理过程中可以有效地吸纳相关群众的诉求,并向政府传递这些诉求。群众可以通过参与社会组织动员和开展的各项公共活动来表达个人意愿和观点,经由社会组织集中向政府反映,间接影响政府决策的制定与执行。社会组织通过其现实的治理活动,搭建起一座沟通国家机关与社会公众的桥梁。

社会组织动员制度可以满足多元化的社会需求。社会组织通常以"助人自助"为宗旨,由受过专门训练的社会工作者作为职业的服务人员和志愿者组成,为特定的有需要的服务对象提供专业服务。[①] 公众在慈善领域具有不同的诉求,"助人自助"宗旨有利于唤醒群众为自身需求发声的意识,增加多元化需求被满足的可能性。社会组织动员制度能够有效激发公众参与的动力,综合培养公众的创新精神、实践能力和社会责任感,促进制度的供给与公众的自觉共同作用,搭建出合理的慈善治理结构。社会组织因"助人自助"的特性,能够有效释放社会公众的参与活力。

社会组织动员制度可以完善社会公共服务体制的建设。社会公共服务体制以普惠性、保基本、均等化、可持续为方向,健全国家基本公共服务制度,完善服务项目和基本标准,强化公共资源投入保障,提高共建能力和共享水平,努力提高人民群众的获得感和公平感,具有公共性、普惠性和社会公平的属性。[②] 公共服务体系包括教育体系、公

---

① 李莹:《社会服务组织建设与社会福利促进——基于北京民办残疾人服务机构的调查研究》,《人文杂志》2012 年第 3 期,第 172—178 页。

② 杨团:《推进社区公共服务的经验研究:导入新制度因素的两种方式》,《管理世界》2001 年第 4 期,第 24—35 页。

中国式现代化慈善事业的制度体系研究

共卫生体系、公共文化服务体系、社会福利体系等,完善的社会保障体系是社会主义市场经济体制的重要支柱,关系改革、发展、稳定的全局。社会组织通过广泛动员推进社会参与有利于通过资本的流动,保障社会公众的诉求传达到国家机关,确保基本公共服务的属性的实现。

（三）提升社会公众的权利意识和参与意愿

社会组织动员制度可以促进公民精神的培育与公民意识的推广。公民精神主要体现为参与权的普及、协商与共治意识及契约精神,公民意识主要包括参与意识、监督意识、责任意识、法律意识、平等意识、公共精神、自主与理性等。[1] 尤其是对于一些特殊群体,更有其意义所在。提升服务特殊群体的社会组织在慈善议题中的参与程度,能增进社会平权意识。社会组织通过链接公民,能增进社会公众对自己主人翁身份的认同和感知,唤醒社会公众作为国家的主人落实到个体层面应享有的权利(如财产权、自由权等)意识。[2] 随着中国社会现代化建设的进程持续加快,部分地区的老旧小区治理成为各界关注的重要议题。在老旧小区治理方面,社会组织发挥了重要的群众动员和政策倡导功能。

> 我们在2022年成立了"好商量街事会",寓意是把街道内部的社区公共事务说清楚、动员社区居民通过协商议事的方式参与社区治理。成立的这家社会组织成为街道与社区商铺、社区居民协商共治的重要载体和平台,是动员人民群众参与社区治理的真实写照。
>
> ——20240803 某社区基金会负责人 L 的访谈记录

通过社会组织动员制度,公民可以实现其作为社会成员对自己基本社会身份的认同。社会组织动员制度引导公共议题向更广泛的社

---

① 党秀云:《公民精神与公共行政》,《中国行政管理》2005年第8期,第105—108页。

② 邓国胜:《中国民办非企业单位的特质与价值分析》,《中国软科学》2006年第9期,第18—28页。

会利益层面发展。议题是公共政策的前身,公共议题则是议题在成熟扩大时期公众参与讨论、表达民意、发挥动员功能的一个集合体,具有群众性和普遍性,是推动政策形成所必不可少的环节。[1] 要实现有效的社会动员,舆论引导机制至关重要。通过资助研讨活动,在社会上营造出相关议题的社会讨论氛围,从而提升慈善事业的参与程度,社会组织成为"议题设置理论"的实践者[2],积极利用新闻传媒的力量进行议题设置,实现对社会舆论的影响。进入互联网时代,社会组织又站在网络新媒体的风口处,向社会推广自己的新思想,潜移默化地构建自己的影响力。

二、社会组织动员制度的历史变迁和运行方式

(一) 社会组织动员制度的历史变迁

社会组织动员社会力量参与慈善经历长期的发展过程。在发展初期阶段,群团组织发挥主要的动员功能,这一时期的慈善动员具有强烈的政治属性。后来,专门性的慈善组织逐渐发展起来,多元组织包括基金会等不同类型的社会组织,共同参与到动员工作中来。在慈善行业基础设施建设相对完善的阶段,专业性的慈善行业组织成为动员的主体。

1. 群团组织主导动员阶段

免于登记的八大人民团体以及由国务院机构编制管理机关核定,并经国务院批准免于登记的团体并称群团组织。[3] 群团组织也是广义上的社会组织的一种。群团组织主导的动员是社会组织动员制度在发展初期的重要动员方式,这一阶段的社会组织动员制度主要表现出社会组织的政治动员属性。1949 年新中国成立以后,由于常年的战争

---

① 章平、刘婧婷:《大众传媒镜像中的公共议题——以新医改政策制定过程为例》,《新闻大学》2012 年第 3 期,第 75—82 页。

② 赵阿敏、曹桂全:《慈善组织微博影响力评价研究——基于 17 家全国公募基金会官方微博的实证研究》,《情报杂志》2013 年第 10 期,第 36—40 页。

③ 徐家良编著:《第三部门概论》,北京大学出版社 2020 年版,第 11—12 页。

和频繁的自然灾害,中国社会发展极度滞后,亟须休养生息,恢复国力。国家在政治、经济、文化、教育、卫生等方面面临巨大发展压力,所以慈善事业的发展既没有得到国家的大力支持,也并未有法律明文禁止,这一阶段的慈善事业主要是以此前留存的慈善组织为基础开展活动,直到1950年出现饥荒问题,政府开始重视慈善事业尤其是社会救助工作。

随着社会主义国家建设进程逐渐加快,群团组织成为这一时期开展慈善事业动员工作、推进慈善事业动员制度建设的重要主体。1950年,在中国人民救济代表会议上,时任政务院副总理董必武作了报告《新中国的救济福利事业》,明确将社会救济作为社会和平建设的重要组成部分。[1] 同年,中国红十字会第一次全国代表大会召开,中国红十字会改组,在全国各地建立分会、扩大会员,奔赴受灾地区、民族地区提供医疗救治和宣传卫生知识。中国红十字会就是这一阶段的重要代表。在行政化动员阶段成立和发展的慈善组织都具有较强的政治色彩,富有人道主义精神。[2] 中国红十字会是在中华民国时期成立的,此名称沿用至今。中国红十字会于1950年进行了协商改组,周恩来总理亲自主持并修改了《中国红十字会章程》。1952年,中国红十字会恢复在国际红十字组织中的合法席位。从功能来看,中国红十字会是从事人道主义工作的社会救助团体,并日渐成为社会主义和谐社会建设的重要力量、精神文明建设的生力军和民间外交的重要渠道。

群团组织主导的动员具有较强的政治属性,重点关注扶贫济困、护老助幼等领域的慈善需求,全国妇联、中国红十字会、中国残疾人联合会等都是在这一时期发挥重要慈善功能的组织,在多次救灾工作中表现突出,充分发挥群团组织的政治功能和社会服务功能。但其也限制了动员的范围,导致这一阶段慈善事业中的民间力量有限。群团组

---

① 徐达深主编:《中华人民共和国实录》第一卷,吉林人民出版社1994年版,第232页。

② 韦克难、陈晶环:《新中国70年社会组织发展的历程、成就和经验——基于国家与社会关系视角下的社会学分析》,《学术研究》2019年第11期,第46—54、177页。

织主导的动员契合整体性国家的建设需求,为下一阶段的多元组织参与动员提供制度基础。

2. 多元组织参与动员阶段

在党的十一届三中全会胜利召开后,部分热心公益事业的老干部和从事民政工作的政府官员开始纠正社会对于慈善事业的偏见和误解,并主张引入民间力量参与社会救济,大力发展民间慈善事业。相关法律法规的制定和完善也为这一阶段的慈善事业社会动员提供了法律支持。1994 年 2 月,在中华慈善总会成立之际,《人民日报》发表《为慈善正名》一文,鼓励发展社会主义慈善事业,"社会需要慈善"开始成为慈善事业发展的共识。

多元组织参与动员以这一阶段制定的多项法律法规和政策文件为基础。1998 年的《民办非企业单位登记管理暂行条例》和《社会团体登记管理条例》为慈善组织的设立开辟了制度化的路径。1999 年 6 月,九届全国人大常委会第十次会议审议通过《公益事业捐赠法》,这成为中国慈善事业领域的第一部专门性法律。[①]《公益事业捐赠法》明确规定公益捐赠的主体、行为、对象等内容,公益事业捐赠领域逐渐走上法治化轨道。

多元组织参与动员为进一步提升慈善事业的社会影响力以及社会组织的动员能力创造了非常好的机遇。慈善会、由政府或民间力量推动成立的基金会、关注环境保护等议题的社会组织以及开展志愿服务工作的志愿者组织都在这一阶段开始涌现,促进这一时期慈善事业的快速发展。

3. 慈善行业组织动员阶段

慈善行业组织动员阶段主要得益于法律法规的进一步完善和网络时代社会力量的进一步发展。慈善事业法律制度的进一步健全为慈善行业组织的发展提供了制度支撑,从而为更大范围内的社会组织

---

① 刘培峰:《非营利组织的几个相关概念的思考》,《中国行政管理》2004 年第 10 期,第 37—40 页。

动员创造了可能。《慈善法》的通过初步解决了募捐主体的限制问题。《慈善法》将"大慈善"写入立法,促使慈善组织设立更加便捷、慈善事业更加透明、监管更加高效,同时,它特别倡导发展慈善行业组织。发展慈善行业组织成为慈善事业的基本共识。在全国层面,中国慈善联合会于2013年成立,是由国务院批准、民政部登记注册,由致力于中国慈善事业的社会组织、企事业单位等有关机构和个人自愿结成的联合性、枢纽型、全国性社会组织,具有社会团体法人资格,旨在联合慈善力量、沟通社会各方、促进行业自律、推动行业发展。在地方层面,社会组织联合会等组织充分推动慈善事业的行业发展。慈善行业组织在实践过程中还连续多年举办中国基金会发展论坛,推动慈善事业的行业基础设施建设,凝聚行业共识,促进慈善事业发展。

此外,互联网公益平台的兴起也为慈善事业的行业动员提供了创新机遇。互联网公益平台借助现代信息技术,突破了传统公益募捐和慈善事业的地域界限,成为现代公益慈善事业发展的重要载体。[1] 慈善事业的网络化发展充分借用了数字时代的发展红利,通过互联网进一步放大了慈善事业的参与效应,让更多社会公众得以了解慈善、参与慈善,并主动参与到对慈善的监督等工作中来,慈善事业的社会动员成效快速提升。从2016年至2021年,民政部共指定三批32个慈善组织互联网募捐信息平台。这些信息平台具有以下特点:第一,平台实现技术与公益的有机结合。互联网募捐平台是互联网与公益双向赋能的结果,它不仅利用技术手段进行公益项目的推广和筹款,还通过公益增加了互联网的社会价值。第二,平台放大了慈善的"流量效应"。部分平台由于具有较大的用户基础和流量优势,在募款效果上远超其他平台,形成了"二八效应",即少数平台占据了大部分资源和影响力。第三,平台提供多样化的募捐方式和有效的参与激励。平台提供了多种捐赠方式,如在线支付、步数捐赠、声音捐赠等,使得捐赠更加便捷和多样化。第四,平台慈善公众参与度显著提升。平台通过

---

① 金锦萍:《〈慈善法〉实施后网络募捐的法律规制》,《复旦学报(社会科学版)》2017年第4期,第162—172页。

各种创新方式提高了公众的参与度,使得公益成为更多人生活的一部分。第五,平台的运营方式越来越多样化,企业、枢纽型社会组织、基金会运营的平台各具特色,为加强组织履行社会责任、鼓励社会各界参与慈善活动、共同推动社会进步提供了可能。

（二）社会组织动员制度的运行方式

社会组织通过代表群众形成集体化的利益表达、提供社会参与的平台和渠道、保障参与者的基本权利等方式强化动员,为慈善事业的发展提供了强有力的支持。

1. 代表群众形成集体化的利益表达

代表群众形成集体化的利益表达是社会组织动员制度的重要方式。社会组织在动员过程中可收集社会意见并将其反映给决策部门。社会组织与决策层直接沟通区别于间接沟通,是一种双方意见交流更为直接迅速、反馈更为及时的沟通方式。社会组织促进动员的重要机制是通过正式与非正式的渠道与决策层直接沟通,传递社会的多元意见,从而取信于群众,增强获取的社会诉求的真实性。① 关注民意传递的社会组织主要以社会智库的形式而存在。社会智库是相对于官方智库和企业智库而言的,是不以营利为目的的民间思想库。2015 年公布的《关于加强中国特色新型智库建设的意见》首次提出"规范和引导社会智库健康发展",奠定了社会智库的建设基调。2017 年公布的《关于社会智库健康发展的若干意见》,从重要意义、指导思想和基本原则、强化规范管理、优化发展环境、加强自身建设、完善保障措施六个方面对社会智库培育和监管作出具体的规定。社会智库的资金可以源于政府购买服务、企业捐赠、服务收费,也可以来自其他社会组织,特别是基金会的资助。

改革开放以来,我国智库发展较快,为党和政府决策提供有力的智力支持。不过,在中国,95%的智库是官方智库,在决策当中起主要

① 张长东、马诗琦:《中国社会团体自主性与政策倡议积极性》,《政治学研究》2018 年第 5 期,第 67—78、126—127 页。

作用的也是官方智库。社会智库由于起步晚、规模小、能力弱,发挥的作用十分有限。如果把社会智库分为全国性社会智库与地方性社会智库,全国性社会智库体现出地域分布不均、综合实力较弱、聚焦社会热点问题、发展不均衡和制度建设尚未成熟五个方面的特点;而地方性社会智库则存在对外宣传不够、全国范围内分布不均衡、治理结构有待完善、对人才吸引力较弱等问题。[①] 然而,从国内外的经验看,社会智库由于自主性与灵活性强,没有科层体制的条条框框限制,往往能够另辟蹊径,寻找创新性的问题解决之道。因此,社会智库能够弥补官方智库的不足,丰富政策备选的方案,为党和政府决策提供多样化的选择与依据。特别是,我国处于转型时期,无论是国内的社会矛盾,还是在国际上面临的挑战都异常艰巨和复杂,很多公共政策的制定常常处于两难的困境,更需要集思广益,听取各方的真知灼见。而社会智库在这方面可以大有作为,通过创新性地提出政策备选方案,破解政策难题,为国家战略与科学决策服务。

2. 提供社会参与的平台和渠道

社会组织动员制度提供社会参与的平台和渠道。社会组织通过举办交流研讨活动、搭建慈善议题交流平台等方式进一步深入群众,广泛传播慈善事业相关知识,推动形成全社会了解慈善、参与慈善的慈善文化氛围。社会组织发挥其在人员、资源等方面的优势,通过社会组织平台,产生更大的社会效应。通过培育发展拥有不同特质、不同优势的基层团队,由其创造性地解决社会问题,推动慈善事业的转型与发展,各类社会组织发挥了在行业链条中基于生态位的使命价值。[②] 社会组织的持续努力使得社会公众按照他们自己选择的方式,完成他们自己设定的目标。社会组织的作用也从开发一个好的公共参与项目,到推动社会领域内的慈善事业制度变革,再到推动整个慈

---

① 徐家良主编:《中国社会智库发展报告(2018)》,社会科学文献出版社 2018 年版,第 19—20、26—28 页。

② 张晓君、彭正波:《制度环境、公共服务供需对社会组织发展的影响——基于中国省级经验的实证研究》,《华东经济管理》2017 年第 8 期,第 34—43 页。

善行业的建设,也得益于社会组织动员制度的平台功能。

部分社会组织还通过发布研究成果的方式激发公众对慈善事业的关注,从而促进对于慈善事业的讨论和参与。研究成果发布是学术类或专业类社会组织主要采取的一种社会动员形式。这类社会组织通常针对某一个慈善事业制度领域,进行相关的深入研究,并将成果以图书、调研报告等形式向公众传播。社会组织发布研究成果是为了让政策制定者了解专业意见。社会组织重视专业知识,发挥专业优势,利用学术界和产业界的专家资源,发布具有政策前瞻性的研究意见为政策制定提供智力储备与支持。这些研究意见对于慈善事业有着直接或间接的推动作用。

社会组织通过大众媒体开展慈善知识科普与观点传播。大众媒体观点传播主要是指运用传统媒体、新媒体等媒介,以专业人士为主要传播中心,公开发表有关公共事务的意见,形成意见领袖与受众群体。在慈善领域,社会组织通常会选择与媒体合作,让议题进入政府的关注区域,塑造社会的话语环境,加强有关慈善事业的政策倡导和社会动员的效果。它们会利用新媒体和传统媒体就某一议题,提供信息、发表观点、进行倡议,推动社会问题透明化、公开化和媒体化。社会组织借助微博,与大众实时互动,推进目标的实现。

3. 保障参与者的基本权利

保障参与者的基本权利是社会组织动员制度的运行方式之一。从社会组织的功能来看,保护参与者的基本权利涉及社会组织应当对何种政策进行呼吁,并维护哪些群体的利益。成功的社会组织行动需要社会组织具备说服能力、组织能力、辨识能力和表达能力。[1] 社会组织的保障性功能在于加快政府职能转变,满足社会特殊群体的个别化和系统化服务需求,为基层政府减负创造条件并吸纳集聚社会工作人才。社会组织通过公共利益价值倡导,对慈善事业制度调整寻找实证材料,进行问题分析与政策提议,并通过自身的政治影响力,为慈善事

---

① 周俊:《行业组织政策倡导:现状、问题与机制建设》,《中国行政管理》2009 年第 9
期,第 91—96 页。

业形成内外部改革动力,推动慈善事业的重大变革。[①]

社会组织通过公共参与,运用专业的方法为有需要的服务对象(个人、家庭、社区)提供困难救助、矛盾调解、人文关怀、心理疏导、行为矫正、关系调适和资源协调等方面的服务,给予服务对象物质支持与精神支持,增强服务对象的发声能力,并成为他们的发声渠道。

社会组织保障参与者的基本权利还体现在突发事件处置的具体工作上。社会组织进行的组织动员是指社会服务机构不借助政府行政管理框架,不依托与国家完全同构的单位,不利用行政命令,借助自身组织推动,基于市场机制,利用各种传播媒介进行资源动员的行为。[②] 经过法律法规的正式确认,部分社会组织已经被纳入应急管理体系,成为政府开展灾害救援工作的协助者。社会组织行动快速、专业性强、服务精细、擅长组织动员群众联合行动,而且能够适应多样化与急剧变化的社会需求。在灾害尤其是重大灾害发生后,社会组织常常能够有力地配合政府开展自然灾害救助动员,已经成为政府进行自然灾害救助动员的得力助手。应急救援领域的社会组织因为贴近基层,能够深入企业、农村、社区、学校和家庭开展防灾宣传、普及应急知识,并积极参与重点目标巡护、风险隐患排查和群众转移、人员搜救、物资运送、道路疏通、志愿服务等各项防汛救灾工作。

三、社会组织动员制度的主要特征和面临的挑战

由于社会组织在治理领域的权威性低于国家机关,因此社会组织动员制度存在权威性较弱的短板。社会组织的服务领域较为多元,特定组织往往以某一领域作为工作重点,因此其动员能力受到限制。社会组织在社会治理场域的资源汲取能力相比国家机关较弱,因此在动员慈善参与的过程中往往出现动员资源不足的问题。

---

① 王洛忠、李奕璇:《信仰与行动:新媒体时代草根 NGO 的政策倡导分析——基于倡导联盟框架的个案研究》,《中国行政管理》2016 年第 6 期,第 40—46 页。

② 徐家良:《"体制吸纳问题":社区组织动员的功能》,《中国行政管理》2007 年第 9 期,第 11 页。

（一）社会组织动员制度的主要特征

社会组织动员制度的主要特征体现在三个方面:以组织开展慈善活动为主要方式,基本覆盖慈善领域核心议题和形成代表公众的利益表达机制。

1. 以组织开展慈善活动为主要方式

社会组织动员制度以组织开展慈善活动为主要方式,通过举办各类慈善活动,吸引社会公众的广泛参与。社会组织在推进慈善事业社会动员和公共参与时更强调改变人们的态度和行为,并促进他们在社会工作各领域的合作。许多社会组织主要致力于促进公众在慈善教育和道德领域的进步,将自己看作政府的合作者,与其共同开展社会慈善事业。[1] 大多数社会组织都愿意通过开展慈善活动的形式得到政府和社会的两方面支持。社会组织都希望与政府建立密切、合作型的工作关系,一方面获得开展项目所需的空间和物质上的支持,以提供更好的服务,另一方面促使政府完善政策。政府存在失灵的可能,这时便需要民间力量来补充。[2] 在推进慈善事业动员时,社会组织能够有效弥补政府失灵。社会组织具有公益性,其本身存在的意义即为社会公共利益服务。同时,社会组织还具有一定的组织性,有能力组织好大型活动,有资本促进公共参与。另外,社会组织可以与国家机关形成有效对话,相较于公民个人来讲,社会组织具有较强的对话能力,同时也具有较大的影响力。

社会组织动员制度通过宣传慈善法治的方式展开,从而提升公众关于慈善事业的问题意识。慈善事业的问题意识是指公众对慈善事业存在的相关问题与现象产生了获取解释或处理的心理欲望,强烈的问题意识能够促使人们去发现问题,解决问题,不仅体现了个体思维

---

① 郭正蒙、黄新秩:《论民间社会团体的自主性与嵌入性及其相互关系》,《中州学刊》2018 年第 10 期,第 85—87 页。

② 张勤、钱洁:《促进社会组织参与公共危机治理的路径探析》,《中国行政管理》2010 年第 6 期,第 88—92 页。

的灵活性和深刻性,也反映出其思维的独立性和创造性。① 以社会组织参与的环境公益诉讼为例,此行为提高了环境违法成本,促使环境外部成本内部化,对污染企业产生很大的威慑作用,具有良好的社会影响,对推动环境守法、预防环境问题也具有重要意义。江苏泰州 1.6 亿元天价环境公益诉讼案、"新环保法第一案"即福建南平采矿毁林生态破坏公益诉讼、腾格里沙漠排污等个案使整个社会开始意识到违反环境法律,造成环境污染或生态破坏可能付出的巨大代价,从而促使相关主体注意环境合规,遵守环境法律,以避免因造成环境污染或生态破坏而承担巨额代价。社会组织对相关主体的前端守法、注重环境合规、预防环境问题的产生等方面产生了积极的社会影响。

2. 基本覆盖慈善领域核心议题

不同类型的社会组织通过决策集训、协商沟通、发布专业报告、促进利益表达等方式强化社会动员效果,基本涵盖了大慈善领域的核心议题。相较公众个人的自发参与,社会组织推动的动员和参与更强调公共利益,瞄准的是公众最关心的议题。围绕传统慈善、应急管理、科教文卫、环保等领域,社会组织聚焦社会治理前沿,关注老百姓最关心同时也是治理的棘手难题。这种通过慈善动员扩大公众议题影响力的方式,不仅可以撬动问题的解决,更是一次国家与社会的互动和对法治的宣传。社会组织推进慈善事业动员不仅推动具体问题的解决,维护公众的权益,帮助化解相关问题引发的社会矛盾,还能更好地服务于大慈善体系的构建与宣传,推动公众对大慈善领域议题的关注。

社会组织动员制度以民生问题为主要关注点。民生是指群众的日常生活事项,例如衣、食、住、行、就业、娱乐、工作等。广义上的民生问题囊括与民生直接相关和间接相关的问题,具有高度综合性。狭义

---

① 陈钊、陆铭、徐轶青:《移民的呼声:户籍如何影响了公共意识与公共参与》,《社会》2014 年第 5 期,第 68—87 页。

上的民生问题主要包括涉及群众基本的生活状态、发展机会、发展能力和基本权益保护方面的问题。[1] 社会组织是解决社会民生问题的中坚力量,服务民生是社会组织本质特征的充分体现。[2] 近年来,我国社会组织积极响应党中央、国务院重大决策部署,践行社会主义核心价值观,立足自身实际,发挥自身优势,在参与脱贫攻坚和精准脱贫,服务老年人、困境儿童、农村留守人员、低收入家庭、受灾群众等困难群众,参与城乡基层社会治理等方面取得新的进展,有显著的社会成效。我国社会组织在推动公共参与的时候始终坚持以民生需求为导向。着眼于公众多层次、多样化的物质、文化、生活服务需求,特别是针对公众生活中的急难愁盼问题不断拓展民生服务的领域与项目,贴近百姓,提供个性化参与路径,满足基本民生需要。

3. 形成代表公众的利益表达机制

社会组织动员制度能够形成代表公众的利益表达机制,通过利益表达实现慈善事业维护、发展人民群众利益的目标。社会组织在参与慈善事业制度建设过程中,传递立法诉求,搭建交流平台,促成社会与立法机关、政府相关部门的互动,并且直接为我国慈善制度改革提供智力支持,推动慈善事业的发展和社会的和谐。社会组织源自民间,能够充分挖掘民间自发的动员潜能。社会组织广泛联系群众,积极发挥桥梁和纽带作用,具有团结群众、动员群众的组织基础,是政府服务群众、引导群众、带动群众、启发群众的"好帮手"。同时,社会组织具备植根基层、服务群众的特质,其成员也是其动员对象,社会组织拥有充足的动力发挥对其成员思想动员、凝聚共识、行为引导的积极作用。[3]

---

[1] 杨渊浩:《社会组织发展与中国民生建设》,《探索》2016 年第 4 期,第 125—130 页。

[2] 张健:《转型期弱势群体民生问题及其政治参与研究》,《理论与改革》2008 年第 6 期,第 66—69 页。

[3] 田蓉、王丽丽:《我国政府主导型社区基金会供需理论视角分析——以南京为例》,《中国行政管理》2018 年第 12 期,第 53—58 页。

社会组织源自民间,与服务对象关系密切,广泛活跃在教育、科技、文化、卫生、体育、养老、社会工作、环境保护、法律援助等领域,其优势在于提供的服务专业化程度高,更能满足受助群体需要。社会组织中的社会工作专业人才是创新社会治理、保障改善民生的重要力量,是社会服务、社会保障、社会救助的政策传递者、资源链接者。社会组织是社会工作专业人才发挥作用的重要平台,是整合社会工作资源、提供社会工作服务的重要载体,是承接政府社会服务职能的重要依托。近年来,我国社会组织主动靠前、扎根基层,积极回应公众需求,服务特殊困难群体,调动公众参与热情,促进公众自治,有效提升了民生服务保障和基层社会治理水平。

（二）社会组织动员制度面临的挑战

1. 权威性较弱

社会组织动员的权威性较弱是社会组织动员面临的重要挑战。撬动多元主体参与是发展慈善事业的重要基础。慈善事业动员制度呼吁多元主体参与互动和沟通协调,通过动态的调适,实现政府主导、社会协同和居民自治的治理格局。[①] 但在具体的运行过程中,政府与社会组织的权责大小存在明显差异。从慈善事业动员制度的发展历程来看,长期的政府主导思维使得社会公众对国家机关动员的接受程度和认可程度更高,对社会组织开展的动员工作往往心存疑虑。由于社会公众的数量大,细分群体多,民生诉求多元,相较于在各项社会管理事务领域都设有职能部门的国家机关而言,社会组织能够通过动员制度参与的慈善领域较少,限制了其保障民生、改善民生的能力。

2. 动员能力受限

社会组织的动员方式和手段虽然较为灵活,但其动员能力仍然较为有限。许多社会组织在长期的发展过程中对国家机关的依附性较

---

① 赵万林、张洪英、燕操:《多元主体的参与式发展与社会治理——以济南市"大爱之行"项目为例》,《山东行政学院学报》2016年第5期,第41—48页。

强,主要承担政府转移的服务职能,与政府的协调与合作较多,对社会公众的需求则了解不多。这类社会组织在动员社会公众方面的能力不强。即使这类社会组织在资金和业务工作等方面具有丰富资源和管理经验,也可能由于其对社会公众的需求以及民间成立的社会组织的工作模式不熟悉等,其动员社会公众的能力较低。随着慈善事业的快速发展,社会对社会组织的专业能力提出了更高的要求,社会组织亟须构建多元化社会力量广泛参与的社会动员响应体系,搭建"慈善圈""公众圈""政府圈"纵横交织的社会网络,积聚公众参与所依赖的社会资本。[①]

社会组织动员也存在对新技术的运用和动员工作的结合程度不高的问题。从理想状态来看,社会组织应当借助互联网及新媒体工具增强与公众的直接互动和思想交流,将其作为引导社会舆论、凝聚社会共识、动员社会力量的"主战场",以多样化、即时化、生动化的传播形式向公众宣传参与理念,形成有效动员所必需的价值基础和理念认同。但是从实际情况来看,部分社会组织的数字化转型工作仍然存在较大的提升空间。此外,社会组织的服务能力和动员能力之间存在明显的差距。运作慈善项目、促进慈善领域的合作互动是社会组织的优势和特长,但部分社会组织对于社会公众动员等方面的知识储备不足,很难有效获得公众诉求并予以回应。

3. 动员资源不足

社会组织动员制度面临着动员资源不足的问题。从主体功能来看,社会组织链接多元主体、融入项目化驱动理念、有效推进慈善事业动员制度建设仍然面临着资源严重不足的问题。社会组织在动员过程中很难获得有效的动员资源,而以项目驱动的方式整合社会资源、撬动社会力量、引导多元主体参与慈善治理的动员方式对于社会组织的治理和服务能力的要求相当高,社会组织很难满足。国家机关可以

---

① 刘丽珑、张国清、陈菁:《非营利组织理事社会资本与组织绩效研究——来自中国基金会的经验证据》,《中国经济问题》2020 年第 2 期,第 76—90 页。

通过领导信箱、政务热线、政府网站、政务邮箱、政务微信公众号、政务微博等方式了解社会公众诉求,而社会组织动员只能依托慈善项目或基层的具体工作获取社会诉求,缺少有效的执行工具。此外,受限于资源不足,社会组织往往是在特定时间内、特定区域内对特定群体进行动员,很难覆盖全体社会公众,从而降低了社会对于社会组织动员制度的关注度。随着互联网的发展,网络征求民意承载着提高动员效果的重要职责,但在社会组织动员的具体实践中也存在随意性大、"走形式"等问题,影响了网络参与的有效性。① 社会组织动员的资源不足问题是社会组织动员制度效能的持续提升的较大阻碍。

第三节　公众自发参与制度

公众自发参与制度是慈善事业动员制度的重要组成部分。公众自发参与是慈善事业法律赋予的权利,是加强慈善事业动员制度科学性和民主化建设的重要路径。公民自发投身慈善事业这一行为本身反映的是公共性在慈善领域的蔓延,而公共性是慈善活动的应有之义。从具体实践来看,公众自发参与慈善事业主要包括公民个体、民间自组织和非法人组织的动员和参与过程。

一、公众自发参与制度的价值意蕴

（一）促进社会治理共同体建设

社会治理共同体建设依托秩序和活力两大现实发展目标,在党的领导下形成"一核多元"的治理格局。从社会治理共同体的发展脉络来看,基层组织和社会创新是社会治理共同体建设的重要主线。建设社会治理共同体需要政府的治理行动获得人民群众的广泛认可,因此社会力量就成为政府的重要帮手,而公众的自发参与则更为提升治理的有效性提供了新的可能。从慈善事业的发展历程来看,公众自发参

---

① 杨福忠:《网络征求民意法治化——探寻公民有效网络政治参与的分析框架》,《政治与法律》2012 年第 2 期,第 84—96 页。

与有利于进一步提升对慈善事业的治理效果。发展慈善事业是国家治理体系和治理能力现代化过程中提出的重要战略,公众自发参与慈善事业目的是解决人民群众在社会生活中遇到的最直接、最现实、最紧迫的问题,但有时这些问题即使得到国家机关和社会组织的关注,也可能由于治理资源可及性不高等,无法及时解决。这时,公众自发参与才是解决此类问题的最高效方式。

公众自发参与制度是我国政府基于对以往慈善事业发展工作的反思,提出的扩大慈善事业影响力、发挥慈善事业规模效应的重要工具。公众自发参与制度可以从社会最直接、最现实、最紧迫的问题入手,在扶贫济困、环境卫生等领域广泛开展慈善帮扶,与政府的社会救助形成合力,发挥重要的补充作用。公众自发参与制度也进一步丰富了社会公众的文化生活,调动了人们参与慈善事业的积极性,提升了社会的文明程度,维护了社会秩序的稳定。

(二) 为慈善事业提供社会支持

公众自发参与制度为慈善事业的发展提供了广泛的社会支持。社会支持既包括常态下对慈善事业相关政策的促进功能,也表现为非常态下对特殊群体的利益的维护。

公众自发参与制度在常态治理的场域下为慈善领域的重要政策提供社会支持。时间银行就是公众自发参与在社区养老互助领域中的很好例证。时间银行是指志愿者为身边老年人提供服务,其服务时长、内容以积分形式存储,他们日后可以凭借积分兑换相应服务。这种机制创新补充了政府服务资源的短板,又培育了社区互助互济的慈善氛围,为构建共建共治共享的社会治理格局提供创新样本。此外,广泛的公众自发参与慈善为树立慈善理念、营造慈善氛围打好扎实的基础,为我国社会治理提供强大的支持,推进国家治理现代化的整体发展。

公众自发参与制度在非常态的治理环境下表现为对社会群体的利益维护以及更广泛层面对慈善事业的积极参与。在应急救灾领域,公众自发参与制度吸纳了大量的社会志愿者,这些志愿者在参与应急救灾的过程中与受助对象和受灾群众密切接触,为其提供志愿服务。虽然志愿者提供的服务替受助对象解了燃眉之急,但是在制度建设和常态化支持机制等方面的救助工作仍然需要法律法规的确认,受灾群众的权益也需要法律法规和政策文件的保障和维护。一些研究表明,公众参与虽然在某些突发事件中促使政府做出有效回应,但由于科层体制的固化,无法提供长期稳定的变革动力。[①] 应急救灾领域的公共参与充分发挥了权利倡导的功能,帮助实现了对受助对象和受灾群众的权益保护。此外,非常态下的治理环境使得常态下的部分基础设施遭到破坏,而公众的自发参与可以为非常态下的救助工作提供人员和资金等方面的支持,形成基层的互助网络体系。

(三)推动制度优化和社会创新

广泛的公共参与有利于吸纳最广泛的社会力量,集思广益推进制度的优化。在应急管理领域,公众自发参与为增强制度的有效性和及时性提供了强大支持。应急救灾工作是一项实操性、技术性较强的工作,应急救灾工作成功的关键在于有效制度和有效执行的组合。公众自发参与作为动员最广泛的社会公众的重要方式,可以为应急救灾工作提供人员支持。

公众自发参与是激发社会活力、促进社会创新的重要方式。要实现公众自发参与慈善事业,必须贯彻新发展理念,坚持创新、协调、绿色、开放、共享的新发展理念。创新发展注重的是发展动力问题;协调发展注重的是发展不平衡问题;绿色发展注重的是人与自然和谐问题;开放发展注重的是发展内外联动问题;共享发展注重的是社会公平正义问题。我国将生态文明作为国家发展的一个关键优先事项,以此引导并开创了一个面向未来的新发展模式及概念。[②] 公众自发参与

---

① 朱婉菁、高小平:《公众参与逻辑下的应急管理制度变迁——兼论制度变迁理论在中国的适切性》,《浙江学刊》2019 年第 5 期,第 133—143 页。

② 韩振峰:《五大发展理念是中国共产党发展理论的重大升华》,《思想理论教育导刊》2016 年第 1 期,第 67—70 页。

是打造慈善事业社会参与生态的重要机制，能够促进慈善事业所处环境与生态的改善。

二、公众自发参与制度的历史变迁和运行方式

慈善事业在发展初期主要依附于党和政府或者具有官方背景的慈善组织，公众参与的自主性较弱。在自主参与阶段，国家适当放开对慈善事业的管理，有了公众参与的空间。网络化参与阶段则与互联网的发展相伴而生。网络参与进一步扩大了参与范围，提高了参与频次。公众主要通过线下活动参与、线上参与和个人发起求助三种方式参与到慈善事业中来，发挥积极性和主动性，推动慈善事业的发展。

（一）公众自发参与制度的历史变迁

不同的时期，有不同的参与方式，公众自发参与慈善事业经历了依附式参与、自主参与和网络化参与三个阶段。

1. 依附式参与阶段

依附式参与主要是指公众自发参与慈善事业在早期对党和政府以及其他慈善组织的依附性较强。作为慈善事业的制度设计者和政策倡导者，党和政府在法律保障、制度监管、政社合作等方面形成一整套制度体系。在慈善事业发展的初期，政府直接主导慈善工作并承担具体的慈善事务，政府的包揽行为强化了社会公众在参与慈善事业时对政府的依赖性，抑制了民间自组织的独立、自主、自强意识。这一时期的慈善事业制度建设将国家机关主导的动员和社会组织动员作为主要内容，社会公众往往被认作动员的对象，在政策支持措施等方面基本没有涉及促进社会公众自发参与的论述。这一时期较多的是对慈善组织和社会组织的激励措施，在动员公众方面仍然存在较大的制度缺口。宋庆龄基金会、中国残疾人福利基金会、爱德基金会、中国青少年发展基金会、中国扶贫基金会等一批国内知名的社会组织和慈善组织在这一阶段成立，成为社会公众参与慈善的组织载体。但这也从一个侧面说明这一时期国家对公众自发参与的功能判断，即主张通过组织参与的方式实现社会公众的自发参与，通过组织整合的方式将社

会公众吸纳到慈善事业的总体格局中来。

2. 自主参与阶段

自主参与是社会转型背景下公众自发参与慈善事业的新阶段。慈善事业的合法性得到了党和政府的确认，社会公众也越来越意识到慈善事业的重要性以及参与慈善事业建设的必要性，根据个人意愿参与慈善组织、慈善活动和慈善项目。在这一时期，慈善事业正从过去以政府为主导的慈善模式向政府与社会相协调的慈善模式发展，慈善事业的参与主体也从相对狭窄的社会精英群体逐渐转变为普通大众，人人参与慈善的全民慈善格局正在逐步形成。参与慈善的主体出现了多元化的发展趋势，政府、企业、慈善组织、社会公众都成为参与慈善事业建设和发展的重要力量。[①] 自主参与遵循慈善事业的社会参与机制，自主参与的效果取决于社会公众的参与意愿和参与程度，社会公众的参与意愿越强、参与程度越高，慈善事业就越有活力。

公众日益成为促进慈善组织专业化发展、推动慈善事业社会化建设的重要力量。慈善组织是推动慈善事业实践的中间枢纽，是连接受助方与资助方的中间桥梁。社会公众则在政府、慈善组织等主体的感召和呼吁下，主动参与到慈善事业的具体实践中，提升了慈善事业的发展效果。社会公众自发参与涉及慈善多个领域，不仅涉及救困济弱，还涉及科教文卫、自然环境的保护等。社会公众的自发参与不仅能节约治理成本，还能磨合出较为理想的社会治理体系。公众自主参与既关系到社会资源的配置，也影响社会公平与正义的实现。慈善事业所具有的多元参与、注重民生等理念，与以善治为核心的公众需求不谋而合，在全面深化改革的总目标下，公众的自主参与成为创新社会治理的重要方式之一，慈善事业在整个国家治理体系中的地位和作用也变得更加突出。

3. 网络化参与阶段

网络化参与既是客观技术发展的结果，也是慈善事业进入新的历

---

① 许琳：《论中国当代慈善事业参与主体》，《西北大学学报（哲学社会科学版）》2000年第 3 期，第 82—87 页。

史阶段的必然产物。技术因素是慈善事业发展与转型的重要推动力量，主要体现在两个方面：一是互联网技术的发展改变公众自发参与的行动方式。互联网技术的大规模应用降低了公众自发参与慈善事业的门槛，沟通成本、时间成本都得到较大幅度的削减。网络化组织的出现扩大了管理幅度，减少了组织层级，组织的扁平化趋势更加明显。互联网提供人人可参与的慈善网络平台，将更大范围内的社会公众吸纳到慈善事业中来，慈善事业的广泛参与从客观上成为可能。传统的慈善活动的人员规模有限，仅仅限于少数社会精英或慈善领域从业者，然而随着网络技术的崛起，慈善事业拥有了具有更为广阔发展机会的在线平台，自发参与慈善事业成为越来越多社会公众的行为选择和生活习惯。网络化参与为筹款、医疗救助等慈善活动提供了更为便利的沟通平台。二是互联网技术在改变我们生活的同时，也为慈善行业提供全新的筹款模式。随着慈善参与群体的扩大，慈善组织在开展慈善活动或慈善项目时，也借助信息技术进一步拓宽了慈善筹款渠道，利用网络平台，面向广大网民进行筹款。网络平台已成为慈善组织发动募捐和公众参与慈善的重要渠道，也是慈善参与走向大众化的重要手段。

（二）公众自发参与制度的运行方式

公众主要通过线下活动参与、线上（网络）参与和个人发起求助三种方式参与慈善事业。线下的慈善活动既为公众提供参与的机会，同时也是慈善宣传的载体。随着互联网技术的发展，线上参与成为公众参与慈善事业的主要方式。在风险社会，个人可能需要社会救助，因此个人发起求助也成为公众自发参与慈善事业的重要方式。

1. 线下活动参与

线下活动参与是公众自发参与慈善事业的重要方式。社会公众根据个人兴趣、利益诉求等选择性地参与慈善线下活动。例如在环境领域，群众自组织参与环保相关法律法规的社会宣传活动。公众自发参与环境保护是指有较多群众共同自发参与的环境保护行为，体现出人数相对集中、众人共同参与、组织化程度低等特点。出现这种现象的原因之一是公众对环境与健康问题的重视程度日益提高。[①] 例如，2017年贵州省台江县群众自发组织60余人的清洁队伍，开展农村"清洁风暴"行动，以桃源村河岸为起点，南冬新村河岸为终点，总长5公里，用时8个小时，对马路沿线及河道两岸的白色垃圾和堆积物进行了清理整改，共排查整治30余个垃圾堆放点，清理垃圾10余吨。此次行动中，群众分工明确，紧密合作，树立了良好的环保意识，用自身的行动践行了环保理念。

在社区"最后一公里"的社会服务建设领域，社区居民主动借助党政部门在街道社区建立的社会服务平台来提出服务需求、参与志愿活动以及参与政策倡导等。社会公众的自发参与需要党政部门在制度和规则方面的前期建设，只有党政部门"搭好班子"，公众才能"唱好戏"。

> 社区大力推进时间银行的服务机制，通过时间银行来解决社区空间居家养老、互助养老和机构养老的短板，通过号召社区老人投身志愿服务的方式来激活社区参与活力。
>
> ——20220818某街道民政科室负责人M在社区为老服务座谈会上的发言记录

在应急救灾领域，公众也自发地参与到慈善活动中，成为政府力量的补充。自组织和民间救援组织也是我国救援力量的重要组成部分，是政府尤其是民防部门公共服务的重要补充。[②] 2008年四川汶川地震后，公益组织冲在应急救灾的第一线，第一时间赶到现场开展了救援，提供支持，民间救援力量成为官方救援队伍的有效补充。

---

① 梅献中：《论环境保护群众自发型公众参与》，《南海法学》2017年第5期，第64—72页。

② 金英君：《民间救援组织与政府合作机制优化研究》，《人民论坛》2018年第18期，第68—69页。

2. 线上参与

公众自发在线上参与慈善事业的一大方式是通过个人发声来引起社会对于慈善事业的讨论与反思,从而引导舆论。舆论引导是对社会舆论的评价和引导,用舆论对人的主观意向进行引导,进而影响人之后的行为。虚拟社会也反映现实。网络让人们的知情权、参与权、表达权、监督权有了一个现实平台。公共舆论对慈善领域公权力的监督,越来越成为社会自净的一种方式。在网络的特殊环境中,知名学者、演艺人员等公众人物敢于就社会现象发表自己的意见,成为公众的代言人。他们对公众的影响力甚至不逊于某些新闻媒体。这是自媒体时代所特有的景观,也是社会公众自发参与的重要方式。

公众自发的线上参与还表现为主动参加线上的慈善支援与新媒体直播等活动。在常规事务的宣传方面,扶贫济困是解决贫困群体生活问题,为其提供基本生活保障的基础措施。2021年3月初,在快手助农助困直播互动中,11位县领导连同11位快手达人,进行6天的"直播带货"活动,共吸引超2100万人次观看,累计销售数百吨果蔬生鲜产品,带动各地个体农户销售近百万单生鲜农产品,累计销售额突破2000万元。社会公众自发参与的帮困活动成为联系政府、企业、社会组织和公众的重要纽带,自发的慈善活动为政府承担社会服务职能、企业履行社会责任、社会组织发挥服务功能、公众主动参与社会事业提供了平台。

3. 个人发起求助

互联网的快速发展为社会公众及时了解各类慈善事业相关信息提供了极大便利,个人求助这一传统的慈善行为也在互联网技术的加持下成为公众自发参与制度的重要内容。从定义来看,个人求助是指个人因自身或家庭成员出现困难,通过各种渠道、各种方式向社会求助的行为。求助发起人应为本人或其具备民事法律责任能力的监护人、近亲属或委托授权代理人。个人作为求助主体的合理诉求也可能得到基金会等慈善组织的关注,从而获得各方主体的支持和帮助。最早的个人求助与慈善组织的专业联动是1994年的杨晓霞救助活动,杨晓霞患罕见的肢体溃烂症,引发社会各界的医疗支援和关注。社会各界对杨晓霞的捐款总额达 87 万多元,在支付疾病治疗费用后,剩余 45 万元。杨将这笔善款转赠给宋庆龄基金会,专设了"少年儿童疑难病症科研奖励基金",在此基础上可接受海内外社会各界的捐款。政府、新闻媒体、社会组织、公众等不同群体在该基金的使用过程中充分发挥了监督功能,保障了该基金的合理使用。

个人发起求助在新的历史发展阶段呈现出网络化参与的新特征。一批个人大病求助互联网服务平台在近年来相继出现。《慈善法》在修改过程中也注意到"个人求助"这一体现中国传统互助精神、具有中国特色的慈善行为,并在立法过程中补充了"个人求助"的相关条款。2023 年修正的《慈善法》第一百二十四条规定"个人因疾病等原因导致家庭经济困难,向社会发布求助信息的,求助人和信息发布人应当对信息真实性负责,不得通过虚构、隐瞒事实等方式骗取救助。从事个人求助网络服务的平台应当经国务院民政部门指定,对通过其发布的求助信息真实性进行查验,并及时、全面向社会公开相关信息"。相较于传统的求助方式,高效、便捷的互联网能更大程度上为公众求助或帮助他人提供便利和保障。特别是,这些平台极大地降低了公众发起筹款的门槛,充分调动起了底层群众的自救、互助能力,是对慈善事业救助体系的一种有益补充,成为解决社会问题的重要方式。

三、公众自发参与制度的主要特征和面临的挑战

公众参与慈善事业的过程体现了公共性的精神内核,针对有关慈善事业的公共议题,公众参与热情高涨。公众在参与慈善事业的过程中也逐渐意识到组织载体的重要性,因而主动借助慈善组织等平台参与慈善事业。随着互联网技术的进步,公众参与慈善的时空限制得以进一步消解,依托互联网的有效参与成为可能。

公众自发参与慈善事业在我国仍然处于发展阶段,不免出现动员和参与能力不强的问题。慈善文化和慈善理念虽然已经得到一定发展,但就总体来看,公众参与慈善的持续性仍然较弱。公众参与慈善事业仍然缺少制度保障。

（一）公众自发参与制度的主要特征

1. 体现公共性的精神内核

公众自发参与能体现公共性的精神内核。在慈善领域,公众长期参与扶贫济困、灾害救援、安全事故应急、重大疾病捐赠等慈善事业相关活动,通过捐赠资金、物品、服务等方式自发主动参与慈善事业。随着互联网技术的进步,公众自发参与慈善事业的范围和规模得以快速扩大,慈善事业不再被局限于一定范围以内,慈善的传播和扩散效应得以增强,慈善成为社会共同关注的事业。慈善领域的公众参与改变了传统的国家与社会的权力分配模式,实现了从限权、控权向"分立、分治、分享"的转变。① 随着慈善事业法律制度的日趋完善,"开门立法"等具体做法既彰显出慈善立法的开放性特征,又提升了社会公众的参与意愿和参与热情。持续高涨的参与热情使得慈善事业得到社会公众的广泛关注,使得慈善事业的公共参与范围更加广泛,有利于更广泛的社会意见和建议的表达,进而提升慈善事业制度建设的科学性和民主化水平。

中华民族历来有一方有难、八方支援的优良传统,在灾难面前更彰显出强大的公共精神内核,这种精神不仅体现在主动伸出援助之手的互助互济行为上,更体现在不给国家和他人添麻烦的责任意识之中。这就对应急救灾中的公共参与提出了更高的专业性要求。

2. 参与的组织化导向

参与的组织化导向是公众自发参与制度的重要特征。在应急救灾领域,为了实现快速救援的目标,提高救援的效率和专业化水平,成立专业的救援队伍就成为当前的重要工作。应急救灾是一项对管理能力和服务能力要求较高的专业性工作,急需具有较高专业水平的社会组织和个人参与其中。中国有队伍庞大的民间救援队,全国范围内大约有 1700 家注册的救援队类型的社会应急组织。数量方面的快速

---

① 蔡科云:《政府与社会组织合作扶贫的权力模式与推进方式》,《中国行政管理》2014 年第 9 期,第 45—49 页。

增长需要更加完善的救援技能体系。随着应急救灾的科学性水准不断提升，我国在灾害救援现场指挥等方面逐渐形成一整套标准和体系规则，国家救援力量如何指挥、民间救援力量的作用如何最大化、国家与民间力量如何分工与配合都是灾害救援体系的重要内容。目前公众科学介入突发公共卫生事件应急管理的三个症结是：重响应，轻防护；重参与，轻合作；重贡献，轻共创。[①] 为解决上述核心问题，通过多年应急救灾实践的洗礼，社会公众在参与应急救灾的过程中认识到组织化救灾的重要性和价值，形成了公众参与应急救灾的组织化发展趋势，突出应急管理工作的科学和专业导向。公众个人、慈善组织、政府部门之间形成的良性互动关系，为慈善动员制度创新提供了新的支点。通过进一步深化联结机制，能够持续推动慈善事业的高质量发展，构建起健康稳定的慈善生态。

公众自发参与的组织化导向使得公众对慈善议题的关注得以持续。长期议题是相对于短期议题而言的。对于短期议题而言，公众参与来不及调整其所需资源的数量，在固定时间周期里面一些特质是不能改变的；对于长期议题而言，公众参与能够调整全部资源要素的数量，问题是可以得到改善的。对于一些长期存在但得不到有效解决的社会问题，公众自发参与可以为解决这些问题提供社会资源，在人员、资金、知识等方面提供支持，从而为社会问题的解决提供可行方案。

3. 依托互联网的有效参与

互联网的发展为公众自发参与提供了更加广阔的参与舞台。互联网为公众关注教育、环境等长期议题提供了基础条件。公众基于互联网的自发参与具有长期性和稳定性，公众通常也聚焦长期议题，开展持续的参与行动。互联网的发展还带来了参与主体规模的快速增长。互联网大大削减了公众参与慈善的成本，互联网可以覆盖几乎全体社会公众。互联网作为参与的载体和平台，使社会各个阶层的人都能关注到慈善，能够动员最广大人民的力量就某个议题进行集体行

① 赵宇翔、张轩慧、朱庆华：《面向突发公共卫生事件的公众科学应用探索及平台体系构建》，《情报资料工作》2021年第1期，第95—104页。

动。各类主体通过互联网活跃在城乡社区,在各个领域发挥着积极作用,公众参与的能力得到切实提升。

慈善领域的互联网公共参与可突破纸媒的限制,以移动媒体为载体,通过网站、微博、微信等平台把信息传递给不同年龄群体和社会阶层的人。部分公众也通过名人效应来积聚同伴,建立成员具备明显同一性的特征鲜明的意见社群。[①] 互联网平台把一些极具社会关怀的想法、一种价值观念,从一个人、一群人扩展到社会大众,并且号召他们采取行动,由此产生的舆论压力和社会行动会直接影响到相关领域的治理政策。例如,由于重污染天气频发,公众对于空气治理的呼声越来越高,在这样的呼吁下,《大气污染防治法》得以修订和修正。该法坚持立法为民,积极回应社会关切:一是删去了修订草案中关于机动车限行的规定;二是完善环境信息公开制度,引导公众有序参与监督。秉承《环保法》强化信息公开和公众参与的立法思路,《大气污染防治法》增加信息公开的规定,要求信息公开的表述有 11 处,新增公众参与的相关规定有 2 项。

(二) 公众自发参与制度面临的挑战

1. 动员和参与能力不强

公众自发参与制度的动员和参与能力不强。公众自发参与慈善事业主要以自组织的形式展开。从能力属性来看,不同于以机构为单位的组织动员,自组织的动员能力是指个体基于自身动力而形成特定组织,围绕某种诉求采取行动的能力。社会公众自发参与的动员能力仍然存在一定短板,自组织在参与慈善事业和社会治理过程中的自发秩序仍然存在不稳定性,需要政府等其他多元组织的共同努力。[②] 从组织属性来看,公众自发参与形成的自组织很难像正式组织一样获得持续稳定的社会支持,从而实现好再造理念、建立支持网络、动员整合

---

① 张萍、晋英杰:《大众媒介对我国城乡居民环保行为的影响——基于 2013 年中国综合社会调查数据》,《中国人民大学学报》2016 年第 4 期,第 122—129 页。

② 任春晓:《构建环境友好型社会语境下的公众环保参与探讨》,《行政论坛》2006 年第 3 期,第 68—71 页。

　　　　　　　　　　　中国式现代化慈善事业的制度体系研究

资源、提高多组织协同解决复杂问题的能力等功能。① 公众自发参与的动员和参与能力较弱直接影响公众参与慈善事业的最终效果。

2. 公众参与的持续性较弱

公众自发形成的自然组织虽然在推动就业、创新中发挥着重要作用,但也普遍面临着稳定性不足的问题。造成这一问题的原因,一方面是这些组织结构松散,缺乏完善的规章制度和运作机制,另一方面是成员的流动性大,影响了组织内部的凝聚力。这种不稳定性虽然某些时候能够保证组织的灵活性,但也制约了其作用发挥。

基于互联网的少数公众参与也存在持续性较弱的问题。从线上参与的理想类型来看,线上组织化参与是指公众通过自媒体传播意见,形成意见社群的方式对慈善事业发展制度建设施加影响。线上个体式意见表达在一定程度上是其他意见表达方式的补充,但是传统的研讨会等仍然是集聚意见和传播成果的主要载体,所以相关意见仍局限于部分学术共同体或者专业人士群体之中,难以触及更广泛的人群,集聚更广泛、更具有代表性的建议。这一结果也消解了公众参与的持续性热情,使得公众参与的持续性遭到削弱。互联网的流量效应和爆点效应也使得短时的、吸引公众目光的社会事件更容易得到全社会关注。但是由于缺乏合理的组织设计和持续的人员投入等,公众参与的持续性问题仍然难以得到有效解决。

3. 缺乏完善的制度保障

公众自发参与制度缺乏完善的制度保障是制约制度效能发挥的重要问题。公众自发参与慈善事业的制度规定散见于多项法律法规和政策文件之中,缺乏慈善领域公众自发参与的整体性规定。这一现实也造成了公众自发参与的专业性、实时性和精准性等方面存在较多短板,自发参与在较少制度规范的前提下呈现出低效率的特征。制度保障的缺失使得关注慈善领域的公众参与程度低,力量薄弱,参与过

---

① 张丙宣:《支持型社会组织:社会协同与地方治理》,《浙江社会科学》2012 年第 10 期,第 45—50、72、156—157 页。

程往往流于形式。例如在许多地区的项目建设过程中,当涉及敏感的环境问题时,由于社会公众无法参与环境问题的讨论和协商过程,因此出现了众多谣言,引起公众误解、恐慌以及对政府环境决策的不信任。虽然政府部门在长期实践的过程中初步形成了一些制度规范,但就总体来看,仍然缺少行之有效、保证公众自发参与的制度设计和规范体系。

第六章　我国慈善事业的监督制度

我国慈善事业监督制度是确保慈善事业规范化建设和健康发展的重要制度保障。党的十八大以来，政社关系的持续改善为慈善事业提供动力，国家对慈善事业开展有序监管既具有必要性，又具有可能性。本章重点在于总结当前我国慈善事业的监督制度，呈现已有制度结构中的秩序逻辑，探寻制度创新空间。在促进慈善事业发展的同时也需要关注慈善事业的规范化发展，慈善事业的健康发展需要科学有效的监督制度予以保障。

第一节　国家机关监督制度

国家机关是从事国家管理和行使国家权力的机关，是现代国家治理体系的重要组成部分，是完善有机、协调、动态和整体的制度运行系统建设的核心部门。[1] 国家机关主要包括国家权力机关、行政机关、审判机关、检察机关等。在社会主义现代化国家建设的时代背景下，国家机关是坚持和完善中国特色社会主义制度、推进国家治理体系和治理能力现代化的重要主体。实践中，中国特色功能性分权已初步形成权力结构与权力过程双重维度上的制约与协调机制，呈现出"强协调—弱制约""强监督—弱制约"的特征。[2] 制度主义为慈善事业研究

---

[1]　俞可平：《推进国家治理体系和治理能力现代化》，《前线》2014年第1期，第5—8、13页。

[2]　陈国权、皇甫鑫：《功能性分权体系的制约与协调机制：基于"结构—过程"的分析》，《浙江社会科学》2020年第1期，第4—12、155页。

提供了"结构—制度—行动"的分析框架,更加全面系统地呈现出制度变迁的历史脉络图景。[①] 从慈善事业的制度变迁与发展历程来看,国家机关对慈善事业的监督逐步体系化,目前我国已初步建立慈善事业的国家机关监督制度并不断完善该制度。

一、国家机关监督制度的价值意蕴

(一) 赋予慈善事业监督以合法性和权威性

国家机关监督制度将慈善事业的监督工作上升为国家意志,国家的权威性赋予慈善事业以合法性,从而提升全社会对慈善事业监督制度的重要性认知。监督制度为慈善事业各参与主体提供行动的边界和规范,明确慈善事业参与主体的权责关系,借助监督的方式凝聚慈善事业发展共识。国家机关监督制度不仅可以逐渐消除影响慈善事业发展的限制性条件,而且可以为促进慈善事业的发展制定一系列培育措施。监督作为一种制度运作的控制机制,是在权力的委托和受托过程中形成的权利义务关系。[②] 国家机关监督制度在慈善事业中发挥强制性的推进功能,与社会力量自发性的监督形成互补关系。慈善事业的发展需要国家机关的引导和规范,通过国家机关的有效监督,明确慈善事业的目标、方向、评价指标、实施路径等基础性内容,为慈善事业和慈善组织提供行动依据。国家机关监督制度的强制性特征使其能得到有效贯彻和落实,也有利于进一步调整国家与社会在慈善领域的功能划分和角色认知,从而整体推进慈善事业监督工作。

(二) 明确国家与社会在慈善监督中的角色定位

随着慈善事业向更高水平发展,明确国家与社会在慈善监督中的角色定位成为进一步促进慈善事业发展的必然要求,国家机关监督制度为理顺二者间的角色和关系提供了可能。社会组织的双重管理体

---

① 丁煌、李雪松:《新中国 70 年机关事务治理的制度变迁:一项历史制度主义的考察》,《理论与改革》2020 年第 1 期,第 88—99 页。

② 王立中:《如何正确地组织一般监督工作》,《法学研究》1955 年第 1 期,第 40—42 页。

制产生"官"与"民"的平衡问题,究其根本,解决这一问题的关键还在于明确政社的分工关系,而这一工作是以理顺政府与社会组织在资源分配中的主体关系为前提。① 社会主义市场经济的蓬勃发展打破了个体对单位的依附体制,国家机关以外的社会力量得到新的发展机遇,社会力量在这一时期有较为充分的成长。培育社会力量为广泛的公众参与提供了可能,也壮大了慈善事业的公众参与基础,慈善组织、新闻媒体、企业、社会公众等不同主体都参与到慈善中来。虽然慈善事业已经在国家层面得到重视,但在发展过程中仍然需要国家机关监督制度来进一步明确和规范政府和社会的边界,明确政府在推进慈善事业高质量发展中的功能和角色,并为社会力量参与监督慈善事业预留空间。国家机关监督制度不仅明确国家机关的监督职能,同时也通过制定法律法规、规章、政策等方式为社会力量参与监督制定提供合法性。通过发挥立法机关、行政机关和司法机关在慈善事业监督中的主体功能,明确国家机关在慈善领域开展监督工作的内容、方式和时间等核心事项,充分发挥国家机关监督制度在促进慈善事业发展中的强制性功能,对慈善事业的基本规范和基础规则做出限定,保证慈善事业始终朝着正确方向发展。

（三）发挥国家机关引导慈善事业发展的统合功能

目前,我国的国家与社会关系、政府与社会组织的关系正在经历深刻转型。从中国社会发展实际来看,国家与社会关系成为理解当前慈善事业发展的重要线索,国家在慈善事业发展过程中主要发挥统合功能,国家是慈善事业的引导者和保障者,社会则是激发慈善事业活力的重要主体。从宏观战略层面来看,"创新社会治理体制,激发社会组织活力"已经成为当前中国社会治理的重大战略,但这一战略的贯彻执行过程仍然离不开国家机关对社会治理的统合功能。国家与

---

① 徐宇珊:《非对称性依赖:中国基金会与政府关系研究》,《公共管理学报》2008年第1期,第33—40、121页。

社会的互动关系主要呈现为政府与社会组织在慈善领域的沟通与合作。① 国家机关监督制度通过发挥不同类型国家机关在监督慈善事业中的优势而提升其统合能力。立法机关通过开展立法调研、法律检查等方式为慈善事业提供法理基础和法治保障。《慈善法》的立法和修法历程彰显立法机关在监督慈善事业发展中的重要作用，通过制定和完善法律，有效规范了慈善事业中各参与主体的权利义务关系，为构建稳定有序的慈善事业发展环境提供坚实的法律保障。行政机关的监督工作则是对立法机关监督制度的贯彻和执行，通过落实法律规定的相关具体措施，对慈善事业参与主体开展过程监督。司法机关监督则为贯彻慈善事业中的公平正义理念、维护慈善事业参与主体的合法权益提供制度支撑。随着慈善事业的发展，社会力量和社会主体的参与能力得到大幅提升，如何保障各参与主体依法依规投身慈善事业，这需要国家机关监督制度充分发挥引导慈善事业发展的统合功能，为慈善事业确定规范和标准。

二、国家机关监督制度的历史变迁和制度主体

在慈善事业的发展初期，国家机关将慈善事业作为社会福利制度的组成部分加以监督。在改革开放以后，慈善事业得以快速发展，对慈善事业的专门化监督也就成为必要。在这一时期，国家机关制定出台法律法规以实现对慈善事业的有效监督。在党的十八大以后，国家机关对慈善事业的监督日趋体系化，不同国家机关在监督的分工与协调方面出现了新的发展。

（一）国家机关监督制度的历史变迁

新制度的产生在一定程度上改变、扬弃或否定旧的制度结构。国家机关对慈善事业的监督制度就是进一步提升慈善事业的规范化建设，保证慈善事业在法治和科学的轨道上前行。总体来看，国家机关监督制度的变迁一共经历如下三个发展阶段。

① 范明林：《非政府组织与政府的互动关系——基于法团主义和市民社会视角的比较个案研究》，《社会学研究》2010 年第 3 期，第 159—176、245 页。

1. 补充性制度阶段

补充性制度阶段从 1950 年始,至 1978 年止。在该阶段国家机关对慈善事业的监督融于整体的社会福利和社会保障事业之中。1950年,政务院颁布《社会团体登记暂行办法》,这是新中国成立以来制定和颁布的第一部社会组织管理法规。其对社会团体的监督制度聚焦于社会团体的登记注册,第九条规定"全国性的社会团体,应向中央人民政府内务部申请登记。业经批准登记的全国性的社会团体,应向其活动地区的人民政府备案",第十条规定"地方性的社会团体,应向当地人民政府申请登记;由省(市)或大行政区人民政府批准,同时转呈直接上级政府备案"。这一时期的慈善事业总体来说基本等同于社会福利和社会保障事业,慈善功能在一定程度上体现为社会主义国家的政治功能,慈善成为社会管控的补充性制度。

这一时期的慈善事业组织化建设也呈现出为社会管控服务的趋势和特征。在慈善事业众多的参与主体中,执政党是唯一的领导核心,是唯一的元治理主体,因此国家机关重视慈善事业的发展。[1] 1950年 8 月,中国红十字会协商改组会议在北京召开,会议明确了中国红十字会的性质,将其作为"中央人民政府领导下的人民卫生救护团体",会议通过的《中国红十字会章程》则记载了监督的相关规定。这一时期发挥慈善作用的组织并非都是新近成立的机构,部分慈善组织是在对旧有社会组织清理和筛查基础上改造和保留的。随着计划经济体制和国家建设的持续推进,单位成为社会管控的基本单元,民间结社活动和发挥慈善作用的组织活动受到一定限制。

2. 专门性监督制度初建阶段

专门性监督制度初建阶段从 1978 年始,至 2004 年止。在该阶段,国家机关制定和实施专门性的慈善事业相关制度,慈善监督的独立性和专业性得以增强。1978 年党的十一届三中全会以后,原有的计

---

[1] 张平、隋永强:《一核多元:元治理视域下的中国城市社区治理主体结构》,《江苏行政学院学报》2015 年第 5 期,第 49—55 页。

划经济体制向社会主义市场经济体制转型,个人高度依附于单位的局面被打破,旧有单位制走向解体。过去高度统一和集中、连带性极强的社会,转变为更多带有局部性、碎片化特征的社会。① 以经济建设为中心的制度转型为慈善事业的发展带来了新的契机,增量改革和放权让利的方法逐渐让私营企业和社会组织重新获得了生存和发展的空间②,不同类型的社会组织得以成长和快速发展。1982 年 5 月中国宋庆龄基金会成立,1984 年 3 月中国残疾人福利基金会成立,1985 年 4 月爱德基金会成立,中国基金会发展迈向新的阶段。为加强对基金会这一类型组织的管理,1988 年 9 月国务院出台了《基金会管理办法》,授权民政部负责基金会的登记管理,通过规范登记管理的方式加强对基金会的监督。行业协会商会这一类社会组织契合经济发展的国家战略,呼唤着专门性的管理机构和法律的监督。1988 年,民政部成立社会团体管理司,以便更好地提升社会团体管理的专项业务水平。1989 年,国务院颁布《社会团体登记管理条例》,设监督管理专章明确了登记管理机关、业务主管单位的监督职责,并对财务管理、年度检查等方面作出具体规定。

鉴于 1989 年的《社会团体登记管理条例》笼统地将基金会纳入其中,且未对民办非企业单位进行明确界定和规制,国务院于 1998 年相继出台新的《社会团体登记管理条例》和《民办非企业单位登记管理暂行条例》,于 2004 年出台《基金会管理条例》,这三大条例设置监督管理的多项条款,使社会组织领域的规制工作更为细化和明确。以三大条例为核心的法律制度建设为国家机关监督提供了法理依据,监督的精细化和精准性得以提升,但三大条例分立这一现实情况也对国家机关监督慈善事业造成了一定的困扰,所以国家机关监督制度的体系化成为必然趋势。

---

① 孙立平:《转型与断裂:改革以来中国社会结构的变迁》,清华大学出版社 2004 年版,第 5 页。

② 叶托:《新中国成立 70 年来我国社会组织政策的范式变迁及其基本规律》,《北京行政学院学报》2019 年第 5 期,第 16—24 页。

3. 监督制度体系化建设阶段

监督制度体系化建设阶段从 2004 年至今。在这一阶段，对慈善事业的国家机关监督制度而言，既要通过统一立法来加强国家监督制度的整体建设，又要借助专门性的法治建设来提升慈善监督制度的有效性和持续性。慈善事业和社会组织的发展在这一阶段进入了优化布局阶段，从整体上形塑政府与社会组织在慈善领域的职能和分工。① 这一阶段制定和施行的一系列法律法规和政策文件充分体现监督制度建设体系化程度不断提升这一发展过程。《慈善法》《境外非政府组织境内活动管理法》和《民法典》等一系列立法设置了信息公开、监督管理、活动规范等专章，对相关主体明确了监督的要求。2016 年 8 月，中共中央办公厅和国务院办公厅印发《关于改革社会组织管理制度促进社会组织健康有序发展的意见》，对社会组织的负责人、资金和活动等方面有明确的监督规定。涉及慈善事业的政策文件也成为加强国家机关监督能力和效果的重要依据。在这一阶段，民政部先后颁布了《慈善组织认定办法》《社会组织信用信息管理办法》。2024 年公布的《慈善组织认定办法》规定，申请认定慈善组织的基金会，应当向办理其登记的民政部门提交相关材料；情况复杂的，民政部门可以征求有关部门意见或者通过论证会、听证会等形式听取意见，也可以根据需要对该组织进行实地考察。《社会组织信用信息管理办法》将社会组织信用信息分为基础信息、年报信息、行政检查信息、行政处罚信息和其他信息，以此为依据对社会组织予以监督和管理。

慈善事业的迅猛发展在提升慈善组织治理能力的同时，也对慈善监督能力提出更高的要求，从而呼唤系统化、制度化、体系化的国家监督制度的建立与健全。② 随着经济社会环境的持续向好发展，一套全

---

① 徐家良、王昱晨：《上海社会组织发展与创新 70 年》，《上海交通大学学报（哲学社会科学版）》2019 年第 4 期，第 6—14 页。

② 马西恒：《民间组织发展与执政党建设——对上海市民间组织党建实践的思考》，《政治学研究》2003 年第 1 期，第 23—37 页。

方位、全覆盖的具有中国特色的慈善组织治理体系基本成形,并根据社会需求不断调适和创新。慈善组织发挥自身专业优势积极参与脱贫攻坚、社区治理等具体工作,并取得显著成效,其已成为党政部门的得力助手和国家治理的重要参与者。在推进国家治理体系和治理能力现代化的时代背景下,慈善组织监督制度需要实现活力与秩序的平衡与统一。

（二）国家机关监督制度的制度主体

国家机关监督制度的主体涉及国家机关体系内与慈善事业发展的所有部门,立法机关、行政机关和司法机关都是监督慈善事业的重要组织,且在法律政策规范监督过程中发挥着各异的功能。

1. 立法机关

立法机关对于慈善事业的监督制度建设主要体现在立法机关制定一系列法律文件,发挥立法监督功能。我国关于慈善事业发展的文件主要包括法律、行政法规、中央政府有关部门制定的部门规章或规范性文件、地方性法规和地方规范性文件等。对慈善事业的规制往往散见于不同法律文本中。下文分别从法律、地方性法规等方面阐述立法机关的监督职责。

（1）相关法律。目前,我国直接规范慈善事业的法律数量不多,主要有1993年颁布的《红十字会法》、1999年颁布的《公益事业捐赠法》、2016年颁布的《慈善法》（2023修正）与《境外非政府组织境内活动管理法》,2020年颁布的《民法典》。《红十字会法》通过对红十字会的救灾、献血、培训等职责的规定,明确了对红十字会监督的相关内容。《公益事业捐赠法》对捐赠行为和受赠行为作出较为明确的规定。《慈善法》聚焦于对慈善组织负责人、项目评估和行业组织等方面的监督。《境外非政府组织境内活动管理法》规定了对境外非政府组织的登记、年度检查、临时活动备案以及查处违法行为等监督内容。

（2）地方性法规。在《慈善法》出台之前,部分地区率先出台地方性法规,对地方慈善事业发展作出相应的约束与引导。2010年《江苏省慈善事业促进条例》①发布,2011年《宁波市慈善事业促进条例》发布,2011年《宁夏回族自治区慈善事业促进条例》发布,旨在弘扬慈善文化,规范慈善活动,发展慈善事业,保护慈善组织、捐赠人、受益人等慈善活动参与者的合法权益。上述条例都对慈善组织的章程、组织机构、财产、重大活动等开展监督的内容作出了规定。另外,部分地区通过相关立法,如2011年发布实施的《湖南省募捐条例》、2012年实施的《广州市募捐条例》、2012年实施的《上海市募捐条例》,重点调节慈善事业中的募捐关系,规范募捐行为,对募捐人、募捐行为、募捐财产管理和使用等进行规定。各地的募捐条例大都要求,财政、审计、税务等有关行政管理部门和募捐组织的业务主管单位在各自职能范围内做好募捐管理和监督的相关工作。

另外,相关的规范还包括行政法规与部门规章等。国务院颁布的《民办非企业单位登记管理暂行条例》《社会团体登记管理条例》《基金会管理条例》是我国社会组织管理领域最主要的法规依据,明确了我国对于社会组织的双重管理体制,即社会组织申请成立必须先征得业务主管单位的审查同意,再向登记管理机关申请登记,并接受登记管理机关和业务主管单位的双重管理。②《民办非企业单位登记管理暂行条例》《社会团体登记管理条例》《基金会管理条例》都规定成立、变更、注销登记、年度检查等监督内容以及登记管理机关的监督职责。《宗教事务条例》明确了人民政府宗教事务部门的监督职责,并对宗教团体、宗教院校、宗教活动场所、宗教教职人员等开展活动作出了详细规定。国务院颁布的《志愿服务条例》主要对在我国境内开展的志愿服务以及与志愿服务有关的活动加以规范,规定了县级以上人民政府民政部门和其他有关部门及其工作人员在推动志愿服务开展方面的监督职责。

关于慈善事业的部门规章,以民政部出台的部门规章为主,以其

---

① 2018年《江苏省慈善条例》施行,《江苏省慈善事业促进条例》同时废止。

② 王博:《我国社会团体登记管理工作现状及展望——基于对〈社会团体登记管理条例〉实施效果评估的分析》,《中国行政管理》2021年第2期,第40—46页。

他部门出台的部门规章为辅。近年来以民政部令形式颁布的部门规章主要集中于社会组织管理领域,涉及社会组织年度检查、社会组织评估、社会组织募捐、社会组织信息公开、社会组织投资等事项;少数部门规章直接对慈善事业领域作出规定。《慈善组织公开募捐管理办法》规定,县级以上人民政府民政部门依法对其登记或者认定的慈善组织公开募捐资格和公开募捐活动进行监督管理,并对本行政区域内涉及公开募捐的有关活动进行监督管理。《慈善组织信息公开办法》规定了监事会等慈善组织内部监督机构的成员信息应当在统一信息平台向社会公开。《慈善组织保值增值投资活动管理暂行办法》既强调了监事会对慈善组织投资活动的监督,也规定了慈善组织的财务和资产管理制度、重大投资情况应当依法依规向社会公开,接受社会监督。

在慈善领域,民政部出台的规范性文件数量较多,内容广泛,主要有《民政部关于大力培育发展社区社会组织的意见》《民政部关于印发〈社会组织抽查暂行办法〉的通知》《民政部关于加强和改进社会组织薪酬管理的指导意见》《民政部关于探索建立社会组织第三方评估机制的指导意见》。

除民政部外,国家宗教事务局也出台了慈善领域相关的规章与规范性文件,例如《宗教活动场所设立审批和登记办法》《宗教活动场所财务监督管理办法(试行)》《宗教临时活动地点审批管理办法》《关于鼓励和规范宗教界从事公益慈善活动的意见》,对宗教团体、宗教活动、宗教活动场所、宗教财产的监督内容作出规定,允许宗教活动场所开展社会公益慈善事业。

2. 行政机关

行政机关是开展慈善监管业务的核心部门,行政机关对慈善事业的监督主要体现在制度文件、运作过程和资金管理三个方面。

(1)对制度文件的监督。这里的制度文件包括慈善组织的章程和其他一系列制度文件。慈善组织章程是按照特定程序制定的,有关慈善组织为实现其宗旨和目标,对组织结构、决策和执行活动加以规范的根本性规章制度,是慈善组织的基本活动准则。对慈善组织章程进行监督就是对其自律的监管。① 具体而言,章程对机构设立的基本条件、活动范围、组织制度、治理结构、财务管理等作出规定。除《慈善法》《社会团体登记管理条例》《民办非企业单位登记管理暂行条例》《基金会管理条例》对社会组织章程作出规定外,民政部制定的《民办非企业单位(法人)章程示范文本》《社会团体章程示范文本》《基金会章程示范文本》也为社会组织制定章程提供了依据和借鉴,相关法律、行政法规和政策性文件中关于机构章程的规定共同构成了我国社会组织章程监管的基础要件。章程示范文本规定了监事会对理事会的监督职责,社会组织应当接受税务、会计主管部门对其开展的税务监督和会计监督,并主动将年度检查报告公开以接受公众的监督。

社会组织必须按照章程开展活动,其接受捐赠和资助的行为也必须符合章程规定的宗旨和业务范围。《慈善法》规定,慈善组织应当根据法律法规以及章程的规定,建立健全内部治理结构,明确决策、执行、监督等方面的职责权限,开展慈善活动。

(2)对运作过程的监督。行政机关对慈善事业的监督还涉及慈善组织运作的全过程。国家治理体系和治理能力现代化的目标促使行政机关加强对慈善事业的运行过程监督,关注治理主体与制度环境的相互作用,进而探寻国家与社会的互动关系。② 下文主要从社会组织准入与登记、年度检查和年度报告、抽查、活动管理、评估、行政执法等方面分析行政机关对慈善组织实施的过程监管。

第一,社会组织准入与登记。我国社会组织准入制度属于严格的许可主义,从事慈善事业的社会组织须得到主管部门的审批许可方能成立。我国社会组织管理体制的核心在于双重管理。双重管理是加强对社会组织监督的重要方式,具体是指每个社会组织的成立必须先

① 徐家良编著:《社会团体导论》,中国社会出版社 2011 年版,第 101 页。
② 纪莺莺:《治理取向与制度环境:近期社会组织研究的国家中心转向》,《浙江学刊》2016 年第 3 期,第 196—203 页。

获得业务主管单位的许可,方可向登记管理机关申请登记,并接受登记管理机关和业务主管单位的双重管理。通常而言,民政部门是社会组织的登记管理机关,相关行政部门则是社会组织的业务主管单位。

双重管理体制对规范我国社会组织的发展曾发挥重要作用,但随着时代的发展,这一管理体制逐渐成为阻碍社会组织进一步发展的重要制度性因素。近年来,我国尝试改革社会组织的双重管理体制,对部分社会组织实行直接登记。2013 年的《国务院机构改革和职能转变方案》规定,行业协会商会类、科技类、公益慈善类、城乡社区服务类社会组织可直接向民政部门申请登记。此后,上海市、河南省、广州市、深圳市等地都开展了社会组织直接登记的相关探索,积累了直接登记的实践经验。2016 年 8 月公布的《关于改革社会组织管理制度促进社会组织健康有序发展的意见》则进一步明确行业协会商会类、科技类、公益慈善类、城乡社区服务类等四类社会组织可直接登记。直接登记制度打破原有登记管理机关和业务主管单位双重负责的行政监管模式,政府部门的监管从"事前"监管向"全过程"监管转变,在监管领域形成直接登记与双重管理并存的局面。

第二,社会组织年度检查和年度报告。社会组织年度检查是登记管理机关对社会组织是否在遵守法律法规、规章和章程的情况下开展活动等方面进行检查和监督管理的制度。《社会团体年度检查暂行办法》《民办非企业单位年度检查办法》和《基金会年度检查办法》对社会组织年度检查的程序、内容、结果及惩处作出具体规定。对社会组织进行年度检查,是我国民政部门对社会组织进行监管的常规方式,是政府监督社会团体等社会组织的重要路径。[①] 年检结论也是政府部门监督和管理的重要依据之一。年度报告制度主要面向以基金会为代表的慈善组织,部分地区对慈善组织的管理从年检制度转向以年度报告制度为主,基金会在每年度报送审计报告和专项信息审核报告。

---

① 徐家良、陈建刚:《社会团体年度检查的法律困境与制度创新——以 S 市为例》,《北京行政学院学报》2012 年第 3 期,第 41—44 页。

与此同时,慈善组织的年度报告以及财务报告都需要通过信息平台向全社会公开。

第三,社会组织抽查。2017年公布的《社会组织抽查暂行办法》规定,社会组织登记管理机关按照法定职责可随机抽取一定比例的社会组织,对其依法开展活动的情况进行检查。《社会组织抽查暂行方法》对抽查主体、抽查类别、抽查比例、抽查内容、检查方式、抽查结果公开等内容作出了详细规定。抽查分为定期抽查和不定期抽查两种方式,定期抽查是社会组织登记管理机关在规定的年度内随机抽取在本级登记的社会组织进行检查,不定期抽查是社会组织登记管理机关在抽查年度内的任意时间随机抽取在本级登记的社会组织进行检查。《社会组织抽查暂行办法》发布后,社会组织抽查制度在全国范围内推行。社会组织抽查是社会组织登记管理机关对社会组织日常管理的方式之一,也是对社会组织进行监督的有效手段。[1] 从年检制度到抽查制度,登记管理机关对社会组织的日常监管制度逐步发展完善。抽查制度有效减轻了相关部门的监管负担,提高了监管效能,但也存在抽查标准不一、抽查程序设置不合理、抽查结果运用不规范等问题。[2]

第四,社会组织活动管理。我国对社会组织活动的监管主要采用社会组织重大事项报告制度。全国多个省市相继出台辖区内社会组织重大事项报告指引或规定,明确了社会组织重大事项报告制度的主要内容和具体做法。社会组织报告的重大事项主要包括以下六类:召开会员大会、理事会等重大会议;举办大型活动、庆典、研讨会、论坛;基金会、公益性慈善组织面向公众开展募捐活动;设立经济实体,参加重大投资项目;接受境外组织或个人捐赠,吸收境外人士担任名誉职务,与境外社会组织联合举办活动等涉外活动;在活动中发现重要社

---

① 卢元昕、唐魁玉:《约见制度:社会组织监管范式的嵌入与重构——基于H省案例的考察》,《中国社会组织研究》2023年第2期,第47—72、231—232页。

② 马红军:《用好抽查手段提高监管效能——〈社会组织抽查暂行办法〉解读》,《中国社会组织》2017年第6期,第45—46页。

情动态、发生重大突发事件等。① 对社会组织的活动内容来说，"重大事项"具体是指对社会组织、组织成员和服务对象等组织和个人可能产生较大影响的会议、变化、事件与活动等。对重大事项的监督是行政机关对社会组织监督的常用方式，以保证社会组织的正确发展方向。北京、上海、广州等地区就发布过相关指引或规定。

第五，社会组织评估。社会组织评估制度的设计初衷是"以评促建"，推进社会组织的培育和能力建设。在发挥培育作用的同时，社会组织评估也具有一定的监督作用，评估机构的外部监督可以促进慈善事业的规范化发展。2011年3月，民政部制定的《社会组织评估管理办法》开始施行，社会组织评估成为政府部门的一项重要管理职能。按照相关规定，社会组织评估是指各级人民政府民政部门为依法履行社会组织监督管理职责，促进社会组织健康发展，依照规范的方法和程序，由评估机构根据评估标准，对社会组织进行客观、全面的评估，并得出评估等级结论。社会组织评估的运行原则是政府指导、社会参与、独立运作。各级人民政府民政部门设立相应的社会组织评估委员会和社会组织评估复核委员会，并负责对本级评估委员会和复核委员会的组织协调和监督管理工作。评估委员会负责社会组织评估工作，负责制订评估实施方案、组建评估专家组、组织实施评估工作、得出评估等级结论并公示结果。社会组织评估委员会和复核委员会通过评估的方式对社会组织开展监督，并接受同级人民政府的监督。

第六，社会组织行政执法。社会组织行政执法是指社会组织登记管理机关对社会组织实施的行政执法行为。② 法律法规是对社会组织进行行政执法的必要条件，常见的社会组织违法违规行为包括：未按照规定接受年度检查，或者年度检查不合格的；拒不接受或者不按照规定接受监督检查的；超出章程规定的宗旨和业务范围进行活动的

---

① 根据《北京市社会组织重大事项报告的若干规定》(2011)、《上海市社会组织重大事项报告指引》(2014)、《广州市社会组织重大事项报告工作指引》(2015)概括。

② 庞承伟：《社会组织行政执法》，中国社会出版社2011年版，第1页。

等。社会组织行政执法还包括对非法社会组织的查处与取缔。《社会团体登记管理条例》《民办非企业单位登记管理暂行条例》《基金会管理条例》以及《取缔非法民间组织暂行办法》等关于取缔和没收非法财产的规定是对非法社会组织进行执法的重要法律依据，上述法律文件明确规定对非法社会组织的查处职责属于各级民政部门。

非法社会组织是指未经民政部门登记擅自以社会组织名义开展活动，以及被撤销登记后继续以社会组织名义活动的组织，也包括筹备期间开展筹备以外活动的社会组织。① 从非法社会组织的名称和活动情况来看，当前我国非法社会组织具有以下三方面特征。第一，在组织名称中常使用"中国""中华"等字样，对社会公众存在较大欺骗性。第二，在组织名称中往往使用"协会""委员会""联合会"等字样，并向其他社会组织和社会公众以交纳会员费、赞助费等方式骗取钱财。第三，组织名称多涉及传统文化、高新技术等领域，给受骗对象造成非法社会组织参与"传统民俗""高科技"等虚假印象。

（3）对资金管理的监督。对社会组织的财税监管涉及民政、财政、税务、审计等多个部门。民政部门对社会组织财税的监管内容包括：第一，要求社会组织在登记注册时具有合法的资金来源以及相应数额的合法财产。例如，成立全国性公募基金会的原始基金不低于800万元人民币，成立地方性公募基金会的原始基金不低于400万元人民币。第二，要求按照《社会团体登记管理条例》《民办非企业单位登记管理暂行条例》《基金会管理条例》对社会组织日常运营的财务状况进行监管。例如，社会组织的经费必须用于章程规定的业务活动，不得在组织内部分配；同时社会组织接受的捐赠和资助必须符合章程规定的宗旨和业务范围，捐赠物资必须按照约定的期限、方式加以使用。第三，在社会组织需要换届或更换法定代表人时，登记管理机关、业务主管单位必须提前对法定代表人进行财务审计。

---

① 《详细解读"非法社会组织"与"离岸社团""山寨社团"的区别》，《中国社会组织》2018年第5期，第30页。

依据国家规定的财务管理办法,财政部门依法对使用公益事业捐赠票据等财政及会计事务进行监督,2004 年财政部公布《民间非营利组织会计制度》,明确了财务监管的相关规定。

国家税务机关在对社会组织进行监管时,与企业同等对待,社会组织监管与企业监管采用相同的税收管理体系。在我国的税收五大类十八个税种中,除烟叶税和船舶吨税外,其他税种的缴纳都涉及社会组织,其中社会组织缴纳最多、税额最大的税种是营业税、增值税和企业所得税。社会组织还涉及政府资助、捐赠收入等免税收入,因而非营利组织免税资格、公益性捐赠税前扣除资格和社会组织密切相关。税务部门对社会组织进行税务登记,会同财政部门、民政部门对社会组织的税收优惠地位和公益性捐赠税前扣除资格定期进行审核认定,并对社会组织开展税务检查。

审计机关依法对社会组织财产的管理和使用情况进行审计,特别是在社会组织资产来源属于国家资助或社会捐赠、变更法定代表人或者负责人时,审计机关更需要加强财务审计监督。

3. 司法机关

从功能来看,检察院、法院等司法机关通过打击慈善领域犯罪、开展公益诉讼等方面的制度和行动建设,为慈善事业创造了健康有序的良好环境。

司法机关监督制度的重要内容之一是打击慈善领域犯罪。近年来司法机关多次对慈善领域犯罪活动提起公诉和进行审判,有效地惩治慈善领域犯罪,并维护社会公平正义。河北"爱心妈妈"李利娟案被检察机关提起公诉,就是慈善领域涉及违法、被司法机关惩处的典型案例。李利娟以爱心之名,在河北省武安市创办爱心村获得捐赠资金491.9 万元,但拒不接受民政部门的监管。因爱心村在 2014 年至 2016年未参加民办非企业单位的年检,2018 年 5 月 4 日,武安市行政审批局撤销爱心村的行政许可决定书,爱心村于当天被注销。武安市人民检察院对李利娟等 16 人提起公诉,2019 年 7 月 24 日,武安市人民法院对李利娟案进行开庭审理。最终对被告人李艳霞以诈骗罪等 4 项罪名数罪并罚,判处有期徒刑 20 年,剥夺政治权利 5 年,并处罚金人民币 267 万元。李利娟案反映民政等行政管理机关对违法违规的社会组织存在行政监管失效的问题,对假借慈善名义、违反国家法律法规的慈善组织和慈善活动进行有效惩处。慈善的司法监管是最有力的保障措施,是慈善监督的最后一道防线。

提起公益诉讼是司法机关监督慈善事业发展的又一重要方式。公益诉讼制度是指国家、社会组织或者公民个人以原告的诉讼主体资格,对侵犯社会公共利益的行为,向法院提起民事或者行政诉讼,通过法院依法审理,追究违法者法律责任、恢复社会公共利益的诉讼制度。① 诉讼法理论认为,利益受到了损害,受害者就有权向法院起诉,请求司法救济。以保护环境的相关公益诉讼为例。对于破坏环境的违法行为,检察机关可依据"破坏环境资源保护罪"进行起诉,也可以社会公益保护者的身份提起环境民事公益诉讼与环境行政公益诉讼。行政执法后如仍然存在破坏环境的事实,环保部门可将案件移交检察机关进行审查,从而进入民事环境公益诉讼程序。如果环保部门不履行工作职责或者滥用职责,并且侵害了环境公共利益,检察机关可向法院提起诉讼,由法院对行政机关进行合法性审查,责令行政机关正确履行职责或者改正违法行为,最终进入环境行政公益诉讼程序。②

三、国家机关监督制度的主要特征和面临的挑战

国家机关监督制度关乎国家机关监督职能的有效发挥。国家机关监督制度是对慈善事业予以有效监督的一整套体系,既包括对慈善事业宏观内容的整体性规定,又包含对具体领域的专门性制度。

(一)国家机关监督制度的主要特征

国家机关监督制度是履行国家机关职责、保障慈善事业发展的重

---

① 赵许明:《公益诉讼模式比较与选择》,《比较法研究》2003 年第 2 期,第 68—74 页。
② 孙洪坤、李双鹏:《检察机关提起环境公益诉讼与环保部门执法的衔接程序》,《天津法学》2017 年第 1 期,第 33—39 页。

要制度。国家机关监督制度实现了整体制度与专门制度相协调,静态监督与动态监督相结合。不同国家机关的跨部门合作提升了对慈善事业的监督效能。

1. 整体制度与专门制度相协调

整体制度与专门制度相协调是慈善领域国家机关监督制度的重要特征之一。整体制度与专门制度的协调过程具体体现为慈善事业法治建设的整体设计和专业立法二者间的关系。党的十八大以来,政社关系的调整进一步促进我国慈善事业的发展。[①] 慈善事业法治体系主要由法律法规、规章和规范性文件等组成,是对慈善事业监督体系的整体制度设计。慈善事业的专门立法是指通过特定的法律、行政法规等对慈善事业的总体内容或某一部分内容进行规制。

慈善事业监督的整体制度设计为慈善事业的规范化发展确定方向,包含以下三方面:一是明确我国慈善事业和社会组织的发展方向,制定基本性的框架;二是对我国慈善事业和社会组织的主体资格与行为进行具体规定;三是明确我国慈善事业监管主体及其职责。

专门制度通过明确关键的慈善领域或者设立相应的管理部门来实现对慈善事业的精细化管理。当前的制度建设主要以募捐为重点,对募捐主体、募捐行为、募捐关系等内容加以约束。就慈善组织本身而言,制度建设以组织资格与行为为重点,对组织准入、信息公开、财务审计、公开募捐等方面加以规定。我国民政部门是慈善事业与社会组织管理最直接相关、影响力最大的行政管理部门,公安部门是境外非政府组织在中国境内开展活动的登记管理机关,财政、税务、审计等其他政府部门在各自职责范围内履行监管责任。

国家机关监督的整体制度与专门制度相协调集中体现在《慈善法》的制定和修正中。《慈善法》立法后,新情况不断涌现,执法中出现慈善监管趋严而培育发展不足等问题,以《慈善法》促进慈善事业发

---

① 郁建兴、沈永东:《调适性合作:十八大以来中国政府与社会组织关系的策略性变革》,《政治学研究》2017 年第 3 期,第 34—41、126 页。

展的良好愿景未能有效实现。在此背景之下,为了解《慈善法》的实施情况,并对其实施中出现的具体问题进行改进,十三届全国人大常委会作出对《慈善法》实施情况进行执法检查的重要决定,并于2020年下半年正式启动此项工作。在慈善法执法检查过程中,检查组坚持根据法律重点和慈善特点,有针对性地开展监督。

2. 静态监督与动态监督相结合

国家机关监督制度中的静态监督指的是通过制度设计和相关制度文本规制慈善事业的监督方式。国家机关监督制度中的动态监督是指对于慈善组织、慈善项目、业务工作等组织运作相关的制度进行监督的方式。静态的制度文本监督与动态的组织运作监督构成国家机关监督制度的一体两面,持续提升国家机关监督制度的成效。

静态监督主要呈现为对国家机关监督职能的制度规定和政策文件。2016年的《慈善法》对慈善募捐、慈善捐赠和慈善服务等慈善活动作出明确的规范和要求。静态监督制度为国家机关的监督职能划定了基本的功能边界,明确了国家机关的监督职责,从而为有效监督慈善事业提供了制度基础。

动态监督主要呈现为对慈善组织运作的制度规定和监督举措。相关的制度规定主要由民政部制定和发布,包括《慈善组织认定办法》《慈善组织信息公开办法》《慈善组织公开募捐管理办法》《慈善组织保值增值投资活动管理暂行办法》。此外,民政部还发布了《慈善组织互联网公开募捐信息平台基本技术规范》《慈善组织互联网公开募捐信息平台基本管理规范》等公告以及《关于全国慈善信息公开平台上线运行的通知》《关于完善救灾捐赠导向机制的通知》等通知,以期实现对慈善组织的制度化监督。

巡察制度是民政部门对慈善组织开展监督的创新举措。2016年2月,《中共民政部党组工作规则》公布,明确了巡视和监督的相关规定。从2019年6月开始,民政部已完成多轮巡察,大力推动全面从严治党向部管社会组织延伸。巡察制度有利于发挥政府监督功能,强化社会组织的政治责任,推进社会组织各项工作的高质量发展。

3. 跨部门的合作监督机制

国家机关监督制度并非某一个机关的固有职责,这一制度的功能发挥依托有效的跨部门合作。跨部门的合作监督机制有利于发挥部门间的联动效能,扩大政策的辐射范围,进一步提升监督效果。

跨部门的合作监督机制需要登记管理机关、行业主管部门、业务主管单位、枢纽组织、信息平台组织之间的合作与协调。从国家机关监督的角度来看,该机制中最主要的是登记管理机关和行业主管部门之间的合作监督关系。跨部门合作监督机制的有效区分,取决于制度设计中对监督主体的职责划分和行动协调等方面的科学安排。对以慈善名义开展活动的非法社会组织的处罚和管理就体现了典型的跨部门合作监督机制。近年来,民政部社会组织管理局陆续公布非法社会组织名单,引起社会公众的广泛关注。全国各地区也相继开展打击非法社会组织专项行动,民政部门、财政部门、税务部门、公安部门等开展联合行动,加大对社会组织和慈善领域各种违法违规行为的惩治力度,增强行政监管的有效性。只有早日对取缔非法社会组织工作进行规范,才能进一步推动社会组织执法监察工作的开展,为社会组织健康、有序发展提供有力保障。① 在税收监督方面,民政部配合发改委、财政部、国家税务总局等部委推出了多项优惠政策,企业捐赠抵扣所得税的优惠,由一年提高到可以结转三年;企业股权捐赠获得鼓励性待遇;慈善组织获得税收优惠资格的条件和程序得以改进;捐赠物资进口免税待遇进一步明确。2016 年的《关于慈善组织开展慈善活动年度支出和管理费用的规定》进一步明确慈善组织开展慈善活动的年度支出和管理费用,规范慈善活动的开支行为。在慈善组织的日常监督方面,民政部门联合多个部门加强对慈善组织的日常监督,以防范重大风险的发生。2018 年,民政部联合多部委印发《关于对慈善捐赠领域相关主体实施守信联合激励和失信联合惩戒的合作备忘录》,

---

① 邵兴平:《论取缔非法社会组织的困境与突破》,《社团管理研究》2010 年第 7 期,第 39—40 页。

明确将在国民经济、市场监管等多个领域对慈善捐赠的有关主体进行联合激励和惩戒。

（二）国家机关监督制度面临的挑战

国家机关监督制度面临的挑战有以下三个方面：制度文本之间缺少有效衔接、监督的激励性效果较弱和过于侧重组织监督。

1. 制度文本之间缺少有效衔接

经过一段时间的建设，基础性的国家机关监督制度已初步建立并持续完善，国家机关和慈善事业参与主体形成一种共生关系。[①] 就目前来看，制度文本主要聚焦于慈善事业某一领域或某几个领域的主要问题，在一定时期内取得了不俗的成绩。但国家机关监督制度的分散化使得缺少覆盖监督制度体系的统一文本，法律法规的调整不到位进一步引发政策调整不到位的问题。例如，《信托法》第六十二条规定，"公益信托的设立和确定其受托人，应当经有关公益事业的管理机构（以下简称公益事业管理机构）批准"。然而，法律未明确规定公益事业的管理机构，造成公益信托在实践中的审批难题，找不到审批主体成为困扰公益信托发展的重要因素。

2. 监督的激励性效果较弱

国家机关监督制度一般被认为是一种对慈善事业和相关参与主体的行为进行规范和调整的制度，所以强制性是国家机关监督制度的核心要义。从发展的视角来看，这一观点失之偏颇。国家机关监督制度是一种站在推进慈善事业发展高度上的制度设计，激励效果也是衡量国家机关监督制度建设水平的重要指标。当前国家机关监督制度主要是基于底线思维对慈善事业和慈善组织的最低行为标准进行规定，在监督层面对慈善事业和慈善组织提出激励性规定的较少，不利于国家机关监督的引导性功能的发挥。评估制度既有促进慈善事业

---

① 徐顽强：《资源依赖视域下政府与慈善组织关系研究》，《华中师范大学学报（人文社会科学版）》2012 年第 3 期，第 14—19 页。

发展的功能,也是国家机关监督的重要方式。当前的评估往往只要求慈善事业参与主体达到评估标准的最低要求,尚未有效实现以评促建的发展目标。2010 年 12 月,民政部发布《社会组织评估管理办法》,对社会组织参与评估并未作出强制性规定,社会组织自愿参评的制度设计降低了评估制度的效能,削弱了国家机关监督制度的建设效果。较低的评估要求造成慈善组织和其他参与主体对评估工作往往采取一种敷衍和应付的态度,这就违背了通过评估促进发展的制度设计初衷,不利于慈善事业的高质量发展。

3. 过于侧重组织监督

国家机关监督制度的监督对象以组织为主,对个体的规定较少,过于侧重组织监督可能不利于国家机关监督制度的有效实施。法律法规和政策文件主要聚焦于慈善事业中的组织行为,《慈善法》等法律关注法人治理,强调对组织的检查、处罚和规范等。关于国家机关监督制度,虽然部分法律法规和政策文件中有所涉及,但相关规定不够具体,对监督主体的规定具有一定的模糊性。慈善事业的顶层设计和发展思路主要聚焦于慈善组织的登记和认定,即提高慈善事业载体数量这一层面。随着国家政策的大力推进,慈善组织登记和认定的数量逐渐增加,慈善组织的业务活动也得到了越来越多政府部门的认可。因此,为规范慈善事业的发展,国家机关监督制度将监督重点放在慈善组织上也是应有之义。在对慈善组织加强监督管理的同时,对个体监督的制度规定和行动则相应减少。具体来看,慈善事业的法律法规和政策文件对组织的处罚和限制性规定较多,但是对个体的处罚和限制性规定较少,一般都是对慈善组织予以处罚,而不是对理事长、秘书长等组织成员予以处罚。此外,对个体的法律约束也存在矛盾之处。例如,《信托法》第六十四条规定,"公益信托应当设置信托监察人",而《慈善法》对监察人的设立的规定则较为模糊,第五十条规定,"慈善信托的委托人根据需要,可以确定信托监察人"。对监察人设立的规定在两部法律中存在不一致的情况。

第二节　组织化社会力量监督制度

组织化社会监督力量是体现慈善监督的政社合作特征的重要主体,是监督制度得以有效运行的社会基础。

一、组织化社会力量监督制度的价值意蕴

(一) 为社会力量参与监督提供前提和基础

组织化社会力量监督制度是发挥慈善领域组织监督优势和效能的重要方式。现在的慈善监管仍然表现出强规制性,这种特征在很多方面阻碍了慈善事业的进一步发展。[①] 组织化社会力量一般被认为是推动慈善事业发展的重要主体,随着慈善事业的持续发展,组织化社会力量监督制度成为与国家机关监督制度相适应的制度体系。从国家与社会关系的视角来看,组织化社会力量是与国家机关、社会公众相协调的监督主体。从监督主体的功能划分来看,国家机关监督制度为慈善事业的参与主体提供了明确的行动边界和基础的行动准则,侧重于对慈善事业秩序的维护和保障,组织化社会力量监督制度则更加突出慈善事业的活力维度,社会力量参与慈善监督的本意是规范参与主体的行动,凝聚慈善行业共识,从而促进慈善事业的持续发展。组织化社会力量监督制度虽然不具备国家机关监督制度的强制性,但其可以对国家机关监督制度功能发挥较弱或难以覆盖的领域进行补位。组织化社会力量监督制度的核心价值在于将分散的社会监督力量整合成系统化的监督体系。行业组织、第三方机构、新闻媒体等组织化的社会力量在慈善领域的持续参与凸显了社会力量的重要性和能力。慈善事业是国家引导与社会自治、国家权力和社会权利相交织的产物,其发展水平深受社会发育程度的影响。组织化社会力量为社会监督提供了坚实的组织基础和制度保障,从而提高监督的稳定性和持续

[①] 马驰骋:《论慈善法治构建中的最佳行政》,《山东社会科学》2015 年第 3 期,第 70—78 页。

性,行业组织、第三方机构、新闻媒体的持续监督为提升慈善事业的社会关注度提供了可能。

（二）提供专业化的监督力量培育体系

组织化社会力量监督制度为慈善事业提供专业化的监督力量培育体系。组织化社会力量消弭"组织外形化"引致的行政化问题,避免慈善事业的发展受到行政逻辑的过度干预。① 组织化社会力量作为对国家机关监督制度的补充和完善,为慈善监督的专业化提供支持。以政府代表的国家机关并非发挥监督功能的唯一主体,其他社会力量也可以参与到监督过程中来,改变监督由政府垄断的传统局面。② 组织化社会力量包括行业组织、第三方机构和新闻媒体,行业组织为慈善监督提供行业共识和准则,第三方机构为慈善监督提供专业知识和行动规范,新闻媒体则扮演了重要的外部监督者角色。组织化社会力量监督制度吸引专业力量,通过外部主体持续有效的监督促进慈善事业的规范化发展。组织化社会力量通过开展自律诚信建设活动、进行项目评估、曝光非法事件等方式,针对慈善组织营利化倾向明显、不当行为导致形象受损等问题,促使慈善组织按照章程合法合规开展活动。

（三）提升监督的科学性

组织化社会力量监督制度确保监督的科学性。监督制度的核心要义在于对监督对象行为的正确引导和规范约束,监督的科学性主要体现在监督行为符合客观规律的要求,具有精准性。组织化社会力量监督制度有利于提升监督理念的科学化水平,通过行业组织、第三方机构、新闻媒体等组织载体,传播慈善事业的正确理念,支持慈善组织围绕社会主义核心价值观开展形式多样的慈善活动,丰富慈善项目的形式,培育慈善文化,形成人人参与慈善的理念,进一步扩大慈善监督

---

① 田凯:《组织外形化:非协调约束下的组织运作——一个研究中国慈善组织与政府关系的理论框架》,《社会学研究》2004 年第 4 期,第 64—75 页。

② 马驰骋:《论慈善法治构建中的最佳行政》,《山东社会科学》2015 年第 3 期,第 70—78 页。

的有效范畴。① 组织化社会力量监督制度也有利于推进监督流程的科学化水平。无论是何种类型的社会组织或社会力量,都天然地具备监督慈善组织和慈善项目的功能和职责。组织化社会力量通过引入外部监督机构的方式,进一步优化和调整慈善组织和慈善项目的流程和规则。组织化社会力量具有多元的利益诉求,这也为加强慈善监督的力度、进一步丰富慈善事业的内涵提供了支持。② 组织化社会力量介入慈善组织和慈善项目的立项、决策、执行、审计等具体业务流程,发挥社会力量的优势,从社会需求的视角发现慈善事业的现存问题。组织化社会力量具有较强的活力,能够弥补国家机关监督制度的短板,同时其因为具有社会性,能够从社会发展需求角度提出更加科学、更加规范的监督的标准和要求,推动监督制度的科学发展。

二、组织化社会力量监督制度的历史变迁和制度主体

组织化社会力量监督制度是体现慈善领域社会活力的重要制度。组织化社会力量在慈善监督中最初作为项目化运作的参与力量,通过对慈善项目的监督发挥监督功能。随着经济社会的发展与进步,组织化社会力量逐渐成为在慈善领域发挥监督功能的核心主体之一。慈善事业的进一步发展要求从国家主导到国家与社会共同参与的转型,组织化社会力量在这一过程中成为塑造慈善事业生态环境的重要行动者。慈善领域的组织化社会力量极大地推动了慈善事业的规范化建设,行业组织、第三方机构和新闻媒体是慈善领域组织化社会力量的重要类型。行业组织为监督制度提供了相对健全的行业基础设施,第三方机构通过参与评估等方式为慈善组织的规范建设提供支持,新闻媒体利用宣传和舆论武器提升对慈善事业的监督效果。

---

① 尹润滟、钟裕民:《慈善组织运行中委托代理失灵及其矫正之策》,《南京社会科学》2023 年第 6 期,第 73—80 页。

② 陈理:《坚持以人民为中心不断实现人民对美好生活的向往》,《经济社会体制比较》2020 年第 6 期,第 1—3 页。

（一）组织化社会力量监督制度的历史变迁

组织化社会力量经历了慈善项目化运作的参与力量、慈善社会监督的核心主体和慈善事业生态建设的行动者的变迁。在慈善项目化运作阶段,组织化社会力量主要承担了项目运作的外部监督主体角色,对项目运作的过程和内容予以监督。慈善社会监督的核心主体阶段则强调组织化社会力量要充分发挥组织载体的优势,不局限于慈善项目内部,而是将视角投向更广泛的社会领域,关注社会热点事件和慈善事业的发展。慈善事业生态建设的行动者阶段则是对组织化社会力量的地位和角色的进一步肯定和调整,组织化社会力量参与到慈善行业的生态建设过程中来,既满足其维护良性的慈善事业生态格局的诉求,又增强了其对行业生态开展监督的意愿。

1. 项目运作的参与力量

组织化社会监督力量是保证慈善项目科学化、规范化、有效运行的重要组织基础。慈善项目是发挥慈善功能的重要方式,慈善项目的规范化运作是保障慈善事业蓬勃发展的重要前提。对慈善项目的社会监督主要包括对受益者、资金使用方式等方面的具体监督。

慈善项目的资金流向和使用方式是社会监督的重要内容。在互联网时代,网络媒体有利于凝聚社会资本、募集慈善资源,同时打破以往公民参与社会事务的时间和地域限制,成为社会主体参与慈善监督的平台。新媒体和知名用户的网络"爆料"更容易得到响应并获得社会的关注。例如"卢美美父女中非希望工程"事件、中华儿慈会48亿元巨款神秘消失事件、中国红十字会社会监督委员会"利益门"事件、嫣然天使基金风波等慈善事件就是网络知名用户通过新媒体引爆的,引发了全国舆论的广泛关注。[1] 通过新媒体获取慈善捐赠的行为增多,而其中具有争议的部分,例如"同一天生日的你"捐一元钱的募捐活动、德云社演员众筹事件,也借助新媒体引发了社会公众广泛

① 陈为雷、毕宪顺:《Web 2.0 时代新媒体慈善监督刍议》,《理论学刊》2015 年第 6 期,第 85—91 页。

的讨论。

对慈善项目运作过程中出现的违法违规行为以及争议问题的曝光,引起社会的广泛关注,同时督促政府管理部门对有争议的事件及时调查、及时进行信息公开以及开展行政执法。而政府部门结合媒体的报道与监督结果,可以加强慈善领域的项目监管。政府借助媒体平台发布政府对慈善组织的核查结论,可以增强其对社会监督的回应性,反过来会增强社会组织、群众通过媒体监督慈善事业和慈善组织的参与意识。

2. 慈善社会监督的核心主体

组织化社会力量的社会监督核心主体地位是其在经历了一定发展后出现的功能转向,关注社会热点事件并及时发声使得组织化社会力量从幕后走向台前,慈善事业被更广泛的社会群体所熟知。社会热点事件是触动人心、引发社会广泛关注的事项,热点事件一旦发生,就成为社会监督的重要内容。慈善领域发生过一系列社会热点事件,如2007 年的"中国母亲"胡曼莉审计事件,2011 年的上海市卢湾区红十字会万元餐事件,2011 年的郭美美事件等。在郭美美事件发生后,各级红十字会的负面新闻不断。新闻媒体在较长时期内保持对相关热点事件的追踪和报道,成为公众了解、参与监督慈善事业和社会组织的重要方式。

此外,社会热点事件曝光,话题热度不断上升,可能最终得到国家层面的关注,推动新的制度或措施产生。如在郭美美事件后,2012 年中国红十字会成立社会监督委员会,由社会各界专业人士组成,以第三方身份对中国红十字会有关工作进行监督。政府引导下的组织化社会力量开展社会监督是初步发挥社会监督主体功能、建立社会监督体制机制的有益尝试。

3. 慈善事业生态建设的行动者

近年来,慈善行业内部也日益认识到行业自律的重要性,行业信息平台、行业沟通平台等得到一定发展,通过建设行业平台监督和评估行业生态建设情况成为可能。第三次分配为慈善行业的发展提供了新的政策驱动力,推动社会力量广泛参与治理,承接政府转移职能,扮演服务供给终端角色,有效融入基层治理格局,强化社会连接。[①] 行业信息平台是推进慈善信息化建设、促进行业自律、提高慈善资源配置效率的重要手段。例如基金会中心网已成为基金会行业信息披露的重要平台。基金会中心网于 2010 年 7 月 8 日上线,由国内 35 家知名基金会联合发起成立,致力于披露基金会行业信息,提供行业发展所需的能力建设服务,促进形成行业自律机制,培育良性、透明的公益文化。经过十多年的发展,基金会中心网已成为国内最具影响力的慈善信息披露平台之一,在倡导慈善数据公开与应用方面发挥了积极作用,推出了基金会透明标准中基透明指数,有效推动基金会行业整体的透明度发展。

慈善行业生态建设迫切需要社会组织和慈善组织主动加入行业建设队伍,通过组织自律建设优化行业生态,推动慈善事业的持续发展。USDO 自律吧这一平台成立于 2009 年 10 月 30 日,是由全国 100 多家公益机构共同发起的开放社区和沟通平台,其所有成员机构须签署并遵守《USDO 自律准则》,共同促进行业自律、提升行业公信力。2013 年,USDO 自律吧推出了中国民间公益透明指数,旨在推动民间公益组织的透明化建设,规范慈善行业,推动慈善事业良性发展。慈善行业生态建设离不开组织化社会力量的持续参与和监督,组织化社会力量为行业生态注入了新的活力,长期的组织互动为行业提供行业公共品,加快了慈善事业发展。

(二)组织化社会力量监督制度的制度主体

组织化社会力量监督制度是慈善事业蓬勃发展的重要基础和前提。慈善组织以公益为目的,承担服务社会的职能和责任,接受社会其他组织和机构的监督,严格规范自身运作,提升慈善运作效率,推动慈善行业发展。组织化社会力量监督制度在慈善组织强化自律、加强慈善行业管理、营造社会参与氛围方面发挥了重要的作用。

---

① 徐家良:《第三次分配与社会组织高质量发展》,《中国民政》2021 年第 23 期,第 25 页。

1. 监事会

监事会是慈善组织规范化建设的重要组织,是为监督和制衡理事会而产生的组织,负责对社会组织的业务活动进行监督。在我国,监事会产生于市场组织的现代化建设浪潮中,国家体改委在 1992 年发布的《股份有限公司规范意见》中提及"公司可设立监事会,对董事会及其成员和经理等管理人员行使监督职能"。《公司法》则进一步确定了监事会的必要性,要求股份有限公司必须设置监事会。基金会吸取监事会在企业领域的建设经验,将监事会这一组织和监督机制引入慈善组织。20 世纪末至 21 世纪初,上海市慈善基金会等慈善组织先后在组织内部成立监事会,为监事会监督慈善组织提供了先行先试的宝贵经验。此后,从基金会扩散到各类社会组织,监事会成为一个普遍设置的内部部门,其核心功能在于对理事会、理事长的业务活动形成有效纠偏和制约。

监事会一般由业务主管单位选派的代表、登记管理机关选派的代表、社会组织联系紧密的特定群体(如律师、捐赠人等)组成。从监事会的权限职责来看,监事会的监督功能主要体现在以下四个方面:第一,监事会监督慈善组织运行是否遵守法律法规、政策以及慈善组织章程的规定,确保理事会的决策和行动符合法律法规和慈善组织的宗旨;第二,监事会列席理事会会议并向理事会提出质询和建议,以促进慈善组织的健康运行和发展;第三,监事会发现慈善组织运营中存在的问题或违法违规行为时,向登记管理机关、业务主管单位以及税务、会计主管部门反映问题并提出监督意见;第四,监事会与理事会、秘书处等其他治理主体共同形成制衡机制,该机制可防范慈善组织在运营过程中出现的风险,并通过最佳的计划和人员配置提高实现慈善组织使命的效率。

2. 行业组织

慈善行业组织是慈善领域发挥监督功能的重要主体,行业组织在促进慈善组织自律建设、联动慈善资源、制定行业标准、发挥引领作用等方面具有巨大潜力,是推进慈善事业发展和慈善事业法律制度创新的重要主体。①《慈善法》鼓励慈善行业组织在推进慈善事业发展方面发挥积极作用。慈善行业组织在监督过程中主要发挥资源供给、督促组织自律以及促进行业发展三个方面的作用。慈善行业组织是整合慈善资源、联动慈善组织的重要主体，慈善行业组织可以为慈善组织提供智力和物质两个方面的支持，因此赢得慈善组织的支持和认可，进而扩大其影响力。② 组织行为影响能力是行业组织规范慈善活动、提升内部治理效能的能力，行业组织通过制定行业基本规范等方式明确慈善组织运作的边界。行业发展促进能力是行业组织的核心能力。慈善行业组织最重要的宗旨和使命就是推进慈善事业的科学化、标准化和规范化建设，行业组织通过举办行业会议和论坛、开展行业调研和走访、提交行业观察和建议报告等方式促进慈善领域的专业化转型，推动慈善事业和慈善事业法律制度的科学化发展。

慈善行业组织监督是以实现"共益"目标为基础，通过协调、沟通、合作等方式与不同慈善事业治理主体之间达成共识，实现慈善行业的社会资本建设，加快推进慈善组织规范化建设、行业信息公开与行业资源共享等，完善行业投诉与调解机制。慈善行业组织作为联结慈善组织与政府的、具有自律功能和行业规范功能的中介组织，在促进行业内慈善组织能力发展中扮演重要角色。③

3. 第三方机构

第三方机构是慈善事业社会监督的重要主体。第三方评估是指在慈善事业运作过程中，除作为委托方的政府部门进行评估和作为承接方的社会组织（慈善组织）自行进行评估以外，由政府和社会组织以外的第三方机构开展慈善项目的评估或社会组织的等级评估，第三方

①　张丙宣：《支持型社会组织：社会协同与地方治理》，《浙江社会科学》2012 年第 10 期，第 45—50、72、156—157 页。

②　李璐：《分类负责模式：社会组织管理体制的创新探索——以北京市"枢纽型"社会组织管理为例》，《北京社会科学》2012 年第 3 期，第 47—51 页。

③　朱仁显、彭丰民：《公益型社会组织孵化的厦门模式——基于对"新厦门人社会组织孵化基地"的研究》，《国家行政学院学报》2016 年第 4 期，第 41—46 页。

机构在评估中对慈善组织的运作情况开展监督。第三方机构是国家认证能力实现的重要载体。国家认证能力是指国家在全面事实基础上建立并执行明确、精细和统一规范的能力。[①] 国家认证通过对慈善组织所涉及的各项事实依据进行收集,并在此基础上进行评定,这能为慈善组织后续活动提供有效的合法性证明,从而降低慈善组织相关运作成本。当前,慈善组织领域的国家认证主要通过民政条线的慈善组织等级评估和社会领域的第三方评估制度得以实现。

第三方评估经过多年的发展,逐渐成为慈善事业建设的重要方式。民政部于 2015 年印发《关于探索建立社会组织第三方评估机制的指导意见》,标志着第三方评估成为完善社会组织综合监管的重要方式。第三方评估也逐渐被引入政府购买服务、基金会资助公益项目等领域,成为社会组织与项目评价的重要工具。《慈善法》强调第三方评估和行业自律的建设,明确应当建立慈善组织评估制度,鼓励和支持第三方机构对慈善组织开展评估,及时向社会公布评估结果,通过第三方评估建立健全行业规范,加强行业自律。在慈善事业和社会组织发展的推动及相关政策的支持与引导下,我国第三方机构积极参与到社会组织的评估工作之中。在相关政策的支持下,第三方评估机构数量不断增加,组织类型多样,包括专业的第三方评估组织、研究中心、会计师事务所、咨询类公司、协会类枢纽型组织、培训机构、教育性机构。[②] 第三方评估机构发挥着规范第三方评估程序、建立评估专家队伍的有效机制、促进社会组织健康发展的积极作用。[③] 第三方评估机构成为慈善领域社会监管的一种新兴力量。

第三方机构在参与制定行业基础标准、发现组织短板与不足、提升慈善评估和外部监督的科学性等方面发挥了积极作用。第一,第三

---

① 欧树军:《监控与治理:国家认证能力辩正》,《中国图书评论》2013 年第 11 期,第 23—27 页。

② 徐选国、高丽:《"被动型增长"政府购买服务第三方评估组织的生成逻辑》,《社会与公益》2018 年第 4 期,第 86—87 页。

③ 徐家良主编:《中国社会组织评估发展报告(2019)》,社会科学文献出版社 2020 年,第 8—11 页。

方机构通过开展评估工作积累行业口碑,逐渐成为慈善行业建设的重要主体之一。第三方机构在评估过程中积累了丰富的实践经验,因此在制定慈善行业的基础标准过程中发挥着重要作用。第二,第三机构的评估工作重在实现"以评促建"的目标,通过评估帮助被评单位发现其内部治理、项目运作、财务管理等方面的短板与不足,为被评单位优化管理工作提供建议与支持。第三,第三方机构在开展评估工作的过程中开发了一系列评估工具,改良了评估方法和流程,在慈善评估和外部监督的科学性和有效性等方面做出了巨大的贡献。

4. 新闻媒体

慈善事业的发展持续受到新闻媒体关注,包括网络自媒体在内的新闻媒体报道慈善相关信息,可以让社会公众更多地了解、参与和评价慈善事业与慈善活动。在中国慈善事业发展的过程中,新闻媒体的监督是引发社会舆论关注、呼吁政府职能部门介入的重要方式,新闻媒体的监督也为及时发现慈善事业中的问题提供了可能。

新闻媒体在社会监督中主要发挥三个方面的作用。

第一,新闻媒体通过报道慈善领域的负面新闻引发社会关注与讨论。媒体是揭露慈善领域负面事件的有力武器,通过相关报道推动公众关注和讨论慈善事件。传统媒体在报道慈善事业相关信息的过程中,一方面对慈善事业发展的总体情况进行报道,向公众传达慈善发展的宏观信息;另一方面,通过传统媒体和记者的深度报道,挖掘慈善事业发展过程中不明显、不突出的深层次问题,引发社会公众的关注与讨论,引起慈善行业的整顿与反思,进而起到规范慈善组织的日常管理工作的作用,为慈善事业的持续发展提供良好环境。

第二,新闻媒体通过媒体间转载等方式扩大慈善报道的社会影响力。传统媒体与新媒体在慈善事业报道和宣传过程中拥有各自优势,通过开展有效合作,利用转载、转播等方式保持慈善事业相关报道的新闻热度,进一步提升慈善事业的社会知晓度和影响力。部分慈善事件经传统媒体报道之后,引发社会公众的广泛关注,而新媒体则将事件影响力进一步扩大,使其成为公众热议的话题。在经过舆情喧嚣、震荡反弹期后,传统媒体的持续跟进和后续报道推动公众对慈善组织公信力与透明度、慈善事业的制度与法律建设等话题的进一步关注和讨论。

第三,新闻媒体报道促使慈善组织完善组织治理结构、增强组织透明度和强化公信力建设。新闻媒体报道对于慈善事业和社会组织发展是一把双刃剑。慈善领域的负面新闻经过报道,可使社会公众对慈善组织乃至慈善事业的信任度降低,质疑慈善组织和慈善事业的公信力,这会影响慈善捐赠。与此同时,新闻媒体对于慈善事业与慈善组织的健康发展也发挥了有力的推动作用。媒体报道所涉及的社会组织在社会舆论的压力下,会完善组织内部的治理机制,增强组织信息公开力度,提升组织内部和外部监管功能,以提升组织的公信力。

三、组织化社会力量监督制度的主要特征和面临的挑战

组织化社会力量监督制度是发挥社会力量的组织化优势的重要制度。行业组织、第三方机构和新闻媒体等构成的组织化社会力量为慈善事业监督提供了广泛的社会参与基础。组织化社会力量的监督在某些场合可能会造成社会成员的非理性,较多的诱导性因素可能降低监督的有效性。各类组织对慈善事业监督的侧重点不同,监督主体具有分散性。组织化社会力量监督制度在慈善领域已经得到初步发展,但目前来看,监督主体的主动性较弱仍然是组织作用不突出的重要原因。与国家机关相比,社会力量监督的权威性不足,在建立信任关系等方面存在短板。当前,慈善领域中较受关注的是慈善参与,而慈善监督无论是受关注度还是自身发展程度都不足。

(一)组织化社会力量监督制度的制度特征

1. 监督主体的广泛性

组织化社会力量监督制度的主体包括行业组织、第三方机构、新闻媒体等多种形态实体,监督主体的广泛性为推进慈善事业及其监督制度建设提供了一定的有利条件。

监督主体的广泛性有利于广泛吸收各主体的优势特长,综合不同

主体提供的监督意见和建议调整慈善事业的发展方向和重心,明确慈善事业发展的阶段性任务、获取阶段性成果。2017 年,党的十九大将"健全党和国家监督体系"设定为新时代党的建设的一项重大任务,明确提出"构建党统一指挥、全面覆盖、权威高效的监督体系,把党内监督同国家机关监督、民主监督、司法监督、群众监督、舆论监督贯通起来,增强监督合力"。

经过多年发展,中国慈善事业逐步走向法治化和规范化,形成一系列慈善事业的法律法规和政策文件,慈善组织和慈善活动得到一定的制度保障。为实现对慈善组织活动的有效管控和制约,监督机制的建设成为慈善组织微观治理中的重要一环,中国慈善组织和慈善事业的发展目前仍处于初步发展的阶段,需要进一步增强参与监督的群体的广泛性和多样性。

组织化社会力量对慈善组织的监督有利于慈善组织对标同行,找准组织自身优势,发现自身短板和不足,通过监督的方式强化组织自身建设。新闻媒体作为社会监督的关键角色,在监督影响力方面具有独特优势,新闻媒体的监督为慈善组织调整外宣工作方向、转向与新闻媒体的良性合作提供了前提基础。慈善组织在认识到新闻媒体对慈善组织的项目和声誉等方面的巨大影响后,可以与新闻媒体开展长期合作,提升外部相关者对慈善组织的监督效果。第三方机构是慈善组织完善内部治理、提升项目运行效能的良好助力,其丰富的评估经验可为慈善组织调整发展方向、改善内部治理结构、优化项目流程等方面提供支持。行业组织的监督一方面有利于组织能力的提升,另一方面可以形成慈善组织和行业组织的良性互动,使慈善组织借助行业组织提供的信息和资源持续推进自身的规范化建设。

2. 监督的诱导性因素较多

新闻媒体,尤其是新媒体监管在推动慈善事业和社会组织发展的过程中发挥了重要作用,但是舆论监督的诱导性因素较多,容易诱发非理性行为,侵犯公民和组织的隐私,有时甚至会对慈善行业整体发展造成负面影响。在新媒体监督中出现的"人肉搜索"、网络"爆料"、网络围观本质上是一种网民自发行为,但由于网民人数众多、缺少规范,再加上网络表达随意,趋于感性化和情绪化,因此在情绪感染的作用下,其他围观网民的理性思考和自我控制的能力减弱甚至消失,并形成心理暗示,最终引发非理性的狂乱。这不但不能起到舆论监督的作用,而且有可能产生火上浇油或使问题复杂化的后果。[①] 与此同时,新媒体监督中的"人肉搜索"、网络"爆料"等行为容易泄露公民和组织的个体信息,侵犯公民的隐私权,对受监督对象造成极大困扰。负面的慈善新闻、慈善事件大量暴露在公众面前,如果政府、社会组织、新闻"爆料"者对事件的解释不清楚、应对不及时、措施不得当,极容易损害公众对慈善事业和社会组织的整体印象,如公众把单个负面事件等同于慈善全行业的发展情况,这会使慈善事业和社会组织的公信力受损。

3. 监督主体的分散性

组织化社会力量监督是外部监督的重要类型,具有很强的专业性。当前慈善事业和监督制度建设需要专业知识的支持,对监督者的专业知识、监督经验、技术水平等方面都提出了很高的要求,但是目前我国组织化社会力量监督制度的主体较为分散,发展水平仍然有待提升,监督的有效性不强。组织化社会力量监督制度的主体庞杂,形式的广泛参与和内在的专业性不足的重要矛盾严重阻碍了组织化社会力量监督制度的发展。以第三方评估机构为例。整体来看,我国第三方评估机构的专业性不足,具体表现在以下三个方面:一是第三方评估机构数量少、规模小,专业人员缺乏。我国对社会组织评估没有相关资质考核,多数第三方评估机构缺乏稳定和专业的评估队伍,评估人员的能力和素质也参差不齐。二是第三方评估缺乏系统、科学的理论依据和方法论体系。现有的评估理论和指标体系多是对国外经验的复制和借鉴,尚缺乏对本土评估理论和评估体系的探索,而国外的考核标准在中国本土的社会服务实践和评估中经常面临"水土不服"。

---

① 陈为雷、毕宪顺:《Web 2.0 时代新媒体慈善监督刍议》,《理论学刊》2015 年第 6 期,第 85—91 页。

三是第三方评估的专业权威不足。第三方评估机构在评估中身份不独立,也在一定程度上削弱了评估结果的权威性。政府购买服务项目或公益项目评估一般由项目购买方支付费用给第三方评估机构,这导致在评估过程中容易出现第三方评估机构依附购买方、按照购买方要求调整评估工具,甚至修改评估结果等现象,难以体现评估的真实性和有效性。

组织化社会力量监督制度主体的分散性导致的问题还体现在行业组织所主导的行业自律机制建设方面。虽然目前国内已经出现一些行业自律组织和机制,但总体而言,慈善行业自律组织数量较少、自律机制尚未构建完善两大问题限制了慈善行业的可持续发展。一是,慈善行业自律组织数量较少。国内较为知名的行业自律组织有基金会中心网、USDO 自律吧,另外还有一些较为松散的倡议机制,例如上海市社会组织联合发起的《上海社会组织自律公约》、河南省慈善联合总会发布的《河南省慈善组织慈善工作者自律倡议书》、四川省慈善联合总会发起的《四川慈善行业自律倡议书》等等。二是慈善行业自律机制的作用范围仅限于行业内部,行业外影响力较低。三是慈善行业自律内容有限。不少自律机制是以倡议书形式呈现,倡议的内容是较为宽泛的,对社会组织缺乏明确的指引,并不能较为系统和全面地推动社会组织规范化发展。

（二）组织化社会力量监督制度面临的挑战

1. 监督的主动性较弱

监督的主动性较弱,这是制约组织化社会力量监督制度向纵深发展、提升制度效能的重要因素。监督主体的主动性受制于监督主体的利益诉求、监督主体的风险认知等。从慈善事业的发展过程来看,组织化社会力量监督的主动性较弱与其在慈善事业中的"成本—收益"不均衡存在密切关联。监督制度对组织化社会力量而言,开展对慈善事业和慈善组织的监督是一项成本较高的工作,而这一监督行动的收益并未形成对组织化社会力量的有效激励。组织化社会力量监督制度所涉及的监督行为主要聚焦于社会热点事件。曝光社会热点事件有利于组织化社会力量在短时间内获得社会注意力和流量资源,但同时也可能忽视社会存在的普遍性问题,从而出现"关注局部、忽视整体"的错误。组织化社会力量在对社会热点事件进行曝光的过程中主要关注被监督者的行为是否合法合规以及符合道德要求,往往是在一定时间段内的监督行动,监督的持续性不强。虽然有针对组织化社会力量的监督行为较为完善的法律制度,但缺少稳定的激励机制,导致监督的主动性较弱。在社会热点事件爆发一段时间后,随着爆点效应的削弱和社会关注的消退,组织化社会力量对慈善事业和慈善组织的监督也逐渐松弛。

2. 监督的权威性存在短板

组织化社会力量监督制度的权威性存在短板,这与国家机关监督长期占据主导地位的现实情况密切相关。中国慈善事业的发展长期被纳入社会保障和社会福利领域,慈善事业的国家主导属性使得慈善被认为是政府职能的重要组成部分,这是在观念层面影响组织化社会力量监督制度发展的重要原因。社会力量在慈善领域始终扮演着参与者和配合者的角色,组织化社会力量监督制度的权威性短板深深地嵌入中国慈善事业的历史发展进程。

组织化社会力量监督制度的短板还体现在社会力量深受行政力量的影响,从而会出现社会性较弱的问题。例如,大部分慈善行业组织具有官方背景,或由具有政府任职经历的人担任组织领导者或成员,或成为政府下设的专门性机构,行业组织的官办色彩较为浓厚,其民间性和社会性受到质疑。行业组织的主要工作是推动行业自律、加强行业合作。以 2013 年成立的中国慈善联合会为例。中国慈善联合会需要配合民政部做好政策的传达和执行工作,这在一定程度上影响了其互益性工作。[1] 中国慈善联合会作为一家全国性社会团体,应当及时反映会员单位和社会公众的利益诉求,但其需要花费巨大精力处理诸多政策性事务。

---

[1] 郭小聪、宁超:《互益性依赖:国家与社会"双向运动"的新思路——基于我国行业协会发展现状的一种解释》,《学术界》2017 年第 4 期,第 60—71、321 页。

政社分工的政府职能改革也在一定程度上削弱了组织化社会力量的监督权威性。在慈善事业快速发展的时期,行业组织、第三方机构、新闻媒体对慈善事业和慈善组织的监督往往有国家机关或政府部门的支持,但在近年的"脱钩"、去行政化等一系列改革之后,组织化社会力量监督制度的国家支持力度在一定程度上被削弱。行政权力的转移必将带来行使主体的改变,进而带来权力实质与载体的改变。[①]社会力量未能够较好地承接政府释放的职能,在缺少政府强制力支持的背景下,社会力量的活力尚未得到充分释放。

3. 缺少良好的培育机制

在国家的大力倡导下,组织化社会力量在一定时期内得以快速成长,然而就发展现状来看,缺少良好的培育机制是组织化社会力量监督制度建设存在的一大短板。组织化社会力量参与慈善事业是推动慈善事业科学化和深度发展的基础,但总体来看组织化社会力量在慈善领域的参与集中于项目运作和活动参与等,对慈善事业的监督参与意愿不强、参与能力不高,这一现象反映出组织化社会力量监督机制缺少良好的培育机制这一现实问题。对行业组织、第三方机构和新闻媒体而言,其监督慈善事业和慈善组织的发展时间较短,其监督行为和制度设计仍然处于初步发展阶段。组织化社会力量在监督制度相对不完善、监督能力不强的发展初期很难实现有效监督、持续监督的目标。

监督的能力提升制度建设不完善也是组织化社会力量监督制度缺少良好培育机制的重要表现。组织化社会力量监督机制对行业组织、第三方机构和新闻媒体的道德要求和能力要求较高,虽然经过一段时间的摸索,监督主体的功能得以明确,但是仍然缺少监督主体的能力建设等方面的制度设计。以第三方机构为例。随着市场化运作机制的全面展开,第三方机构对慈善事业和慈善组织的监督往往依托慈善项目,通过项目制的运作方式开展监督活动。对第三方机构而

---

① 石亚军、高红:《政府在转变职能中向市场和社会转移的究竟应该是什么》,《中国行政管理》2015 年第 4 期,第 32—36 页。

言,监督工作既是发挥组织功能、履行监督职责的重要方式,又是机构通过监督获得相应收入以保证组织正常运作的基础。因此,"收费就服务、不收费就不服务"成为制约第三方机构广泛发挥监督效能、提升监督能力的重要因素。对组织化社会力量监督制度的发展和完善而言,相对健全的培育和支持体系是组织化社会力量有效发挥监督功能的重要保障,当前的培育制度设计和运行机制不完善影响了组织化社会力量监督制度的运行效能。

第三节　个体化社会力量监督制度

慈善活动通过慈善组织、捐赠人、志愿者、受益人等慈善活动参与者,将社会上的人力、物力、财力等资源聚集起来,以捐赠财产和提供服务等方式,将其重新组织分配到社会最需要的地方。实际上这也是一次社会公益资源再分配的过程,所以公众关注度高,涉及社会责任大。社会公众的监督主要是指公众通过咨询、投诉、举报、曝光等方式对慈善组织及其负责人和其他相关人员进行监督。①

一、个体化社会力量监督制度的价值意蕴

慈善事业的广泛参与不仅是指社会公众主动参与慈善活动,也是指公众参与监督慈善事业。个体化社会力量监督制度促进了参与理念与监督行动的结合,将人人参与慈善的理念转化为个体的监督行动。个体化社会力量监督制度明确了公众在监督慈善事业中的权利与责任关系,进一步激发慈善事业公众参与的活力。作为国家机关和组织化社会力量的补充性力量,个体化社会力量进一步提升社会公众参与慈善监督的动员效果,完善慈善事业监督制度的体系建设。

（一）促进参与理念与监督行动相结合

个体化社会力量监督制度具有促进参与理念与监督行动相结合

---

① 阚珂主编:《〈中华人民共和国慈善法〉释义》,法律出版社 2016 年版,第 265 页。

的价值。社会参与是促进国家治理体系和治理能力现代化的重要抓手,是平衡"国家—社会"关系、激发社会活力的核心路径。从慈善史的角度来看,虽然中国古代的慈善事业以官办为主,但仍然为民间参与慈善留下了一定空间,以义庄①、寺庙②等为载体的民间慈善在明清后期成为慈善事业不可或缺的重要组成部分。新中国成立以来,在红十字会等具有官方色彩的慈善组织的基础上,民间力量开始进入慈善领域。对社会公众而言,随着慈善文化的广为传播和慈善事业的影响力日益增强,社会公众广泛的参与热情成为推动社会和谐发展的重要力量。吸引社会公众参与监督以促进慈善事业的规范化建设,是一项培育社会参与精神、弘扬慈善文化和理念的重要行动。

个体化社会力量监督制度将参与监督的理念落实到具体的实质性监督行动中,实现了理念与行动的有机转化。2016 年《慈善法》的出台,标志着我国的慈善事业及相应的慈善监督制度建设正在进一步从传统走向现代、从有限的政策性文件规制走向法治、从少数人关注走向大众参与。③ 社会公众不断发挥自身的专业优势,积极投身到慈善事业和慈善组织监督的具体工作之中,个体化社会力量监督制度持续完善,监督行动持续开展,成为国家机关、组织化社会力量在推进慈善事业监督方面的有力帮手。个体化社会力量监督制度在促进监督理念与监督行动的结合过程中,既要注意发挥个体监督的活力和积极性,同时也需要保证社会公众依法依规有序参与。

（二）理顺公众监督的权责关系

个体化社会力量监督制度有利于理顺公众监督的权责关系。对社会公众而言,明晰公众在监督慈善事业和慈善组织中的权利和责任是有效规范个体行为的重要前提,个体化社会力量监督制度则为其提

---

① 李继武:《佛教寺庙经济与公益慈善》,《中国宗教》2016 年第 3 期,第 68—69 页。

② 谭书龙:《宋代官办慈善机构管理初探》,《社会科学辑刊》2005 年第 4 期,第 117—121 页。

③ 郑功成:《中国慈善事业发展:成效、问题与制度完善》,《中共中央党校（国家行政学院）学报》2020 年第 6 期,第 52—61 页。

供了可能。从权利视角来看,个体化社会力量监督制度为社会公众监督慈善事业和慈善组织提供了法制化的渠道和路径,使得个体监督有法可依。从责任视角来看,个体化社会力量监督制度也为社会公众依法依规参与监督慈善事业和慈善组织设定了边界和权限。个体化社会力量监督制度有利于培养社会公众的权利意识和责任意识,促使社会公众自觉行使其在慈善事业监督领域的法定权利,积极履行法律法规所规定的义务,培养社会公众的责任意识和公众精神,进而推动慈善事业的规范化发展。

（三）补齐国家机关和组织监督的短板

个体化社会力量监督机制是对国家机关监督制度和组织化社会力量监督制度的有效补充,发挥补位功能,能较为有效地弥补上述两种监督制度的不足。与国家机关监督制度相比,首先,个体化社会力量监督制度更加突出社会公众的权利和责任,从而强化社会公众对慈善事业和慈善组织的价值认知,使其深刻认识到慈善事业和慈善组织是国家治理体系和治理能力现代化的重要内容之一,继而提升慈善事业的社会影响力。其次,个体化社会力量监督制度更为突出自发性和主动性,在国家机关监督制度的强制性功能效果较弱的领域可以更好地发挥作用,从而激发社会活力,形成推进慈善事业发展的合力。最后,个体化社会力量监督制度更为突出捐赠人、受益人等利益相关者和更为普遍的非利益相关者对慈善事业的监督功能,扩大了慈善事业监督主体的范围,从而为更为广泛的慈善事业社会动员提供了可能。社会公众监督这一方式也有利于提升公众对慈善事业的知晓和信任程度。

与组织化社会力量监督制度不同,个体化社会力量监督制度不拘泥于具体的组织载体,而是通过动员社会公众广泛参与监督慈善事业和慈善组织的方式实现更大范围的动员效果。个体化社会力量监督制度是对组织化社会力量监督制度的有效补位,弥补了其受限于组织载体的不足,可以促使更广泛的社会群体了解慈善、参与慈善和监督慈善,有助于慈善的宗旨和使命的落实。

二、个体化社会力量监督制度的历史变迁和制度主体

社会公众往往对参与慈善活动热情较高,而对监督慈善事业的积极性不强,这是个体化社会力量监督制度在早期的发展状况。随着国家对慈善事业的认可度逐渐提升,社会公众逐渐开始履行一定的监督职责,但往往呈现零散化和碎片化的状态。随着互联网技术的发展和慈善文化理念的广为传播,基于网络平台的社会公众监督成为可能,而且网络平台提升了社会公众的监督效能。按照社会公众与慈善事业的互动关系,可以将其划分为利益相关者和非利益相关者两类主体,前者包括捐赠人与受益人,后者则是指其他与公益慈善捐赠无直接利益关联的公众。

(一)个体化社会力量监督制度的历史变迁

1. 高参与、低监督并存

高参与、低监督并存是个体化社会力量监督制度在发展初期的特征。从慈善监督制度发展历程来看,早期慈善事业的传播促进了个体化社会力量的慈善参与,但对其参与慈善监督的促进效果较弱。改革开放以来,宋庆龄基金会、中国残疾人福利基金会、爱德基金会等一批专业基金会的成立和发展引发了社会公众对慈善事业观念的转变,慈善事业与社会建设之间的关系得以理顺,人人参与慈善的局面逐渐形成。

社会公众普遍具有参与慈善活动的意愿和热情,但对监督慈善组织和慈善事业发展缺少持续性的动力。随着公益理念和志愿服务精神的广泛传播,群众参与志愿服务的意愿增强,志愿者数量大幅增长,缓解了慈善力量不足的难题。在社会公众对慈善活动拥有巨大热情的同时,却存在社会公众不愿意加入慈善组织监督队伍的现象,从而出现慈善组织监督的社会力量缺位的问题。

2. 个体监督的零散化

社会公众在国家引导和自身意识觉醒的背景下开始对慈善事业进行监督,这时的监督呈现出个体监督的零散化特征。随着慈善事业

的发展,越来越多的社会公众关注慈善行动,形成了良好的慈善文化,同时社会公众也对慈善事业发展过程中出现的社会现象进行观察与反思。2008 年汶川地震以后,公众开始大规模参与慈善。社会公众的监督对于慈善事业发挥着重要的外部约束功能。① 随着移动信息技术的发展,慈善参与越来越便利和兴盛,同时也带动了个人捐赠的兴起和发展。

涉及个体监督的法律制度和相关规定已有成文,但其对于社会监督的促进作用较为有限。在公众逐渐成为慈善捐赠主体的背景下,公众对慈善捐赠的监督成为法律制度建设的一个重要内容。根据《慈善法》,捐赠人有权查询、复制其捐赠财产管理使用的有关资料,慈善组织应当及时主动向捐赠人反馈有关情况。此外,慈善组织应当向社会公开组织章程和决策、执行、监督机构成员信息以及国务院民政部门要求公开的其他信息。这些规定为个体监督提供了法理基础,但其效果不理想,反而由于慈善事业的多领域特征,个体监督零散化。

个体捐赠的数量增长与监督泛化是考虑个体监督零散化成因的重要视角。中国在法律制度环境上优化了对于慈善事业的支持。2016 年的《慈善法》第七条明确规定“每年 9 月 5 日为‘中华慈善日’”,倡导公众参与,弘扬慈善文化。民政部审查通过互联网慈善信息平台后,腾讯公益等互联网平台迅速成为个人慈善捐赠重要领地。上述制度变革在客观上促成了我国慈善捐赠中个人捐赠比重逐年上升的趋势。与逐渐增长的个体捐赠金额相比,个体监督的缺位或低效则阻碍了监督制度的发展和完善。社会公众普遍重视捐赠行为,而不关注或较少关注后续的捐赠效果,捐赠者不能全面了解资金使用情况,缺乏对慈善组织更为精细化的监督,使得监督效能受损。

3. 个体监督的平台化

“平台”一词起源于市场经济的发展,平台是确定交易规则和交易场所的载体。慈善平台主要指的是基于互联网发展而形成的慈善网

---

① 姚俭建、黄丹:《关于构筑中国特色慈善事业监督体系的思考》,《社会科学》2004 年第 10 期,第 58—63 页。

络平台。平台为解决个体监督的零散化阶段存在的问题提供了新的思路。随着慈善事业的发展,互联网公益平台成为个体监督的重要手段和载体,平台监督为补位传统监督方式提供了新的思路,个体监督的平台化阶段到来。互联网时代的到来,冲击与重塑着传统公益,公益格局发生了前所未有的改变。① 为推动慈善事业与"互联网+"的融合,民政部分别于 2017 年 8 月和 2018 年 9 月公布《关于全国慈善信息公开平台上线运行的通知》和《"互联网+社会组织(社会工作、志愿服务)"行动方案(2018—2020 年)》,对推动"互联网+社会组织治理""互联网+专业社会工作""互联网+志愿服务"以及"互联网+慈善募捐"的主要步骤和进度安排进行了统筹部署,慈善组织积极运用互联网,及时传递慈善需求信息,全方位线上展示慈善过程和成效,大幅提升了自身的工作效率和社会影响力,同时也促进了个体监督的平台化建设。

现代信息技术的应用突破地域界限,网络公益平台成为现代慈善组织和公益事业发展的重要载体。大数据、区块链等新技术开始在慈善行业运用,为慈善组织提供全过程的信息流集成,获取日常管理和项目运作所需的海量信息,扩大个体监督者对慈善组织的重点监督范围,提升其监督能力。新技术的运用提升了慈善组织工作的透明度。

(二)个体化社会力量监督制度的制度主体

伴随着民主参与意识的增强,同时由于慈善领域频频曝出负面新闻,因此广大公民加入监督慈善事业和慈善组织的行列。互联网的发展加速了对慈善监督的个体赋权进程,催生了一批慈善领域的意见领袖,他们有的是长期关注慈善的知名人士,有的是在某些事件发生时能够快速掌握信息、权威发布信息的人。意见领袖对慈善事件的曝光、质疑,往往能够引起公民的广泛讨论,掀起社会公众监督的热潮。个体化社会力量包括两个群体,即利益相关者与非利益相关者,前者包括捐赠人与受益人,后者则是指其他与慈善捐赠无直接利

---

① 徐家良:《互联网公益:一个值得大力发展的新平台》,《理论探索》2018 年第 2 期,第 18—23、38 页。

益关联的公众。

1. 利益相关者

利益相关者是分析阐释慈善行为的重要概念。利益相关者是指能够影响组织目标实现或者被组织目标实现过程所影响的人或团体。[①] 利益相关者在监督制度中主要指的是捐赠人和受益人这两大群体。慈善捐赠人是指基于慈善目的通过不同方式自愿、无偿地向无利益关系的受益人赠与财产的自然人、法人或其他组织。对于捐赠人而言,其权利相对来说较为明确,有学者总结了常见的三种捐赠人维权监督的情形:信息公开不足,侵害捐赠人的知情权;捐赠摊派,侵害捐赠人的自愿捐赠权;捐赠财产被私挪占用,侵害捐赠目的实现权。[②] 对于受益人来说,《慈善法》明确规定了其人格尊严不受侵犯的权利与隐私权。除此之外,慈善组织根据需要可以与受益人签订协议,明确双方权利义务,约定慈善财产的用途、数额和使用方式等内容。总的来说,相对于受益人而言,《慈善法》对于捐赠人的权利规定更为明确,捐赠人更容易理解自身的权利与保障途径,而受益人本身就处于捐赠关系中被动的一方,他们只能接受符合慈善目的的帮助,而对于达成这一结果的方式并无决定权,这也使得这些细节只能交由法律之外的私人协议来确定,解决潜在问题的成本可能更高。

以捐赠人为代表的捐赠行为主体是促进慈善组织发展的重要力量。根据《慈善法》的规定,捐赠人可以通过接受捐赠票据、签订书面捐赠协议等方式行使对慈善活动的监督权利,享有查询、复制其捐赠财产管理使用的有关资料,要求慈善组织按照捐赠协议使用财产,获取公开募捐信息的权利。然而,明确捐赠者监督权利的配套政策尚未完善,亟须在《慈善法》实施办法等配套文件中提出细化制度的创新方案。

---

① 吴磊、徐家良:《政府购买公共服务中社会组织责任的实现机制研究——一个利益相关者理论的视角》,《理论月刊》2017年第9期,第130—136页。

② 刘静、尚振田:《慈善法背景下慈善捐赠人权利保护研究》,《法制与社会》2018年第11期,第237—239页。

2. 非利益相关者

非利益相关者从社会群体视角为分析监督制度提供了新的思路。非利益相关者虽然不能影响组织目标,但是这一群体规模大、数量多,其所产生的社会舆论可以影响慈善事业。非利益相关者主要指的是与慈善捐赠无直接利益关联的公众。非利益相关者的监督往往与慈善领域的焦点事件的突然发生联系在一起,具有爆发式的特征。非利益相关者对慈善组织的监督具有独特功能,可为政府主管部门和纪检监察机关提供社会组织或慈善组织的违法与腐败信息,营造社会监督氛围。

总的来说,若将慈善捐赠的公众监督视为对慈善利益相关者行为的合规约束,那么这种公众监督主要有两种方式:一种是基于正式制度的司法途径,通常是利益相关者内部基于自身利益对慈善行为的监督;另外一种是非正式的公共舆论途径,非利益相关者普遍以参与公共舆论的方式,对慈善行为传导监督压力。

在互联网时代,公众注意力实际上是一种稀缺资源,公共议题之间在公众注意力上存在竞争关系[1],而特定议题的搜索量能够反映对应的公众注意力水平[2]。随着互联网与移动设备的普及,中国人的衣食住行已经烙上深刻的网络印记,订餐、约车、购物、阅读等生活行为与网络密不可分。大多数有关慈善的公共事件源起于网络舆论。公众获取慈善组织资料的方式也不再局限于有关慈善组织的新闻报道,而是可以借助慈善中国、腾讯公益等平台的报告和相关信息,并通过线上平台向政府职能部门提交举报材料。例如,2020 年 2 月 13 日,网友通过微博向北京市民政局发送关于北京韩红爱心慈善基金会存在违法行为的举报材料;2 月 20 日,北京市民政局在官方微博发布

---

[1]　Jianhua Zhu, "Issue Competition and Attention Distraction: A Zero-Sum Theory of Agenda-Setting," *Journalism & Mass Communication Quarterly*, Vol. 69, No. 4, 1992, pp. 825-836.

[2]　Michael Scharkow and Jens Vogelgesang, "Measuring the Public Agenda Using Search Engine Queries," *International Journal of Public Opinion Research*, Vol. 23, No. 1, 2011, pp. 104-113.

"北京市民政局关于对举报北京韩红爱心慈善基金会有关问题调查结果的通报",调查迅速及时,同时也对该基金会的贡献与不合规行为给予通报。在"网友举报—政府调查"的过程中,互联网提供了政社互动的平台和场景,成为政府部门履职、慈善组织规范自身行为、社会公众行使监督权的重要基础。

三、个体化社会力量监督制度的主要特征和面临的挑战

个体化社会力量监督制度主要聚焦于对受益人的监督,从而形成了面向受益人的监督导向。互联网打破了个体参与的时空界限,平台化的社会公众监督趋势日渐增强,网络平台成为个体监督的重要场所。由于社会公众的监督受到个体能力的限制,因此其对慈善事业的监督往往聚焦于微观的慈善行为。个体化社会力量监督制度虽然得到了一定的发展,但其权利义务不明确、缺少群体联动效能、监督持续性较弱等问题依然是阻碍制度效能提升的重要内容。

（一）个体化社会力量监督制度的制度特征

1. 面向受益人的监督导向

慈善事业的个体化社会力量监督制度的发展与完善需要理顺"捐赠人"与"受益人"之间的关系。受益人既是社会舆论关注的中心,同时也是个体监督的重要对象。总体来看,之所以受益人成为监督关注的对象,原因主要在于三点:一是在非慈善组织参与的慈善捐赠中,最主要的是个人对个人的财产赠与;二是个体监督缺少组织载体,个体作为社会力量发挥监督功能一般也聚焦于具体的受益人;三是我国慈善组织的信息透明度目前仍然处于较低水平,社会热点事件引发的社会监督往往聚焦于受益人群体,关注慈善行为的合法合规和道德属性。此外,对于更为广泛的非利益相关者群体来说,慈善事业的监督对象一般只能是受益人,这是由于非利益相关者只能观察到公开的受益人（在大部分情况下,受益人也是求助者）,关注受益人在慈善行动后的受益情况,而对于慈善事业背后的运作机制缺乏认识和了解的渠道,从而很难打开这一"黑箱"。针对受益人为主的个体化社会力量监

督也从侧面反映出,非利益相关者在这一监督群体中占据了大多数。

2. 基于互联网公益平台的慈善监督

互联网公益平台的出现不仅降低了慈善组织的筹款门槛,也有助于为个体捐赠人与个体求助者搭建相互认识的平台。相对而言,线下的公益捐赠更倾向于各法人主体之间的互动。企业是中国慈善捐赠的主体,但个人捐赠的比重近年来有所提升,这得益于互联网公益平台的发展。以公众个人求助为主要参与形式的互联网平台筹款情况能体现个人捐赠规模。而轻松筹、水滴筹等公司性质的平台与以轻松公益、水滴公益为代表的互联网公益平台往往使个人互助业务与公益事项相混同,成为众多骗捐事件的高频事发空间。所以基于互联网公益平台的监督就成为必要。总的来说,在一个明确的法律框架下,互联网公益平台越是面向个人捐赠者,社会舆论和个体的监督作用越显著,这可以理解为:围观的眼睛越多,越容易让纰漏"不小心"展现在公众视野里。

3. 注重监督微观的慈善行为

当前的个体化社会力量监督制度仍然主要聚焦于对慈善捐赠、慈善组织筹款、慈善事业相关人物的监督,监督内容呈现出碎片化的特征,往往止步于某一个微观案例,监督行为停留在社会注意力支出、口头诉求等方面,对于更为宏观层面的监督行为,如对财务报告的审查、与慈善组织直接对话较少出现。随着慈善事业的发展,对慈善机构的财务报告审查要求越来越多,但这些报告一般是提交给国家监管机构,而社会个体对筹款活动不当行为等的监督在有效性、持续性方面都存在较大问题。提高公众对慈善组织及其运作以及捐助者的权利和义务的认识,将有助于发挥个体化社会力量监督制度对于慈善事业的规范作用。政府应加大公众教育力度,进行正确引导,使公众掌握正确的慈善监督方式。

(二)个体化社会力量监督制度面临的挑战

1. 权利义务不明确

虽然慈善事业的法律法规和政策文件对个体化社会力量监督制

度已经作出了一定程度的规定,但是从现实来看,个体化社会力量监督制度仍然存在一定的权利义务不明确问题。从利益相关者的角度看,虽然慈善领域的制度设计已经对捐赠人和受益人的权利与责任作出了相应规定,但是这些规定的执行效果有待提升。在实际运作过程中,由于慈善事业往往涉及对困难群体的帮助问题,因此更加重视对利益相关者的权利保护,一定程度上忽略了其责任的履行。这实质上是个体化社会力量监督制度的权利义务不明确使得慈善事业的运作过程出现了权大责小的问题。我国慈善事业的制度设计多来源于西方国家的慈善立法和慈善活动的经验,并结合中国实际情况予以调整和规范。对慈善事业的发展和慈善监督的要求应当根据我国的现实实践予以优化,进一步落实慈善领域的社会监督,提高慈善制度的建设水平。[1]明确作为慈善事业重要监督者的社会公众的权利和义务是提升监督成效的重要基础。

2. 缺少群体联动效能

个体化社会力量监督制度以社会公众的个体参与为主,主要采用举报、投诉、自媒体曝光等方式,社会影响力较弱,不一定能得到国家机关和组织化社会力量的及时关注,影响了个体化社会力量监督制度效能的有效发挥。个体化社会力量监督制度很难调动起捐赠人和受益人长期坚持开展监督工作的积极性,而国家机关监督制度及组织化社会力量监督制度对调动社会公众参与慈善监督制度的相关激励也不多。此外,具体到某一活动或项目,捐赠人和受益人的监督意愿较为强烈,但慈善组织和慈善项目的透明度不高,可能造成捐赠人和受益人的监督难以有效发挥作用。个体化社会力量监督制度的参与广泛性在一定程度上也造成了监督的"失焦",过于具体的监督行动很难引起社会群体的持续关注,也较少能吸引国家机关和组织化社会力量的介入。总体来看,个体化社会力量监督制度与国家机关监督制度及组织化社会力量监督制度的群体联动效能不高,从而制约了个体化社

---

[1] 李文华:《完善我国慈善信托制度若干问题的思考》,《法学杂志》2017年第7期,第89—97页。

会力量监督制度的影响力提升,限制了其效能的进一步发挥。

3. 监督的持续性较弱

个体化社会力量监督制度的持续性较弱。个体化社会力量监督制度,对利益相关者的约束性较强,而对非利益相关者的限制和规范成效较弱。对参与监督慈善事业的社会公众而言,信息不对称、信息获取渠道不畅通等问题导致其监督的能力较弱,监督的获得感不强,因此监督的持续性较差。从法理层面来看,慈善法人的法律规制,应当在慈善目的和公共利益与法人自治之间保持平衡关系,既确保慈善法人的慈善目的与公共利益的有效实现,同时也要维护慈善法人领域中的私法自治。① 对非利益相关者而言,其监督慈善事业和慈善组织的动力不足,参与监督的主动性不高,如何调动非利益相关者广泛、深入地参与慈善事业监督始终是这一领域面临的重大问题。个体化社会力量监督制度在国内的发展主要与慈善事业的重要领域相联系,在环境保护、社会救助、健康倡导等领域,个体化社会力量监督制度发展水平较高,这既得益于制度设计的日趋完善,也得益于社会公众维权意识的提升。个体化社会力量监督制度的立足点是社会公众对于自身利益和公共利益的维护,就目前来看,社会公众对涉及自身利益的慈善事业较为关注,而对涉及公共利益的慈善事业关注度则相对降低,监督动力不足使得个体化社会力量的监督持续性不强。

① 李德健:《公共利益与法人自治的平衡——中国慈善法人制度变革的进路选择》,《法学论坛》2016 年第 1 期,第 54—63 页。

第七章 构建中国式现代化慈善事业 制度体系的路径

中国慈善事业制度体系经过长期的发展,尤其是以改革开放为关键节点的延续性发展,已行进至达成现代化目标的重要阶段,需要持续投入,加速不同制度结构间的有效互动,来最终完成本领域权力结构的稳固和利益归属的明确,最终促成制度创新。本章既是对第二章至第六章所梳理问题的系统回应和针对性调整,同时也系统地提出中国式现代化慈善事业制度的整合创新思路,以实现制度创新意图。中国特色慈善事业制度建设立足于中国社会发展的现实情况,受创新目标的指引和多元制度要素的影响,最终可归纳为五个层面的制度创新路径:一是一核多元领导制度,发挥中国共产党在慈善事业中的政党统合、思想引领和组织引导功能;二是复合型慈善法律制度,在《慈善法》法律法规体系基础上,推进社会组织领域的专门立法,强化支持性政策体系;三是以政带社协同制度,在"党引政从"的党政协同模式下,创新分级管理思维,重构央地协同格局,进一步强化依托慈善行业组织的政社协同机制;四是表彰型动员制度,优化国家层面的表彰体系,针对国家治理的重点领域和对象实现组织化动员,培育民间慈善文化并激发个体慈善热情;五是数字化监督制度,包括基于慈善信用体系建设的国家监督、基于数字化联结的社会监督和基于大数据的全民监督。

第一节 一核多元领导制度

中国共产党从政治、思想和组织三方面对慈善事业进行领导,以政治建设作为慈善事业建设的根基与前提,通过思想领导将既定政治路线、方针和政策传递给参与者,将组织领导以党建形式与慈善主体的实际工作相融合,党的全面领导在慈善事业中得以贯彻和体现。然而,党的领导制度仍然面临一系列待解决的问题,突出表现在对于政治领导制度的认知虚化和执行偏差,对于思想领导的衔接和保障不足,党建基础薄弱且与组织自主性之间存在张力。

破解上述问题的核心思路是完善"一核多元"慈善事业领导制度,强化中国共产党的中心地位。以"一核"作为权力运作及权力关系变化的原点,意味着权力实施、作用及相应关系的呈现是以此核心为唯一原点,剩下的政府、市场、社会组织等不同主体经由复杂机制交织而成的权力传导路径得到赋权。[1] 慈善领域与国家治理和社会建设的其他领域具有一致性的一点是,中国共产党是领域中的核心领导权力。在慈善事业所反映的国家与社会关系中,党居于核心地位,慈善领域的不同主体均处于党全面领导的新型举国体制当中。[2] 因此,领导制度的优化以明确党的政治统合地位、激活党的思想引领功能与强化慈善领域社会组织党建为主要形式。

一、净化生态与个体吸纳助力政治领导力提升

政治建设是慈善事业制度建设的根基和前提。避免党的政治领导制度实际发展过程中出现认知虚化的问题,需要在政治生态净化、个体吸纳、科学慈善建设方面采取措施,明确党在慈善事业中的政治统合地位,提升党的政治领导力。

(一)净化慈善事业的政治生态

政治生态是政治领导力形成和运行的重要条件,其好与坏决定党的政治领导作用的发挥程度。任何领域只有政治生态健康向上,党的政治领导力才能不断强化。政治生态既与生态系统内成员的思想情

---

① 赵中源、黄罡、邹宏如:《国家治理现代化的内在理性、变革逻辑与实践形态》,《政治学研究》2022 年第 1 期,第 106—116 页。

② 朱健刚、邓红丽:《治理吸纳慈善——新时代中国公益慈善事业的总体特征》,《南开学报(哲学社会科学版)》2022 年第 2 期,第 71—81 页。

感有关,也与领导体制和领导方式、领导者的作风和素养直接相关,政治生态兼具客观性、复杂性和可塑性。① 党在慈善领域要实现总揽全局、协调各方的政治领导,离不开对慈善政治生态的改造和净化,整个过程可依托以下两个着力点。

一是在慈善事业中实施高压反腐。腐败是政治生态的污染源头。党的十八大以来,反腐倡廉工作卓有成效、成绩斐然。打"老虎"、打"苍蝇"对于提升公众满意度、塑造风清气正的党内氛围发挥积极作用,标本兼治的反腐工作格局和惩治与防治的反腐工作体系业已形成。反腐的进程尽管部分涉及慈善领域,但不够深入和全面。因此,需要加强慈善领域的制度性反腐,尤其关注政府官员利用慈善资源中饱私囊,开展关联交易以牟取个人利益的情况,深入打击潜在的隐性腐败。

二是将慈善组织从业者纳入党内政治生活体系。慈善领域的社会组织党建虽已开展多时,但部分组织仍未能在内部形成常态化的政治生活,部分组织出现党内政治生活淡化政治的情形。因此,需要严守政治纪律和政治规矩,保障社会组织内政治生活的规范性与严肃性。将"两学一做"和"不忘初心、牢记使命"等主题教育在社会组织内部常态化、制度化,提升社会组织从业者在党内政治生活中的参与感。另外,应在基层广泛落实"三会一课"制度,准确及时地向包括慈善组织在内的多元社会力量宣传党的路线方针和决策部署并督促其落实。

（二）对慈善组织优秀成员的个体吸纳

为慈善领域的活跃个体创造政治参与机会,提升其政治地位,是强化政治领导的重要路径。过往研究指出,政党统合创造了一个新的社会组织政治激励体制,通过资源供给与个体吸纳两个机制对不同类别的基层社会组织给予不同的激励,从而创造出社会组织主动向党组

---

① 马兵:《新时代党的政治领导力建设:特征、意义和路径》,《新视野》2021年第3期,第73—79页。

织靠拢的局面。① 相比于资源供给，个体吸纳在提升党的政治领导力方面的作用更为显著。

个体吸纳的形式是指上级党组织赋予政治上较为进步或者党建工作开展得力的慈善组织创始人或负责人一定政治身份。这些政治身份主要包括党代表、人大代表、政协委员、青联委员等，使慈善从业者能实际参与到治理体系建设和决策进程中，无形中提升社会组织的社会地位。早在 2011 年，广东省《关于加强社会建设的决定》就提到，支持社会组织依法参政议政，率先鼓励有条件的地区先行先试，探索在政协中设立新社会组织界别。后续江苏、陕西、甘肃等地也曾效仿相关措施。如果此方式能在全国范围内推广，将增强慈善领域从业人员的政治认同，使其在日常工作中更加积极主动地贯彻党的政治路线和方针。

（三）通过科学慈善建设实现党的政治领导

共同富裕是社会主义的本质要求和人民群众的共同期盼，《中共中央关于制定国民经济和社会发展第十四个五年规划和二〇三五年远景目标的建议》将共同富裕列为"十四五"时期经济社会发展必须遵循的原则，而慈善在其中扮演着多重角色。要达成共同富裕的目标，需要解决慈善捐赠规模和结构等复杂问题②，需要讲求科学的方式方法。

在实现这一重大使命进程中，需要一个领导核心协调各方力量，围绕共同富裕这个中心任务开展工作，而中国共产党正是当仁不让的组织核心。在党中央集中统一领导慈善事业的基础上，要不断提高慈善的科学化程度和水平，激励慈善从业者为推进共同富裕担当作为，加强学习和调查研究，了解共同富裕的本质，探索出具体实现渠道，这是强化党在慈善事业中政治领导的又一条路径。

---

① 李朔严、王名:《政党统合与基层治理中的国家—社会关系》,《经济社会体制比较》2021 年第 2 期,第 171—180 页。

② 邓国胜:《第三次分配的价值与政策选择》,《人民论坛》2021 年第 24 期,第 42—45 页。

二、激活党在慈善事业中的思想引领功能

慈善事业的思想领导制度主要是指党借助对慈善事业参与主体的思想政治教育等方式,引导参与主体正确认识到慈善事业与党的领导之间的深刻关系,保证慈善事业的正确方向和持续发展。当前党对慈善事业的思想领导面临制度效用、衔接机制、保障体系等方面的困难,需要通过确立指导思想、强调人民立场和加强网络意识形态领导工作克服困难。

（一）将马克思主义中国化理论作为慈善事业的指导思想

发展慈善事业首要解决的一个问题,即将什么作为根本指导思想和核心价值追求。中国慈善事业是中国特色社会主义事业的重要组成部分,这就逻辑地、内在地决定中国慈善事业必须坚持以马克思主义为指导。① 将马克思主义中国化的一系列最新成果作为中国慈善事业的指导思想,有助于在慈善事业建设进程中保持唯物主义价值观和实事求是的突破精神。

同时,也应特别强调马克思主义与现代慈善理念的结合。马克思主义经典著作将慈善视为资产阶级剥削所得后对工人阶级的恩惠,它使资产阶级获得道德优越感,削弱工人的革命力量,以继续维护资本主义的剥削制度。② 但新时代中国语境下的现代慈善与资本主义社会中的慈善截然不同:它是一种包含责任、关爱、利他等精神的社会共济行为,是中国特色社会主义事业的重要组成部分。在构建中国现代慈善话语体系的过程中,要注重将马克思主义与现代慈善理念相结合,融合社会主义核心价值观等时代元素,从而使得党在慈善领域的领导具备坚实的理论根基。

（二）强调慈善事业建设的人民立场

人民立场是中国共产党的根本立场,也是中国共产党区别于世界

---

① 彭柏林、陈东利:《中国特色社会主义慈善治理的经验与展望》,《伦理学研究》2021年第2期,第30—37页。

② 玉苗、陈元明:《论马克思主义慈善公益观》,《学术论坛》2013年第7期,第1—5页。

其他政党的鲜明特色。党的力量来源于人民,党的事业紧紧依靠人民,因此其思想领导体系建设也必须始终坚持人民主体地位,其中包含的具体维度是尊重人民意愿、汲取人民智慧、坚守人民立场、赢得人民支持。[①] 近年来,我国不断强化以人民为中心的发展理念。上海"人民城市人民建、人民城市为人民"这一口号正是人民立场的集中体现。

在创新慈善事业思想领导的进程中,通过增加群团组织在慈善领域的投入,凸显慈善事业建设的人民立场,是本书的基本思路,同时有望在一定程度上解决思想领导的制度衔接问题。群团组织具有接近群众、了解群众的优势,不仅是党开展群众工作的主要抓手,也是各类特定群体的利益代表机构。深化群团组织的慈善活动,尤其促使其在妇女儿童保护、青年创业就业、新社会阶层社会融入等特定领域发挥作用,体现党对人民群众的责任担当,以高质量发展带领人们走上共同富裕的道路。在提供服务的同时,要强化党的思想观点宣传,以人民叙事配合人民服务,同时增进人民的物质和精神福祉,并由此实现党的思想领导在慈善领域的落实。

（三）加强慈善领域的网络意识形态工作

在互联网时代,加强网络意识形态工作已成为一项迫在眉睫的战略任务,在慈善领域也不例外。网络作为当前涉及人数最多、各类群体最为活跃的一块意识形态工作领域,具有信息传播迅捷开放的特点,但同时也给不良意识形态的迅速传播提供机会,产生多类信息并存的局面,对于分辨能力不足的个人容易产生负面引导作用。[②] 这对党领导管理网络的水平和能力提出新的挑战,也成为新时代实施思想领导的难点之一。慈善领域同样是网络多元观点汇聚之地,对于相关网络意识形态工作的重视刻不容缓。

---

① 刘建军:《新时代思想建党理论强党新探索:兼评〈中国共产党思想领导能力建设研究〉》,《思想理论教育导刊》2021 年第 6 期,第 141—143 页。

② 王伟华:《论党的思想领导及思想领导力建设》,《理论视野》2022 年第 1 期,第 74—79 页。

在开展慈善领域的网络意识形态工作过程中,既要遵循传统的意识形态工作的一般规律,又要适应和把握其特殊的运行规律,需要特别注意信息化时代事物迅速的次生衍变,做到较快地掌握了解相关的信息,及时采取措施。一方面要充分利用现有互联网主管部门及其下属慈善组织,在依法依规管网的同时,宣传网络慈善正面案例,促进网络安全、网络文明、网络风气一体建设。另一方面要加强网络慈善话题的议程设置能力,将生动性、趣味性元素融入意识形态推广工作,不断创新和发展短视频、直播等新的载体平台建设,提高主流意识形态的传播力、引导力、影响力、公信力。

三、强化慈善领域的组织党建

慈善事业的组织领导制度是党在慈善领域对慈善组织等组织化参与力量的领导制度的总和。党通过在慈善组织中建立基层组织并开展项目化运作,促进党建工作与业务工作的双向驱动和共同进步。当前慈善事业中党的组织领导面临投入与收效不匹配、基础薄弱、与组织自主性存在张力等问题,需要改变党建的工作方式方法,夯实党建工作基础,依托党组织实现对慈善组织的赋权。

（一）推动党建工作与慈善组织的业务深度融合

慈善组织中的党组织在开展活动时,要主动融合组织的业务中心工作,可探索以"党建+"为主要形式的党业融合形态,如"党建+项目""党建+创意""党建+文化""党建+人才"等。[①] 而且,要以完成慈善组织业务中心工作的实际效力来检验党组织的活动成效。

慈善组织党建融入业务的主要方式之一是开展与党的中心工作相结合的慈善项目。如建立乡村发展专项基金,助力乡村振兴中的环境建设、基础教育、就业促进、农民全面发展等领域,并对农村相对贫困人口提供持续性扶助;建立退役军人事务基金,关爱慰问退役军人群体,与政府优抚项目紧密合作;助力应急管理体系建设,投入资金支

---

① 万银锋、闫妍:《党领导社会组织:必然逻辑、现实困境与应对策略》,《中州学刊》2020 年第 4 期,第 32—38 页。

持地方应急救援团队的招募和培训工作,为应急物资储备提供物品和仓储服务等。通过在具体领域的党建与业建相结合,激发慈善组织内在活力、引领慈善事业健康发展。

（二）为慈善领域党建工作创造多元资源支持体系

一方面,政府部门应加大公共财政投入。要响应中央要求,建立多渠道筹措、多元化投入的党建工作经费保障机制,规定社会组织将党建工作经费纳入管理费用列支,且此类费用按照有关规定享受企业所得税前扣除。同时各地市委、市政府要建立专项社会建设基金,统筹核算基层党建经费、党组织活动经费、购买服务经费、党建评估经费等。①

另一方面,保障慈善领域党的基层组织活动场所。在慈善组织较集聚的区域,可统一建设该区域的综合党群活动中心,面向慈善组织设立特定开放时间,建立规范的管理制度。社区党总支和居委会则可根据实际条件,统筹协调公共资源,建立所在区域范围内的共享性活动场所,并提供给慈善组织使用。

（三）依托党组织对慈善事业参与者充分赋权

基层社区的相关研究表明,社区党建工作和社会工作相配合能更好地发挥社会工作的专业性作用,实现对社区居民赋权的目标,从"外部推动"和"个体主动"两个着力点促进居民改善现有的"无权"状态。② 在慈善领域,以党建为形态的组织领导同样能够实现赋权慈善事业参与个体的功能,提升个体和组织的服务能力。

实践中,可推进慈善组织和慈善组织党组织"双孵化"机制,实现党组织建设和慈善组织能力培育同步发展,包括但不限于同步登记、同步年检、同步评估、同步换届、同步购买服务,扩大党组织覆盖面和党建工作覆盖面。还可由属地党组织承担一部分慈善组织的培育孵

---

① 程坤鹏、徐家良:《新时期社会组织党建引领的结构性分析——以 S 市为例》,《新视野》2018 年第 2 期,第 37—42、49 页。

② 彭小兵、李文静:《赋权:党建引领与社会工作互嵌的社区治理探索——基于重庆市T 社区的实践》,《社会工作》2020 年第 2 期,第 78—88、112 页。

化任务,对慈善组织负责人同步开展思想意识培训和业务能力培训。另外,可依托慈善行业组织来强化党建工作,即先由组织部门集中负责对慈善行业组织党建工作的指导、督促和检查,研究并帮助解决工作中出现的情况与问题,再由行业组织具体负责指导和帮助慈善组织党组织开展工作,承担提升所在区域行业组织党建工作水平的具体任务。

第二节　复合型慈善法律制度

经过长期的制度建设和发展,我国慈善事业法律体系已经初步形成,承担着慈善领域维系性中间支撑制度的角色。然而现有法律制度距离完备健全仍有不小差距,亟须根据慈善事业的发展趋势,进一步予以完善。基于对当前慈善事业相关法律法规和政策的梳理,慈善事业法律制度存在顶层设计不完善、法律衔接不顺畅、支持性制度未落实等突出问题,需要寻找促进我国慈善事业法律制度创新的动力,明确慈善事业法律制度创新的核心和目标,完善影响慈善事业法律制度创新的顶层设计,确保慈善事业发展目标的实现。

破解上述问题的核心思路是构建复合型法律制度。所谓复合型,是指对于现有法律制度实行动态调整,理顺当中的权利关系,同时,拓展新的法律法规,增加权威性的制度供给。具体来说,首先是确保《慈善法》及其配套制度体系的完整性,提升慈善事业基本法律框架的适用性;其次是将社会组织领域三大条例整合升级为新的"社会组织法",嵌入现有法律体系;最后是优化慈善领域的支持性政策体系。

一、确保《慈善法》及其配套制度体系的完整性

《慈善法》作为我国第一部集中型慈善立法,对慈善(活动)作出了全面规范,包括慈善概念、慈善组织、慈善募捐、慈善信托等诸多内容。可以说,《慈善法》意图将慈善活动全面纳入法律规范调整,而相关配套政策则进一步贯彻该意图。然而,这部法律及其配套部门规章的完整性仍存在一定的调整空间,具体可从如下四个方面予以调整。

（一）调整慈善组织资格认定范围

现行慈善组织资格认定范围主要为在民政部门登记的社会组织，根据社会经济文化情势的发展，亟须扩展慈善组织的法人类型范围。可将慈善组织的法人（基金会、社会团体、社会服务机构）扩展至如下范围：在民政部门登记注册的基金会、社会团体、社会服务机构；编制管理机关登记注册的事业单位；在市场监督部门登记注册的企业、合作社；在公安部门登记注册的境外非政府组织代表机构；在民政部门备案的慈善信托；在民政部门登记注册的宗教活动场所；在街道（镇）备案的社区民间组织；法律法规规定的其他组织类型。

之所以采取此种调整思路，是因为慈善事业发展需要激发多样化的社会力量发挥作用，开展形式尽可能丰富的活动。从实践中来看，开展慈善活动的组织也并不限于在民政部门登记的社会组织：事业单位面向社会提供群众普遍需要的教育、医疗等公益性服务；部分社会企业将增进社会福利、解决社会问题作为主要宗旨；境外非政府组织已在中国开展慈善活动逾四十年，部分已完成代表机构注册；慈善信托在国外普遍被视为慈善事业的一种组织形式，具备财团法人的基本特征；宗教活动场所长期以来是我国社会捐赠的重要流向；社区民间组织则是社区服务的重要供给单位。综上，这些类型组织都符合《慈善法》对于慈善组织的定义，具备被认定为慈善组织的基础条件。扩大慈善组织的范围，将上述在不同部门登记或备案的组织囊括进来，既可以扩大我国慈善组织的整体规模，也有利于慈善事业形成梯次分明、协调合作的良好格局。

在此基础上，还应进一步明确慈善组织公益原则的基本含义与具体细则。公益原则应当涵盖公益性和有益性两大维度。从公益性层面来看，慈善活动需要面对不特定的人群，体现广泛的社会参与和普惠价值。从有益性看，慈善活动需要切实提升社会群体的生活发展条件。明确把握这两大维度，能够为慈善组织提供清晰的行为准则和评估标准。

（二）优化募捐制度

慈善募捐制度的完善不仅是对原有慈善立法空白的填补，也是对实践中出现的募捐诈骗等问题的回应。但在《慈善法》的实施过程中，慈善募捐制度又暴露出募捐资格限制过严等问题。在《慈善法》出台之前，慈善领域存在诸多以募捐名义实施诈骗等违法现象，这表明监管制度的有效性存在问题。要通过建立针对募捐开展前的事先监督制度和募捐开展后的事后监督制度，形成慈善募捐全过程的监督机制，进而走出慈善监管的有效性困境。

有鉴于此，在对慈善募捐制度完善的过程中，需要以保护公民的慈善募捐权利为出发点，至少从主体范围、备案管理和事后监督三方面完善现有立法。

募捐主体范围应当扩展，有条件地允许公民直接开展慈善募捐。《慈善法》对于可以申请公开募捐资格的主体范围予以限定，即只允许慈善组织申请，而这意味着公民被排除在慈善募捐的主体之外，但值得注意的是，公民所开展的慈善募捐在本质上属于表达行为，其内容和价值受到《宪法》的保护。[①] 有鉴于此，应当允许公民（及相关的非法人组织）在一定范围内开展慈善募捐。英国《慈善法》中就有关于小额慈善募捐之规定，对一定数额的小额慈善募捐免于申领募捐许可。当然，大额的慈善募捐资格仍然应限于慈善组织，这也是监督所需。

此外，长期来看可探索放弃慈善募捐开展的许可制，转而采取慈善募捐备案制。采取备案制不会存在侵犯公民权利之问题，且备案制完全能够满足政府部门监督之需要。

强化募捐开展前的监督机制，主要从对于募捐备案信息的规范角度展开。大量募捐活动在无监管的情况下开展，从而容易产生相关诈骗和善款滥用等问题。而在《慈善法》制定过程中，立法者考虑采取事先监督制度，但对于具体采取许可制还是备案制，学界却存在争议。备案制要发挥监督的功能，其关键前提是对备案要素在事先予以立法规制。换言之，备案报告中所计划的慈善募捐不应超出事先立法的规制。需要在以下三个方面予以完善，进而确保备案制的有效性：一是

---

① 吕鑫：《论公民募捐的合法性》，《当代法学》2014年第4期，第20—28页。

根据募捐的金额、人员和方式等要素进行分类。对于涉及较大金额或者特殊人员发起的慈善募捐,应当提出不同的备案内容要求,而对于涉及较小金额的慈善募捐,应当允许免于备案,如英国对小于五千英镑的慈善募捐免于备案。还可以考虑对特殊群体的慈善募捐免于备案,如德国部分州规定对盲人开展的慈善募捐免于许可备案。二是依据慈善募捐人员的基本情况予以分类备案,其类型大致可以分为三种:第一种是无偿的募捐人员,对此类人员应当主要登记其个人基本信息;第二种是有偿的募捐人员,对于此类人员除登记基本信息外,还应当对其募捐所得等信息予以重点登记;第三种是特殊的募捐人员,尤其是未成年人,对于此类人员应当从保护未成年人及其隐私的角度,予以特别说明。三是对于不同募捐方式的备案进行细化规定。如对于网络募捐的备案,除关注聚焦在募捐人员的基本信息之外,应当重点关注其所依托的网络募捐平台,并且在立法上进一步明确网络募捐者与网络募捐平台的法律义务关系,尤其是应当明确网络募捐平台的查验义务以及法律责任;对于传统募捐的备案,除备案基本信息外,尤其需要注意活动开展的地点和时间,并且依法对其地点和时间予以分类监管,如在地点上应当区分不同的公共场所,根据其主要目的决定是否可以开展募捐①,而在时间上应当注意不得干扰公众的正常生活和工作。

事后监督机制也是目前募捐规范的薄弱环节。在构建慈善募捐监督机制的同时,还应构建事后监督机制,具体来说,主要包括两方面,即募捐者(慈善组织)的公开义务和民政部门的检查职权,而这两方面都存在完善的空间。

募捐者公开义务方面,《慈善法》虽然对募捐的公开形式作了较为完善的规定,但对公开的内容却并未予以明确规定,不利于民政部门

---

① 值得注意的是,美国慈善法在此问题上,就将地点区分为两大类,即公共场所和私人场所。公共场所依据其性质进一步区分为传统的公共论坛和特定的公共论坛,前一类可以较为自由地公开募捐,而后一类则必须与其目的相一致。私人场所能否募捐则由所有人决定。参见吕鑫:《慈善募捐的自由与限制——美国经验的启示》,《浙江学刊》2011年第4期,第144—152页。

对慈善募捐进行相应的监管。具体来说,募捐项目内容公开应包括如下几点:首先是收入情况。除总额外,还应当尽可能公开细节,诸如捐赠(尤其是大额捐赠)的来源、方式等信息。与此同时,应当对特定项目设立专户,便于管理使用的同时也便于监督。其次是成本情况。在公开时不仅应当公开成本之总额,还应当根据成本支出的类型(诸如物资成本、人员成本、交通成本等)进行分类公开。《慈善法》对具备公开募捐资格的慈善组织成本作出规定,而对募捐项目成本则无相应法律规定(有协议则遵照协议规定)。再次是募捐资金的使用情况。应当公开慈善募捐的实际使用情况,其公开的内容应当与计划的内容相对应,以充分反映执行程度。最后是余额的处理情况。在募捐使用后如果出现余额,那么应当根据《慈善法》第二十四条之规定予以公开。具体来说,如果募捐计划对于余额予以规定,那么应当依据规定制订余额使用计划并相应予以公开;如果募捐计划对于余额未予规定,那么应当根据"近似原则",将余额用于相同或者相近慈善目的之项目,并相应公开其使用情况。

民政部门需要从以下三个方面改进检查职权:首先是监督主体。《慈善法》将检查职权赋予民政部门,但值得注意的是,民政部门本身承担着较多的法定职责,对慈善活动的监管仅仅是其法定职责之一,导致负责监管慈善活动的机构缺乏独立性。因此,有必要设立如慈善委员会负责慈善事业的管理,通过集中赋权等方式建立专门的监管部门。其次是调查权的行使程序。民政部门并未配备足够的人力资源来行使调查职权,有必要以部门规章形式明确慈善执法队伍建设,进一步为民政部门配备相应的公务人员尤其是执法人员,并对公务人员开展更为专业的培训。最后是处罚权。《慈善法》规定对于慈善活动开展中的诸多违法行为依法采取惩戒措施,并相应规定了"警告、责令停止募捐活动、责令退还违法募集的财产、罚款"等处罚形式,但缺乏对于上述处罚更为细致的规定,民政部门在处罚时具有较大的自由裁量权。有鉴于此,在将来法律修订完善过程中,应当进一步考虑对处罚的标准等要素予以细化,制定更为科学合理的处罚标准,同时进一步保证慈善活动开展的合法性与合理性。

（三）激活慈善信托制度

慈善信托法律制度中存在中央规制细化程度不足、地方审查环节前重后轻和社会参与缺少促进机制等三个方面的问题，可对应提出三个方面的优化策略，即出台慈善信托实施细则、调和"事前—事中—事后"三阶段审查轻重关系和制定社会参与促进机制①，以此实现依凭慈善信托制度激活慈善信托发展的目标。

其一，出台慈善信托实施细则。可以按照慈善目的、财产类型、委托人数量、存续期差异、是否动用本金、受托人性质等标准，划分不同类型慈善信托运作模式，并据此选择较为适宜的慈善信托监管方式，使各类慈善信托参与主体都可以找到较为明确的定位，接受政府相应监管。各地方政府也可以在实际操作中针对慈善信托的监管方式选择较为适宜的方案。完善后的制度设计，除规定不同模式或情况下慈善信托监管具体操作流程和方式外，还须明确何为公益性和近似原则，同时配以相对应的地方政府培训机制，以期通过有效监管避免慈善信托运作背离慈善初衷，从而更好地引导慈善信托创新发展。

其二，调和"事前—事中—事后"三阶段审查轻重关系，打造具有实效性的慈善信托全流程监管。慈善信托制度建设需要把握备案监管和备案后监管的关系，通过前期开通备案便捷通道、中期抽查和后期绩效评估的综合监管体系，调整慈善信托"事前—事中—事后"三阶段审查权重。放宽事前对慈善信托备案的各方面行政约束，加紧事中和事后审查，保障全流程监管就属于一种较为科学有效的体系。同时，为进一步强化全流程监管的有效性，应当组建联合包括民政部门、金融监督管理部门、税务部门等政府部门，乃至专家学者、第三方机构等专业社会力量在内的慈善信托专业化监管团队，保障慈善信托监管成为一种具备实质性、科学性和有效性的监管过程，而非走过场或只具形式，以此保障慈善信托的顺利发展。

---

① 徐家良、张圣：《关联、冲突与调节：慈善信托实践中的多重制度逻辑》，《中国行政管理》2021 年第 1 期，第 59—65 页。

其三,制定社会参与促进机制。应当以《慈善法》《信托法》《慈善信托管理办法》等作为法律依据,出台针对慈善税收优惠、慈善组织专户申请和慈善信托实践宣传等一系列有利于推进社会参与的促进机制,如在慈善税收优惠上明确各类慈善财产在交易环节的税收优惠额度和具体操作方式,将慈善税收优惠真正落地。让捐赠人在设立慈善信托时,以慈善财产的转移凭证作为税前扣除凭证,可以真正激发信托活力,避免慈善信托所得税优惠制度沦为纳税人的避税工具。[①] 在慈善组织专户申请上,根据慈善组织的评估情况,赋予4A、5A等级的慈善组织开设银行专户资格,进行慈善组织单受托的慈善信托创新试点。在慈善信托宣传上,除了依靠慈善中国网站进行信息发布外,还可以利用线上线下的各类媒体工具进行广泛宣传,让更多人熟悉慈善信托这一慈善新工具,从而盘活社会资源,将大家的善心转化为善行、善举,将更多资源投放慈善事业发展的一线[②],完成第三次分配,提升人民群众的整体幸福感、满足感。

（四）加快慈善法与其他法律的衔接机制建设

首先应突出《慈善法》与《民法典》的衔接工作。根据《民法典》基本理念与原则精神,实现《慈善法》的常规性制度与《民法典》相衔接,如《民法典》中非营利法人部分对可能成为慈善组织的非营利法人内部治理架构加以原则性规制,而《慈善法》中关于内部治理方面存在规范缺失,修改时可以参照这些规制进行细化,从而为有效发挥慈善第三次分配作用、全面助力共同富裕提供更为良好的法治环境。

其次是推动《慈善法》及其配套政策与社会组织三大条例的有机衔接,并为日后可能颁布"社会组织法"做好提前规划工作。根据2023年9月十四届全国人大常委会发布的立法计划,行业协会商会的专门立法进入需要抓紧拟订、条件成熟时提请审议的法律草案阶段。

---

① 杨娟:《我国慈善信托所得税优惠制度探析》,《财经问题研究》2017年第8期,第60—66页。

② 苑莉莉:《贫困治理创新中的慈善信托研究——基于网络化治理的视角》,《中国第三部门研究》2017年第1期,第101—126、185页。

行业协会商会是社会组织和慈善组织的重要类型之一,对其专门立法也是"社会组织法"构建的重要基础。行业协会商会的专门立法涉及组织定位、组织职能、政企关系等方面的内容。第一,"行业协会商会法"应对行业协会商会的功能定位予以明确。在确认其互益性组织性质的同时,也要发挥其在经济社会建设过程中的公益性功能。第二,行业协会商会需要履行好行业服务、行业规范、行业代表、行业协调的职能,作为行业组织和经济组织积极参与捐赠活动。第三,行业协会商会作为平衡政府与企业的枢纽,应当在处理好私益、互益与公益关系的基础上,在政府的指导下,支持助推企业成立基金会和专门性的志愿服务队伍。行业协会商会的专门立法是"社会组织法"的重要基础,行业协会商会是推动社会组织和慈善事业高质量发展的坚实力量。慈善事业的发展需要全社会的共同参与和支持,由优秀企业和企业家发起成立的基金会已逐步成为慈善事业的重要力量,民政部、全国工商联、国资委等相关部门亦先后出台政策支持企业做慈善,但《基金会管理条例》仍然规定"基金会的法定代表人,不得同时担任其他组织的法定代表人",这不利于鼓励和引导社会各界力量加入慈善事业发展的大业。应允许其他组织法定代表人兼任慈善组织法定代表人,并出台部门规章明确其审批流程。

最后是推动《慈善法》与税收相关法律的衔接。应当在税收相关法律法规中,落实《慈善法》提及的"对慈善活动的税收优惠、资助补贴等促进措施","国家对慈善事业实施税收优惠政策,具体办法由国务院财政、税务部门会同民政部门依照税收法律、行政法规的规定制定","慈善组织及其取得的收入依法享受税收优惠","自然人、法人和非法人组织捐赠财产用于慈善活动的,依法享受税收优惠","受益人接受慈善捐赠,依法享受税收优惠","慈善组织、捐赠人、受益人依法享受税收优惠的,有关部门应当及时办理相关手续","国家对开展扶贫济困、参与重大突发事件应对、参与重大国家战略的慈善活动,实行特殊的优惠政策"等规定,以捐赠人、慈善组织和受益人为重点,全面优化现行的慈善税收法律体系。

二、将行政法规提升为社会组织专门立法

社会组织专门立法是复合型法律制度的具体实践。当前的法规体系中,不少用以规范某类社会组织或社会组织业务活动的法律条文和政策性文件内容已经成熟,可以上升为法律,为制定社会组织专门法奠定扎实的基础。我国社会组织近年来一直平稳较快发展,几乎涵盖社会各个领域。党的十八届四中全会提出要"加强社会组织立法,规范和引导各类社会组织健康发展",而在发展实践中,这些社会组织均有自己的政策需求,同样构成社会组织专门立法的实践源泉。鉴于此,从制度基础和现实基础出发,应当加快社会组织领域的立法,在以下四个方面完善现有制度。

(一)明确社会组织的类型与设立条件

我国社会组织立法可在参考海外相关经验的基础上形成有中国特色的立法体系。德国在《民法典》有关规定的基础上专门制定《社团法》《公共协会权利法》《工商会法》;俄罗斯在《非商业组织法》基础上制定《慈善活动和慈善组织法》《社会团体法》等一系列法律;日本依托《非营利组织法》又拓展出《特定非营利活动促进法》("NPO法")、《一般社团法人和一般财团法人法》等。这些国家在慈善领域都采取集中立法加分散立法的模式。我国可借鉴相关国家的经验,先制定统一的"社会组织法",从整体上解决社会组织的法律地位问题,形成社会对于社会组织的统一认知;在统一立法解决共同性的问题之后,对个别领域的社会组织进行单独立法或完善行政法规,解决独特性问题。

我国应根据社会组织的实践经验,将社会组织这个外延很广的概念分解到一系列法律中,使法律具有操作性,实行分类立法和分类立规。特别是在社会团体中,应划分法人社团和非法人社团两种不同的类型,在法律层面给予非法人社团一定的活动空间。如允许从事慈善事业的非法人社团以备案形式获取合法身份。在慈善事业的特定范围内,允许个人通过组织的形式来实现自己的公益目的,满足自己的

利他需要,参与公共事务和社会建设进程。

设立条件时应明确的核心思路之一,是扩展慈善组织直接登记的范围。当前我国对于提供扶贫、济困、扶老、救孤、恤病、助残、救灾、助医、助学服务的公益慈善类社会组织已经采取直接登记制度,但对于在其他慈善相关领域开展活动的社会组织仍然采取双重许可制度。为扩大慈善事业整体规模,使更多组织有机会投入慈善活动,有必要将所有从事慈善业务的组织调整为直接登记模式,以实现统一管理。

(二) 完善社会组织的内部治理相关规则

在我国,依据《民法典》,社会组织是"非营利法人"。它与营利法人相比最大的不同在于,非营利组织的发起人、会员不得进行分红或利润分配。社会组织的权力机构、决策机构是会员(代表)大会、理事会(董事会)等,实行的是一人一票制,而不是像公司那样根据股份大小来分配表决权。当社会组织的权益受到侵害,而不是理事、监事个人的权益受到侵害时,要理事、监事去维权,不仅缺乏利益的驱动,也缺乏法律上的依据,这就导致一个困境,社会组织一旦面临问题,只能向民政部门、主管单位举报,以求公正处理。然而,民政部门和主管单位也没有能力去主张赔偿,干涉组织内部治理,这也就导致业务主管单位、登记管理机关处理此类侵权事件时力不从心。所以在制定"社会组织法"的时候,要涵盖争议解决、内部程序等规定,以真正走出目前的困境。

应在社会组织相关立法中明确规定,社会组织需要建立健全法人治理结构和运行机制,完善理事会、监事会的设立流程、人员要求、履职规范,社会团体还应单独建立会员大会(会员代表大会)。应规定社会组织落实民主决策和民主管理的方式,健全内部监督机制,以"权责明确、运转协调、制衡有效"①作为内部治理的基本原则。要建立以章程为核心、以各类制度细则为支撑的内部管理制度体系,完善章程审核制度,督促社会组织按照章程设定自身的行动边界,并开发完善的

---

① 鲍绍坤:《社会组织及其法制化研究》,《中国法学》2017 年第 1 期,第 5—16 页。

工作流程。

（三）加强社会组织的外部监管

社会组织外部监管是指政府、同业机构、社会公众对社会组织的设立、运行、变更、终止等各方面的活动进行监视、督促与管理。法律监督是完善社会组织外部监督机制的重要手段，能够充分调动社会监督主体自主性加入公权力监督体系，逐步形成良性的社会运转体制。以对基金会的法律监督为例。我国只有 2004 年颁布的《基金会管理条例》对基金会进行规制，但是深度不够，且缺乏可操作性。因此，需要加强对社会组织在财务和税收、收支管理、募捐与捐助等方面的立法监督，形成高层次的、有针对性的法律制度。

应在社会组织相关法律中明确登记管理机关、行业管理部门，以及组织、宣传、发展改革、财政、税务等相关职能部门的社会组织监管义务，督促其切实履行各自的监管责任。民政部等核心部门要对社会组织的监管职责、监管措施制定更加明确、更具操作性的部门规章，以便于依法加强监管。同时要在法律条文中明确强化社会监督，健全社会组织第三方评估机制，最终打造法律监督、行政监督、社会监督相结合的综合外部监管体系。

（四）厘清社会组织专门立法与相关法律的关系

对某类社会组织或社会组织的某类业务活动作出规范的，在国家层面有《慈善法》《公益事业捐赠法》等相关法律，国务院制定的《社会团体登记管理条例》《基金会管理条例》《民办非企业单位登记管理暂行条例》等行政法规；20 多个地区制定的有关行业协会等方面的地方性法规或政府规章；民政部发布的《基金会信息公布办法》《取缔非法民间组织暂行办法》等。这些已有的制度均为制定"社会组织法"奠定了一定的法律法规基础，同时也需要考虑专门法和已有法律的内涵与外延的边界与联系。

三、优化慈善领域支持性政策体系

支持性政策体系的优化完善是复合型法律制度体系建设的升格

维度。调整优化慈善税收相关政策、落实慈善金融与土地促进措施、制定国家层面的社区慈善促进办法等举措,是优化支持性政策体系的路径。

(一)调整优化慈善税收相关政策

目前我国形成了以所得税为主的慈善捐赠税制结构,呈现出限额扣除中慈善税收优惠的税率类型简单,全额扣除中慈善税收优惠制度救急性、模块化、分税种的特征。在我国慈善捐赠税收优惠政策实施过程中,存在税前扣除比例设定较低、税前扣除结转年限较短、税前全额扣除的制度供给不稳定、具备公益性捐赠税前扣除资格的公益性社会团体较少等四个方面的问题。通过完善慈善税收优惠政策,广泛吸纳社会力量参与慈善,能够向慈善组织释放资源空间,提升慈善组织的信息透明度和治理能力,推动政府、企业和慈善组织"三圈共治",加快国家治理体系和治理能力现代化建设进程。

财税制度是推进我国慈善事业发展、强化慈善事业法律制度建设的重要组成部分。近年来,我国慈善捐赠事业不断发展,但与之相关的慈善捐赠税收政策较为分散,尚未形成完整的政策体系。[1] 慈善事业法律制度的发展创新必须在财税制度的框架内,财税优惠制度是保证慈善事业有序发展的重要基础。建议从以下四个方面对相关财税制度加以调整。

一是完善慈善税收优惠政策的顶层设计。全面落实领会中央的文件精神,根据中央文件和"十四五"规划的精神,完善慈善税收优惠制度的顶层设计。根据《慈善法》涉及的税收优惠,明确享受慈善税收优惠的主体条件。建议国务院财税主管部门明确捐赠人、非营利组织、受益人等主体依法享受税收优惠的系统性操作法规,尤其应当降低门槛和简化程序,并督促各方及时办理相关手续。在鼓励捐赠层面,除继续鼓励企业捐赠以外,应更多鼓励个人捐赠,允许个人捐赠参照企业捐赠结转后跨年抵扣税收。

---

[1] 李贞、莫松奇、郭钰瑛:《我国慈善捐赠税收政策体系的完善研究》,《税务研究》2021年第2期,第127—132页。

二是解决慈善捐赠财税制度中存在的技术问题。要从技术层面解决税收优惠政策的落实问题,通过推进公益事业捐赠票据跨省互认、捐赠票据电子化、简化个人纳税申报和税务抵扣流程等方式,进一步打破捐赠税收优惠政策的现有壁垒。税务部门应建立完善的数据系统,提高政府办事效率,避免由捐赠人提供捐赠资质证明这一情况出现。

> 当前慈善组织认定的积极性不高,这一现象出现的主要原因是相应的政策优惠和配套措施不完善。英美法系的慈善组织在登记认定之后是可以自动获得税收优惠的;澳大利亚慈善组织相关申请在委员会通过之后,就会自动送到税务局,税务局会相应自动认定,慈善组织马上就可以获得相关税收优惠。然而,在我国的实践中,民政部门完成慈善组织的认定工作之后,税务部门的优惠措施配套尚未完全衔接。
>
> ——20210428Z 大学教授 L 在慈善法律制度修订座谈会上的
> 发言记录

三是制定发行鼓励慈善事业发展的财税制度和政策的单行本。要总结提炼慈善相关的财税制度文本,为规范慈善组织内部治理提供依据。目前《慈善法》只规定原则性的税收优惠是因为在现行法律中,税收政策分散在所得税、货物和劳务税、部分财产税三大类里,虽然不可能为慈善立一个税收法,但可以尝试制作鼓励慈善组织发展的税收政策单行本,对慈善事业财税制度进行统一梳理和规范。

四是将慈善税收政策的重点转变为鼓励社会捐赠,辅之以对社会组织、慈善组织的规范化管理。税务部门可为捐赠人设立全国统一的捐赠账户,为捐赠人获得公益捐赠所得税税前扣除提供便利。进一步明确自然人、法人和其他组织捐赠财产、兴办公益事业的税收优惠政策。个人将其所得向税务部门认定符合条件的非营利组织进行捐赠的,年度捐赠额未超过纳税义务人申报的应纳税所得额法定比例的部分,应在个人所得税综合所得汇算清缴时依法从其应纳税所得额中自动扣除。

无论进行何种政策调整，都应强化主管部门的权利意识，使其充分认识到社会组织和捐赠人具有享受各项税收优惠的权利，且该权利的实现是塑造良性第三次分配格局的重要基础。只有相关主管部门将服务与监管相结合，建立起健全而宽松的政策环境，充分发挥税收对社会捐赠的激励作用，我国的公益事业才能取得健康长效的发展。

（二）落实慈善金融与土地促进措施

《慈善法》所列举的促进措施中包含金融和土地方面的内容。在实践中，这两方面的支持力度还相对有限，缺乏具体落地的指导意见或部门规章。因此，建议分别制定慈善金融和慈善土地利用方面的支持性政策，使法律所提出的促进措施落到实处。

在慈善金融方面，可尝试由民政部会同财政部、中国人民银行、国家金融监督管理总局、证监会等财税和金融管理部门出台"关于促进慈善财产保值增值的指导意见"，取代现有的《慈善组织保值增值投资活动管理暂行办法》，以实现监管和促进并举。鼓励金融机构开发适合慈善组织和其他社会组织投资的金融产品，鼓励慈善组织、慈善信托加强保值增值能力建设，明确慈善财产保值增值违规行为负面清单，为慈善资金保值增值投资活动减免税费等。同时，充分发挥政府资金的引导作用和杠杆效应，可选择国内金融市场建设较为成熟的城市，成立国内首个慈善财产投资产业领域的引导基金，吸引慈善资产投入政府支持的领域和产业，为慈善资金提供优先兑付保障，实现"慈善资金保值增值+产业发展资金开源"双赢的局面。

金融支持政策需要与税收政策相结合，例如关于接受非货币资产捐赠的税收优惠问题，要推动慈善组织接受非货币捐赠后的税收优惠工作的落地。慈善组织接受非货币捐赠包括股票、房产等这些有价值的资产，在大部分情况下应该予以免税。

在慈善土地促进措施方面，应当落实《慈善法》中慈善服务设施用地"可以依法申请使用国有划拨土地或者农村集体建设用地"的相关规定。建议由自然资源部和民政部共同制定"慈善服务设施用地管理办法",与《慈善法》和《土地管理法》相衔接。依照《土地管理法》等相关法律法规,划拨方式取得国有土地使用权是指经县级以上人民政府依法批准,在土地使用者依法缴纳了土地补偿费、安置补偿费及其他费用后,国家将土地交付给土地使用者使用,或者国家将土地无偿交付给土地使用者使用。当前慈善组织可以通过划拨方式取得公益事业用地的土地使用权,只需缴纳取得土地的成本和税费,不需缴纳土地有偿使用费。未来应探索协调税务部门颁布相关规章,进一步免去慈善组织用地的税费,使土地政策能够惠及更多小微慈善组织。

（三）制定国家层面的社区慈善促进办法

社区慈善是我国慈善事业未来的发展重点,立足于社区的慈善活动在发动公民参与等方面具有积极意义。2021年9月,上海市人大常委会通过了《上海市慈善条例》,专列第五章对社区慈善作了较全面的规定。一是通过社区与社会组织、社会工作者、社区志愿者、社会慈善资源的联动机制,促进基层社会治理;二是特别强调设立慈善超市,承担社区慈善款物接收、慈善义卖、困难群众救助、志愿服务和慈善文化传播等功能,发挥便民、利民的社区综合服务共享平台作用;三是支持设立社区基金会,或者在依法设立的基金会下设社区专项基金,募集慈善款物,发展社区公益事业,参与社区治理;四是依托社区社会组织服务中心、社区社会组织联合会、社会组织孵化基地等,培育社区慈善类社会组织发展;五是城乡社区组织通过邻里互助、志愿服务、捐赠等形式,在社区开展群众性互助互济活动。鼓励慈善组织对城乡社区组织开展群众性互助互济活动进行指导,或者合作开展有关慈善活动。2023年修正的《慈善法》第九十六条规定,国家鼓励有条件的地方设立社区慈善组织,加强社区志愿者队伍建设,发展社区慈善事业。这就使社区慈善这一概念进入高位阶的法律体系。根据《慈善法》的相关规定,民政部可制定部门规章"社区慈善促进办法",通过明确社区慈善的参与主体、发展载体和活动形式,真正激活基层慈善,为城乡基层带来更大的治理空间,处理基层流动性和开放性剧增背景下的"新社区问题"。

在社区慈善支持性政策体系建设过程中,应特别注重发展慈善超市和社区基金会两类主体。慈善超市作为公私协力慈善的典型模式,不仅需要发挥自身造血作用,实现商品销售功能,还需要发挥社会治理作用,举办社区慈善活动、打造基层慈善文化品牌以及实施社会救助等。同时,登记为社会服务机构有利于慈善超市进入社会服务机构的法制化、规范化管理轨道,在促进经济发展、繁荣社会事业、创新社会管理、提供公共服务、增加就业岗位等方面发挥重要作用。委托第三方运营有助于慈善超市借助社会组织和企业的力量,吸引社会资源,依凭其专业运营能力,促进慈善超市蓬勃发展,形成政社合力发展慈善事业的全新格局。

社区基金会已经在动员社会资源、构建基层自治与共治体系、打造社区参与平台方面发挥重要作用,是城市基层治理创新的重要组织形式。为了进一步激活社区基金会发展潜力,给予社区基金会充分成长空间,应明确其可以开展募捐活动的范围,使其在动员社区居民广泛参与,培育公共精神,解决社区资源配置不均衡,化解居民参与不足的困境等方面发挥积极作用。此外,明确社区基金会理事会构成有利于社区基金会保持法人治理结构的完整性,使各理事充分发挥自身作用,让社区基金会成为连接政府与其他社会力量的桥梁,开展伙伴互助性合作。

同时,通过"社区慈善促进办法"倡导群众性慈善活动的开展,在基层形成浓厚的慈善氛围,将慈善文化普及推广到群众家庭,提升社区资源动员能力,并推进全民共建共治共享的社会治理体系加速形成。可引入慈善组织,或依托社区基金会帮助社区建立志愿者队伍、开展慈善宣传、形成慈善管理制度、开展群众性的慈善活动等。

"社区慈善促进办法"应明确支持慈善超市、社区基金会等基层慈善主体承接基层公共服务和政府委托事项,引入社会力量参与基层治理,通过建立社区慈善支持体系,动员社区慈善组织参与基层社会治理,规范有序地开展慈善社区创建活动,对营造良善友爱的社区人际关系,完善基层治理和服务机制,强化城乡基层治理体系具有重要现实意义。

中国式现代化慈善事业的制度体系研究

第三节　以政带社协同制度

以处理慈善领域多元主体之间互动关系为运作逻辑,协同制度是慈善事业制度体系当中发展性的中间支撑制度。我国的慈善事业协同制度中存在多层次矛盾。横向层面,党政协同中存在双方职能边界模糊、运行思路不同以及覆盖范围不足等问题;纵向层面,央地协同中存在条块职能差异度低、属地政府管理权限受制、非协同制度要素暂未厘清等问题。而政社二元主体协同中则存在对社会力量吸纳不足、政社分工不明、协同渠道单一等问题。

破解上述问题的主要思路,是建立以"以政带社"为主要特征的全方位协同制度。所谓以政带社,是指在理顺党政体系内部的横向与纵向协同基础上,由政府作为合法性授权主体,与社会建立联结,确保国家和社会在慈善事业中的目标与行动一致。具体来说,在横向层面,要打造"党引政从"的党政协同模式,在党统合慈善事业发展的基础上,由政府充分执行相应决策。在纵向层面,要建立慈善委员会体系,突破传统的分级管理体制,重建央地系统化协同格局。在政社层面则是培育慈善行业组织,打造政社协同的中介枢纽。

一、明确"党引政从"的党政协同模式

在以政带社协同制度中,党政协同是理顺领导体制、对政府充分授权的基础性步骤,能够使政府真正成为国家意志的代表,推动慈善事业中的秩序建构和进行具体事务管理。因此,建立以政带社协同制度的第一步,是打造"党引政从"的党政协同格局,明确政治引领行政的主体协同思路,明晰在具体慈善事务中政府的直接管理责任,并通过党政联合发文这一形式来提升双方的合作治理效能。

（一）确立政治引领行政的主体协同思路

党政结构的核心特征之一,在于政治引领行政,由此实现治理主导性与基础性辩证统一。中国共产党的领导在实践中体现为国家治

理的核心主导性,即党是中国特色社会主义现代化事业正确前进方向的根本保证。[①] 与行政体系相比,政治体系在处理我国不同阶段的突出矛盾时具有更强的问题意识,在治理手段方面也具有更强的灵活性,因此能够实现对于行政体系的引领。

在社会组织领域,我国已实现从行政治理到政治引领的系统转型。在社会组织中加强党的建设和完善党的领导体制,不仅能发挥社会组织服务功能,还能提升社会组织的资源整合能力,发挥其对社会主义核心价值观的宣传作用,实际上完成了从工具理性到价值理性的转型。[②] 此种政治引领方式可在慈善领域持续推广,且引领对象不限于民间主体,也应包括慈善领域的政府主管部门和业务部门,通过政治引领和思想领导提升其对于慈善事业重大问题的敏锐性,破除对于双重管理体制的路径依赖,实现制度创新。这是党引政从模式的协同基础。在该模式下,中国共产党负责形成对于慈善事业远景目标和战略任务的判断与表述,在此基础上通过对不同政府部门的调动来促成功能机制的运转。

(二)明晰政府对慈善具体事务管理的主体责任

尽管党作为领导一切事务的制度主体,发挥主心骨作用,但也应该看到党的主要治理方式是政治领导和思想领导,因此,在设定慈善事业中党政协同的具体边界时,要明确政府对具体事务进行管理的主体责任。

关于政府在慈善事业管理中的主体责任可以从多个维度进行理解。以政社互动最为频繁的政府购买公共服务领域为例。政府在其中承担着投入财政资金、确保支持到位的责任,承担着降低政策成本、避免因不合理制度设置而造成浪费的责任,承担着选好承接主体、制定选拔标准并动态调整的责任,也掌握着对项目进行监管、对合同执

---

① 王浦劬、汤彬:《当代中国治理的党政结构与功能机制分析》,《中国社会科学》2019年第9期,第4—24、204页。

② 王清:《从行政控制、行政治理到政治引领:国家推动社会组织发展40年》,《河南社会科学》2019年第5期,第11—18页。

行成果进行测算的标准。① 在社会养老等慈善具体领域,政府还承担着协调服务供给主体和调控市场等职能。② 这些细节性的管理工作,应该由政府主管部门而非党组织来承担。

这里需要明确的是,尽管管理和服务的主责在于政府,但由于中国共产党组织与各级政府在不同层级的国家机关系统中呈现为镶嵌式的结构形态,且前者对于后者有政治领导作用,因此涉及慈善事务管理的重大议题时,仍然需要通过党委会议或人民代表大会等来形成决策,避免政府独立决策的情形。因为政府在公共服务中的权力由公众授予,自然也就存在满足授权方服务需求的必要性。另外,也可考虑在慈善领域建立各级党政部门权力清单制度,明确各自的管理权力和责任归属,从而制度化地理顺管理体制。

(三)强化党政联合发文在慈善领域的应用

在我国,几乎所有重要政治决策都是在会议后产生的,以文件的形式公布相关决议,此种政治实践被称为"文件政治"。③ 在多种类型的文件政治中,党政联合发文是一种较为特殊的形式,一般是指中国共产党各级委员会与国家行政机关因治理事项存在交集而共同发布的通知、意见、决定等。④ 在慈善领域,此种文件对于提升党政协同治理的覆盖面具有积极意义。

慈善领域的政策文件中已有党政联合发文的先例,如 2016 年发布的《关于改革社会组织管理制度促进社会组织健康有序发展的意见》就在慈善领域产生重要影响,重新奠定了双重管理体制的基础性地位,也使社会组织从快速发展转向高质量有序发展。由中共中央和

---

① 曹俊:《论我国政府购买服务中政府的主体责任》,《南京政治学院学报》2017 年第 6 期,第 103—107 页。

② 鲁迎春、陈奇星:《从"慈善救济"到"权利保障"——上海养老服务供给中的政府责任转型》,《上海行政学院学报》2016 年第 2 期,第 76—84 页。

③ 施从美:《"文件政治":当下中国乡村治理研究的新视角》,《江苏社会科学》2008 年第 1 期,第 96—102 页。

④ 封丽霞:《党政联合发文的制度逻辑及其规范化问题》,《法学研究》2021 年第 1 期,第 3—19 页。

国务院联合发布的政策文件的位阶相比政府单独发布的政策文件更高,蕴含强大的政治势能,地方官员有更强的动力执行文件,文件的落实效率更高。[①] 作为一种将政治系统信号传递到行政系统的重要方式,党政联合发文既具备规范性又显现出灵活性,是党政机关进行合作治理的理想方式。

因此,建议在慈善领域强化党政联合发文,特别是涉及慈善事业发展的重大事项而又不适合由法律来规范的内容,如慈善事业在共同富裕目标中的作用,推进第三次分配的具体措施等。这样在提高政策文件位阶的同时,也有利于提升决策的协同性与科学性。因为党和政府在面对重叠或衔接的治理事务时,需要由双方的相关部门进行协商,在达成一致的基础上以党政联合发文的方式形成决策。[②] 在这一过程中,政策文件的内容会得到反复论证,以保证最终出台的文本具备治理效力。在党引政从模式下,党政联合发文是提高协同双方合作效能的制度文本工具。

二、建立慈善委员会系统,优化央地协同格局

以政带社协同制度建设的第二步,是提升政府体系内部的协同程度,从而提升政府能力,使其成为推动慈善事业协同合作的主要力量。

(一) 设置慈善委员会的现实依据

慈善事业发展不仅是民政部门的事务,还与各级各类政府部门都有密切关系。根据《慈善法》对于慈善活动的定义,慈善除了扶贫济困外,还涉及教育、科学、文化、卫生、体育、生态环境等政府部门的业务范围;慈善事业促进措施的落地,需要得到财务、金融监管、税务、自然资源等部门的配合支持;而对所有类型的慈善组织进行管理,则需要市场监管、公安部门及红十字会的系统参与。要对如此多的部门进行

---

① 王杰、张宇:《制度势能:政府权力清单制度的实施逻辑和效果差异考察》,《探索》2021 年第 2 期,第 113—125 页。

② 王立峰、孙文飞:《新时代党政联合发文制度的"政治势能"优势及其治理效能》,《河南社会科学》2021 年第 9 期,第 25—33 页。

协调,仅靠当前民政部门的力量难以实现。通过对 2016 年发布的《慈善法》实施情况进行总结,可以发现民政部门协调其他同级政府部门和红十字会、共青团等单位的难度较大,有必要通过成立慈善委员会,协调不同政府部门有关慈善活动和慈善组织管理的活动,共同推动慈善事业高质量发展。

慈善委员会是英联邦国家具有特色的一种慈善主管机构设置模式,作为对议会负责的政府机构,承担慈善相关组织的登记、问责、监管、支持以及强制执行职能,甚至具有准司法权限。[1] 在英国的慈善组织治理体系中,高等法院、皇家检察总长、税务海关总署等需要配合国家慈善委员会进行慈善监管,地方政府则在本地慈善专员的协调下处置关于地方慈善组织的诉讼,并评估本地区慈善组织的情况。可见,英国慈善委员会具有在慈善领域协调其他政府部门的职能,我国可以借鉴这一设计。

（二）我国慈善委员会建设的基本构想

可以在国务院层面成立国家慈善委员会,作为全国慈善公益事业发展的领导、协调和监管机构。国家慈善委员会的人员组成和具体工作规则由国务院制定,但原则上慈善委员会中的成员单位不仅应有政府部门和群众团体,也应有社会力量,以保证决策的客观性与综合性。因此,有必要选择相关领域的代表性企业、社会组织和专家学者充实慈善委员会。慈善委员会主席可由一名副总理兼任,以保证委员会开展协调和动员工作时的权威性。

国家慈善委员会的常务办公室仍然可设置在民政部,以延续当前慈善事业管理的制度惯性,但只要涉及慈善领域的重大决策,则应召开由主要成员单位参与的会议来进行商讨并形成决策。除了中央层面的国家慈善委员会,地市级以上人民政府也应设置本级慈善委员会主管本行政区域内的慈善事务,并由本级政府安排一名主要领导兼任慈善委员会主任,从而形成自上而下的综合性慈善管理体系。

---

[1] 解锟:《英国慈善组织监管的法律构架及其反思》,《东方法学》2011 年第 6 期,第88—97 页。

（三）慈善委员会体系对央地协同的促进作用

首先，可以提升地方政府对慈善事业的重视程度。2016 年《慈善法》颁布之后，多地制定慈善主题的地方性法规，但大部分法规由民政部门推动，政府整体对慈善事业的重视程度较为有限。在各级政府层面设立专门的慈善委员会，且安排各级政府主要领导兼任慈善委员会负责人的做法，将有效提升各级政府对于慈善事业的重视和关注程度，并依托慈善委员会设置慈善领域的政策议程，将慈善纳入政府部门的中心工作等，改变当前慈善工作高风险弱激励[①]的现实状况，将地方慈善事业发展提升到新的高度。

其次，可以突破民政部门难以协调不同部门的制度困境。在我国慈善事业制度体系中，慈善税收优惠长期属于财政和税务部门的规范领域，无论是非营利组织免税资格还是公益性捐赠税前扣除资格都需要经过这两个部门的认定。而各级民政部门与财税部门沟通不畅导致税收优惠资格认定等工作出现较多阻滞。各级慈善委员会的设立可以改变这一情况，由各级政府出面完成对于慈善领域跨部门沟通的协调，提升沟通效率。

最后，可以建立央地慈善治理的激励相容机制。央地协同实现的重要条件之一，是对中央和地方事权的划定。过往研究从权力视角将事权划分为决策权和执行权。如果决策权和执行权属于不同政府主体，则形成共同事权，容易产生上级政府决策时无法充分考虑下级政府财力的情况。[②] 慈善委员会体系的建立可以在中央与地方之间建立慈善事业的激励相容机制。[③] 国家慈善委员会依据地方慈善工作的前期开展情况和后续计划详尽程度，提供相应的资金支持；地方获得更

---

① 章高荣：《高风险弱激励型政策创新扩散机制研究——以省级政府社会组织双重管理体制改革为例》，《公共管理学报》2017 年第 4 期，第 1—15、153 页。

② 周坚卫、罗辉：《从"事与权"双视角界定政府间事权建立财力与事权相匹配的转移支付制度》，《财政研究》2011 年第 4 期，第 11—14 页。

③ 李楠楠：《央地协同治理：应急财政事权与支出责任划分的法治进路》，《地方财政研究》2021 年第 9 期，第 21—30 页。

强的制度激励来完善慈善政策,提升慈善事业发展水平,实现本领域的央地共同利益最大化。

三、培育慈善行业组织,打造政社协同枢纽

以政带社协同制度建设的最终步骤也是最为重要的环节,在于理顺政社协同体系,在慈善事业中完成政府职能转移的目标,最终实现慈善事业的自主发展。利用慈善行业组织的桥梁作用和广泛覆盖性来实现这一目标,形成居于国家与社会之间的枢纽载体,是日后政社协同的一个方向。《慈善法》第十九条提出,"慈善组织依法成立行业组织。慈善行业组织应当反映行业诉求,推动行业交流,提高慈善行业公信力,促进慈善事业发展",为培育建设慈善领域行业组织、打造协同阵地提供法理依据。

(一) 将行业组织作为反馈社会诉求的主要平台

及时有效向政府反馈社会对于慈善制度的意见。作为慈善行业内相关机构和个人自愿结成的联合性社会团体,慈善行业组织的重要作用之一是诉求表达[1],即向政府主管部门反映成员的具体诉求,其中就包括制度实施层面的相关诉求。在慈善领域法律法规和政策的执行过程中,慈善行业组织不仅可以对实施效果进行评估和反思,还可以通过收集会员意见,了解特定地域范围内对制度的整体认知和感受,并集中与政府主管部门开展对话,提升沟通效率。

在孵化慈善组织过程中提升其制度环境融入程度。在我国,慈善行业组织不仅具有协调行业利益、代表行业声音的功能,还时常扮演"孵化器"角色,培育新的慈善组织,并为其提供成长和学习平台。[2]因此,培育慈善行业组织就是用最小的投入带动地方慈善事业的发展,帮助区域内慈善组织和潜在慈善组织获得更好的成长机会。孵化

① 纪莺莺:《国家中心视角下社会组织的政策参与:以行业协会为例》,《人文杂志》2016 年第 4 期,第 116—122 页。

② 徐家良、卢永彬、曹芳华:《公益孵化器的价值链模型构建研究》,《中国行政管理》2014 年第 12 期,第 20—24 页。

器型的行业组织可以使慈善组织较快融入制度环境,确保各类组织自觉遵守法律。

围绕慈善行业组织促进行业自律,降低制度执行过程中的成本与风险。如同其他类型的行业协会一样,慈善行业组织能够履行行业自律职能,在成员开展活动的过程中,先于监管部门开展合法性审查,及时叫停存在疑似违法违规现象的活动,督促慈善参与主体改正其行为,降低本区域慈善活动风险。通过发布自律宣言、自律公约等行为,慈善行业组织可以有效塑造活动范围内慈善参与主体的道德准则,增强成员的规则意识,消除难以发现的潜在监管盲点,减轻政府在慈善组织治理方面的压力。

(二)激活现有慈善联合会系统的平台功能

国内最早具备慈善行业组织雏形的机构是成立于1994年的中华慈善总会。作为全国性的公益社会团体,中华慈善总会拥有庞大的会员网络,其职能之一是交流与合作,并致力于加强与国内慈善组织的往来,反映各界人士意见、建议和要求,形成对国家政策制定的咨询意见。《慈善法》颁布后,中华慈善总会在北京、宁波等地举办了一系列学习贯彻《慈善法》的培训,成为推动行业适应制度调整的重要力量。

全国层面最具规模的慈善行业组织是成立于2013年的中国慈善联合会。中国慈善联合会被认为是我国慈善领域联合性、枢纽型的组织,其业务范围包括弘扬慈善文化、参与政策制定、维护会员权益、推动跨界合作、推动行业自律等,具有较为典型的行业组织特征。在《慈善法》立法过程中,中国慈善联合会不仅关注立法进程,在官网上开辟"聚焦慈善法"版块,还组织多次讨论,将收集到的意见集中反馈给全国人大相关负责人,对法律的最终颁布起到积极作用。

除中国慈善联合会外,地方各级慈善行业组织也已广泛建立。如省级层面的首都公益慈善联合会、浙江省慈善联合总会,地市级层面的广州市慈善会,区县级层面的上海市黄浦区公益慈善联合会等。在地方慈善事业法律制度实施的过程中,已有慈善行业组织承担法律执行工作的具体案例。深圳市民政局于2016年11月通过官方网站发布《深圳市社会组织管理局关于开展慈善组织登记认定及公开募捐资格审批综合协调服务项目的招标公告》,明确提出委托专业机构开展《慈善法》执行的核心工作——慈善组织身份认定和公开募捐资格授予,并由深圳市社会组织管理局以政府采购形式对上述服务进行支持。研究显示,最终投标成功的深圳市社会组织总会承担了慈善组织认定及公开募捐资格审批中的材料受理和初审等辅助性工作,并向深圳市社会组织管理局派驻专门人员协助相关工作开展。① 不过,此种对政府核心管理职能的承接实践,在国内慈善领域还较为罕见。

可见,无论是中央的还是地方的慈善行业组织,在促进政社协同方面已具备较为良好的实践基础。② 当前应充分总结已有行业组织的优秀经验,形成协同典型模式案例,在全国范围内予以推广。

（三）提升慈善行业组织作为协同载体的能力

一方面,强化社会主导的慈善行业组织运作模式。目前各地的慈善行业组织中有一部分是政府直接或主导发起的,由政府负责资源供给和日常运作,相关公职人员担任组织负责人,行业组织运作的决策和执行权力都掌握在政府手中。此种模式下,虽然慈善行业组织的稳定性和资源投入得到一定保障,但由于全职专业管理人员缺失,同时机构的自主性受到一定限制,因此机构的工作效率受到一定程度影响。建议在实践中尽量将慈善行业组织交由社会主体进行运作,聘请全职秘书长并组建专业化的执行团队,邀请外部专家及资深慈善从业人员参与制订工作方案和培育计划,以增强慈善行业组织自主性和规范性。而政府应该集中精力在建立促进慈善行业组织发展的政策与服务支持体系上,为慈善行业组织发展创造较为宽松的制度环境,将政社协同的主导地位委托给行业组织。

---

① 俞祖成:《慈善组织认定:制度、运作与问题——基于深圳实践的观察》,《浙江工商大学学报》2017 年第 3 期,第 107—114 页。

② 章高荣:《中国慈善会系统发展历程、基本问题与功能定位》,《社会保障评论》2022 年第 5 期,第 119—133 页。

另一方面,建立衡量慈善行业组织协同效果的科学评估机制。由于统一评估规范的缺失,各地评估慈善行业组织工作效果时往往更加注重慈善组织的成立与登记数量[①],缺乏针对慈善行业组织协同效果的单独考察机制。部分地区尽管已建立慈善行业组织,但其实际效果并不为外界所知,对于其是否充分履行职能也存在疑问。因此,建议制定以"服务政府"和"服务社会"指标为核心的慈善行业组织评估指标体系,在省级层面建立固定周期的慈善行业组织评估制度,委托第三方机构评估考察慈善行业组织的履职状况,并以评估结果为依据,向评估分数较高组织提供政策和资源支持,对评估得分较低的组织提出整改意见乃至实施惩罚。

第四节　表彰型动员制度

作为同时包含结构性规则体系和动态性实现机制的复杂构成,动员制度为慈善事业的发展提供了广泛的社会基础和创新的重要动力,是具备发展性的外部保障制度。按照动员主体,本书划分出国家机关动员、社会组织动员和公众自发参与三种慈善事业的动员模式,发现制度运转过程中存在国家机关动员的行政性强,社会组织动员的权威性弱和公众自发参与的持续性不足等问题,这影响我国慈善事业发展进程中的社会投入,也不利于培育慈善领域的公共意识。

解决上述问题的思路是建立表彰型动员制度。中国共产党在治国理政的历史中,通过对传统旌表制度的继承创新,建立起英模表彰制度等示范体系,塑造出社会的典型和模范,以实现不同政治目标。[②]在慈善领域,同样有必要自上而下建立表彰体系,以实现动员制度的

---

① 陈友华、祝西冰:《中国的社会组织培育:必然、应然与实然》,《江苏社会科学》2014年第 3 期,第 90—95 页。

② 孙云:《中共英模表彰制度的肇始及演变》,《党的文献》2012 年第 3 期,第 71—76、82 页。

系统性优化。表彰型动员制度的内在逻辑是通过对慈善领域先进个人和组织榜样的树立,增强公众的慈善意识,使其形成强烈的内驱力投身于利他性活动当中。表彰型动员制度的建设思路是建立国家层面的慈善荣誉表彰体系和社会层面的行业典范表彰体系,加上在民间广泛培育慈善文化,最终打造人人向善的社会风尚。

一、优化荣誉表彰体系,提升国家机关动员效果

作为有着长期全能型国家传统的政体,我国在慈善领域的动员制度曾长期依靠国家机关主导和维系。不同党政部门直接介入慈善活动的设计、宣传、推广和参与者招募的过程。虽然慈善事业由此起步,积累了原始社会资本,但动员行政化色彩较浓,自愿性难以提升。为改变此种局面,首先需要建立国家层面的表彰体系,其核心思路是提升荣誉表彰体系的级别,丰富表彰的维度。

(一) 国家动员思路从强制转变为激励

强制动员曾是革命时期我党动员体系的组成部分。早期的群众运动本质上是一个由党主导的"自上而下"的阶级意识动员的过程。对于人民群众的动员不仅依赖强大的思想政治教育手段,也依赖强制性的惩罚措施。[①] 进入和平年代,慈善事业的动员中也存在部分强制性动员方式,如部分地区的"扶贫济困一日捐"等活动,就是由政府将捐赠任务摊派到不同单位人员头上,任务式地吸收捐赠,也有些地方靠着软磨硬泡的"软强制"手段来实现社会治理层面的特定目的。[②]《突发事件应对法》第六条规定,国家建立有效的社会动员机制,组织动员企业事业单位、社会组织、志愿者等各方力量依法有序参与突发

---

① 李勇军:《政治动员的形成机制与范式之比较研究》,《武汉理工大学学报(社会科学版)》2016 年第 4 期,第 603—609 页。

② 刘建、吴理财:《政府嵌入、村落秩序与村民集体行动:村落治理结构转换的路径及逻辑——基于赣南 G 村道路修建事件的分析》,《南京农业大学学报(社会科学版)》2017 年第 5 期,第 39—47 页。

事件应对工作,增强全民的公共安全和防范风险的意识,提高全社会的避险救助能力。这就确认了社会组织参与突发事件的合法性和正当性,表明政府已经认识到社会组织在社会动员和社会服务领域的重要价值。综上所述,要建立慈善领域的表彰型动员体系,首先应将动员思路从强制转变为激励。

与强制性动员不同,激励性动员是以成果为主要吸引力的动员模式,其本质是激活动员中的利益机制。一些政策安排能取得积极效果的核心在于能够让动员对象感知到相应行动能产生经济利益或其他形式的回报。① 换句话说,即动员对象能从行动中提升获得感。在共建共治共享社会治理格局当中,共享就是一种典型的基于价值目标而产生的激励动员机制,是共治的价值追求。② 因此,调整动员思路的实质,是改变依托行政权威进行动员的固有制度安排,以获得感来激发公众参与。

国家机关动员思路的转换,需要以减少强制动员手段的使用为先决条件,建议通过党内法规的形式,发文强调慈善事业的非强制性和自愿性,对于开展摊派捐赠的地区党委和政府进行通报批评等处罚。在"99公益日"等新兴的慈善募捐活动中,也要注意尽量避免采取网络行政动员等手段来扩大捐赠规模。这些基本秩序的理顺为表彰型制度建立提供了基础。

(二)提升慈善表彰体系的级别

我国慈善领域的表彰体系建设已取得一定进展。在中央层面,民政部主办的"中华慈善奖"从2005年开始设立,到2023年底已成功举办十二届,成为国内慈善领域公认的最高荣誉。在地方层面,"浙江慈善奖""湖南慈善奖""山东慈善奖""江苏慈善奖""上海慈善奖"和

---

① 吕维霞、王超杰:《动员方式、环境意识与居民垃圾分类行为研究——基于因果中介分析的实证研究》,《中国地质大学学报(社会科学版)》2020年第2期,第103—113页。

② 叶敏:《新时代党建引领社会治理格局的实现路径》,《湖南师范大学社会科学学报》2018年第4期,第18—24页。

"湖北慈善奖"先后设立,对于本省的慈善先进个人和单位进行表彰,在各地产生一定社会影响力。

但当前奖项所面临的一个普遍问题是奖项的级别层次有限。即使是最高荣誉的"中华慈善奖",也只是民政部主办评比的奖项,主办方不包含国务院其他部门,也不涉及中共中央直属机构的参与。2023年第十二届"中华慈善奖"表彰大会在北京人民大会堂举行,在行政领导层面仅国务委员、国务院副秘书长、民政部部长出席。该奖项虽然以"中华"冠名,但实际上影响范围大部分停留在民政体系,无法对外持续输出影响力。

实际上,早期的"中华慈善奖"具备更强的社会影响力,原因之一就在于那时采取了高规格的颁奖形式:2005年和2008年的"中华慈善奖"颁奖典礼与中华慈善大会共同举办,2005年国务院副总理出席会议,2008年国家主席出席会议并会见获奖代表和全国优秀慈善工作者,还举办高规格的慈善晚宴和慈善论坛。这使慈善颁奖活动赢得舆论和公众的普遍关注。尤其是2008年第二届中华慈善大会在汶川地震后举办,为"中国公益元年"画上圆满句号,对于激发全民慈善参与热情产生积极推动作用。

回溯过往慈善领域荣誉表彰的制度安排,为慈善事业动员制度的顶层设计提供了新的思路,即建立国家层面的慈善荣誉表彰体系。具体来说,可将"中华慈善奖"由民政部主办提升为国务院主办(如果设置国家慈善委员会,则由该委员会主办)、中共中央宣传部指导的国家级表彰活动。奖项仍然每两年评比一次,评比结果出炉后在中华慈善大会上设置颁奖环节,并邀请党和国家领导人接见获奖者,真正提升奖项的表彰鼓励作用。

(三)丰富表彰体系的评价维度

现有的政府主导的慈善表彰体系有较为近似的表彰内容设置。以第十二届"中华慈善奖"为例,表彰项目包含慈善楷模、慈善项目和慈善信托、捐赠企业、捐赠个人四大类。慈善楷模奖看重的是个体和团队在慈善服务中的参与情况,慈善项目和慈善信托奖则重点表彰组织化慈善行为的创新性和示范性,捐赠企业奖和捐赠个人奖主要依据捐赠金额规模评选。大多数地方的慈善表彰体系延续民政部的制度惯性,采取类似的奖项设置。

从现有的奖项设置情况来看,国家层面慈善表彰体系至少可从两个维度予以拓展。

一是,"中华慈善奖"设置了针对慈善项目和慈善信托的专门类别,却不包含有关慈善组织的荣誉,是一个较为明显的缺憾。进入新时代以来,我国慈善事业一直呈现高度组织化运作的特征,慈善领域的法律制度也以慈善组织为主要规范对象,可以说,慈善组织是本领域最重要的行动主体。在奖项设置中只关注具体项目而忽略背后的运作组织,似乎与慈善事业的实际运作逻辑不符。对于慈善组织,目前可争取的荣誉较为有限,仅有各级民政部门评选的先进社会组织可以申报,还需要与其他类型的社会组织展开竞争,荣誉维度的激励措施明显不足。因此,在"中华慈善奖"及地方慈善奖中加入"慈善组织奖"具有较强的必要性。

二是,当前针对企业的主要奖项是捐赠企业奖,对于慈善领域投入大量善款的爱心企业进行表彰。但实际上,当前我国企业在慈善领域的贡献远不止捐赠投入,还包括提供志愿服务、打造慈善行业生态等。其中,运作互联网募捐平台是企业的重要职能之一,为我国慈善事业创设新的支持性环境。[①] 因此,可考虑在"中华慈善奖"及地方慈善奖中加入"慈善支持奖",专门针对为慈善发展环境优化做出贡献的企业和社会组织,表彰其在慈善行业整体数字化、服务可及性、从业人员能力等方面带来的提升效果,激励更多具有技术或合作网络优势的主体加入慈善事业。

二、打造典范评选体系,实现社会组织充分动员

表彰型动员制度的建立除了需要国家机关自上而下推动,社会组

---

① 林卡、李波:《互联网慈善平台运作的多重效应及其对慈善生态的影响》,《浙江社会科学》2021 年第 2 期,第 89—94、158 页。

织的参与配合也是重要环节。以社会组织为主体的动员制度面临一系列的困境,包括社会组织自身权威性不足,整体能力建设的滞后导致动员能力较为有限,可用于发动外部群体的资源相对有限等。要破除上述困境,不能以"一一击破"的思路寻找应对性方案,而要探索整体性解决问题的思路。本书认为,应将社会组织动员工作的关注重心放在打造慈善典范评选体系上,以服务于慈善事业高质量发展目标,这是实现社会组织有效动员的可行思路。

（一）评选慈善典范,助力慈善事业高质量发展

慈善是中国社会的一个缩影,近年来随着我国经济社会发展水平的不断提升,慈善事业也逐渐步入又好又快的高质量发展阶段,突出表现在整体规模的扩大、法治化建设的持续进步、互联网慈善的崛起和慈善文化氛围日益浓厚等方面。[①] 然而,在高质量发展进程中,我国慈善事业仍然面临一系列困难,其中之一就是针对慈善参与主体的精神鼓励不足,需要建立更加多维度的表彰体系。除了政府之外,社会组织可在其中发挥作用。

通过典范评选体系建设促进慈善事业高质量发展的逻辑,实际上是通过表彰体系设定慈善事业各类参与主体的发展最高标准。以慈善组织为例。对于其高质量发展,可以从组织战略定位、内部治理、项目活动等层面建立标准,考察组织:是否融入党和国家工作大局,聚焦主要社会矛盾,致力于服务国家和社会;是否形成高效合理的内部治理结构,完善各类制度并实现数字化转型;是否精准调研服务对象需求,设计兼具创新性和社会影响力的项目;是否能够科学利用所筹善款,实现资助的有效性。对于这些标准的检验,过往主要通过社会组织评估工作来实现,但评估工作的部门内部化导向使评估结果传播性和可复制性存在一定不足。如果通过评选活动来检验,则可在提升模式传播复制频率的同时,增加行业内部交流。

相较于国家机关,通过评选体系建设来助力慈善事业高质量发展

---

① 宫蒲光:《社会治理现代化大格局下推进慈善事业高质量发展》,《中国行政管理》2021年第2期,第6—13页。

的任务更适合由社会组织承担。这是因为国家层面的荣誉体系建设更侧重宏观性,关注的是影响慈善事业发展最为核心的几个指标维度,如果设置奖项过多则可能削弱荣誉的权威性。相反,社会组织开展的评比表彰活动则更具有灵活性,能够设置一些细节化的表彰名目,对于慈善事业的不同运作主体起到鼓励作用。同时,政府部门对评选体系的回避,也可避免寻租活动。社会组织可以将评比过程与研究相结合,通过撰写研究报告的形式分析表彰对象所采取的典型模式和主要创新经验,对其他主体起到更好的指导示范作用。

（二）社会组织打造慈善典范的基本操作思路

社会组织的表彰体系建设以打造慈善典范为主要方式。相比于政府部门设立慈善奖的做法,打造行业典范一方面不违背国家层面的相关规定,如《评比达标表彰活动管理办法》等文件中避免过于频繁的评比表彰活动这一精神;另一方面通过对慈善典范相关案例的深度挖掘,可以树立对慈善事业更有影响力的学习标杆,激励其他组织学习模仿。

社会组织的慈善典范评选工作中较有影响力的是基金会中心网编制的中基透明指数和中国基金会评价榜的"金桔奖"。前者关注基金会行业的信息公开情况,从合规性和倡导性两个维度对基金会的基础信息、财务信息、项目信息等披露情况进行评测,再评价出各组织的相应等级,分门别类列出榜单,尤其会对满分基金会进行标注。后者关注慈善行业的资助型组织,包括在民政部门登记的资助型基金会和以资助为主要活动形式的境外非政府组织,通过对受助的一线服务机构进行访谈和问卷调查,获取它们对于各资助型组织的评价,并相应赋分,最终产生大规模资助榜、人才资助榜、长期陪伴榜等细分奖项以及"金桔奖"总榜。两项活动在完成后都会召开发布会,在公布结果的同时发布相应的研究报告。

通过对中基透明指数和"金桔奖"开展情况的分析,大体可得出社会组织主导的慈善典范评选活动之操作思路:首先,评选活动需要由在慈善领域具备一定公信力的枢纽型组织发起,如基金会中心网和中国基金会发展论坛。其次,评选活动需要设计科学的指标体系并经过充分论证,使评选结果具有可信度。再次,评选活动应与研究项目相结合,实现对于评选对象的充分剖析,增强典范案例的推广价值。最后,评选活动要及时安排媒体发布环节,提升传播力度。只有满足上述条件,典范评选活动才能在慈善事业中发挥动员功能,促使慈善事业参与主体投入更多精力,提升潜在主体对慈善的关注度。

（三）注重重大突发事件应对中的慈善力量动员

除了社会层面的慈善典范评比活动,重大突发事件应对中的慈善力量动员也是社会组织应该关注并探索的重要方面。面对突发事件,在应急状态下,整个社会突然面临服务需求与供给的不平衡,甚至出现短暂的政府失灵现象[1],此时,需要区域内的公众自发开展自救和他救行动,搭建起互相援助的自组织网络[2]。此种情况对于社会组织的慈善动员既是挑战也是机遇。在混乱的情境下,结构简单的自组织并不能完成复杂的服务要求,尤其是罕见病患者等日常生活中外界触及较少的群体,如果没有慈善组织的介入很难获得援助。同时,应急状态下公众的公益心更容易被激发,为动员提供心理基础。

社会组织在突发事件应对中开展动员活动时要注重对新媒体资源的运用。随着新媒体形式的不断迭代,以抖音为代表的短视频平台改变了传统传播中的"中心"与"节点"关系,任何一个视频账号都是平台上的节点。[3] 在突发事件中,身处事件中心的公众能够捕捉灾害第一现场,拍摄具备较强传播力的短视频,让社交网络中的同伴感觉到"远程的在场",从而产生参与意愿。社会组织应注重对于此种工具的运用,通过视频拍摄和制作化身成公众召集人,聚合同行者投入危

---

① 陈迎欣、周蕾、郜旭彤、李烨:《公众参与自然灾害应急救助的效率评价——基于2008—2017年应急救助案例的实证研究》,《中国软科学》2020年第2期,第182—192页。

② Ting Zhao, et al., "Self-organization's Responses to the COVID-19 Pandemic in China," *Public Administration and Development*, Vol. 42, No. 2, 2022, p. 42.

③ 高存玲、杨清壹:《可见的灾难:短视频自然灾害信息传播研究》,《中国地质大学学报(社会科学版)》2020年第3期,第147—156页。

机应对。对于参与者中典型人物的视频素材传播,同样能起到示范性作用,也可视作一种应急状态下的表彰型动员。

为了实现重大突发事件应对中的规模化动员,社会组织还应注重慈善事业的协同体系建设,树立一盘棋的思想。各个地区的社会组织要密切交流、互通有无,实现协同发展,在常态下体现为社会组织的联合预案建立、应急情境演习,应急状态下实现行动一致、结构耦合和资源共享,避免恶性竞争,建立多种形态的合作互动平台,实现高质量慈善应急协同。

三、培育慈善文化,迈向全民慈善参与阶段

公众的自主参与和自我动员有赖于慈善文化的培育,以形成全民投入的慈善氛围。在表彰型动员制度中,荣誉表彰和典范评选可视作外部力量对于慈善参与主体的驱动,而慈善文化建设则是激发参与主体的内驱力,使其形成投身慈善的自主意识,从而增强参与的持续性。培育慈善文化的具体方法包括推进慈善研究、深化慈善教育以及构建中国特色慈善观,将慈善的话语和理念根植于中国人的精神世界。

(一) 推进慈善研究,开发理论体系

慈善研究对于识别出慈善事业的关键议题,构建慈善理论体系,最终达成慈善共识具有突出意义。我国的慈善研究从 20 世纪 90 年代起步,研究对象从宏观慈善事业推进到公信力建设和监管,再到社会治理、互联网慈善、基层慈善等细分领域,呈现出复杂化的演进趋势。[①] 不同时代的慈善研究主题与我国慈善事业的发展特征变化高度相关,是对慈善事业发展趋势的集中投射。

我国的慈善研究组织体系已经初步建立。在高校层面,我国现有的慈善研究院为 8 家,还有数十家研究领域涉及慈善公益内容的研究

---

① 宁玉梅、林卡:《中国慈善研究发展的阶段性及其解释——基于文献的关键词分析》,《浙江大学学报(人文社会科学版)》2021 年第 3 期,第 196—207 页。

中心。从2010年至2021年,国内先后有10家高校成立以慈善事业为主要研究对象的研究院,并运作至今(见表7-1)。在研究院之外,高校中还有一定数量研究中心聚焦于慈善的细分领域,如北京大学法学院非营利组织法研究中心、北京师范大学国际NGO与基金会研究中心、中央民族大学基金会研究中心、北京航空航天大学慈善与社会创新研究中心、浙江大学社会治理研究院、中山大学公益传播研究所。

表7-1　中国现有慈善研究院一览

名称	地区	成立时间	前身或相关机构
南京大学河仁社会慈善学院	南京	2010年10月	无
北京师范大学中国公益研究院	北京	2010年6月	无
中山大学中国公益慈善研究院	广州	2011年4月	无
清华大学公益慈善研究院	北京	2015年4月	清华大学NGO研究所
中国人民大学中国公益创新研究院	北京	2016年7月	中国人民大学非营利组织研究所
上海交通大学中国公益发展研究院	上海	2016年12月	上海交通大学第三部门研究中心
华东师范大学公益慈善事业管理研究院	上海	2017年1月	华东师范大学紫江公益慈善中心
湖南师范大学慈善公益研究院	长沙	2017年6月	湖南师范大学慈善公益研究中心
西北大学慈善研究院	西安	2018年4月	西北大学陕西省慈善文化研究中心
南京大学江苏慈善研究院	南京	2021年8月	无

高校之外,一批智库和社会组织也成立慈善相关研究机构,如中国灵山公益慈善促进会、上海研究院现代慈善研究中心、深圳国际公益学院、上海爱德公益研究中心、海南亚洲公益研究院、青岛国际公益研究院、榆林市慈善研究院等。这些组织虽然在研究力量配置和资源充裕程度方面各不相同,但普遍在理论研究、政策咨询倡导和人才培

养方面有所涉猎,对于慈善事业的多重面向也都有所关注。

开发中国慈善理论体系的工作需要由上述研究机构完成。慈善事业理论研究必须深深地扎根在中国大地上,尊重慈善事业发展的客观规律,尊重中国的具体国情,注重慈善事业发展的阶段性特征。慈善研究机构要围绕促进中国慈善事业发展这一目标,在不同议题之下精耕细作,创造性地转化中华传统慈善文化精髓,整合现代慈善理念,总结第三次分配和共同富裕目标下的慈善实践,开发更多的慈善文化研究项目,构建出具有中国特色的慈善理论体系,形成本领域的基本话语和理论自信。

(二) 深化慈善教育,普及观念认知

开展慈善教育,可以增强公众的慈善意识,反过来提升其参与慈善活动的意识和增加对于活动规范性的关注。过往研究认为,慈善参与能够增强群众的权利意识、平等精神、宽容精神、公共责任意识和社会参与技能。[①] 上述意识的提升和精神的塑造,反过来又可以带动公众投身慈善活动,形成对慈善法律政策的关注。有针对性的慈善教育则会将上述效应进一步放大。

> 当前的慈善教育和慈善参与存在精英化的趋势,慈善事业的目标和范畴往往非常宏大,但是对基层的慈善问题往往重视程度不高。慈善教育的核心在基层,恰恰是在老百姓的身边。如果慈善事业的资源和制度设计以及各项激励措施落实不到基层,社区慈善的发展必然会碰到非常多的瓶颈。
>
> ——20210826 S 大学教授 Y 在慈善法律制度新增内容
> 座谈会上的发言记录

---

① 潘修华:《社会组织发挥公民素质提升功能的现状与改善》,《理论探讨》2017 年第 4 期,第 156—161 页。

慈善研究机构在全国逐步铺开的同时,相应的慈善教育体系也逐步建立,从慈善专业方向到慈善管理专业,我国本科阶段的慈善教育不断出现重大突破。2012年,在基金会中心网和上海宋庆龄基金会的支持下,北京师范大学珠海分校宋庆龄公益慈善教育中心成立,在全国率先设立公益慈善管理本科专业方向,被认为是慈善领域"第一次在主流教育机构进行的学历培养模式尝试"。2014年,南京工业大学浦江学院设立公益慈善管理学院,开设公共事业管理(公益慈善管理方向)本科专业,获得来自中国侨联的支持,其核心课程包括项目管理、资金筹集、公关传播、综合管理等慈善领域实用内容。2017年,在紫江公益基金会资助下,华东师范大学紫江公益慈善中心成立,该中心也以开展慈善教育为主要业务活动内容,教育培训体系包括向不同专业本科生提供公益慈善管理课程,开设公益慈善管理人才暑期学校以及创造海外访学机会等。2022年,教育部发布《关于公布2021年度普通高等学校本科专业备案和审批结果的通知》,宣布增设"慈善管理"四年制本科专业,设置在公共管理一级学科之下,同时批准浙江工商大学、山东工商学院两校开设慈善管理专业。2018年,山东工商学院成立公益慈善学院(公共管理学院);2021年,浙江工商大学成立英贤慈善学院。

慈善领域的社会培训和支持项目作为实践教育的一部分,也逐渐受到主管部门和研究机构的重视。2016年,民政部遴选出首批19家全国社会组织教育培训基地,在全国开展系统化、规范化、专业化社会组织教育培训工作。这些组织开展的培训中有相当一部分与慈善事业密切相关,如中国传媒大学组织的"公益传播与危机管理"高级工作坊,中国社会组织促进会、上海交通大学中国公益发展研究院、中国关心下一代健康体育基金会联合举办的"慈善法学习与社会组织能力建设"研讨班等。慈善领域还涌现出一批资助型基金会,针对高校教师个人提供支持,以期实现慈善教育范围的扩展。如浙江敦和慈善基金会于2019年发起"敦和·善识计划",以资助高校教师在校内开设公益慈善通识课程为主要形式,至2022年已选拔51名资助对象。

在现有基础上,慈善教育应从高等教育和义务教育两个层面铺开。在高等教育阶段,需要将慈善教育融入思政教育体系。开展慈善教育能够增强高校学生的社会责任感,引导学生树立正面的人生观和价值观,促进全面发展的高素质人才培养。同时,公益创业教育作为慈善教育体系的重要组成,契合大学生思想政治教育的需求,是高校素质教育与思政教育的结合点,具有特殊的思政教育价值。[①] 因此,在高校推动慈善教育的过程中可主动对接思政教育,使慈善文化进入道德体系相关课程,在确立慈善教育地位的同时进一步丰富思政教育内容。

在义务教育阶段,应开展课堂与实践相结合的慈善理念普及活动。过往个别学校开展的慈善教育难以检验成效和逐步铺开,重要原因之一是活动形式与现实生活脱钩。特定节假日探访敬老院或是响应学校号召向贫困家庭的重病同学捐款等慈善活动,只能让青少年短暂接触形式单一的志愿服务和应急捐赠,无法形成对于慈善更为立体的感性认知。因此,需要在义务教育阶段尝试开展计划明确、程序科学且具有一定实施周期的慈善活动,通过精心设计的实践项目让青少年在参与过程中领悟慈善的内核精神以及具体项目的操作流程。可由学校与运作型基金会或社会服务机构建立联系,由上述组织开发适合青少年参与的慈善项目,在参与过程中提供指导和讲解,通过校社合作达到慈善理念普及的目的。如部分学者所言,效仿中国香港地区广泛开展的"卖旗"筹款活动[②],正是在义务教育阶段将慈善实践融入课堂教育的可行尝试。

(三)构建中国特色慈善文化价值观

慈善文化的发展最终需要价值观的支撑,否则不仅体系性的慈善

---

① 林爱菊、唐华:《公益创业教育:大学生创业教育的新拓展》,《大学教育科学》2017年第3期,第101—105页。

② 李响:《试论青少年慈善教育的实施路径与法律保障——受香港卖旗活动的启发》,《兰州学刊》2018年第10期,第102—113页。

文化难以建立,慈善事业发展也将难以形成良性的内部驱动机制。因此,构建中国特色的慈善文化价值观,并将相应观念渗入公众意识,是推进慈善全民参与的一项重要任务,唯有如此才能塑造积极开放的慈善文化。但时至今日,共识性的慈善文化价值观在我国还未形成,一些慈善理念仍存在争议乃至遭遇公众误读。为形成促进慈善事业良性发展的内驱力,需要构建出具有普及性和代表性的现代慈善文化价值观。

建立中国特色慈善文化价值观,需要从时代发展的宏大视野中把握慈善的重要价值与意义、吸取中外慈善理念精髓、构建中国特色慈善价值观和话语体系作为我国慈善文化的观念基础,同时兼顾唤醒社会公众慈善意识的目标。全体人民共同富裕既是中国式现代化建设的宏伟目标,也是中国特色慈善文化价值观的理念基础。从慈善文化的培育视角来看,当前的慈善事业受制于公众行善传统认知有局限、慈善教育供给不充分、慈善教育学科缺失外部资源、普及性慈善教育不足等因素,慈善事业尚未实现高质量发展,需要通过增强发展高质量慈善教育的使命感、推广普及性慈善教育、增加社会力量供给、加快复合型人才培养、加强本土知识积累等手段予以完善。① 为实现这一目标,需要做以下几个方面的工作:一是弘扬我国传统文化中慈善思想的精髓,如传统宗教文化中的"慈悲""济世""博爱""布施"等理念;二是借鉴西方慈善捐赠理念,如利他主义、公民责任等,使我国慈善捐赠文化的培育与世界接轨;三是不断提高群众对慈善的价值认知。慈善将私人财富转化为公共资源,不仅推动了财富的合理再分配,还有助于构建机会均等的社会环境,从而促进社会公平正义与和谐发展。② 只有建立中国特色慈善文化价值观,后续的慈善文化建设才可以源源不断。

---

① 徐家良、成丽姣:《慈善教育是实现共同富裕的重要供给侧》,《华东师范大学学报(教育科学版)》2023 年第 10 期,第 92—103 页。

② 林成华、罗卫东:《改革开放四十年中国高等教育慈善事业的成就、困境与对策》,《教育发展研究》2018 年第 17 期,第 57—63 页。

慈善领域是价值驱动型的行业,其主要从业者和志愿者同样需要树立自身的慈善文化价值观,以增强对所从事工作和服务的身份认同。为达到这一目的,建议针对广大从业者和志愿者开展以树立慈善价值观为主、以慈善掌握从业技能为辅的教育培训课程,强化从业者和志愿者的工作技巧与慈善意识,使他们形成对于自身作为"慈善人"的身份认同,以及对慈善事业的归属感。可邀请高校权威专家、政府慈善主管部门负责人、资深慈善从业人员,开展覆盖范围广、面向群体多且具有一定实用性的课程培训,将理念启发与业务培训相结合。

第五节　数字化监督制度

在不同类型的制度子系统中,监督制度具有保证制度体系规范化建设和健康发展的重要功能。我国慈善事业的监督管理随着《慈善法》颁布实施和修正而终于步入法治化轨道,并在实践中形成由国家机关和社会力量共同承担主体职责的多元监督体系。尽管国家机关自上而下对于慈善运作主体监督的重视由来已久,互联网技术的深化运用也使社会监督不断深入,我国慈善事业监督制度还是面临国家层面的制度衔接不足,组织层面的权威性和主动性较弱,个体层面的持续性稍欠等问题,监督制度的整体水平有待提升。

解决这一系列问题的思路在于建立数字化为导向的监督制度。"数字化监督"的概念源自数字政府,在表述中也常常使用"智慧监督"等概念,是线上深度运用互联网技术实施监督与线下实体人工监督高度融合的现代化监管模式。[①] 在慈善领域,数字化监督的概念尚未普及,政府主管部门运用数字化手段实施监督的实践也较为有限,反倒是民间存在大量基于信息技术开展监督的实操做法。因此,本节提出的监督制度优化方案是以政府的数字化监督系统为重点,同时加

---

① 叶岚、王有强:《中国数字化监管的实践过程与内生机制:以上海市 L 区市场监管案例为例》,《上海行政学院学报》2019 年第 5 期,第 70—79 页。

强对已有社会化监督体系的赋权,最终实现整个制度的接轨和监督效力的提升。

一、建立国家层面的数字化监督系统

我国慈善事业的国家监督制度呈现出整体制度与专门制度相结合,静态监督与动态监督相结合的特征,形成较为缜密的多部门监督格局。但相比于社会层面互联网技术的频繁运用,国家机关在慈善监督过程中的数字化程度较低,技术主要使用在准入阶段的电子版信息提交和信息公开中,与监督的关联较弱。因此,有必要建立慈善领域的国家层面数字化监督系统,加强监督技术创新。

（一）依托数字技术建立多部门联合监督网络

建立能与各慈善事业相关部门实现数据融通的慈善大数据平台,保证业务主管单位或业务指导单位与登记管理机关之间充分的信息交互,是数字化监督系统建设的第一重思路。在现有体制基础上,虽然民政部门仍然是监督慈善组织和慈善项目的主要部门,但对慈善组织的全过程监督离不开所有业务相关部门的参与。建立大数据平台,使不同部门可以就慈善监督相关议题进行在线交流,采取类似上海一网通办模式将慈善组织、慈善信托、募捐项目等数据上传至融通平台,各类业务部门可以在需要了解相关组织情况时随时调取,并依托平台进行网上流程审批,降低部门之间的协同成本。例如,中国电子云基层数据治理"一表通"平台就通过"系统留存+智能报表+统一管理"的集成管理模式,减少数据采集工作量、表单填报工作量和层层汇总工作量,提升部门数据使用效率、数据二次利用效率和基层填报操作效率,实现"减负+增效"目标。

在基层,同样可将慈善事业相关信息嵌入已有的地方数字政府体系。例如,上海市长宁区就已探索在街道城运中心"一网统管"平台上接入社会组织相关数据,通过一网统管平台可以清晰查看这些组织的登记执照是否在有效期内、年检是否合格和评估等级、承接政府购买服务资金、员工数量等信息,以及可视化呈现对辖区内社会组织发展情况的数据分析。此方法可以尝试在全国推广,使基层慈善主体与外部环境建立更广泛的联系。

同时,可构建线上信息和行为约束机制。《慈善法》和《慈善组织信息公开办法》确立慈善组织信息公开的基本规则。政府主管部门应当在慈善组织、项目评估过程中,更多地通过线上获取公益慈善组织财务状况、项目收益、行为合法性等方面的资料。民政部门在对慈善组织实施约谈、处罚乃至联合惩戒等措施时,也应依据公益慈善组织线上主动公开的信息。① 这种机制能够促进主管部门对公益慈善行为的立体式、动态化监测,也使得慈善事业各类运作主体加强对于信息公开问题的重视程度。

（二）建立国家层面慈善信息数据库

自从《慈善组织信息公开办法》要求慈善组织信息须在民政部门提供的统一信息平台向社会公开以来,慈善中国网站迅速建立,成为呈现慈善组织、募捐、项目等信息的全国统一平台,但目前在慈善中国上进行信息填报并非强制性要求,导致大量慈善组织没有意愿去该网站进行完整的信息披露,网站数据的全面性一直存在不足。应当进一步强调,在慈善中国统一信息平台填报信息是慈善组织规范化建设的基本要求,也是法治化建设的题中之义。可在各级民政部门的统筹指导下,建立健全慈善组织信息填报制度,通过优化填报内容,规范填报流程,提升数据质量,使慈善中国真正成为我国慈善信息的存储和公示平台,进而构建慈善领域最为权威的数据信息载体。

除了前端平台需要加强建设,行政主管部门还应积极创造条件,促成慈善中国网站接口对于各家慈善组织、慈善信托的开放,尽量实现慈善组织在填写年度工作报告等耗时长、重复性高的工作时,能将数据自动导入慈善中国的系统,避免重复填写表格。

需要明确的是,线上的慈善信息数据库并不能完全替代线下监

---

① 赵文聘、陈保中:《国外公益慈善监管发展趋势及对我国的启示》,《上海行政学院学报》2019年第6期,第91—99页。

督,而是更多作为监督工具,为不同党政部门实施监督提供切实的数据参考。对于违法违规行为的打击惩处,如对于非法社会组织假借慈善之名开展不法活动等情况,仍然需要线下执法队伍介入,而不可能利用数据库完成整个执法过程。数据库建设乃至整个数字化监督体系的构建,在部分场景下只是起到辅助性作用。

（三）打造国家机关主导的慈善组织信用评价体系

信用体系建设是对慈善事业法律制度具体要求的直接呼应。《慈善法》第一百零六条明确提出"县级以上人民政府民政部门应当建立慈善组织及其负责人、慈善信托的受托人信用记录制度,并向社会公布",对慈善组织和主要从业人员形成一定制度约束。因此,信用体系建设实际是慈善领域基本法律要求的一部分。

在慈善领域,守信联合激励和失信联合惩戒机制由行政机关主导。2018年2月,多个部门联合签署了《关于对慈善捐赠领域相关主体实施守信联合激励和失信联合惩戒的合作备忘录》,民政部等部门通过全国信用信息共享服务平台向签署备忘录的机关提供组织名单及相关信息,方便这些部门实施或协助实施相应的激励及惩戒措施。此文件设定的联合激励对象包括:(1)在民政部门依法登记或认定、评估等级在4A以上的慈善组织;(2)有良好的捐赠记录,以及在扶贫济困领域有突出贡献的捐赠人。同时,联合惩戒对象则包括:(1)被民政部门按照有关规定列入社会组织严重违法失信名单的慈善组织;(2)上述组织的法定代表人和直接负责的主管人员;(3)在通过慈善组织捐赠中失信,被人民法院依法判定承担责任的捐赠人;(4)在接受慈善组织资助中失信,被人民法院依法判定承担责任的受益人;(5)被公安机关依法查处的假借慈善名义或假冒慈善组织骗取财产的自然人、法人和非法人组织。慈善领域信用体系的建设至少包含两个层面:(1)由执行主体采集并分门别类建立信用信息记录,客观反映慈善参与主体的信用情况;(2)应用信用记录,对相关主体进行守信激励和失信惩戒。[①]

---

① 徐嫣、王博:《论失信联合惩戒视野下社会组织信用监管制度的构建》,《法律适用》2017年第5期,第116—120页。

早在 2013 年,起步阶段的国家社会信用体系就已涉及社会组织。2021 年民政部社会组织管理局试运行全国社会组织信用信息公示平台,可以查询社会组织、活动异常名录、严重违法失信名单三个部分。平台以"我要看、我要查、我要办"为主线,集业务咨询、组织查询、登记办事三种功能于一体,优化在线政务服务事项,建成全新的社会组织信用信息公示系统。公众可通过该平台查询社会组织基础信息、行政许可信息、年检(年报)信息、评估信息、表彰信息、行政处罚信息、失信信息以及涉嫌非法社会组织名单,也可进行在线投诉、举报。此前,部分地方已进行相应试点,如四川于 2009 年发布省级行政区中的首个社会组织信用建设相关文件——《四川省社会组织行为失信惩戒制度(试行)》;上海于 2013 年先后出台《上海市社会组织信用信息记录、共享和使用管理暂行办法》和《上海市社会组织失信行为记录标准》,形成社会组织信用体系建设的初步框架。随着 2014 年中央出台《社会信用体系建设规划纲要(2014—2020 年)》,地方各个领域的社会信用体系建设有了具体指引,慈善领域也不例外。从 2015 年开始,浙江、广东、四川、上海、天津等地相继出台关于社会组织信用建设的规章和规范性文件。在地市级层面,广东省珠海市、东莞市,浙江省宁波市,辽宁省沈阳市,河南省郑州市,福建省厦门市等也出台了本地的社会组织信用建设相关文件。

目前在社会组织领域,民政部以及四川、上海等地已经初步建立起社会组织信用数据体系,能够实现数据的有效采集和小范围共享,但尚未建立起统一数据标准,全国性和地方性慈善相关信用数据难以实现共融共建,存在数据碎片化的潜在风险。为此,建议由国务院牵头,民政部具体负责慈善信用数据库建设,制定基本数据条目和采集标准,在统一基础信用数据格式后,适当鼓励地方开展自主创新,以助力完善慈善信用数据体系,为守信激励和失信惩戒提供政策实施依据。

二、双向赋权增强组织化社会监督合法性

组织化社会力量在我国慈善事业监督制度中已经是一类不容忽视的主体,包括新闻媒体和互联网募捐信息平台都在监督层面发挥中

坚作用。这两类主体具有良好的数字化基础,能够对慈善事业形成广泛而持续的观照,及时发现慈善事业中存在的突出问题,所欠缺的主要是作为监督者的权威性。因此,赋权成为提升组织化社会力量监督效力的关键性思路,即外部主体采取措施推动社会力量成长和能力建设①,从而能够更为独立地行使监督职能。本书认为,来自党政部门的国家赋权和来自公众的社会赋权为社会化监督注入合法性元素,使社会化监督的能力再上一个台阶。

（一）国家赋权增强社会监督行政合法性

新的慈善事业法律制度实施之后,组织化社会力量参与慈善监督已经具备一定的法理依据,尤其在募捐主体监督方面的职能已较为明确。② 如《慈善法》规定"广播、电视、报刊以及网络服务提供者、电信运营商,应当对利用其平台开展公开募捐的慈善组织的登记证书、公开募捐资格证书进行验证"。为确保《慈善法》《慈善组织公开募捐管理办法》《公开募捐平台服务管理办法》等法律政策的具体实施,民政部不仅委托第三方起草制订《慈善组织互联网公开募捐信息平台基本技术规范》和《慈善组织互联网公开募捐信息平台基本管理规范》两项行业标准,还分别于 2016 年 8 月、2018 年 5 月和 2021 年 11 月公布三批共计 32 家慈善组织互联网公开募捐信息平台。这些平台已经实质上构成慈善募捐领域的监督主体,且由于平台对慈善组织在透明度、社会影响力等方面提出具体要求,也一定程度上行使了对组织的信息公开、项目运作等事项的监督权。

在此背景下,有必要通过政策和数据两方面对互联网平台等主体进一步赋权。在政策方面,尽管已有《公开募捐平台服务管理办法》对于平台作为网络服务提供者的责任进行界定,但仅提到平台可"查验慈善组织的登记证书和公开募捐资格证书","向慈善组织提供公开募

① 敬义嘉:《控制与赋权:中国政府的社会组织发展策略》,《学海》2016 年第 1 期,第 22—33 页。

② 金锦萍:《〈慈善法〉实施后网络募捐的法律规制》,《复旦学报(社会科学版)》2017 年第 4 期,第 162—172 页。

捐平台服务应当签订协议,明确双方在公开募捐信息发布、募捐事项的真实性等方面的权利和义务",并且在发现慈善主体有违法违规行为时上报民政部门,但并未明确平台具有监督职能。该办法中关于监督的表述都以民政部门为主体。建议适时调整该管理办法,明确平台在慈善活动开展过程中同样具有监督责任和权利,在组织募捐等活动的同时可对募捐组织和募捐流程进行适当监管。

政策维度可调整的还有针对媒体的监督职能赋权。《慈善法》鼓励媒体对慈善活动进行监督,尤其强调媒体对慈善领域的违法违规行为予以曝光。但《慈善组织信息公开办法》等部门规章都未进一步对媒体的监督角色进行细化界定。可考虑在民政部层面制定专门的"慈善事业社会监督办法",对于互联网募捐平台和媒体的监督职能进行清晰定位。

数据层面的赋权指的是政府有序开放慈善领域数据资源,同时又充分利用社会上的新兴数字化产品,为监管创新提供决策依据。在我国,基金会中心网作为慈善领域较为资深的信息披露平台,承担类似功能,但其关注范围未覆盖所有慈善组织;慈善中国网则不具备评估分析慈善组织运营状况的功能。未来在制度调整过程中,可以加强政府与社会的合作,由政府开放更多相关数据,并指导第三方机构对数据进行分析加工,为公众提供更多可用产品,拓展监督职能。

(二)公众赋权增强平台社会监督绩效合法性

组织化社会监督的合法性来源除政府部门外,还有广大公众。只有公众认可社会力量在慈善领域实施监督工作,其监督才具有正当地位。而公众认可和支持社会力量参与慈善监督的理由,很大程度上取决于社会力量在监督过程中的绩效表现,即公众认知里社会力量的监督是否发挥作用。过往研究早已指出,绩效合法性在中国历史和当代政治中都发挥重要作用。[①] 在较少涉及价值判断的情况下,组织受到认可的程度与其实效性表现有关。

---

① Dingxin Zhao, "The Mandate of Heaven and Performance Legitimation in Historical and Contemporary China," *American Behavioral Scientist*, Vol. 53, No. 3, 2009, pp. 416-433.

因此,提升社会监督合法性的主要思路,是加强公众对组织化社会力量监督实际效果的感知,让监督所产生的行为对公众生活产生正面影响。以美国慈善导航网(http://www.lovegogo.org)为例。对于相当一部分美国捐赠者来说,当出现捐赠的意念时,他们会选择打开慈善导航网,检索潜在捐赠对象并了解其财务和绩效数据,并作为是否进行捐赠的主要标准。该机构对于美国慈善组织实施的网络监督,一定程度上成为公众选择是否实施捐赠行为的依据,这一定程度上说明组织的绩效得到认可,组织对慈善事业开展的监督工作也就具备合法性。若要在我国推广此类模式,一方面需要加强社会力量监督的专业性,使其因监督行为而产出的内容具备获得公众关注的价值;另一方面要提升监督机构的社会认可度,使其品牌形象深入人心。

作为监督主体的社会组织已有一些尝试,希望通过产品开发来呈现自身对慈善事业监督的专业性,一个例子是民间层面的慈善组织信用评价体系建设。2018年9月,由北京易善信用管理有限公司和清华大学公益慈善研究院在北京联合发布首届"中国慈善信用榜"。该榜单依据自制指标,建立起包含信息公开、财务和团队能力、合作伙伴背景、合作风险、品牌知名度和美誉度五个维度的评估模型,最终,4000多家慈善组织中有30家民间筹款型组织和30家公办筹款型组织上榜。该榜单是国内首个由独立第三方机构开展信用评价的尝试,为慈善领域的信用建设提供来自民间的规范标准样本。标准建立之后重要的工作之一就是使公众意识到其存在,在做出日常捐赠选择时参考"信用榜",这既离不开慈善行业的推动,也需要政府部门为其提供背书。在已有"中国慈善信用榜"的基础上,应鼓励更多第三方评价机构参与慈善领域信用评价工作,并为此类机构提供资金和政策扶持。在验证其评价方式和技术科学性的基础上,可将第三方信用评价结果作为官方信用体系的补充。

(三)强化数字技术在双向赋权进程中的应用

在国家和社会双向赋权的过程中,一部分具有较强数字化监督能力的社会力量将进一步巩固其合法性基础。但也需要明确,强化数字技术的应用将使组织化社会力量的监督效力更上一层楼。这项工作可从慈善行业组织的数字化建设和社会力量的数字化协同体系建设两方面展开。

相较于大众媒体和互联网信息平台，慈善行业组织的数字化程度仍不高，这体现在：慈善领域推广和呼吁数字技术运用的行业组织或枢纽型、支持型组织数量较为有限；慈善行业组织也未能完全实现对所在地域范围内的资源整合，不具备建立数字监督体系的基础条件。然而，目前在慈善领域推广数字化有实质进展的主要是互联网平台及其背后的科技公司，如腾讯公司的"千百计划"等，而各地慈善联合会在数字化建设方面所开展的行动较为有限。未来一方面需要加强行业组织自身的数字化能力建设，使其具备运用技术工具实施行业监督的基础技能；另一方面需要由行业组织与科技公司携手，在慈善领域推广数字技术的运用，为监督体系中基础性的网络搭建创造可能。

数字化协同体系的建设也是提升组织化社会力量监督能力的重要方式。虽然大众媒体、互联网平台和行业组织在慈善事业监督方面都已取得一定进展，但彼此的联络仍然较为松散，没有形成合力。后续应充分发挥媒体的舆论监督功能、平台的技术监督功能以及行业组织的自律和代表功能，通过数字化链接形成监督合力，推动慈善事业规范化运营，实现监督层面的"科技向善"。

三、运用数字技术打造全民慈善监督格局

在政治学中，公共权力必须接受监督是一个近乎"原理"的命题。人民作为公共权力的最终源头，天然能够控制和监督由自身派生出的权力。国家的监督体系也是建立在公民监督权之上。[1] 受制于社会的权利意识状态仍然处于较低水平，且政治权力较为集中，我国公民行使监督权成本较高，想在慈善领域提升公民监督水平需要更为理想的平台工具，同时增强权利意识和降低监督成本。基于数字技术的全民

---

① 程竹汝：《完善和创新公民监督权行使的条件和机制》，《政治与法律》2007 年第 3 期，第 45—49 页。

慈善监督格局建设正好与这一思路相契合。

（一）依托互联网提升个体监督的公共性和责任意识

互联网正日益成为公共舆论生成的空间，使群众监督权利在网络领域得到延伸和拓展。它突破了传统的群众监督模式，成为我国公民对公共权力进行监督和制约的重要方式。① 对于慈善事业的监督虽然不属于公权力监督的范畴，但本质上都反映了公众对于公共事务的关注和意见。互联网为捐赠人和受助人之间搭建起互动平台，使慈善事业的利益相关方能够投入慈善监督。未来深化公众参与监督的推进策略，是将作为非相关方的公众也纳入监督体系，提升监督的整体公共性，并树立个体的慈善监督责任意识。

"公共性"指涉的是人们从私人领域中走出来，就共同关注的问题开展讨论和行动。② 提升个体慈善监督的公共性，实质上就是让个体将慈善监督视为公共的事情，在对慈善监督的讨论和参与中完成私人利益向公共价值转化。从这个角度去理解，互联网是实现公共性的最佳平台——网络对于问题讨论的去边界化，对于注意力的吸收，都有利于将慈善问题置于公众议题当中。因此，应在主流平台和网络社区中增加相关议题设置，增强个体慈善监督的公共性，使未直接参与慈善捐赠或服务的个体也能成为监督者。

公共性的激发和彰显条件之一是对责任意识的激发，即个体将关注特定事务视为己任，充分投入。互联网作为载体对于慈善事业所蕴含公益精神的传播和对慈善事业所涉广泛受益对象的报道，能够使公众产生参与慈善的责任意识。在捐款捐物之外，投入时间参与监督各类慈善活动的开展，也是履行此种责任的具体形式之一。互联网也因此成为将责任意识与慈善监督相结合的平台。

---

① 崔晓琴：《新时代网络监督机制建设研究》，《人民论坛·学术前沿》2020年第13期，第88—91页。

② 李友梅、肖瑛、黄晓春：《当代中国社会建设的公共性困境及其超越》，《中国社会科学》2012年第4期，第125—139页。

（二）强化信息技术对个体监督的技术赋能

互联网不仅可从精神层面提升公众参与慈善监督的自主意识，还能从技术层面优化个体参与慈善监督的渠道，提升个体的监督能力。个体慈善监督的便利性提升体现在社交平台和自媒体等工具的运用上，两者在当前慈善传播和监督中发挥着越来越重要的作用。根据微博 2023 年用户报告，当年微公益平台累计运营公益项目超过 24 000 个，接受了网友近 5000 万次、共计超过 7 亿元的慈善捐款。[①] 一些自媒体人在参与公益传播和组织实施中形成了独特的观察视角和观点，更有一些自媒体人的关注者数量众多，本身就是有力的监督平台。

为提升信息技术对个体监督的赋能效果，需要加强监督反馈信息的通达性。个体监督产生效果的条件除了产生足够的舆论影响，还要能影响到相关的行政主管部门或执法部门。尤其对于群众关注度不高的具体事件，更需要主管部门的直接干预才能实现监督效果。因此，未来需要增强慈善领域主管部门政务社交媒体对于公众关切的回应性，在慈善领域加强责任政府建设。[②] 可在微博、微信、抖音等平台加强民政部门等对于公众所提供慈善相关违法违规行为线索的反馈，产生实际的监督效果。

同时，应考虑建设专门的互联网慈善违法违规行为举报渠道。当前政府部门受理公众个体对于慈善涉嫌违法信息的举报，主要采用电话、邮件等形式，只有少量机构在官方网站上设置举报窗口。未来可考虑在各省级民政部门网站建立慈善违法行为举报界面或功能模块，参考非法社会组织投诉举报平台，方便公众个体在监督过程中发现慈善疑似违法违规行为，及时进行举报。

---

① 《微博发布 2023 年 ESG 报告累计运营公益项目超 24 000 个》，https：//finance.ifeng. com/c/8YuYK55rG2k，最后访问时间：2024 年 8 月 17 日。

② 杨宏山：《激励制度、问责约束与地方治理转型》，《行政论坛》2017 年第 5 期，第 88—92 页。

中国式现代化慈善事业的制度体系研究

（三）树立监督典范，加强个体监督持续性

慈善事业的个体监督面临持续性问题，除了慈善事件本身大多数只能产生短期的情感动员效果[1]，不具备长期成为公共议题的潜力之外，个体参与监督所受到的激励回馈有限也是原因之一。在实施监督的过程中，公众个体不仅很难看到监督效果，而且自身所投入的时间精力多数情况下无法为外界所知，导致长期投入的效用逐步走低，影响个体的监督意愿。

有鉴于此，建立慈善事业监督的精神鼓励机制是一种可行方法。考虑由公益类媒体设置奖项，对在慈善事业监督中有较大投入并产生积极社会影响（如通过个人举报或提起诉讼使慈善领域的违法行为得到制裁，依靠个人的持续观察和呼吁净化慈善风气等）的个人进行宣传表彰。授予个人"慈善守护者"等荣誉称号，将其作为履行公民权利的典范加以报道宣传，经由互联网平台进行相关信息的传播，对于慈善事业个体监督能起到激励作用。

第六节　结论

立足于前文分析和我国实际，回应慈善事业领导、法律、协同、动员、监督制度的建设需求，本节提出中国式现代化慈善事业制度体系建设方案作为全书的结论。这些制度设计既是基于笔者长期慈善研究所形成的理论思考，是将不同学理观点融会贯通所产生的全面认知，也是依托对中国慈善事业的多年亲身观察，针对慈善事业运转最前沿问题所概括出的优化思路：在理论和实践的双重观照下，绘制出中国慈善事业制度体系的现代化蓝图。

本书将中国慈善事业的领导制度概括为"一核多元"，这是对党的全面领导在慈善事业中呈现形式的高度凝练。中国共产党作为慈善事业中的最高领导力量，主导着国家与社会关系的构建和调适。为了

---

[1]　欧阳果华、王琴：《情感动员、集体演出和意义构建：一个网络慈善事件的分析框架——以"罗一笑"刷屏事件为例》，《情报杂志》2017 年第 8 期，第 68—75 页。

强化党的政治领导,需要构建慈善事业的政治生态,吸纳慈善组织中的个体优秀成员,推广科学慈善模式。为了激活党的思想领导,需要将马克思主义中国化理论作为慈善事业指导思想,强调慈善事业建设的人民立场,加强慈善领域的网络意识形态工作。为了夯实党的组织领导,需要推动慈善组织党建与业务工作的有机结合,构建多元化资源支持体系,对慈善事业参与主体进行充分赋权。

复合型法律制度是慈善法律体系的建设方向,其内涵在于动态调整现有法律制度的同时拓展新的法律法规,理顺权利关系的同时增加权威性的制度供给。要实现这一目标,首先需要根据 2023 年的《慈善法》来调整完善相关的配套制度体系,调整慈善组织、慈善募捐、慈善财产和慈善信托等细分领域不合时宜的相关规范。其次需要制定"社会组织法",建立社会组织基础性的法律框架,并构建相应的配套政策体系,对于社会组织的设立条件、基本权利与法律义务、内部治理和外部监管等问题予以明确。鉴于社会组织整体层面的立法难度较大,可先制定"行业协会商会法",发挥行业协会商会类社会组织在促进经济社会发展方面的突出作用。以此为契机,推动慈善和社会组织这两大法律体系之间及其与相关政策制度有机衔接,进一步优化支持性政策体系,落实慈善事业的税收、土地、金融支持政策,充分重视基层慈善。

协同制度创新设计的抓手为以政带社,其主线思路是在理顺党政体系内部的横向协同与纵向协同的基础上,由政府作为合法性授权主体建立与社会的联结,确保国家和社会在慈善事业中的目标与行动高度一致。达成上述目标的路径应为:从明确"党引政从"的党政协同模式开始,将政治引领行政的逻辑贯穿在协同体系当中,同时明确政府对具体事务的管理职权,强化党政联合发文在慈善领域中的运用。在政府内部,依托从中央到地方的慈善委员会纵向体系,促进央地协同。最终,政社协同以培育慈善行业组织的形式实现,由行业组织来传递政府意志、反映社会诉求,扮演协同载体角色。

表彰型动员制度反映出本书将慈善领域存在已久的强制性动员转化为激励性动员的设计构想。通过奖励慈善领域先进个人和组织榜样,提升公众的慈善意识,形成强烈的慈善参与内驱力。在表彰型动员制度中,国家机关建立荣誉表彰体系,以国家层面的慈善奖和慈善大会为代表;社会组织打造典范评选体系,以枢纽型机构设定慈善高质量发展标杆为形式。在双重激励性动员基础上,公众的自主参与和自我动员则有赖慈善文化的培育,以慈善研究和慈善教育双轮驱动,构建中国特色慈善文化价值观,形成全民参与的慈善氛围。

　　数字化监督制度是慈善事业中深度运用互联网技术实施线上监督与线下实体人工监督高度融合的现代化监管模式,应以政府的数字化监督系统为重点,同时加强对已有社会化监督体系的赋权,最终实现整个制度的监督效力提升。在国家层面,需要建立多部门联合监督的数字网络和慈善信息数据库,打造国家主导的慈善组织信用信息评价体系。在社会层面,国家和公众的双向赋权使组织化社会监督具有更强合法性,数字技术的拓展应用则强化其有效性,最终构建起全民慈善监督格局。

参 考 文 献

Jacques Defourny and Marthe Nyssens, "Conceptions of Social Enterprise and Social Entrepreneurship in Europe and the United States：Convergences and Divergences," *Journal of Social Entrepreneurship*, Vol. 1, No. 1, 2010, pp. 32-53.

Seymour Martin Lipset, "Some social Requisites of Democracy：Ecomonic Development and Political Legitimacy," *The American Political Science Review*, Vol. 53, No. 3, 1959, pp. 69-105.

〔美〕B. 盖伊·彼得斯:《政治科学中的制度理论:"新制度主义"(第二版)》,王向民、段红伟译,上海人民出版社 2011 年版。

〔美〕保罗·A. 萨巴蒂尔编:《政策过程理论》,彭宗超、钟开斌等译,生活·读书·新知三联书店 2004 年版。

陈振明:《政策科学:公共政策分析导论》,中国人民大学出版社 2003 年版。

程坤鹏、徐家良:《从行政吸纳到策略性合作:新时代政府与社会组织关系的互动逻辑》,《治理研究》2018 年第 6 期,第 76—84 页。

〔美〕道格拉斯·C. 诺斯:《制度、制度变迁与经济绩效》,杭行译,格致出版社 2014 年版。

邓国胜:《慈善组织培育与发展的政策思考》,《社会科学研究》2006 年第 5 期,第 119—123 页。

范明林:《非政府组织与政府的互动关系——基于法团主义和市民社会视角的比较个案研究》,《社会学研究》2010 年第 3 期,第 159—176、245 页。

高静华:《利他还是交换:群体视角下慈善动机的影响因素研究》,《社会保障评论》2021 年第 1 期,第 146—159 页。

宫蒲光:《社会治理现代化大格局下推进慈善事业高质量发展》,《中国行政管理》2021 年第 2 期,第 6—13 页。

何华兵:《〈慈善法〉背景下慈善组织信息公开的立法现状及其问题研究》,《中国行政管理》2017 年第 1 期,第 39—43 页。

何艳玲、王铮:《统合治理:党建引领社会治理及其对网络治理的再定义》,《管理世界》2022 年第 5 期,第 115—131 页。

侯利文:《社会组织党建的过程与机制研究》,《社会科学辑刊》2021 年第 3 期,第 15—24 页。

纪莺莺:《治理取向与制度环境:近期社会组织研究的国家中心转向》,《浙江学刊》2016 年第 3 期,第 196—203 页。

贾西津:《资格还是行为:慈善法的公募规制探讨》,《江淮论坛》2017 年第 6 期,第 95—102 页。

姜晓萍:《服务型政府建设研究——构建服务型政府进程中的公民参与》,《社会科学研究》2007 年第 4 期,第 1—7 页。

金锦萍:《〈慈善法〉实施后网络募捐的法律规制》,《复旦学报(社会科学版)》2017 年第 4 期,第 162—172 页。

康晓强:《人民团体与立法协商:功能结构及其限度——以全国妇联参与〈反家暴法〉立法为例》,《科学社会主义》2019 年第 5 期,第 136—143 页。

孔繁斌、郑家昊:《建设人民满意的服务型政府——中国共产党对行政体制理论的创新探索》,《中国行政管理》2021 年第 7 期,第 22—29 页。

李辉、任晓春:《善治视野下的协同治理研究》,《科学与管理》2010 年第 6 期,第 55—58 页。

李璐:《分类负责模式:社会组织管理体制的创新探索——以北京市"枢纽型"社会组织管理为例》,《北京社会科学》2012 年第 3 期,第 47—51 页。

李培林:《慈善事业在我国社会发展中的地位和作用》,《新华文摘》2005 年第 10 期,第 18—20 页。

李文华:《完善我国慈善信托制度若干问题的思考》,《法学杂志》2017 年第 7 期,第 89—97 页。

刘静、尚振田:《慈善法背景下慈善捐赠人权利保护研究》,《法制与社会》2018 年第 11 期,第 237—239 页。

刘秀秀:《互联网公益的发展生态及其治理》,《国家行政学院学报》2018 年第 5 期,第 158—163、192—193 页。

卢元昕、唐魁玉:《约见制度:社会组织监管范式的嵌入与重构——基于 H 省案例的考察》,《中国社会组织研究》2023 年第 2 期,第 47—72、231—232 页。

马西恒:《民间组织发展与执政党建设——对上海市民间组织党建实践的思考》,《政治学研究》2003 年第 1 期,第 23—37 页。

马雪松:《第三次分配在新时代的新变化、新利好》,《人民论坛》2021 年第 28 期, 第 14—17 页。

莫文秀、邹平、宋立英:《中华慈善事业:思想、实践与演进》,人民出版社 2010 年版。

彭善民、朱海燕:《社会组织评估动员的共意建构》,《中国社会组织研究》2022 年 第 1 期,第 48—61、213 页。

〔美〕乔尔·S. 米格代尔:《社会中的国家:国家与社会如何相互改变与相互构 成》,李杨、郭一聪译,江苏人民出版社 2013 年版。

沈永东、虞志红:《社会组织党建动力机制问题:制度契合与资源拓展》,《北京行 政学院学报》2019 年第 6 期,第 13—21 页。

石亚军、高红:《政府在转变职能中向市场和社会转移的究竟应该是什么》,《中国 行政管理》2015 年第 4 期,第 32—36 页。

唐文玉:《从"总体性生存"到"嵌入式发展"——"党社关系"变迁中的社会组织 发展研究》,《马克思主义与现实》2018 年第 3 期,第 190—195 页。

田凯:《组织外形化:非协调约束下的组织运作——一个研究中国慈善组织与政 府关系的理论框架》,《社会学研究》2004 年第 4 期,第 64—75 页。

万银锋、闫妍:《党领导社会组织:必然逻辑、现实困境与应对策略》,《中州学刊》 2020 年第 4 期,第 32—38 页。

王名、蔡志鸿、王春婷:《社会共治:多元主体共同治理的实践探索与制度创新》, 《中国行政管理》2014 年第 12 期,第 16—19 页。

王清、严泽鹏:《反向嵌入与资源扩展:社会组织党建的机制分析》,《理论与改革》 2024 年第 2 期,第 47—60、171 页。

王涛:《〈慈善法〉的立法理念、制度创新和完善路径》,《法学论坛》2018 年第 1 期,第 143—150 页。

韦克难、陈晶环:《新中国 70 年社会组织发展的历程、成就和经验——基于国家与 社会关系视角下的社会学分析》,《学术研究》2019 年第 11 期,第 46—54、 177 页。

吴磊、徐家良:《政府购买公共服务中社会组织责任的实现机制研究——一个利 益相关者理论的视角》,《理论月刊》2017 年第 9 期,第 130—136 页。

谢岳:《中国贫困治理的政治逻辑——兼论对西方福利国家理论的超越》,《中国 社会科学》2020 年第 10 期,第 4—25、204 页。

徐家良编著:《第三部门概论》,北京大学出版社 2020 年版。

徐家良、彭雷:《运营战略、种群关系与生态位:慈善超市生存空间新框架》,《中国行政管理》2019年第11期,第104—110页。

徐家良、赵挺:《政府购买公共服务的现实困境与路径创新:上海的实践》,《中国行政管理》2013年第8期,第26—30、98页。

徐家良主编:《中国社会智库发展报告(2018)》,社会科学文献出版社2018年版。

徐家良主编:《中国社会组织评估发展报告(2019)》,社会科学文献出版社2020年版。

徐选国、高丽:《"被动型增长"政府购买服务第三方评估组织的生成逻辑》,《社会与公益》2018年第4期,第86—87页。

徐宇珊:《非对称性依赖:中国基金会与政府关系研究》,《公共管理学报》2008年第1期,第33—40、121页。

徐越倩、张倩:《社会组织党建与业务融合何以可能——基于动力—路径的分析》,《北京行政学院学报》2019年第6期,第22—30页。

郁建兴、沈永东:《调适性合作:十八大以来中国政府与社会组织关系的策略性变革》,《政治学研究》2017年第3期,第34—41、126页。

张其伟、徐家良:《社会组织如何激发城市基层治理活力?——基于某环保类组织的案例研究》,《管理世界》2023年第9期,第142—158页。

章高荣、赖伟军:《理念、制度与权力——慈善法决策过程分析》,《社会学评论》2022年第6期,第124—144页。

赵新峰、程世勇、王治国:《第三次分配:动力机制、协同效应与制度建构》,《中国行政管理》2024年第2期,第76—88页。

后 记

本书是 2017 年国家社会科学基金重大项目"促进中国慈善事业发展的法律制度创新研究"的成果。本项目团队于 2018 年 1 月举行开题研讨会,复旦大学陈明明教授、上海交通大学朱芒教授、华东政法大学张明军教授、南京审计大学金太军教授、上海财经大学葛伟军教授听取研究团队开题汇报,在肯定课题研究思路的同时也提出了一些完善性建议。

从 2018 年 2 月开始,研究团队启动相关调研,先后 20 余次赴民政部门、街道社区、社会组织、企业进行考察,了解慈善法律执行情况、地方慈善政策创新进展,听取社会公众对慈善法律制度建设的情况介绍和意见建议,调研范围包括上海、北京、天津、重庆、广东、江苏、浙江、四川、陕西、甘肃、云南、青海、黑龙江、安徽、西藏等地。

围绕慈善法律制度相关议题,研究团队先后举办国内外学术交流会议 10 余次,议题涵盖国外慈善法律借鉴、社区基金会建设、慈善信托备案、社会组织评估、慈善超市发展等内容。研究团队成员前往加纳、秘鲁、突尼斯、韩国、美国等国家参加慈善研究领域学术会议,并作学术报告。研究团队举办双周论坛 10 余次,邀请慈善法律制度领域的资深立法参与者、研究者和实务工作人员到上海交通大学举办讲座,主讲人包括全国人大常委会法工委原副主任阚珂、美国宾夕法尼亚大学教授郭超、北京师范大学中国公益研究院院长王振耀等。

本研究项目阶段性研究成果共有 40 项,其中学术论文 20 多篇,分别发表在《管理世界》《中国行政管理》《经济社会体制比较》《上海交通大学学报》《行政论坛》等期刊上。研究团队向党政部门递交成果要报 10 份,其中 4 份获得省部级以上领导的批示。研究团队受上海市民政局委托起草的《慈善超市设施和服务规范指引》于 2018 年正式印发,成为全国慈善超市领域标准化建设的首个成文模板。

本书在上述调研和阶段性成果基础上写作完成,整体梳理我国慈善事业制度体系两个类别的学理问题:一是我国慈善事业制度体系中国家权力和社会权利的边界问题。这个问题探讨的是我国慈善事业中的主体权责应如何划分,哪些部分运用行政权力进行管理,哪些部分应通过社会自治予以解决,即"管多少"的问题。二是慈善事业制度重构的价值与秩序取向问题。这个问题探讨的是慈善事业制度体系应如何设计,既能确保各参与主体的权益最大化,又能保障慈善事业在法治轨道上规范运行,即"如何管"的问题。

上海交通大学中国公益发展研究院研究团队成员张其伟、朱志伟、张文娟、吴磊、刘悦美、张圣、王昱晨、张煜婕、季曦、成丽姣、王丹杨、曾红庆等参与大纲设计、材料补充和写作。

感谢北京师范大学王振耀教授、中国社会科学院吴玉章教授、浙江工商大学谢岳教授、华东政法大学马长山教授、北京大学金锦萍副教授、南京审计大学金太军教授、苏州大学施从美教授等在项目申请、会议研讨、学术写作等各个方面提供的帮助和指导。

感谢上海交通大学文科建设处的信任与支持,将本书列入上海交通大学 2020 年度"人文社会科学成果文库资助计划"。感谢上海交通大学国际与公共事务学院、上海交通大学中国城市治理研究院为本书的出版提供的许多便利。

感谢北京大学出版社对本书出版的大力支持。

欢迎读者,尤其是专家学者、实务界的同行对本书提出批评、意见和建议,在学术之路上我们将不断学习和进行深入研究,继续前行。

徐家良

2025 年 6 月 6 日于上海交通大学